복 있는 사람

오직 여호와의 율법을 즐거워하여 그 율법을 주야로 묵상하는 자로다
저는 시냇가에 심은 나무가 시절을 좇아 과실을 맺으며 그 잎사귀가 마르지 아니함 같으니
그 행사가 다 형통하리로다.(시편 1:2,3)

역사상 수많은 설교자들이 사도행전을 설교했고, 지금도 사도행전에 대한 책들이 쏟아져 나오고 있음에도 우리가 마틴 로이드 존스의 『사도행전 강해설교』에 주목해야 할 분명한 이유가 있다. 첫째, 사도행전 강해는 마틴 로이드 존스가 자신의 사역 마지막 시기에 주일 저녁마다 전했던 그의 전도설교의 백미이기 때문이다. 그는 사도행전 강해에서 참된 기독교와 복음이 무엇인지를 선명하게 보여주었다. 나는 이 복음이야말로 오늘 우리 시대 설교자들이 잃어버린 본질이라고 생각한다. 둘째, 부흥에 대한 로이드 존스의 간절한 갈망이 이 책 곳곳에 녹아 있기 때문이다. 1981년 로이드 존스를 처음 읽기 시작했을 때, 나는 부흥에 대한 그의 갈망에 온전히 공감할 수 없었다. 그 당시 한국교회는 큰 어려움 없이 계속 성장하고 있었기 때문이다. 그로부터 수십 년이 지난 지금, 타락하고 무능력해진 교회를 보며 한국교회가 로이드 존스의 사도행전에 다시금 귀 기울여야 할 때임을 절감한다. 20세기 후반 영국교회의 현실을 보며 하나님의 주권적인 영적 부흥 없이는 인간의 그 어떤 노력으로도 교회를 회복할 수 없다고 느꼈던 그의 심정을 지금의 한국교회를 보며 절절히 이해하게 되었기 때문이다. 21세기 한국교회의 신실한 성도들과 설교자들에게 이 책을 강력하게 추천한다.

김형익, 벧샬롬교회 담임목사

교회는 말씀의 창조물이므로 영적 활기를 잃어버린 이 땅의 교회를 회복시킬 유일한 길은 말씀의 회복이다. 그리고 그 말씀의 능력을 자신의 설교 사역을 통해 가장 강력하게 증언한 인물이 있다면, 바로 지난 세기 위대한 설교자 마틴 로이드 존스일 것이다. 그의 사역이 가장 완숙했던 시기에 선포된 이 사도행전 강해는 본문에 기록된 성령의 강림과 교회의 탄생, 담대한 복음 선포와 살아 역사하는 교회의 역동성을 생생하게 펼쳐 보인다. 특히 설교문 곳곳에서 드러나는 인간의 본질적 상태와 당시 서구 교회 현실에 대한 통찰은 시대와 장소를 초월하여 오늘날 교회에도 여전히 큰 울림을 준다. 불붙은 논리와 확신에 찬 선포, 복음에 대한 거룩한 집착이 깃든 이 설교는 무기력한 이 시대의 교회를 향한 하나님의 처방이자 호소다. 교회와 강단의 회복을 바라는 설교자들과 영광스러운 복음 앞에 다시 서고자 하는 성도들은 지금, 로이드 존스의 목소리에 귀 기울여야 한다.

조광현, 고려신학대학원 설교학 교수

마틴 로이드 존스의 『사도행전 강해설교』 첫 장은 내게 상당히 큰 충격을 주었다. 이 한 장이 이후 내 모든 사역과 삶을 결정했다고 해도 과언이 아니다. 그중 내 마음을 사로잡은 문장은 다음과 같다. "기독교는 가르침이 아니라 인물(person)입니다. 기독교는 단순히 정치에 적용돼야 할 도덕사상이 아닙니다. 기독교는 역사적 인물에서 시작됩니다.……여러분은 사도행전을 읽으면서, 주님의 제자들이 항상 '예수와 부활'을 전파했다는 사실을 발견할 것입니다(행 17:18). 이들은 사람들에게 가서 그분을 전했습니다. 이것이 제자들이 가르친 전부였습니다."

기독교는 인물이다! 이것은 단순한 설명이 아니라, 내 생각의 기초를 흔들어 놓은 선언이었다. 나는 기독교를 전한다는 것은 일종의 '올바른 삶' 또는 '일련의 교리체계'를 전하는 것이라 생각했다. 물론 삶도 중요하고 교리도 중요하지만, 이 모든 것이 예수 그리스도라는 인물(이자 하나님)을 가리키지 않는다면 무용하다는 사실, 그리고 예수 그리스도를 드러내고 가르치는 것으로부터 모든 삶과 교리가 나온다는 사실은 충격과 동시에 기쁨으로 다가왔다. 그래서 나는 내 삶과 사역의 목적을 "예수 그리스도를 높이고 전하는 것"으로 정했다.

이후 나는 로이드 존스의 다양한 설교집을 통해 이러한 목적을 성취하기 위한 설교의 기술을 더욱 확실히 배우게 되었다. 로이드 존스를 열정적으로 좋아하는 사람이라도 그에 관해 잘 모르는 사실이 하나 있다. 그가 매 주일 오전과 저녁, 금요일에 설교를 했으며 각 시간마다 설교의 목표가 달랐다는 사실이다. 주일 오전에는 신자들을 위한 양육설교(에베소서 강해, 산상설교 등)를 했고, 주일 저녁에는 비신자들을 위한 전도설교(요한복음 강해, 여러 짧은 강해 설교들)를 했으며, 금요일 저녁에는 교리적 설교(교리강좌 시리즈, 로마서 강해)를 했다.

이번에 출간 20주년 기념 개정판으로 새롭게 출간되는 『사도행전 강해설교』는 주일 저녁예배 설교였다. 그렇기 때문에 주로 비신자들을 대상으로 한 설교다. 로이드 존스는 언제 복음전도 집회나 캠페인을 하는지 묻는 질문에 "매주 한 번씩 하지요"라는 말로 응수했는데, 저녁예배 때마다 그렇게 설교했기 때문이다.

기독교 신자 가운데 누군가는 이 설교들이 자신에게 덜 유익할 것이라 생각할 것이다. 하지만 절대 그렇지 않다. 나는 산상설교나 에베소서 강해를 통해서도 유익을 얻었지만, 그의 저녁예배 설교를 통해 더없이 큰 유익을 얻었다. 실제로 1960년대 당시 웨스트민스터 채플에서 진행된 모든 예배 중 저녁예배 때 가장 많은 청중들이 참석했다. 왜 그랬을까? 그것은 이 설교들이 신자와 비신자를 동시에 겨냥했기 때문이다. 누구든 이 설교들을 통해 많은 유익한 적용과 영적 통찰을 얻을 수 있었을 뿐 아니라, 복음의 의미와 진면목을 지속적으로 확인할 수 있었기 때문이다. 나는 정말 많은 사람들에게 『사도행전 강

『해설교』를 포함한 그의 저녁예배 설교를 권했는데, 이 설교들을 읽은 사람들은 한결같이 이렇게 고백했다. "지금까지 저는 복음을 제대로 알지 못하고 있었군요!"

왜 그러한 일이 일어날까? 복음은 비신자를 회심시키는 동시에 신자를 양육하기 때문이다. 기독교의 본질은 도덕이나 윤리, 교리가 아닌 예수 그리스도라는 인물인데, 그분이 어떤 분이신지와 어떤 일을 하셨는지를 알아감으로써 신자들은 성장한다. 신자들의 선한 행위는 결코 지적으로 몰랐던 것을 알게 됨으로써 나오는 것이 아니다. 오히려 그리스도의 아름다운 성품과 사역을 봄으로써 나온다. 로이드 존스는 지치지 않고 그리스도와 그분이 하신 일을 매번 설교를 통해 선포했고, 그 결과 나는 신자와 비신자를 동시에 겨냥하는 설교를 터득할 수 있었다(팀 켈러와 존 스토트 또한 마찬가지였다).

그러한 의미에서, 나는 누구든 이 『사도행전 강해설교』를 진지하게 읽기를 바란다. 비록 로이드 존스가 사도행전 8장까지만 강해하고 은퇴했지만, 우리는 이 책을 통해 사도행전을 이해할 뿐만 아니라, 사도행전의 주인이신 예수 그리스도를 볼 수 있다. 이 책을 읽는 독자들은 누구나 다음과 같이 고백하게 될 것이다. "똑같은 복음의 메시지, 예수 그리스도를 가리키는 메시지를 듣는데 왜 매번 새로운 감동과 깨달음이 있을까?"

참고로 나는 여섯 권으로 구성된 이 강해 시리즈를 끝까지 읽었다. 같은 물 한 모금이라도 갈증이 심할 때 더 큰 청량감을 주듯, 이 책의 매 장은 복음에 목말라 있던 내게 한결같이 시원한 생수와 같았다. 누구든 이 책을 읽으라. 그러면 로이드 존스가 던지는 다음의 질문에 강한 확신으로 "예!"라고 답하게 될 것이다. "예수께서 이 세상에 오신 것은, 우리를 지옥에서, 여러분과 제가 우리의 죄 때문에 마땅히 받아야 할 형벌에서 구원하시기 위해서라는 것을 여러분은 깨닫습니까? 기독교의 본질은 여러분에게 무엇을 하라고 요구하는 것이 아니라 예수께서 여러분을 위해 무엇을 하러 이 땅에 오셨는지 말해 주는 그 무엇이라는 사실을, 이제 여러분은 깨닫습니까?"

이정규, 시광교회 담임목사

영광의 기독교

D. Martyn Lloyd-Jones
Glorious Christianity

영광의 기독교

마틴 로이드 존스 지음 | 이길상 옮김

복 있는 사람

영광의 기독교

2005년 1월 26일 1판 1쇄 발행
2011년 10월 17일 2판 1쇄 발행
2025년 7월 10일 3판 1쇄 인쇄
2025년 7월 23일 3판 1쇄 발행

지은이 마틴 로이드 존스
옮긴이 이길상
펴낸이 박종현

(주) 복 있는 사람
주소 서울특별시 마포구 연남동 246-21(성미산로23길 26-6)
전화 02-723-7183(편집), 7734(영업·마케팅)
팩스 02-723-7184
이메일 hismessage@naver.com
등록 1998년 1월 19일 제1-2280호

ISBN 979-11-7083-268-3 04230
ISBN 979-11-7083-264-5 04230 (세트)

Glorious Christianity
by D. Martyn Lloyd-Jones

Copyright © 2004 by Lady Catherwood and Mrs Ann Beatt
Originally published in English under the title
Authentic Christianity Vol.4 by D. Martyn Lloyd-Jones
by The Banner of Truth Trust, Edinburgh EH12 6EL, UK
All rights reserved.

Translated and used by the permission of The Banner of Truth Trust
through the arrangement of rMaeng2, Seoul, Republic of Korea.
Korean Translation Copyright © 2005, 2011, 2025 by The Blessed People Publishing Inc., Seoul,
Republic of Korea.

이 한국어판의 저작권은 알맹2 에이전시를 통하여 The Banner of Truth Trust와 독점 계약한 (주)복 있는 사람에 있습니다. 신저작권법에 의하여 한국 내에서 보호받는 저작물이므로 무단 전재와 무단 복제를 금합니다.

하나님이 아브라함에게 약속하신 때가 가까우매

차례

7:1-2	01	들으라!	8
7:1-2	02	영광의 하나님	30
7:1-2	03	메소보다미아에서의 아브라함	56
7:1-8	04	언약의 하나님	80
7:1, 2, 6-7	05	구약에 담긴 복음	104
7:2-3	06	하나님의 부르심	124
7:3-4	07	믿음의 반응	146
7:4-8	08	믿음으로 사는 삶	164
7:8-15	09	요셉과 그의 형제들	182
7:9-10	10	하나님이 저와 함께 계셔	202

7:9-15	11	구원자와 통치자	224
7:14	12	일흔다섯 사람	244
7:17-20	13	역사를 아는 것의 중요성	264
7:17-19	14	인본주의의 실패	286
7:17-20	15	초자연적인 복음	308
7:17-20	16	하나님의 지혜	330
7:20-29	17	자기 백성을 돌보시고 구속하신 하나님	352
7:20-29	18	결단	372
7:25	19	어두워진 마음	394
7:26-29	20	중심에 계신 그리스도	414

01

들으라!

대제사장이 이르되 이것이 사실이냐. 스데반이 이르되 여러분 부형들이여, 들으소서. 우리 조상 아브라함이 하란에 있기 전 메소보다미아에 있을 때에 영광의 하나님이 그에게 보여.

사도행전 7:1-2

오늘 말씀은 스데반의 위대한 설교 혹은 법정 진술의 모두[冒頭] 발언입니다. 우리 입장에서는 설교라고 해야 당연하겠지요. 사도행전 6장에 소개된 대로, 스데반은 사도들이 초대 예루살렘 교회의 과부들을 구제하도록 세운 일곱 집사 가운데 한 사람이었습니다.

오늘 말씀은 대단히 중요한 진술이면서 분량도 적지 않은 설교입니다. 사도행전에서 설교 한 편이 이처럼 온전히 소개된 것은 이것이 처음입니다. 앞의 여섯 장에도 설교에 관한 언급이 몇 군데 있고, 특히 사도 베드로가 전한 설교가 요약의 형태로 몇 차례 소개되었습니다. 그리고 베드로를 비롯한 사도들이 예루살렘 공회, 곧 산헤드린에서 심문을 받으며 행한 진술들도 있습니다. 그러나 앞의 사례들은 모두 설교나 진술의 요지를 정리한 것들입니다. 그런데 본문에는 설교 한 편이 사실상 온전하게 소개되는 것입니다. 사도행전에서 처음 나오는 사례인 까닭에, 설교의 의미가 예사롭지 않음을 직감하게 됩니다.

이 설교는 스데반이 산헤드린의 재판을 주재하던 대제사장의 요구를 받고 행한 법정 진술입니다. 6장에서는 스데반이 집사로 선출된 일을 전한 다음, 그에 관하여 이렇게 소개합니다. "스데반이 은혜와 권능이 충만하여 큰 기사와 표적을 민간에 행하니"행 6:8. 그러나 바로 이런 이유 때문에 어떤 사람들이 들고 일어나 그를 비판하고 거짓으로 고소했습니다. 그래서 스데반은 산헤드린 앞에서 목숨이 걸린 재판을 받게 되었습니다.

당연한 말이지만, 스데반의 설교를 제대로 이해하려면, 그가 이 설교를 통해 무엇을 하려고 했는지 정확히 알아야 합니다. 그의 목적은 자신에게 가해진 고소들에 답변하는 것이었습니다. 그러므로 먼저 고소의 내용을 확실히 파악해야 하는데, 그 내용이 6장에 요약되어 있습니다. 스데반은 신성모독 죄와 모세 율법을 비판한 죄, 그리고 성전과 성전 예배에 반대한 죄로 고소를 당했습니다.

그러나 스데반은 좀 다른 이유로도 고소를 당했습니다. 사도행전 6:14에는 이렇게 기록되어 있습니다. "그의 말에 이 나사렛 예수가 이곳을 헐고 또 모세가 우리에게 전하여 준 규례를 고치겠다 함을 우리가 들었노라 하거늘." 다시 말해 스데반은 결국 그리스도인이라는 이유로, 주 예수 그리스도의 제자라는 이유로 고소를 당한 것입니다. 나머지 고소들은 이 안에 다 포함되는 것이었습니다.

따라서 스데반의 진술은 답변의 성격을 띱니다. 재판을 주재하는 대제사장이 스데반을 향해 "이것이 사실이냐" 하고 물은 것입니다.

스데반이 자리에서 일어나 발언을 시작합니다. "여러분 부형들이여, 들으소서. 우리 조상 아브라함이 하란에 있기 전 메소보다미아에 있을 때에 영광의 하나님이 그에게 보여 이르시되." 이렇게 운을 뗀 그는, 오래전 과거로부터 역사를 되짚어 오는데, 그것이 50절까지 계속됩니다. 그런 다음 듣고 있던 자들에게 설교를 적용합니다.

그런데 우리가 이 설교를 상고하는 목적이 무엇입니까? 단순히 역사에 관심이 발동해서 그런 것이 아닙니다. 우리가 살고 있는 시대는 몹시 절박하고 다급해서 호기심 차원의 시도를 용납하지 않습니다. 물론 역사가 항상 관심을 사로잡는 것이 사실입니다. 하지만 분명히 밝혀 두건대, 그런 목적으로 여러분에게 이 말씀을 전하는 것이 아닙니다. 오늘 우리가 스데반의 설교를 상고하는 이유는, 우리가 몸담고 사는 세상이 절망적이기 때문이요 이 메시지가 우리의 상황에 너무나 적실適實하기 때문입니다. 우리는 고통의 세상, 혼돈의 세상, 죄와 수치의 세상에 살고 있습니다. 이 말에 이의를 달 사람이 누구입니까? 세상이 고통에 처해 있을 뿐 아니라 각 개인이 저마다 고통 가운데 있습니다. 모두가 문제와 어려움을 안고 있습니다.

우리가 맞닥뜨려 있는 상황에 대처할 수 있게 해주는 교훈은 하나뿐이며, 그것은 기독교 복음입니다. 이 복음을 전하는 것이 교회의 사명입니다. 복음은 말 그대로 좋은 소식입니다. 우리는 이 소식을 세상에 전하라는 주님의 분부를 받았습니다. '복음'gospel으로 번역된 헬라어 단어는 문자적으로 '좋은 소식'good news이라는 뜻입니다. 이 단어는 신약성경 곳곳에서 기독교 메시지를 가리키는데, 주 예수 그리스도에 관한 책 네 권이 '복음서'라 불립니다. 우리 주님이 태어나실 때 천사들이 이렇게 선포했습니다. "지극히 높은 곳에서는 하나님께 영광이요 땅에서는 하나님이 기뻐하신 사람들 중에 평화로다"눅 2:14. 이것은 인류에게 전해진 가장 놀랍고 기이한 기쁜 소식입니다.

그러나 비극이 있습니다. 그것이 무엇인지는 우리가 다 압니다. 세상이 고통과 비참함 가운데 있으면서도 복음을 거절하고 배척하는 것입니다. 복음에 등을 돌리고, 복음과는 어떤 모양으로도 관계를 두지 않으려 하며, 비웃고 조롱합니다. 이 세상은 약 2천여 년 전 예루살렘 공회원들이 했던 것과 똑같은 방식으로, 복음에 대해 하나님의 아들 복되신 분에 대해 대항하고 있습니다.

지금 여러분에게 말씀드리고 싶은 것은, 오늘날 세상이 복음을 배척하는 이유가 사도행전 본문에 기록된 것과 조금도 다르지 않다는 점입니다. 사도행전의 이 단락을 설교 본문으로 삼은 것도 그 이유 때문입니다. 우리는 어떤 교훈이나 관점을 파악하려고 할 때, 다른 사람의 생애에서 예증된 것을 보면 좀더 쉽게 이해가 됩니다. 우리는 항상 자신을 방어하려는 성향이 있기 때문에, 자신에게서 볼 수 없는 잘못을 다른 사람에게서는 볼 수 있습니다. 따라서 우리의 실상을 들여다보는 좋은 방법은 다른 사람에게 유사한 상태가 나타나는 것을 주목하는 것입니다. 그것에 비추어 우리의 실상도 가늠해 볼 수 있습니다.

성경에는 이 원리가 옳음을 보여주는 이야기가 많습니다. 예를 들면 다윗에 관한 유명한 이야기입니다. 그는 무서운 죄를 범했습니다. 다른 사람은 그것이 무서운 죄인 줄을 다 알고 있는데 혼자만 모르고 있었습니다. 마침내 선지자 나단이 그를 찾아갔습니다. 그가 저지른 죄가 무엇인지 깨우쳐 주기 위해 전혀 다른 일화를 들려주었습니다. 그 이야기를 들은 다윗은 왕으로서 의분을 일으키며, 그런 짓을 한 사람은 엄벌에 처해야 마땅하다고 말했습니다. 선지자가 정색을 하면서

"당신이 그 사람이라"삼하 12:7고 말하자, 다윗은 그제서야 자신의 실상을 바라보았습니다.

마찬가지로 산헤드린 공회원들이 스데반과 사도들의 복음에 대해 취했던 태도를, 오늘날 많은 사람들이 복음-자신들의 문제를 해결할 수 있는 유일한 길-에 대해 취하고 있음을 여러분에게 분명히 말씀드리고자 합니다.

그렇다면 산헤드린 공회원들이 문제 삼은 것이 무엇입니까? 그것을 살펴보고 그들의 입장을 분석해 봅시다. 이렇게 해야 하는 이유는, 그들의 입장을 정확히 알지 않고서는 스데반의 설교의 논점, 곧 이런 설교를 한 의도를 알 길이 없기 때문입니다. 산헤드린 공회원들의 입장은 이렇게 정리해 볼 수 있겠습니다. 그들은 매우 종교적이었으나 복음을 제대로 들어 본 적도 그럴 기회도 없었습니다. 편견이 그들의 눈을 가렸습니다. 그렇게 된 원인이 무엇입니까? 참 신앙에 대해 철저히 그릇된 생각을 갖고 있었기 때문입니다. 그 그릇된 생각은 우리 주님의 놀라운 가르침에 항상 토를 달고 반론을 펴던 바리새인들의 눈도 멀게 했던 것입니다.

편견은 여러 방식으로 표출됩니다. 앞에서 말씀드렸듯이,[1] 산헤드린이 스데반을 체포하여 법정에 세웠으나, 스데반은 누구에게도 해를 끼친 적이 없고 오직 선한 일을 하고 기적을 행했을 뿐입니다행 6:8. 이것은 그들이 할 수 없는 일이었습니다. 산헤드린이 스데반을 체포한 이유가 바로 거기에 있습니다. 산헤드린은 스데반에 대해 거짓 증인들을 세운 후 거짓 고소를 하게 했습니다행 6:13. 그를 법정에 세워 유죄 판결을 이끌어 낼 수만 있다면 무슨 짓이든 할 준비가 되어 있었습니다. 그들이 얼마나 독한 감정을 쏟아 냈는지 주목해 보십시오. 내용이 전개될수록 그러한 감정이 더욱 노골적으로 드러납니다. 7장에 가면 이렇게 적혀 있습니다. "그들이 이 말을 듣고 마음에 찔려 그를 향하여 이를 갈거늘"54절. 이성을 잃은, 짐승 같은 분노였습니다.

---

[1] 사도행전 강해설교 시리즈 3권 『승리하는 기독교』를 보라.

오늘날 사람들은 복음에 대한 비판이, 항상 냉정하고 차분하고 학구적인 사유를 거쳐 나오는 줄로 알고 있습니다. 절대로 그렇지 않습니다. 복음에 대한 비판은 어김없이 편견과 격앙에서 나오며, 경멸로 표출됩니다. 이것은 우리 모두가 경험을 통해서 잘 압니다. 사람들이 복음에 반대할 때는, 단순히 반대로 그치지 않고 반드시 경멸과 냉소를 던집니다. 지적이고 과학적이고 세련된 현대인에게 그런 고리타분한 이야기, 낡은 복음을 믿으라고 권유하는 것을 모욕으로 여깁니다. 이것은 복음에 대한 이만저만한 경멸이 아닙니다!

따라서 저는, 복음을 비판하는 태도에는 새로운 것이 없다고 힘주어 말하고 싶습니다. 복음을 비판하는 것이 무슨 새롭고 현대적인 일이나 되는 듯 우쭐한 마음으로 그렇게 하는지 모르겠으나, 미안하게도 그것은 무지의 발로일 뿐입니다. 인간은 처음부터 복음에 반대했습니다. 이것은 본문에도 나타나고, 사도행전의 앞장들에서도 확인할 수 있습니다.

그러나 사도행전 7장에는 아주 특별한 특징들이 나타나는데, 제가 강조하고 싶은 것이 그것입니다. 7장을 본격적으로 다루기 전에 먼저 스데반의 설교를 차분히 읽으면서, 그가 어떤 사건들을 어떤 식으로 나열해 가는지 주의해서 살펴보시기 바랍니다. 스데반이 7장에 기록된 순서로 설교를 해나간 이유는 특정 상황에 초점을 맞추었기 때문입니다. 이 사람들이 왜 복음에 대해 편견을 갖고 이처럼 반대했을까요? 이 사람들이 왜 스데반을 붙잡아 결국 그를 돌로 쳐서 죽였을까요?

첫번째 이유는, 그들이 자신들의 정당성을 과신하고 있었다는 것입니다. 모두들 자신들의 판단과 행동에 조금도 잘못된 것이 없다고 생각했습니다. 나름대로 선하게 살고 있었습니다. 저마다 하나님을 예배하는 신앙인들이었습니다. 그러나 스데반의 설교와 교훈에는 한 가지 암시가 흐릅니다. 이것은 사도들의 설교에도 면면히 흐르는 것으로, 그들에게 잘못된 점이 있을 뿐 아니라 그들이 나사렛 예수와 그의 복음을 믿어야 한다는 것이었습니다. 바로 이러한 암시가 그들을 격분하게 하고, 어떤 조치를 취하게 만들었습니다. 왜 그렇습니까? 그들은 백성의 지도자요 백성의 지표가 될 만한 종교인들이었기 때문입니다! 세리와 죄인들처럼 드러내놓고 악을 행하는 사람들도 있었지만, 산헤드린을 구성하고 있던 그들은 그렇게 살지 않았습니다! 그런데도 스데반은 그들에게 큰 결핍이 있고, 결핍을 채워 줄 분은 나사렛 예수 한분뿐임을 암시한 것입니다. 이것이 유대인 지도자들을 격분하게 만들었습니다.

물론 이들은 우리 복되신 주님에 대해서도 격분했던 자들입니다. 사복음서를 처음 읽는 심정으로 차분하게 읽어 보십시오. 주기적으로 그렇게 하면 적지 않은 유익을 얻을 수 있습니다. 복음서를 읽으십시오. 이 비범한 분이 가난하고 비천한 환경에서 태어나고 자라서 목수가 되셨으나, 서른 살에 불현듯 사회로 나가 범상치 않은 태도로 복음을 전하시고, 기적을 행하시고 선한 일을 행하시며, 허다한 무리를 불러 모으신 것을 알게 됩니다.

그런데 바리새인과 율법학자들은 우리 주님에 대해 왜 그토록 이를 갈면서 모질게 대했을까요? 주님은 하나님 사랑의 본질이요 화육化肉이셨으나, 그들은 주님께 반론과 공격을 퍼부었고 올무를 놓아 책잡으려 했고 제거하기 위해 공모했습니다. 마침내 십자가에 못박아 잔인하게 죽임으로써 그를 제거하는 데 성공했습니다. 무엇이 그들을 이렇게 행동하도록 했습니까? 주께서 말씀으로 그들을 정죄하셨기 때문입니다. 그들은 주님의 말씀에 함축된 의미를 알았습니다. 스스로 만족하고 온전하다고 생각하던 자들이, 자신들에게 무언가 잘못된 것이 있다는 지적을 받은 것입니다. 그러므로 끊임없이 주께 대들며 이렇게 말했던 것입니다. "우리가 아브라함의 자손이라. 남의 종이 된 적이 없거늘 어찌하여 우리가 자유롭게 되리라 하느냐"요 8:33.

어이없는 항변처럼 들리지만 이것은 실제 역사입니다. 그 전에 우리 주님은 그들에게 이렇게 말씀하셨습니다. "너희가 내 말에 거하면 참으로 내 제자가 되고 진리를 알지니 진리가 너희를 자유롭게 하리라"요 8:31-32. 누구나 기뻐하며 받을 만한 말씀이 아닙니까? 자유를 약속하는 말씀이었습니다. 그러나 그들은 격분했습니다. 그들이 격분한 이유는, 그 말씀에 함축된 의미를 파악했기 때문입니다. 우리 주께서 그들을 자유롭게 하리라고 약속하셨을 때, 그 안에는 그들이 예속돼 있으며 스스로 힘으로는 풀려날 수 없다는 뜻이 담겨 있었던 것입니다. 자신들에게 무언가 잘못이 있다는 것과, 우리 주님만이 주실 수 있는 어떤 것이 자신들에게 필요하다는 암시에 그들은 분노한 것입니다. 그 이유 때문에 그들은 주님을 미워했습니다. 그런데, 이제 그들이 스데반의 설교와 사도들의 설교에서도 똑같은 요소를 발견한 것입니다.

그러나 그것이 전부가 아닙니다. 두번째 이유가 있었습니다. 이 두번째 이유가 매우 흥미롭습니다. 이들 종교 지도자들은 자신들이 믿는다고 주장한 것의 참된 의미를, 사실은 이해하지 못하고 있었던 것입니다. 이 점을 자세히 설명하고자 합니다. 그들은 전통과 배경과 역사를 지닌 사람들이었습니다. 그리고 이것이 자신들에게 필요할 뿐 아니라 자신들이 크게 내세우는 전부라고 생각했습니다. 그런데 7장을 좀더 읽어 가면 알겠지만, 그들이 스스로 믿고 있다고 자부하던 것뿐 아니라 심지어 자신들의 역사조차 전혀 이해하지 못하고 있다고 스데반이 책망한 것입니다. 여기에는 쉽게 납득되지 않는 점이 있습니다만, 제가 이 점을 강조하는 이유는, 종교 지도자들의 이러한 태도와 이러한 실패가, 오늘날에도 여전히 많은 사람들이 복음을 믿지 못하게 하는 가장 큰 장애라는 사실입니다.

이 말을 좀더 설명하고자 합니다. 예수님의 말씀에 분개한 사람들은 유대인입니다. 그들은 아브라함이 자신의 조상이며 자신들은 그의 후손임을 크게 자랑했습니다. 그들에게는 언제나 '조상들'—아브라함과 이삭과 야곱—에 관한 말이 입에서 떠날 날이 없었습니다. 앞서 말씀드렸듯이, 그들은 우리 주님께 "우리가 아브라함의 자손이라"고 말했습니다. 바꿔 말하면 이런 뜻입니다. "당신이 그 말을 외인들 곧 이방인들이나 그 같은 부류들에게 했다면 누가 트집을 잡겠는가? 당신은 우리가 **유대인임을** 알지 못한단 말인가?"

이처럼 자신들의 역사를 그릇되게 이해하고 있었다는 것이 첫번째 큰 문제였습니다. 스데반이 이제 이 사실을 그들 앞에 증명해 보일 참입니다. 스데반이 한 일은 독창적인 것이 아니었습니다. 앞서 보았던 것처럼, 우리 주님은 이미 같은 일을 하셨습니다. 주님은 그들에게 이렇게 말씀하셨던 것입니다. "만일 너희가 아브라함의 자손이라면 나를 이같이 대하지 않을 것이다. 아브라함은 나의 때 볼 것을 즐거워하다가 보고 기뻐하였다. 너희는 잘못 알고 있는 것이 있다. 너희와 아브라함의 관계를 아주 잘못 이해하고 있는 것이다."

그러나 우리 주님보다 앞서 세례 요한도 같은 지적을 했습니다. 요한은 낙타털옷을 입고 가죽끈으로 허리를 매고 메뚜기와 석청을 먹으며 자신을 엄히 단속하며 살았습니다. 주 하나님을 향한 열정으로 뜨겁게 타오르던 광야의 선지자였습니다. 백성들이 그의 말을 들으려고 구름처럼 몰려들었고, 그렇게 모여든 군중 틈에는 바리새인들도 있었습니다. 요한은 그들을 향해 "누가 너희에게 일러 장차 올 진노를 피하라 하더냐" 하고 말했습니다. 아브라함의 자손임을 자부하던 그들의 속내를 꿰뚫어 보고서 이렇게 꾸짖었습니다. "속으로 아브라함이 우리 조상이라 말하지 말라. 내가 너희에게 이르노니 하나님이 능히 이 돌들로도 아브라함의 자손이 되게 하시리라"눅 3:7, 8.

이 사람들은 자신들이 유대인, 곧 아브라함의 직계 자손들인 사실을 철석같이 믿고 있었습니다. 이것이 그들이 안고 있던 문제의 핵심이었습니다. 그들은 자신들의 역사를 순전히 민족과 정치 위주로 보았던 것입니다. 족보를 되짚어 보아 아브라함의 혈통을 입증할 수만 있다면 만사가 걸릴 것이 없었습니다. 그 점만 확인된다면, 모든 문제가 해결되고 하나님과 원만한 관계에 들어가며 얼마든지 자긍심을 가져도 된다는 것이었습니다. 자신들 민족의 영적 특성에 관해서는 전혀 이해하지 못했습니다. 그러므로 면면히 흘러온 자신들의 역사의 중요한 의미를 깨닫지 못했던 것입니다.

사도 바울은 로마서에서 이 점을 유대인들에게 환기시켜야 했습니다. "이스라엘에게서 난 그들이 다 이스라엘이 아니요" 하고 그는 말합니다롬 9:6. 혈통으로는 이스라엘 민족에 속할 수 있어도, 진정한 의미 곧 영적 의미에서는 얼마든지 바깥에 있을 수 있다는 뜻입니다. 바로 이 점이 스데반의 설교에서 취할 수 있는 요지인데, 그의 설교를 읽을 때 우리는 이 점을 놓치지 말아야 합니다.

두번째로, 스데반은 유대인 지도자들이 스스로 믿는다고 자부하는 것조차 전혀 이해하지 못하고 있음을 지적합니다. 그들은 자신들의 역사를 잘못 이해하고 있었을 뿐 아니라, 성전과 성전 예배를 대하는 태도도 잘못되어 있었습니다. 성전을 생각하는 면에서도 그들은 매우 교만했습니다. 성전에 대해 긍지를 갖고 있었습니다. 그곳만이 예배할 장소이며, 그곳을 떠나서는 아무데서도 합당한 예배를 드릴 수 없다고 믿었습니다. 다른 민족들을 무시했습니다. "성전도 없으면서 어떻게 예배를 드릴 수 있단 말인가?" 예배할 곳이 예루살렘 성전에 있다는 이유로 그들은 그것을 자랑했습니다.

7장의 설교에 잘 나타나 있는 대로, 스데반은 성전을 화두로 제시한 다음 자세히 설명하고 강조합니다. 그것은 당연한 일이었습니다. 성전이야말로 유대인들이 안고 있던 문제의 본질이었고, 그들이 자신들의 복되신 주와 구주를 배척한 큰 이유였기 때문입니다. 그들은 오래전부터 기계적인 예배 개념을 구축해 놓고 있었습니다. 성전에 규칙적으로 다니면서 규정된 예물을 드리기만 하면 신자로서 할 일을 다한 것이고, 달리 무슨 일을 더 하지 않아도 문제될 것이 없었습니다. 그래서 그들은 성전을 중심으로 성전에 의존하여 살았습니다. "이것이 여호와의 성전이라"렘 7:4 하고 입버릇처럼 말했습니다.

우리 복되신 주께서 몸소 유대인 지도자들의 그릇된 성전 개념을 바로잡아 주셔야 했습니다. 한번은 바리새인들과 변론하면서 성전에 관해 아주 자세히 말씀하셨는데, 다음 말씀이 그중 한 대목입니다.

화 있을진저. 눈먼 인도자여, 너희가 말하되 누구든지 성전으로 맹세하면 아무 일 없거니와 성전의 금으로 맹세하면 지킬지라 하는도다. 어리석은 맹인들이여, 어느 것이 크냐. 그 금이냐 그 금을 거룩하게 하는 성전이냐. 너희가 또 이르되 누구든지 제단으로 맹세하면 아무 일 없거니와 그 위에 있는 예물로 맹세하면 지킬지라 하는도다. 맹인들이여, 어느 것이 크냐. 그 예물이냐 그 예물을 거룩하게 하는 제단이냐^{마 23:16-19}.

유대인들이 바로 이런 상태에 떨어져 있었습니다. 껍데기만 남은 종교, 건물과 형식의 종교, 의식과 행사의 종교, 이것만 붙들고 있으면 된다고 생각하고 있었습니다. 그것으로도 모자라 하나님을 성전에 가둬 놓고, 성전 아닌 곳에서는 하나님께 예배드릴 수 없다고 믿는 한심한 극단에 치우쳐 있었습니다. 유대인 지도자들의 의식 수준이 이러한 지경이었으므로, 스데반은 그들을 향해 "우리 조상 아브라함이 하란에 있기 전 메소보다미아에 있을 때에"-즉 아브라함이 가나안에 오기 훨씬 전에-"영광의 하나님이 그에게 보여 이르시되" 하고 설교를 시작한 것입니다.

유대인들은 실제로 하나님께서 성전, 곧 교회에만 계신다고 믿었습니다. 자신들이 하나님의 백성들로서, 자신들만 하나님을 예배할 수 있고 자신들만 하나님의 계시를 맡아 가지고 있다고 자랑했습니다. 그러나 그들의 종교는 형식과 의식만 남은 지극히 기계적인 제도로 변질되었습니다. 성령께서 이미 오래전에 그들을 떠나신 까닭에 예배에 몇 명 참석했느냐, 행사를 근사하게 치렀느냐 하는 따위의 문제만 중요하게 취급되었습니다. 이것이 산헤드린 공회원들이 안고 있던 두번째 문제였습니다.

셋째로-지금 우리가 살펴보고 있는 것은, 이들 종교 지도자들이 스스로 자랑하던 것의 참된 의미를 어떻게 철저히 오해하고 있었는가 하는 것임을 기억하시기 바랍니다-그들은 모세와 그의 교훈, 곧 율법의 가르침을 매우 그릇되게 알고 있었습니다. 그들은 거짓 증인들을 시켜 스데반을 고소하도록 했는데, 그 내용은 이런 것이었습니다. "이 사람이 모세와 하나님을 모독하는 말을 하는 것을 우리가 들었노라……이 사람이 이 거룩한 곳과 율법을 거슬러 말하기를 마지 아니하는도다."행 6:11, 13.

이들 바리새인과 서기관들 그리고 지도자들의 말을 듣고 있던 유대인 일반은, 자신들이 율법을 받은 사실에 대단한 자부심을 느끼고 있었습니다. "율법이 우리 것이며, 우리는 하나님의 백성이다. 모세가 우리의 위대한 지도자요 율법을 받은 자며, 우리는 그 율법을 지닌 백성이다." 그러므로 그들은 이방인을 무시하면서 그들을 '개들'로 간주했습니다. 하나님은 이방인들에게 삶의 준칙인 율법은 주지 않으셨으므로, 그들은 그저 되는 대로 살아가는 자들이라고 여겼습니다. 물론 하나님은 유대인들에게 어떻게 살아야 하는지를 말씀하시면서 살아있는 율법을 주셨습니다. 그런데 그들은 다른 민족에게 없는 율법을 받았다는 사실 하나만으로도, 자신들이 자동적으로 하나님과 화목하게 되었으므로 더 이상 바랄 것도 노력할 것도 없다고 생각한 것입니다.

따라서 스데반은 그러한 사고방식을 책망해야 했습니다. 하지만 이 책망 역시 독창적인 것이 아니었습니다. 우리 주님께서 이미 같은 내용의 책망을 하셨던 것입니다. 사실 이 책망이 산상수훈의 요지라고 해도 과언이 아닙니다. 주님은 바리새인과 서기관들을 향해 "옛사람에게 말한 바……하였다는 것을 너희가 들었으나 나는 너희에게 이르노니" 하고 말씀합니다마 5:21-22. 무엇을 이르셨습니까? 그들이 율법을 철저히 오해하고 있음을 입증해 보이셨습니다. 예를 들어 그들은 "나는 살인을 범한 적이 없다"고 말했으나, 주님은 "지레 단정하지 말아라. 너희는 살인한 적이 없다고 말하지만, 그렇다면 마음으로 '이런 얼간이!' 하고 내뱉은 적은 있느냐? 그렇다면 너희는 살인한 것이다. 마음으로 그를 죽인 것이다" 하고 말씀하신 것입니다.

또한 유대인들은 "우리는 간음한 적이 없다"고 말했습니다.

우리 주님은 그들에게 이렇게 말씀했습니다. "속단하지 말아라. 음욕을 품고 여인을 바라본 적이 있느냐? 그렇다면 마음으로 이미 간음한 것이다. 하나님께서 주목하시는 것은 바로 그런 것이다."

이어서 주님은 그들에게 사실 이렇게 말씀하셨습니다. "너희는 율법에 관하여 아무것도 모른다. 율법을 곡해했고, 율법의 정신은 놔둔 채 사람들의 계명만 지키고 있다. 율법 전체를 변질시켰다. 너희는 하나님의 거룩한 계명보다 너희의 유전遺傳을 앞세웠다." 그들은 율법의 진정한 목적을 깨닫지 못한 채, 율법을 세상의 도덕 체계의 하나로 전락시켰습니다.

그렇다면 율법의 목적이 무엇입니까? 그저 자신 있게 일어나 "나는 이 일을 하지 않았고, 저 일을 하지 않았고, 또한 저 일도 하지 않았다"고 말할 수 있으면 되는 것입니까? 전혀 그렇지 않습니다. 율법의 목적은 그 안에 담긴 정신에 있습니다. 사람들을 인도하여 하나님 앞에 엎드려 경배하도록 하는 데 있습니다. 율법은 하나님께 온전히 순종하는 길을 보여주는 지침입니다.

그러나 유대인들은 이렇게 말했습니다. "우리가 율법을 지켰으므로 하나님 앞에서 아무런 문제가 없다. 설교를 더 들을 필요가 없다. 이 예수란 자가 누군가? 그는 우리더러 자기를 믿어야 한다고 말하지만, 우리는 계명을 지키며 살아왔기 때문에 그가 없어도 된다." 그들의 율법 해석이란 이런 것이었습니다. 하나님이 애초에 율법을 주실 때, 백성을 구원하기 위한 수단으로 주신 것이 아님을 그들은 깨닫지 못했습니다. 율법의 목적이란 그런 것이 아닙니다. 유대인들은 율법을 지킴으로 자신을 구원할 수 있다고 생각했으나, 율법에는 처음부터 구원의 기능이 없었습니다. 성경은 그 누구도 율법을 지켜 구원받을 수 없음을 분명히 가르칩니다.

그렇다면 율법의 목적이 무엇입니까?

율법의 목적은 우리가 스스로 구원할 수 없음을 깨닫게 하는 데 있습니다. 그런 목적으로 율법을 우리에게 주셨습니다. 사도 바울은 "율법이 우리를 그리스도께로 인도하는 초등교사가 되어"갈 3:24라는 말로 그것을 설명합니다. 하지만 가련한 유대 종교 지도자들은 그것을 이해하지 못했습니다. 그들은 이렇게 말했습니다. "율법은 사람이 해야 할 것과 해서는 안될 것을 가르치는 법 체계가 아닌가? 율법의 명령대로 이것을 하고 저것을 하지 않으면 아무런 문제가 없다. 우리는 스스로 노력해 구원을 이루어 왔다." 거듭 말씀드리지만, 이런 생각은 하나님께서 율법을 주신 본의와 정반대입니다. "그러므로 율법의 행위로 그의 앞에 의롭다 하심을 얻을 육체가 없나니 율법으로는 죄를 깨달음이니라"롬 3:20. "그런즉 율법은 무엇이냐. 범법하므로 더하여진 것이라"갈 3:19. 율법은 우리에게, 죄란 악하고 비참한 것임을 깨닫게 하려고 주신 것입니다. 우리가 죄인임을 깨닫게 함으로써, 그리스도께 달려가 피하여 안전과 구원을 얻으라고 주신 것입니다.

이러한 율법의 본뜻을 오해했던 대표적인 사람이, 훗날 사도가 된 다소의 사울입니다. 그는 바리새인으로 그리스도를 미워하고 모욕했습니다. 초대 기독교교회를 말살하기 위해서라면 무슨 짓이든 다했습니다. 빌립보서 3:6에서 그는, 자신이 바리새인으로서 "율법의 의로는 흠이 없는 자"라고 했습니다. 조금도 거리낄 게 없다는 것입니다! "나는 팔 일 만에 할례를 받고 이스라엘 족속이요 베냐민 지파요 히브리인 중의 히브리인이요"5절. 민족성과 아브라함으로부터 물려받은 혈통, 율법 준수와 도덕생활, 성전 예배 등을 신앙생활의 축으로 삼는 전형적인 모습입니다. 바리새인인 바울은 이런 문제들에 권위자였습니다. 스스로 율법 전문가로 자부하던 그가, 율법의 본질과 참뜻에 전혀 캄캄한 모습을 드러낸 것입니다.

그러면 유대인들이 자신들의 유산을 크게 오해하게 된 원인을 세 가지로 말씀드리겠습니다. 그들은 신앙을, 하나님이 아브라함과 모세처럼 자신들이 존경하는 조상들을 통해 주신 것과 정반대로 만들어 놓았습니다. 설마 그렇게까지 했겠는가 의구심이 들 수도 있으나, 그것이 엄연한 사실입니다. 스데반이 본문의 설교에서 지적하는 것도 바로 그것입니다. "내게 씌워진 혐의를 여러분의 입장에서 답변해 드리겠습니다. 여러분은 조상들에게 물려받은 유산을 그릇되게 이해했습니다. 유산을 실제로 간직하고 있으면서도 그것을 이해하지 못한 채, 오히려 참람하다며 분개하고 있는 것입니다."

이처럼 유대인들이 안고 있던 문제의 첫번째 원인은, 자신들이 아무런 문제도 없다고 생각한 데에 있었습니다. 두번째 원인은 자신들의 종교를 철저히 오해한 데 있었습니다. 그 결과 그들은, 주 예수 그리스도의 영광을 알아보지 못했습니다. 그리스도가 전한 복음의 의미나 그분에 관한 진리도 깨닫지 못했으며, 그분이 하나님의 아들이요 세상의 구주이심도 알지 못했습니다. 그리스도가 자신들의 종교와 율법의 성취일 뿐 아니라 자신들이 지금까지 인도받은 모든 길의 종착점이요 완성임을 까맣게 몰랐습니다. 편견과 인간적 생각에 철저히 눈이 멀었습니다. 자신들이 미워해 죽인 그분이야말로, 자신들이 아브라함의 자손들이라고 자랑하던 모든 것의 필연적이고 논리적인 결과임을 깨닫지 못했습니다.

그런데 이러한 책망도 스데반이 처음 한 것이 아니었습니다. 우리 주님이 자신을 따라다니며 시비를 걸던 바리새인과 서기관들에게 이미 같은 말씀을 하셨던 것입니다. "너희가 성경에서 영생을 얻는 줄 생각하고 성경을 연구하거니와 이 성경이 곧 내게 대하여 증언하는 것이니라"요 5:39. 하지만 바리새인과 서기관들은 마음의 눈이 완전히 멀어서 이러한 말씀을 들어도 깨닫지 못했습니다. 그리스도가 성경의 부정이 아니라 완성임을 보지 못했습니다. 그리스도께서 분명히 말씀하셨습니다. "진실로 너희에게 이르노니 천지가 없어지기 전에는 율법의 일점 일획도 결코 없어지지 아니하고 다 이루리라"마 5:18.

정리하면 이렇습니다. 이 사람들은 전체는 괜찮은데 각론 몇 군데에 문제가 있었던 것이 아니라, 관점과 접근방식 자체가 완전히 잘못되었습니다. 스데반은 이 점을 그들에게 깨우쳐 주고자 했습니다. 제가 이 점을 여러분에게 다시 환기시키는 이유는, 오늘날이라고 해서 상황이 다르지 않기 때문입니다. 그리스도인이 되기 가장 어려운 사람은, 이미 자신이 그리스도인이라고 생각하는 이들입니다. 우리 주님이 한번은 바리새인들에게 이렇게 말씀하셨습니다.

어떤 사람에게 두 아들이 있는데 맏아들에게 가서 이르되 얘, 오늘 포도원에 가서 일하라 하니 대답하여 이르되 아버지, 가겠나이다 하더니 가지 아니하고 둘째 아들에게 가서 또 그와 같이 말하니 대답하여 이르되 싫소이다 하였다가 그후에 뉘우치고 갔으니마 21:28-30.

그런 후에 비유를 적용해 말씀하셨는데, 그 뜻은 사실 이런 것이었습니다. "너희는 하나님 나라에 들어가기를 거부하고 있다. 그 나라가 먼저 너희에게 제시되었으나 너희는 그리로 들어가지 못할 것이다." 그러고 나서 이렇게 말씀하셨습니다.

내가 진실로 너희에게 이르노니 세리들과 창녀들이 너희보다 먼저 하나님의 나라에 들어가리라. 요한이 의의 도로 너희에게 왔거늘 너희는 그를 믿지 아니하였으되 세리와 창녀는 믿었으며 너희는 이것을 보고도 끝내 뉘우쳐 믿지 아니하였도다31-32절.

이런 현상이 오늘날도 여전합니다. 거듭 말씀드리지만, "나는 이미 그리스도인이다"라는 생각만큼 그리스도인 되는 데 큰 장애가 없습니다. 자신에게는 아무 문제가 없다고 생각하기 때문에, 자신은 이미 하나님과 화목했다고 단정하기 때문에, 그리스도에게서 그만큼 멀어져 있습니다. 유대인들이 자신들의 민족성에 의존해 마음을 놓고 지냈던 것처럼, 이 나라의 많은 사람들이 "나는 이미 그리스도인이다. 나는 기독교 국가에서 태어났다"고 말합니다. 유대인들이 자신들의 전통을 얼마나 크게 의존했는지 앞에서 살펴보았는데, 오늘날 영국인들도 역사와 배경을 자랑하는 점에서는 다르지 않습니다.

또 무엇이 있습니까? "나는 항상 신앙교육을 받으며 자랐다. 어릴 때부터 예배당에 다녔다." 좋습니다. 바울이 "나는 팔 일 만에 할례를 받고" 하고 말했듯이, 오늘날 사람들도 유아세례 받은 사실을 내세웁니다. 사도가 빌립보서 3:4-6에서 자신에 관해 말한 모든 것이 오늘날 많은 사람들의 입을 통해 다시 울려 퍼집니다. "나는 언제나 그리스도인이었다. 항상 하나님을 믿고 살아왔다. 늘 기도하며 지냈다." 물론 그들이 특정 형식의 예배를 열정적으로 드리고, 빠짐없이 교회에 출석하고, 선량한 생활을 할 수도 있습니다. "도덕성이라고요? 나는 여태껏 살아오면서 악한 짓을 하는 사람들을 많이 알고 있습니다. 하지만 나는 그런 일을 해본 적이 없습니다. 나는 괜찮아요. 나는 선량한 인간이고 선량한 그리스도인입니다."

바로 이런 태도가 문제 아닙니까? 이렇게 자부하는 사람들은 기독교의 본질을 모릅니다. 기독교 세계가 과거 유대교가 범했던 것과 똑같은 잘못을 범해 왔다는 사실을 여러분은 모르십니까? 유대교는 하나님께서 모세를 통해 주신 메시지를 정반대의 것으로 변질시켰습니다. 오늘날 기독교 세계도 다르지 않습니다. 사람들이 주 예수 그리스도의 필요성을 느끼지 못합니다. 자신들의 죄책과 공허함과 비참함을 바라볼 줄 모릅니다. 갈보리 언덕의 십자가에서 그리스도가 죽으셔야 했던 이유를 알지 못합니다. 왜 그렇습니까? 스스로 괜찮다, 문제없다고 생각하기 때문입니다. 다른 사람은 혹시 그런 것이 필요해도 자신은 괜찮다고 생각합니다. 신앙이 외적이고 기계적이고 형식적인 것으로 굳어 버렸습니다. 신앙이 인격으로 발휘되지 않습니다. 신앙을 삶으로 실천하는 일이 드뭅니다. 하나님의 심판과 지옥에 관해 알지 못합니다. 오히려 참된 복음을 듣게 되면, 산헤드린 공회가 그랬던 것처럼 분노합니다. 그리스도의 보혈을 비웃고, 거듭나야 한다는 말을 미련하게 여깁니다. "요새 세상에 그런 것을 믿는 사람이 어디 있나요?" 하고 힐난합니다.

어떤 사람들은 한 걸음 더 나아가, 신앙이 있든 없든 모든 사람이 다 괜찮으니 죄와 심판을 전함으로 당혹스럽게 하지 않아도 된다고 믿습니다. 이런 생각은 산헤드린 공회원들이 안고 있던 문제를 그대로 따르는 것일 뿐입니다. 앞에서 그들의 문제를 정리해 말씀드린 것처럼, 현대인들의 문제도 정리해 말씀드릴 수 있습니다. 그리스도인이 아닌 사람들이 안고 있는 큰 어려움은 각론의 문제가 아닙니다. 물론 그들은 당연히 각론을 가지고 이런저런 반론을 펼 준비가 되어 있겠지요. "내겐 기적이 문젭니다. 난 산상수훈은 좋아하는데, 초자연적이고 기적적인 문제는 받아들일 수 없어요" 하고 그들은 말합니다. 혹시 가인의 아내와 요나의 큰 물고기 같은 해묵은 난제를 끄집어낼지도 모릅니다. "기독교의 핵심 교훈은 문제없이 다 받아들일 수 있는데, 지엽적인 내용은 그렇지 않아요" 하고 말합니다.

그러나 실상은 정반대입니다. 여러분의 문제는 생각 전체가 잘못되어 있다는 데 있습니다. 지엽말단의 문제가 아니라 태도와 관점 전체의 문제입니다. 이것이 1세기 유대인들의 비극이었던 것처럼 현대인들의 비극이기도 합니다. 우리는 기독교 복음을 제도화된 종교로 고착시켰습니다. 워낙 심하게 변질시켜서 원상을 제대로 식별하기조차 어렵습니다.

그렇다면 우리가 스데반의 설교를 들어야 할 절박한 필요가 있는 것 아닙니까? 오늘날 우리가 처한 상황은, 스데반이 책망하고 지적해주어야 했던 상황과 하나도 다르지 않습니다. 제가 이 자리에서 하려는 것도 그의 설교를 다시 여러분에게 들려주려는 것이며, 저도 같은 심정으로 여러분에게 "여러분 부형들이여" 하고 부릅니다. 그다음은 무엇입니까? 첫번째 단어가 등장합니다. "들으소서." 귀 기울여 들어 보라는 것입니다. 스데반은 설교를 이렇게 시작했으며, 무릇 복음을 전할 때는 이렇게 시작해야 합니다.

우리는 잠잠히 인내하며 들음으로 시작해야 합니다. "잠깐 귀를 빌려주시오. 여러분에게 긴히 들려줄 말이 있는데, 그것은 여러분 모두가 들을 만한 말입니다. 여러분의 생명을 위해서 들으십시오." 이런 뜻이 스데반의 설교 첫마디에 담겨 있습니다.

"들으소서"라는 단어에서 추론할 수 있는 것이 무엇입니까? 들으라는 말은 복음이 사유를 거친 논증이요 진술임을 보여줍니다. 스데반은 법정에서 판사와 방청객들을 향해 자신의 입장을 진술하고 있는 것입니다. 7장의 설교를 읽고 상고하고 또 읽어 보십시오. 논리가 어떻게 전개되는지, 사실들이 어떻게 맞물려 제시되는지 주목해서 보십시오.

이것이 기독교입니다. 기독교는 이성적 사유와 논증을 중시합니다. 제가 이 말을 강조하는 이유는, 오늘날 많은 사람들이 기독교에 대해 터무니없는 편견을 갖고 있기 때문입니다. 그들은 이성적인 사람들이라 눈물이나 짜고 감상주의에 휘둘리는 기독교에 관심이 없다고 말합니다. "기독교? 여자나 아이들, 벽촌 사람들에게나 어울리는 종교이지요. '현대인'에게는 맞지 않아요." 성년이 되어 이성과 합리성과 세련된 판단과 과학 지식을 갖춘 현대인은 기독교를 졸업했다는 말입니다. "기독교는 터무니없는 종교지요. 그러니 내 정서에 대고 호소하려고 하지 마세요. 당신이 믿는 기독교가 '민중의 아편'이요 마약이요 순전히 감상주의인 줄을 나는 잘 압니다." 그들은 이렇게 말합니다.

좋습니다. 솔직하게 말해 보겠습니다. 기독교가 그런 식으로 오해받는 일이 적지 않습니다. 그러나 기독교는 그런 종교가 아닙니다. 기독교가 무엇인지 정말로 알고 싶다면 사도행전을 펼쳐서 읽어 봐야 합니다. 특히 기독교 교회의 인정과 뒷받침을 받아, 최초의 본격적 설교로 기록된 사도행전 7장의 내용이야말로 복음에 대한 저의 견해입니다. 누가 뭐라고 해도 이것이 신약의 복음입니다. 스데반의 설교는 사도행전에 기록된 다른 모든 연설과 설교뿐 아니라 종교개혁과 부흥이라는 위대한 시대에 행해진 설교의 전형입니다. 결코 감상주의가 아닙니다. 지적 기능과 정서와 의지를 총체적으로 동원해야 겨우 이해할 수 있습니다.

입장을 바꾸어서, 기독교와 기독교의 전도를 비이성적이고 정서에나 호소하는 감상주의라고 부인하고 배척하는 사람들은 정작 무엇을 하며 어떻게 살고 있습니까? 그들은 아마도 집에서 느긋하게 앉아 텔레비전을 시청할 것입니다. 텔레비전에서 주로 무엇을 봅니까? 말초감각을 자극하는 드라마나 '눈물을 짜는' 멜로드라마 아닙니까? 그것이 이성입니까? 그것이 논리성입니까?

저는 이 위대한 설교를 강해하기 시작하면서, 한 가지 도전을 던지고 싶습니다. 제가 여러분의 감정에 대고 무엇을 호소한 적이 있습니까? 감각적인 이야기로 여러분을 즐겁게 해드린 적이 있습니까? 솔직하게 말해 봅시다. 여러분은 지난 한 주일을 지내면서, 이 예배시간만큼 길고 진지하게 생각한 다른 것이 있습니까? 텔레비전을 보거나 라디오를 듣거나 신문을 읽거나 소설을 읽는 것이 지적인 활동입니까? 물론 아닙니다. 오히려 제가 지적인 기능을 지나치게 강조한다고 불평하는 분들이 계실 수도 있습니다. 좋습니다. 저는 그런 비판을 기꺼이 받아들입니다. 그러나 그런 비판은 스데반의 설교가 우리에게 다가와 "귀를 기울이라, 냉정을 되찾고 경청하라"고 말하고 있다는 저의 주장을 뒷받침해 줍니다. 안락의자에 느긋하게 기대앉아서는 이 설교를 따라잡을 수 없습니다. 잔뜩 긴장한 채 일어서야 합니다. 이것은 논리적인 설교입니다. 쉽지 않습니다. 단순하지 않습니다. 우리의 모든 에너지와 기능을 요구합니다. 여러분이 지니고 있는 지적 역량을 다 동원해야 합니다.

왜 그럴까요? 이것은 진리이기 때문입니다! 이것은 진리의 몸체요, 교리의 몸체요, 위대한 진리 진술의 몸체이기 때문입니다. 진리는 정신에 전달됩니다. 성경은 인간이 받은 가장 훌륭한 은사가, 어떤 의미에서는 정신이라고 가르칩니다. 인간에게는 짐승에게 없는 정신이 있습니다. 인간은 논지를 따라가며 이해할 수 있고, 사유할 수 있고, 스스로 관찰하고, 스스로 검증할 수 있습니다. 그것이 인간의 정신입니다!

스데반은 이러한 생각으로 많은 무리를 바라보았습니다. 그들의 격앙된 상태를 보았습니다. 편견에 사로잡힌 상태를 보았습니다. 그들의 폭력성을 보았습니다. 그들이 지나치게 감정에 치우쳐 있음을 보았습니다. 그래서 아주 정중하게 "여러분 부형들이여" 하고 운을 뗐습니다. 얼마나 근사한 태도입니까! 아무도 모욕할 필요가 없었습니다. "존경할 자를 존경하라" 롬 13:7. 스데반은 신사였습니다. 그런 태도로 자신의 생각을 펼쳐 나갔습니다.

스데반은 용감하게 연설 모두에 "들으소서"라는 단어를 사용했습니다. "자제하시기를 부탁합니다. 부디 격앙된 상태를 제어하십시오." 그런 뜻이었습니다.

산헤드린 공회원들 가운데 일부는 진작부터 이를 갈고 있었습니다. 그들의 사나운 눈초리와 경련 이는 입술에 살기가 감돌았습니다.

시대를 떠나 그런 사람들에게 해줄 수 있는 말은 이런 것입니다. "그만하세요. 편견과 분노에 그만 휘둘리시고, 이제 제가 드리는 말씀 잘 들어 보세요."

"들으소서"라는 스데반의 말에 혹시 다른 뜻은 없었을까요? 있었습니다. 스데반은 자신이 산헤드린 앞에 하려는 진술이, 그들이 평생 못 들어 봤을 독특한 것임을 암시한 것입니다. 그들이 익히 아는 사실들을 말하려는 것이지만, 그 사실들을 바르게 해석하겠다는 것입니다. 이것은 그들이 익히 알던 모든 것에 저촉되는 해석이기에, 산헤드린이나 스데반 모두에게 쉽지 않을 것입니다. 그래서 그들에게 귀담아들어 볼 것을 간절히 부탁한 것입니다.

복음은 오늘날 세상의 '그' 어떤 것과도 같지 않습니다. 정치, 예술, 학문, 과학 등 기억에 떠오르는 모든 것을 생각해 보십시오. 복음에는 과연 새로운 어떤 것이 있습니다. 그 점을 처음부터 유념해야 합니다. 그러므로 편견을 버려야 합니다. 지금 우리가 직면하려는 것이 과거에는 한번도 진지하게 직면해 보지 못했던 것입니다. 그러므로 모든 관심을 집중시킬 것을 요구하는 것임을 알아야 합니다.

더 나아가 복음은, 우리의 편견과 선입견을 모두 부수고 씻어 냅니다. 싫든 좋든 복음 앞에 설 때는 그렇게 되도록 준비해야 합니다. 이것이 그리스도인이 될 때 내딛는 첫걸음의 하나입니다.

이것이 오늘 설교의 결론이기도 합니다. 우리는 우리 죄를 깨닫게 해줄 어떤 것, 우리 내면에 다가와 "너는 죄인이다" 선언할 어떤 것을 맞이할 준비를 해야 합니다. 제가 여러분에게 복음을 전하면서, 기독교 복음이란 자연인을 거스르는 것이며 결코 옛 본성에 달가운 것이 아님을 말하지 않는다면, 저는 설교자로서 크게 잘못하는 것입니다. 사람들이 복음을 거부할 때 저는 놀라지 않습니다. 그들로서는 다른 식으로 행동할 수 없습니다. 사도 바울은 이렇게 말합니다. "육에 속한 사람은 하나님의 성령의 일들을 받지 아니하나니 이는 그것들이 그에게는 어리석게 보임이요, 또 그는 그것들을 알 수도 없나니 그러한 일은 영적으로 분별되기 때문이라"^고전 2:14^. 이 사실이 세상의 유능하고 유력한 사람들을 향해 "당신은 무익하고 소망이 없다"고 말하고, 도덕적인 개인들에게는 "당신의 도덕성이란 '더러운 옷'과 같아서 분뇨와 쓰레기에 지나지 않는다"고 일러 주는 어떤 것입니다. "나는 모태에서부터 하나님을 예배해 왔다"고 말하는 사람을 향해 그것은 이렇게 말합니다. "당신은 살아계시는 하나님을 참되게 예배한 적이 없습니다. 상상으로 그려 낸 관념적 대상을 숭배한 것이고 전통을 숭배한 것입니다. 당신이 신앙인이라는 말은 유대인이나 이슬람교 신자, 혹은 불교나 유교 신자가 자신을 신앙인이라고 하는 것과 다르지 않습니다."

우리가 처음부터 분명히 해두고 넘어가야 할 또 하나의 어떤 것이 있습니다. 복음 앞에 직면했는데도, 예전처럼 여전히 행복할 뿐 아니라 자신이 선량하고 아무 문제가 없다고 느끼며, 다른 사람보다 나으면 나았지 못할 게 없다고 생각되는 그런 일이란 없습니다. 복음은 우리가 딛고 살아온 근간을 무너뜨리며, 우리가 하나님 앞에 큰 죄인임을 드러냅니다.

마지막으로, 복음에는 하나님을 알고 죄사함을 받고 영생의 소망을 갖게 하는 유일한 길이 있음을 알려 주는 어떤 것이 있습니다. 그것은 하나님의 아들, 곧 우리의 복되신 주와 구주이신 예수 그리스도를 믿는 것입니다.

사랑하는 여러분, 이제 설교를 마치고자 합니다. 그 전에 한 가지 질문을 드립니다. 여러분이 무엇을 배척했는지 아십니까? 복음이 무엇인지 구체적으로 알고 있습니까? 하나님께서 복음으로 우리 각 사람의 마음의 눈을 뜨게 하셔서 왜 구원을 허락하는지, 또 이미 구원받은 사람에게는 하나님의 사랑하시는 독생자를 통해 우리에게 베푸신 구원이 얼마나 풍성한지를 깨닫게 해주시기를 진심으로 기원합니다.

02

영광의 하나님

대제사장이 이르되 이것이 사실이냐. 스데반이 이르되 여러분 부형들이여, 들으소서. 우리 조상 아브라함이 하란에 있기 전 메소보다미아에 있을 때에 영광의 하나님이 그에게 보여.

사도행전 7:1-2

지난 설교에서는 스데반이 산헤드린 앞에서 진술을 시작하면서 "여러분 부형들이여, 들으소서" 하고 호소한 말을 살펴보았습니다. 감정을 자제하고 잘 들어 보라는 뜻입니다. 편견과 선입견을 앞세우지 말고, 무슨 뜻인지 잘 들어 보지도 않은 채 불쑥 반응부터 나타내지 말라는 뜻입니다. 일단 말할 기회를 준 다음, 마음을 열고 차분하게 들어 보라는 뜻입니다. 그리고 저 역시 스데반의 심정으로 여러분에게 다시 한번 같은 당부를 드립니다.

그렇다면 우리가 무엇을 들어야 합니까? 스데반이 이 사람들에게 무엇을 말했습니까? 앞서 살펴본 대로, 7장에는 51절에 걸쳐 유대인들의 역사가 진술됩니다. 스데반은 산헤드린에게 역사가 주는 교훈을 일깨워 주었습니다. 하지만 그들이 역사를 몰라서 이렇게 한 것은 아닙니다. 그들은 자신들의 역사를 잘 알았고 그것에 대해 자부심이 대단했습니다. 사람들은 대체로 자기 나라의 역사를 잘 압니다. 1066년에 무슨 사건이 일어났다, 하는 지식 말입니다.

"그렇다면 왜 처음부터 결론을 말하지 않았는가? 왜 이렇게 사실 진술에 긴 시간을 할애하는 과정을 거쳤는가?" 이런 질문이 나올 수 있습니다.

그러나 문제는, 산헤드린이 역사 사실을 익히 알고 있었다고 해도, 그것을 이해하고 해석하는 점에서는 완전히 빗나갔다는 것입니다. 그러므로 스데반은 역사의 진정한 의미와 의의를 그들 앞에 입증해 보임으로써, 그들도 잘 아는 사실史實들을 통해 중요한 교훈을 깨우쳐 주려고 한 것입니다. 따라서 스데반의 변론은 역사에 대한 훌륭한 강의요 논문이었습니다. 이것은 복음이 항상 먼저 하는 일이기도 합니다.

이것이 뜻밖의 말로 들립니까? 복음의 첫 진술이 "우리 조상 아브라함이 하란에 있기 전 메소보다미아에 있을 때에 영광의 하나님이 그에게 보여"라는 말씀, 다시 말해 복음의 첫 진술이 역사라는 것이 뜻밖으로 느껴집니까?

이것은 매우 중요한 문제이기 때문에 제가 이 점을 강조하는 것입니다. 많은 사람들이 곁길로 빠집니다. 그들은 총론보다 각론으로 출발하려고 고집하기 때문에 기독교 신앙, 기독교 복음을 흔쾌히 받아들이지 못합니다. 물론 복음에는 각론이 있습니다. 하지만 복음은 총론을 믿기 전에는 각론을 이해할 수 없게 되어 있습니다. 이와 관련해 다시 말씀드리지만, 오늘날도 이 점에서 곁길로 가는 사람들이 참으로 많습니다. 이런 현상은 많은 세기를 지나오면서 수없이 반복되었습니다. 여러분이 복음 전체를 바라보고 배우며 시작한다면, 여러분을 괴롭혀 온 난해한 각론들도 제대로 볼 줄 아는 안목이 생길 것입니다.

이것은 물론 큰 원리입니다. 어느 학문이든 제대로 된 학문은 이러한 원리를 견지합니다. 각론으로 출발하면 얼마 못 가서 길을 잃습니다. 신학이든 다른 학문 분야든, 좋은 교육자로 인정받은 사람들은 이러한 원리를 자주 강조합니다. 의과대학에 다니던 시절이 기억납니다. 그때 저는 무슨 공부를 하든 두꺼운 교과서로 시작하지 않는 것이 절대 유리하다는 것을 터득했습니다. 그리고 이 방법을 다른 사람들에게 권장하곤 했습니다. 얇은 개론서로 시작해 전체 내용을 파악한 다음, 그 토대에 각론을 세워 가는 것이 좋습니다.

스데반의 변론 방식이 그것이었습니다. 그는 산헤드린이 지적한 각론들에 대해 곧장 답변하지 않았습니다. "잠시 기다리라"고 한 다음, 과거로 돌아가 커다란 캔버스에 그림을 그려 가며 유대인 지도자들에게 그들 역사의 전체를 바라볼 수 있게 했습니다. 그런 후에, 적용 부분으로 돌아와 자신에게 제기된 구체적인 고소들에 대해 답변한 것입니다. 그 구체적인 고소들은, 전체 맥락에 비추어 바라보아야만 비로소 정당성을 지닐 수 있다는 것이 그의 논지였습니다.

제가 복음의 총론과 각론을 거듭해서 언급하는 이유는, 누구나 그리스도인이 되지 못한다는 것이 너무나 가슴 아픈 일이기 때문입니다. 그리스도인이 되지 않은 그들이 이 같은 세상에서 어떻게 살아가는지, 무엇을 위해 사는지, 무슨 소망을 품고 사는지 저는 알지 못합니다. 저는 그들과 정반대되는 세계를 알고 있습니다. 저는 거기서 살아왔고, 그 세계를 맛보아 왔습니다. 그들은 이 세계를 전혀 모릅니다. 그리스도인이 아닌 사람을 보면 불쌍한 마음이 듭니다. 그러므로 하나님께서 어떤 식으로든 저를 쓰셔서, 그들로 하여금 복음의 전모를 볼 수 없게 하는 이런 초기의 어려움, 이런 큰 편견에서 벗어나게 해주시기를 바라는 간절한 소원이 있습니다. 따라서 오늘 설교는 역사와 더불어 시작하게 되었습니다.

역사 이야기를 먼저 꺼냈으므로 드리고 싶은 말씀은, 기독교 설교란 개념 전달이 아니라는 사실입니다. 이것이 오늘날 많은 사람들이 잘못 생각하고 있는 점입니다. 그들은 기독교를 개념들의 총합, 일종의 철학으로 생각합니다. 심지어 복음도 그렇다고 생각하는 사람들이 적지 않습니다. 복음은 우리 주 예수 그리스도께서 생명과 삶에 관하여 가르친 교훈일 뿐이라는 것이 그들의 생각입니다. 그런 사람들의 입에서 이런 말이 나옵니다. "아, 그래요. 나는 산상수훈을 좋아합니다. 참 놀라운 교훈이라고 생각하지요. 이 교훈을 사람들에게 실천하도록 할 수만 있다면 참 좋을 텐데요. 하지만 동정녀 탄생이나 기적, 대속의 죽음, 육체적 부활 같은 주장에는 관심이 없어요. 성령에 관해서도 그렇고요."

그러나 여기서 꼭 말씀드릴 것이 있습니다. 그리고 이것이 대단히 중요할 뿐 아니라, 스데반이 수립하려고 했던 논지 자체도 이것이었습니다. 그것은, 우리 주님의 교훈이 비록 대단히 중요할지라도, 기독교 복음은 우리 주님의 가르침만으로 구성되지 않는다는 것입니다. 물론 복음에는 우리 주님의 가르침이 당연히 포함됩니다. 그러나 복음은 훨씬 더 크고 위대한 것입니다. 좀더 파격적으로 말씀드리면, 복음이 지닌 구원의 요소는 우리 주님의 윤리적이고 도덕적인 교훈에 있지 않고, 단연코 역사 사실들에 있습니다.

그렇다면 복음이란 무엇입니까? 개념들을 모아 놓은 것도 아니고 인생철학도 아니라면, 대체 무엇입니까? 놀라운 사실은, 성경이 주로 역사책이라는 것입니다. 저는 지금 사도행전이라고 부르는 책을 본문으로 설교하고 있지만, 이 책에 보다 나은 제목을 붙이자면 '사실들의 책'the book of facts이 될 것입니다. 이 책은 역사책입니다. 실제로 발생한 사건과 사실들을 기록한 책입니다. 따라서 스데반은 역사로 거슬러 올라가, 이러한 사건과 저러한 사건이 발생했다고 말함으로써 진술을 시작합니다. 그는 언제나 사건과 사실들을 다루었습니다. "귀담아들어 보십시오, 이것은 역사입니다" 하고 말했습니다.

아직 그리스도인이 아니었던 사람들이, 오순절에 예루살렘에서 어떻게 복음을 듣게 되었는지 잘 살펴보시기 바랍니다. 그들은 단순하고 평범하고 제도교육을 받지 못한 예수의 제자들이 다른 여러 방언으로 말하는 것을 들었습니다. 그들은 바대와 메대와 엘람 사람들로, 메소보다미아와 다른 여러 지역에서 살다가 절기를 맞아 예루살렘을 방문해 체류하고 있었습니다. 그들은 오순절 당일에 발생한 사건의 의미를 알고 싶었습니다. "우리가 다 우리의 각 언어로 하나님의 큰일을 말함을 듣는도다" 하고 그들은 말했습니다행 2:11. 하나님의 위대한 교훈을 들었다는 것이 아니라-물론 그것도 포함되지만-하나님의 큰일, 곧 실제로 발생한 사건과 사실들을 들었다는 말입니다.

마찬가지로, 스데반도 기독교 복음을 전하면서 먼저 역사를 개관하는 일부터 시작합니다. 이렇게 하는 것은 그때나 오늘날이나 어렵기는 마찬가지입니다. 구약의 역사가 복음의 중요한 부분이듯이, 신약의 역사도 그러합니다. 복음서에 크고 작은 사건과 사실들이 자세하게 기록되어 있는 것이 그런 이유 때문입니다. 때로 사람들은 이렇게 말합니다. "예수의 교훈에서는 배울 게 많다고 생각되는데, 바리새인과 서기관들 이야기며 배를 타고 호수를 건넌 일이나 이런저런 일을 행했다는 이야기는 대체 무슨 의미가 있는가? 예수가 십자가에 달려 죽은 사건을 왜 그렇게 자세히 기록해 놓았는가? 그냥 십자가에서 죽었다고 간단히 기록하고 넘어가면 안됐을까?"

그 대답은 복음이 역사이기 때문입니다. 이 역사에 기록된 사건과 사실 하나하나가 중요하다는 것입니다. 예를 들어 성찬식의 의미가 무엇입니까? 상에서 떡을 떼고 포도주를 부어 주는데, 그것이 대체 무슨 의미일까요? 사도 바울은 그 의미에 대해 이렇게 말합니다. "내가 너희에게 전한 것은 주께 받은 것이니 곧 주 예수께서 잡히시던 밤에 떡을 가지사 축사하시고 떼어 이르시되 이것은 너희를 위하는 내 몸이니 이것을 행하여 나를 기념하라 하시고"고전 11:23-24. 역사인 것입니다! 떡을 떼고 포도주를 따르는, 일상적인 일이었습니다. 하지만 그 일이 발생했습니다. 주님이 그렇게 행하셨습니다. 단순히 관념이 아니라 구체적인 사실입니다. **행해진** 어떤 것입니다. "이것을 행하여 나를 기념하라"24절.

그러므로 기독교는, 역사에 발생한 어떤 일에 관한 것입니다. 사건들이 복음을 구성한다는 생각으로 출발하지 않았다면, 여러분은 기독교를 이해하는 출발선에 아직 서지 못한 셈입니다. 기독교 신앙에는 이들 사건들이 중요합니다. 이 사건들이 구원과 직결됩니다. 역사가 중요합니다! 우리는 구약의 역사를 알아야 하고, 신약의 역사를 알아야 하며, 둘의 관계도 알아야 합니다.

이 점을 이처럼 구체적으로 설명하는 이유는, 이것을 반드시 알아야 할 사람들이 적지 않기 때문입니다. 오늘날 구약성경이 더 이상 가치 없다는 통념이 널리 퍼져 있습니다. 그리스도인들이 여전히 성경을 소중하게 간직하고 있는 사실에 놀라는 사람이 많습니다. 심지어 성경으로 설교한다고 하면 더욱 놀랍니다. "구약성경은 내용이 원시적이어서 전혀 쓸데없다"고 그들은 말합니다. 거들떠보지도 않습니다. 심지어 교회 안에서도 그렇게 말하는 이들이 더러 있습니다.

그러나 이것은 아주 잘못된 생각입니다. 본문을 보면 성령에 충만한 설교자, 최초의 순교자가 있습니다. 그가 하는 일이 무엇입니까? 구약 역사를 개관한 다음 그것을 토대로 설교하는 것입니다. 구약성경은 오늘날도 여전히 복음의 극히 중요한 부분입니다. 구약시대에 일하신 하나님은 신약시대에도 일하신 하나님이며, 오늘날에도 변함 없이 일하시는 하나님이기 때문입니다. 하나님은 한분이시며 "영원부터 영원까지" 하나님이십니다시 90:2. 신약시대와 마찬가지로 구약시대에도 하나님의 목적은 동일합니다. 물론 신약시대에 와서 더욱 밝히 드러나고 살이 붙은 면이 있지만, 하나님의 목적은 하나입니다.

구약성경에서 우리는 무엇을 봅니까? 장차 이루어질 복음에 대한 예언과 준비를 봅니다. 신약성경에서는 어떻습니까? 구약성경에 기록된 약속들이 성취된 것을 봅니다. 사도가 고린도 교인들에게 말한 바와 같습니다. "하나님의 약속은 얼마든지 그리스도 안에서 예가 되니 그런즉 그로 말미암아 우리가 아멘 하여 하나님께 영광을 돌리게 되느니라"고후 1:20. 이처럼 구약과 신약은 분리할 수 없도록 연관되어 있습니다. 임의로 나눌 수 없습니다.

더 분명하게 말씀드리면, 구약의 배경 없이는 신약성경을 이해할 수 없습니다. 신약성경을 읽으면 자주 느끼는 것이지만, 그런 이유 때문에 신약성경에는 구약성경이 그처럼 많이 인용되는 것입니다. 우리 주님은 항상 구약성경을 인용하셨고, 이 점에서는 사도 바울도 다르지 않았습니다.

사도 바울은 데살로니가에 도착했을 때 자신의 규례대로 회당에 들어갔습니다. 그런 다음 한 일이 무엇입니까? "성경을 가지고 강론하며 뜻을 풀어 그리스도가 해를 받고 죽은 자 가운데서 다시 살아나야 할 것을 증언하고"행 17:2-3. 사도가 한 일이 무엇입니까? 구약성경을 가지고 설교하고 변론하면서, 구약성경을 토대로 우리의 복되신 주와 구주에 관한 진리를 증명했던 것입니다.

데살로니가교회는 이렇게 해서 서게 되었습니다. 이처럼 구약성경은 본질적입니다. "신약은 구약에 내재해 있고, 구약은 신약에 표출되어 있다"는 어거스틴의 말과 같습니다. 둘은 서로에게 속해 있습니다. 마음대로 나누지 못합니다. 주로 이방인들로 구성된 초기 교회를 유대 민족의 문헌인 구약성경과 결합시켜서 그들의 새로운 문헌이 나오도록 하신 분은 오직 성령이심을 기억해야 합니다. 구약과 신약은 하나입니다. 한분이신 영원한 하나님께서 행하신 큰일을 알리는 점에서 하나입니다. 이것이 기독교 복음이 역사와 함께 시작해야 하는 첫 번째 이유입니다.

두번째 이유는 기독교 신앙, 기독교 복음이 현세의 삶에만 관심을 두지 않기 때문입니다. 기독교는 우리가 살고 있는 20세기를 중시할 뿐 아니라, 과거와 인간 삶 전체도 중시합니다. 현대인들이 범하는 치명적이고 어리석은 오류는, 20세기 사람들이 무대에 등장하기 전까지는 세계와 인간이 존재하지 않았다는 가정에서 출발해도 무방하다고 생각하는 것입니다.

이것이 현대의 비극입니다. 사람들은 '20세기 인간'이라는 과장된 관념을 갖고 있습니다. 그러나 20세기 인간들이란, 지상에 존재해 온 인간들 가운데 가장 어리석은 존재들입니다! 이들은 자신들의 학문과 지식과 업적을 자랑하며, 자신들이 이룩해 놓은 세계를 자랑스럽게 여깁니다. 이런 태도는 자신들과 더불어 역사가 시작됐다는 신념에서 생긴 것입니다. 이들의 생각을 정리하면 이런 것입니다. "우리는 스스로 이룩한 지식에 힘입어 자라나고 성년이 되었으므로, 과거와 완전히 다르다." 그들은 과거 전체를 무시합니다. 이런 태도 때문에 복음을 이해하려 하지도 않고 하지도 못합니다.

그러나 복음은 역사 전체를 바라볼 것을 요구합니다. 본문에서 스데반은 유대 민족의 역사를 되짚습니다. "그들의 역사가 우리와 무슨 상관인가?" 하고 말할 분도 있겠지만, 실은 우리와 엄청난 관계가 있습니다. 유대인 개개인이 우리와 관계가 있기 때문이 아니라-물론 다른 민족에 속한 사람들과 마찬가지로 그들에게도 관심을 갖는 것이 마땅합니다만-오히려 유대 민족이라는 현상 때문입니다. 여러분은 이 점을 어떻게 설명하겠습니까? 여러분은 유대 민족의 역사에 관해 더러 알고 있습니다. 그들이 수십 세기를 지나오는 동안 어떤 박해와 홀대를 당했으며, 자신들을 말살하려던 여러 문명들을 뚫고 어떻게 민족 단위로 살아남았는지 여러분은 알고 있습니다. 이 현상을 어떻게 설명하겠습니까? 여러분은 기독교의 문제가 기적을 이해하는 것이라고 생각했으나 그것이 아닙니다. 역사 가운데 커다란 부분을 떼어 내어, 그 가운데 숱한 역경과 박해에도 불구하고 오늘날 이렇게 살아남은 이 비범한 민족의 살아온 길을 바라보십시오. 여러분은 이 현상을 어떻게 설명하겠습니까?

앞서 말한 대로, 인간은 역사 전체를 바라볼 필요가 있습니다. 기독교가 이 일을 합니다. 이 점을 다음과 같이 설명하고 싶습니다. 우리는 서양문화에 속한 일부분입니다. 서양문화가 어디서 유래했습니까? 그 기원이 무엇입니까? 지난 휴일에 『서양문명의 기원』*The Rise of Western Civilization*이라는 아주 박식한 책을 읽었습니다. 우리가 그토록 자부하는 문명을 다룬 책입니다. 서양인들! 인류역사상 가장 위대하다고 자타가 공인하는 사람들입니다. 우리는 세계의 상당 부분을 다스렸고, 세계의 이목이 우리에게 쏠려 있습니다.

미국을 보십시오. 그 나라가 세계에서 수행하고 있는 역할을 생각해 보십시오. 미국이 어디에서 유래했습니까? 우리는 미국을 비롯해 서방에 속해 있는 이 모든 나라들을 어떻게 이해하고 있습니까? 이 모든 질문에는 한 가지 대답밖에 없습니다. 복음을 배제하고서는 서양문명의 이해를 시작조차 할 수 없다는 것입니다. 서양문명을 이해하기 위해서는 성경의 교훈으로 곧장 돌아가지 않으면 안됩니다.

더 나아가, 과거로 돌아가 역사의 전모를 바라보지 않고서는 현대세계와 그 문제들을 이해할 수 없습니다. 제가 여러분에게 과거 역사에서 출발해야 한다고 말씀드린 이유도 바로 거기에 있습니다. 현대인들에게 가장 시급한 일은, 그들이 딛고 서 있는 발판이 무너지는 것입니다. 현대인들은 자신들이 과거에 살았던 모든 사람들, 전대의 모든 세대와 다를 바 없이 흙으로 지음을 받았고 흙으로 돌아가야 할 평범한 존재들인 것을 깨달아야 합니다. 자신들이 역사의 전체 과정의 일부임을 알아야 합니다. 자신들의 중요성과 문제들에 골몰하기 전에, 먼저 눈을 들어 전체를 바라봐야 합니다.

제가 역사를 강조하는 세번째 이유는, 예수 그리스도의 복음이 단순히 도덕적 혹은 윤리적 문제들에 국한되지 않기 때문입니다. 물론 복음이 그 문제에 관심 있는 것이 분명하지만, 그 문제에만 관심을 기울이지는 않습니다. 세월이 가도, 성경이 도덕적 공리와 윤리적 교훈을 모아 둔 것이라고 생각하는 사람들의 습성은 바뀌지 않을 것입니다. 성경에 그러한 요소가 없는 것은 아니나, 성경은 그 수준을 훨씬 뛰어넘습니다. 복음은 단지 품행에만 국한되지 않습니다. 품행을 넘어서서 인간 자체에 관심을 둡니다. 다시 말씀드리지만, 성경은 주로 역사 교과서입니다. 인간이 어디에서 유래했는가? 인간들이 사는 세계란 무엇인가? 세계가 어디에서 유래했는가? 복음은 그러한 질문들을 망라합니다.

따라서 구약성경을 제외하고 신약성경에서 복음 메시지의 일부분만 받아들여 그것만 이야기하는 것은 복음을 잘못 전하는 것입니다. 그것은 협소한 복음입니다. 복음은 우주를 끌어안고 모든 것을 포용하며 창조 자체에 직접 닿아 있습니다. 우리 모두는 시간 과정 안에 들어와 있습니다. 과거뿐 아니라 미래에도, 장차 다가올 만물의 종말에도 연관되어 있는 것입니다.

여러분은 시간을 이해하십니까? 시간에 관해 우리가 반드시 알아야 할 점이 있습니다. 우리는 악한 시대에 살고 있습니다. 미래라는 것이 있습니까? 종말의 때가 있는 것입니까? 아니면 이 세상이 끊임없이 순환하는 것입니까? 생명과 삶, 시간과 영원이란 것이 있다면, 과연 그것이 모두 무슨 의미입니까? 어떻게 그것을 이해할 수 있습니까?

그것이 복음의 배경입니다. 복음은 그만큼 크고 원대합니다. 오늘날 대부분 사람들은 복음을 배척합니다. 복음과 자신을, 세계와 우주와 시간이라는 전체 맥락에 넣고 생각해 본 적이 없기 때문에 그렇습니다. 현대인들은 이런 거대하고 궁극적인 질문을 아예 마음에 품지 않습니다.

그러나 대단히 중요한 질문이 있습니다. 시간의 의미가 무엇입니까? 역사의 의미가 무엇입니까? 대답은 하나뿐입니다. 설교자이자 최초의 순교자인 스데반이 그 대답을 제시합니다. "영광의 하나님이!"

바로 이것입니다. 이것이 대답입니다. "우리 조상 아브라함이 하란에 있기 전 메소보다미아에 있을 때에 영광의 하나님이 그에게 보여 이르시되 네 고향과 친척을 떠나 내가 네게 보일 땅으로 가라 하시니." 다시 말씀드리지만, 이것이 언제나 복음의 출발점입니다. 복음이 "예수께 오라"는 말로 시작하지 않는다고 해서 놀랄 분이 없기를 바랍니다. 복음은 그 말씀으로 끝납니다. 하지만 시작은 그렇게 하지 않습니다. 복음은 "영광의 하나님이", 이 말로 시작합니다.

거듭 말씀드리지만, 복음은 인간과 인간의 문제와 인간의 사상으로 시작하지 않습니다. 그들의 필요와 더불어 시작하지 않습니다. 20세기와 더불어 시작하지 않습니다. 그렇게 시작하는 줄로 아는 것이 현대인들의 착각입니다. 현대인들은 항상 자신들로 시작해 자신들로 끝마칩니다. 항상 자신들을 중심으로 해서 돌아갑니다. 자신들이 중심을 차지하고, 모든 것이 자기 주위를 돌게 합니다. 심한 과대망상입니다. 바로 그 점에서 스스로 속고 있습니다. 그리스도인임을 내세우지 않는 사람들이야 그렇다 치더라도, 그리스도인임을 자부하는 사람들 심지어 기독교 교사와 교수들이 현대인의 마음을 끌기 위해 '사람들과 더불어 시작해야 한다'는 현대인의 첫번째 공리를 기꺼이 받아들이는 것을 저는 도무지 납득할 수 없습니다.

오늘날[1966년 당시] 유럽 대륙에서 활동하는 가장 유력한 신학자는 불트만Bultmann이라고 저는 생각합니다. 사람들이 그를 신학자라고 부르고 본인도 스스로를 그렇게 부르고 다른 신학자들도 다 그렇게 인정하지만, 저는 그렇게 부르고 싶은 마음이 없습니다. 그는 신학을 인류학으로 대체해야 한다고 주장합니다. 하나님에 관한 연구를 인간에 관한 연구로 바꿔야 한다는 것입니다. 현대인들은 과학적 사고에 익숙해 있어서 초자연적인 것을 이해하지 못하기 때문에, 그들에게 다가가 하나님에 관해 말해 봐야 아무 소용이 없다고 합니다. 그러니 사람과 더불어 시작하라는 것입니다. 불트만의 이러한 주장이 복음과 정면으로 배치되는데도 불구하고, 그것이 오늘날 기독교 교회에서 인기 있는 교훈으로 통하고 있습니다.

오늘날 미국에서는 '사신死神 신학'the death-of-God theology이라는 운동이 벌어지고 있습니다. 교수들이 사용하는 그 단어는, 성경의 하나님과 지난 십수 세기 동안 신학자들이 언급해 온 하나님, 현대인들이 등장하기 전까지 기독교 교회가 주장해 온 하나님은 더 이상 존재하지 않는다는 뜻입니다. 신론神論을 버리고 인간론만 가져가자는 것입니다! 하나님 대신 인간에게 치중하자는 것입니다! 그러나 이것은 오류의 극단입니다. 세상이 이 지경이 된 것은 인간들이 하나님을 잊었기 때문입니다. 모든 문제의 근원이 여기에 있습니다.

인간이 하나님을 맨 앞에 모시지 않았다는 것이, 우리 주님이 전파하신 복음의 본질입니다. 하루는 율법사가 예수님을 찾아와 공격의 빌미를 잡으려고 했습니다. 주님의 시대에 율법사들은 율법의 세세한 문제들에 전문가였습니다. 주님은 그들에게 "너희가 박하와 회향과 근채의 십일조는 드리되 율법의 더 중한 바 정의와 긍휼과 믿음은 버렸도다" 하고 말씀하셨습니다마 23:23. 그들은 지엽말단의 문제를 끄집어내 책잡기 위한 질문이나 던지고, 전체를 바라보지 못하는 점에서 현대인들과 같았습니다.

그들 가운데 한 사람이 주님께 와서 "선생님, 율법 중에서 어느 계명이 크니이까" 하고 물었습니다마 22:36. 율법에 613개 조항이 있는데, 주께서 어떤 조항을 가장 앞에 두시는지 알고 싶었던 것입니다.

주님이 그들에게 하신 답변은 매우 통렬했습니다. 그들로서는 전혀 예상치 못했던 답변이었습니다. 그런 답변이 나올 줄 알았다면 아예 그런 식으로 질문하지 않았을 것입니다. 주님은 이렇게 말씀하셨습니다. "네 마음을 다하고 목숨을 다하고 뜻을 다하여 주 너의 하나님을 사랑하라 하셨으니 이것이 크고 첫째 되는 계명이요 둘째도 그와 같으니 네 이웃을 네 자신같이 사랑하라 하셨으니"마 22:37-39.

우리 주님이 두 계명을 열거하신 순서가 눈에 띕니까? 현대인들은 이렇게 말합니다. "어떻게 이웃을 사랑할 수 있단 말입니까? 철의 장막이나 죽의 장막 저편에 사는 사람들, 피부색이 다른 사람들을 어떻게 사랑할 수 있단 말입니까? 말로는 가능할지 몰라도 실제로는 불가능합니다."

그런데 우리 주님의 대답은 이런 것입니다. "그것으로 출발하지 말라. 그것은 두번째 계명이다. 첫째 계명은 '주 너의 하나님을 사랑하라'는 것이다."

먼저 자신의 실상을 알기 전에는 이웃을 자기 자신처럼 사랑할 수 없습니다. 그리고 하나님 앞에서 자신의 실상을 바라보기 전에는 자신에 대해 알 수 없습니다. 자신과 이웃을 하나님 앞에서 바라볼 수 있어야만 이웃을 사랑할 수 있는 것입니다. 그러기 전에는 불가능합니다.

인류를 하나로 결집하려는 금세기 모든 시도가 우리 눈앞에서 실패로 끝나고 있습니다. 모든 정파들, 국제연합 옹호자들, 그 밖의 다양한 조직들이 무대 위에서는 일치와 화해를 주장하면서도 무대 뒤에서는 서로의 목을 겨누고 서로를 해치고 있습니다. 인간은 자기들끼리 내버려두면 절대로 서로 사랑할 수 없는 존재들입니다. 따라서 인간으로부터 시작해서는 안되고, 하나님 곧 영광의 하나님으로부터 시작해야 합니다.

"영광의 하나님"이라는 표현에서 '영광'이 무슨 뜻입니까? 이 단어는 정의하기가 거의 불가능합니다. 장엄함과 위대함을 뜻합니다. 경이로움과 놀라움을 뜻합니다. 권능을 뜻합니다. 그러나 '영광'이라는 단어는, 무엇보다도 하나님께서 세계와 인류 위에 초월적으로 구별되어 계시는 분이라는 뜻입니다. 우리는 땅에 붙어서 수평의 세계만 바라봅니다. 인간과 인간이 안고 있는 문제들만 우리 눈에 들어옵니다. 그런데 복음은 "이젠 더 이상 그렇게 살지 말라!"고 말합니다. "눈을 들어 위를 보라. 고개를 들어 하나님을 바라보고, 하늘을 보라. 영광의 하나님, 초월적이신 하나님을 올려다보라." 세상은 하나님을 부인합니다. 그러나 세상만 그런 것이 아닙니다. 앞서 말씀드렸듯이, 기독교 교회의 유력한 사람들조차 부인하고 있습니다. 교회의 현실과 세상의 현실이 왜 이렇게 되었습니까? 영광의 하나님, 초월적이신 하나님, 영원하신 하나님을 부인하고 망각하기 때문입니다. 이것이 기독교의 역사가 들어오는 지점입니다.

"영광의 하나님"이라고 할 때는 하나님께서 모든 것 위에 계심을 뜻합니다. 하나님은 "가까이 가지 못할 빛에 거"하십니다.[딤전 6:16]. "본래 하나님을 본 사람이 없"[습니다][요 1:18]. "하나님은 빛이"[십니다][요일 1:5]. 이런 부분들이 하나님의 영광에 포함됩니다. 하나님은 세상과 인류 너머, 그 배후에 초월적으로 거하십니다. 스데반이 성경본문 뒷부분에서 분명히 언급하고 있는 것처럼, 하나님은 사람의 손으로 지은 어떤 건물에 국한되어 계시지 않습니다[48-49절 참조]. 이 점이 초기 기독교 설교자들이 그토록 힘주어 가르쳐야 했던 사항입니다.

초기 설교자들은 이렇게 말했습니다. "여러분은 하나님께 예배드린다고 생각하지만, 사실 아무것도 예배드리지 않고 있습니다. 여러분이 섬기는 신들이란, 금과 은과 나무와 돌로 만든 것들입니다. 그것들은 여러분이 상상력을 동원해, 자신의 생각과 희망을 투영해 만든 것들입니다. 그것들은 실재하지 않습니다. 여러분이 그것들을 손수 만들어야 하고, 운반해야 하고, 선반 위에 올려놓아야 하며, 도로 갖다 놓아야 합니다. 그것들은 신들이 아닙니다. 헛것입니다!"

하나님은 결코 그러한 우상과 같지 않습니다. 사도 바울은 다른 모든 도시들 가운데, 특히 다양한 우상들에게 바쳐진 신전과 제단들이 널려 있던 아덴에 갔을 때, 이 점을 강조해서 가르쳐야 했습니다. 사도는 그 도시 사람들에게 이렇게 말했습니다. "우주와 그 가운데 있는 만물을 지으신 하나님께서는 천지의 주재시니 손으로 지은 전에 계시지 아니하시고"[행 17:24]. 그들의 생각 전체가 틀렸음을 일깨워 준 것입니다.

스데반도 산헤드린 앞에서 같은 내용을 아주 함축적인 표현으로 전합니다. 그의 앞에는 예루살렘 공회원들이 앉아 있었는데, 그들은 성전과 성전 예배에 대단한 자부심을 가지고 있었습니다. 그들을 향해 스데반은 "여러분 부형들이여, 들으소서. 우리 조상 아브라함이 하란에 있기 전 메소보다미아에 있을 때에 영광의 하나님이 그에게 보여 이르시되" 하고 설교를 시작한 것입니다. 영광의 하나님이 아브라함을 찾아 주신 곳은 팔레스타인의 어느 지역도 아니고 예루살렘도 아니고, 그가 "하란에 있기 전"에 살던 팔레스타인에서 한참 멀리 떨어진 메소보다미아 땅이었습니다.

두번째 논지는, 하나님은 또한 친히 목적 안에서 행하시는 영광의 하나님이십니다. 하나님이 정해 두신 목적들이 무엇인지 우리는 다 알 수 없습니다. 하나님은 선지자에게 "내 생각이 너희의 생각과 다르며 내 길은 너희의 길과 [다르다]"고 말씀하셨습니다^{사 55:8}. 하나님이 무한하시고 영원하신 만큼 그 뜻도 무한하고 영원합니다. 그것이 하나님의 영광의 일부분입니다.

그러므로 계속해서 말씀드리려는 것은, 영광의 하나님은 우리의 생각과 이성을 완전히 초월하여 계시고, 인간이 도무지 찾거나 헤아릴 수 없는 분이라는 점입니다. 과연 "영광의 하나님"이십니다.

> 불멸하시고 보이지 않으시고 홀로 지혜로우신 하나님,
> 접근할 수 없는 빛에 거하시고, 우리 눈에 감춰져 계시며,
> 지극히 복되시고 지극히 영화로우시고 옛적부터 계시오니,
> 전능하시고 승리하시는 주의 이름을 저희가 찬양하나이다.
> —윌리엄 차머즈 스미스^{William Chalmers Smith}

하나님의 영광을 애써 표현한 훌륭한 시지만, 하나님의 어떠하심을 생각하면 이 훌륭한 시도 턱없이 부족합니다. 차라리 우리는 알지 못한다고 말해야 옳습니다. 하나님은 우리가 다 헤아릴 수 없는 분입니다. 사도 바울은 고린도와 다른 지역에 사는, 철학에 관심 있는 사람들에게 편지를 쓸 때 이 점을 강조합니다. "하나님의 지혜에 있어서는 이 세상이 자기 지혜로 하나님을 알지 못하므로"^{고전 1:21}. 이것이 현대인들이 안고 있는 비극이기도 합니다. 현대인들은 자신들이 하나님 앞에 이르러 그분을 이해할 만한 능력이 있다고 생각합니다. 자신들의 좁은 생각으로 하나님의 영광을 다 바라볼 수 있다고 생각합니다. 얼마나 어리석습니까? 참으로 미련한 사람들입니다! 인간의 지혜로

다 이해할 수 없는 크신 분을 이해하겠다고 하니, 미련하다고밖에 달리 할 말이 무엇입니까! 세상은 자신의 지혜로 하나님을 발견하려고 했으나 한번도 성공하지 못했습니다.

욥기에는 이런 구절이 있습니다. "네가 하나님의 오묘함을 어찌 능히 측량하며 전능자를 어찌 능히 완전히 알겠느냐"11:7.

대답은, 영원히 "그렇게 하지 못한다!"는 것입니다.

어떤 사람은 제게 이렇게 말합니다. "좋습니다. 그렇다면 이성이 설 자리가 아예 없다는 말입니까? 인식하고 판단하는 일이 전혀 소용이 없다는 말입니까?"

물론 그런 뜻은 아닙니다. 그러나 우리가 먼저 알아야 할 것은, 이성과 판단의 한계가 어디까지인가 하는 점입니다. 사도 바울은 로마서 첫 장에서 이 문제를 아주 명쾌하게 밝혀 놓았습니다. 기억할 것은 이것이 복음전도의 일부분이라는 사실입니다.

하나님의 진노가 불의로 진리를 막는 사람들의 모든 경건하지 않음과 불의에 대하여 하늘로부터 나타나나니 이는 하나님을 알 만한 것이 그들 속에 보임이라. 하나님께서 이를 그들에게 보이셨느니라. 창세로부터 그의 보이지 아니하는 것들 곧 그의 영원하신 능력과 신성이 그가 만드신 만물에 분명히 보여 알려졌나니 그러므로 그들이 핑계하지 못할지니라. 하나님을 알되 하나님을 영화롭게도 아니하며 감사하지도 아니하고 오히려 그 생각이 허망하여지며 미련한 마음이 어두워졌나니 스스로 지혜 있다 하나 어리석게 되어 썩어지지 아니하는 하나님의 영광을 썩어질 사람과 새와 짐승과 기어다니는 동물 모양의 우상으로 바꾸었느니라. 그러므로 하나님께서 그들을 마음의 정욕대로 더러움에 내버려두사롬 1:18-24.

뿐만 아니라 당대와 오늘날에 이르도록, 역사 과정 내내 심한 도덕적 혼란에 인간을 내버려두셨습니다.

바울은 루스드라에서 자신을 신으로 알고 숭배하려고 달려드는 사람들에게 행한 연설에서 동일한 교훈을 전했습니다. 사도의 말을 들어 보십시오. "여러분, 나는 신이 아닙니다. 하나님은 오직 한분이십니다. 여러분은 주피터와 마르스, 머큐리와 나머지 신들을 숭배하는 것도 모자라 우리를 만신전萬神殿에 보내려고 하는데, 이젠 이런 행동을 그만두고 하나님만 믿으십시오. 여러분은 하나님에 관해서 모르지만, 모른다고 해서 핑계할 수 없습니다. 하나님은 당신의 흔적을 많이 남겨 놓으셨습니다. 우리에게 하늘로부터 비를 내리시며 결실기를 주시는 선한 일을 하고 계시지 않습니까?"행 14:17 그런데 왜 자연에서 하나님을 바라보지 못하는 것입니까?

또한 앞서 살펴본 대로, 사도는 아테네의 아레오바고에서 연설할 때도 정확히 같은 점을 지적했습니다. "이 모든 만물과 민족들을 지으시고 그들의 거주의 경계와 때와 절기를 정하신 분이 하나님이십니다. 우리는 모두 그분의 손안에 있습니다. 여러분 시인들 가운데도 더러는 우리가 그분의 소생이라고 말함으로써 그 사실을 희미하게나마 알고 있음을 드러내지 않았습니까?"행 17:28

사람들이 참으로 이성으로 성찰하면서 창조만물과 자연질서만 바라보더라도, 천지만물을 지으시고 우주의 배후에서 목적을 가지고 우주를 붙들고 계신 창조주와 주재이신 하나님이 계심을 믿게 될 것입니다. 그러나 아테네의 철학자들이 가장 높이 도달한 지점은 "알지 못하는 신"이었습니다행 17:23. 물론 그들은 자신들이 믿는 다양한 신들의 배후에 거대한 능력을 지닌 존재가 있음을 감지했지만, 그분을 찾아낼 수는 없었습니다. 우연히 그분을 느끼고 더듬어 찾았더라도행 17:27 뜻을 이루지 못했습니다. "이 세상이 자기 지혜로 하나님을 알지 못하므로"고전 1:21. 결국 그들은 "알지 못하는 신에게"라고 새겨진 제단을 세워야 했던 것입니다.

아무리 사색하고 추리해 보아도, 인간은 그 너머를 결코 도달하지 못합니다. 왜 그렇습니까? 하나님은 영광의 하나님이시기 때문입니다.

그렇다면 우리는 어떤 위치에 있습니까? 물론 우리는 곧장 복음으로 인도받습니다. 우리는 하나님을 아는 지식이 필요합니다. 하지만 알려고 해도 우리 힘으로는 그 지식에 도달할 수 없습니다. 누가 하늘의 높이를 잴 수 있습니까? 누가 하나님을 얼굴과 얼굴로 뵐 수 있습니까? 그렇게 할 수 있는 사람은 아무도 없습니다. 그렇다면 우리에게 소망이 전혀 없는 것입니까? '복음'이란 단어는 '좋은 소식'이란 뜻입니다. 좋은 소식을 전하는 메시지가 없는 것입니까?

있습니다! 하나님 곧 영광의 하나님께서 자신을 우리에게 계시해 주셨습니다. 그런 까닭에 제가 이 강단에 서 있는 것이고, 기독교 설교가 있는 것이고, 복음이 있는 것이며, 우리가 전파할 내용이 있는 것입니다. "찬송하리로다. 주 이스라엘의 하나님이여, 그 백성을 돌보사 속량하시며"눅 1:68. 그분은 행동하시는 하나님이십니다. 하나님께서 먼저 자신을 우리에게 계시해 주셨습니다.

하나님이 어떻게 자신을 계시하셨습니까? 거듭 말씀드리지만 첫째, 하나님은 창조와 자연에 자신을 계시하셨습니다. 하나님을 만날 생각으로 기적만 구하지 말고, 밖으로 나가 광활하게 펼쳐진 하늘을 바라보고 눈을 들어 밤하늘의 별들을 바라보십시오. 시편 19편은 이렇게 노래합니다. "하늘이 하나님의 영광을 선포하고 궁창이 그의 손으로 하신 일을 나타내는도다"1절. 바로 이것을 볼 필요가 있습니다. 눈을 들어 하늘을 바라보면서, 하늘과 그 안에 있는 것들이 어디서 왔는지 생각해 보십시오. 하나님은 창조와 자연을 통해 자신을 부분적으로 계시하셨습니다.

그러나 그것이 전부가 아닙니다. 하나님은 역사 안에서 행동하심으로 자신을 계시하신 하나님이십니다. "우리 조상 아브라함이 하란에 있기 전 메소보다미아에 있을 때에 영광의 하나님이 그에게 보여." 구약 역사를 읽어 보십시오. 성막과 성전을 어떻게 지었는지 읽어 보십시오. 지성소라고 부르는 성소의 가장 내밀한 부분에 대해 읽게 되면, '쉐키나'shekinah 구름의 영광과 대제사장이 두려움으로 들어간 장소에 대해 알게 될 것입니다. 모세가 성막 짓는 일을 마쳤을 때 구름이 그 위를 덮었고, 모세는 두려워서 감히 그리로 들어가지 못했습니다. 왜 그랬습니까? "여호와의 영광이 성막에 충만하매" 그리 하였습니다출 40:34. 이것이 물질 형태로 나타난 하나님의 계시입니다. 단지 상징일 뿐이었으나 그 의미는 대단히 중요했습니다.

그것만이 아닙니다. 하나님은 친히 하신 말씀으로도 자신을 계시하셨습니다. 이 점에 관해서는 많은 사례가 있습니다. 한번은 모세가 하나님의 영광을 보게 해달라고 구하자, 하나님은 그를 바위에 두시고서 이렇게 말씀하셨습니다. "네가 내 얼굴을 보지 못하리니 나를 보고 살 자가 없음이니라.……네가 내 등을 볼 것이요 얼굴은 보지 못하리라"출 33:20, 23. 그리고서 하나님이 지나가실 때 모세는 다음과 같은 위대한 말씀을 들었습니다.

> 여호와라. 여호와라. 자비롭고 은혜롭고 노하기를 더디 하고 인자와 진실이 많은 하나님이라. 인자를 천 대까지 베풀며 악과 과실과 죄를 용서하리라. 그러나 벌을 면제하지는 아니하고 아버지의 악행을 자손 삼사 대까지 보응하리라출 34:6-7.

또한 하나님은 섭리로도 당신을 계시하십니다. 공중의 새와 들의 백합이 모두 하나님의 섭리를 증거합니다. 모든 것이 하나님의 손에 유지되고 보존됩니다. 그로 인하여 우리는 추수감사절을 지킵니다. 이 모든 일에 대해 우리는 하나님께 감사를 드려야 합니다. 만일 하나님이 햇빛과 비를 거두시면 먹을 것이 없어져 모두 굶어 죽고 말 것입니다.

그런가 하면 예언을 통해서도 말씀하십니다. 아들을 세상에 보내실 때 일어날 일들을, 이미 팔백 년 전에 구체적으로 바라볼 수 있는 능력을 선지자들에게 주셨습니다. 그들의 예언이 영광의 하나님을 얼마나 잘 알게 해주는 계시입니까!

그러나 때로는, 특별히 택하신 사람들에게 당신과 당신의 영광을 알게 하는 직접적인 계시를 주기도 하셨습니다. 본문의 말씀이 단적인 예입니다. "영광의 하나님이 그[우리 조상 아브라함]에게 보여." 이 부분에 대해서는 여기서 구체적으로 다루지는 않겠지만, 다만 하나님께서 아브라함에게 자신의 영광을 희미하게 보여주셨고, 그 일을 겪은 후로 아브라함은 하나님의 계심에 대해 한번도 의심하지 않았습니다.

여러분은 야곱이 형 에서의 낯을 피해 도망친 이야기를 기억하십니까? 야곱은 경황없이 집을 도망쳐 나와 종일 달리며 걷다가 지칠 대로 지친 몸으로 밤을 맞이했습니다. 그는 땅바닥에 자리를 마련하고 돌을 베개 삼아 누웠습니다. 곤히 잠에 떨어진 뒤에 꿈을 꾸었습니다. 꿈에 보니 사닥다리가 땅에서 하늘에 닿았고, 하나님의 천사들이 그 위에서 오르락내리락했습니다. 야곱은 아침에 잠에서 깬 후에 "여호와께서 과연 여기 계시거늘" 하고 말했습니다. 하나님의 영광이 야곱에게 임했던 것입니다 창 28:11-16.

여러분은 모세의 이야기도 기억할 것입니다. 그는 목숨을 부지하기 위해서 애굽을 도망쳐 나와 미디안 땅으로 가서 일개 목자가 되었습니다. 오랜 세월 그렇게 지내던 그는, 어느 날 오후에 별다른 생각 없이 양들을 이끌고 산 뒷자락으로 갔습니다. 평소에 여러 번 갔던 곳이었으나 이번은 뭔가 분위기가 달랐습니다. 불현듯 불붙은 떨기나무를 보게 되었는데, 떨기나무는 불이 붙었으나 타지 않았습니다. 가까이에 가서 보려고 다가서는데, 떨기나무에서 음성이 들려왔습니다. 하나님의 음성이었습니다! 영광의 하나님이 불붙은 떨기나무에서 모세에게 친히 나타나 주신 것입니다 출 3장.

이사야도 자신이 직접 하나님의 환상을 보았기 때문에 위대한 예언을 기록할 수 있었다고 말합니다. 이사야 6장을 읽어 보면, 이사야가 본 것이 영광스럽고 경이로운 환상임을 알게 될 것입니다.

하나님은 자신을 계시하실 때 이상과 같은 방법들을 사용하셨습니다. 그렇다면 그 계시가 무엇입니까? 하나님은 인격을 지니신 하나님이시라는 사실입니다. 하나님은 모세에게 "나는 스스로 있는 자이니라" 하고 말씀하신 하나님입니다.

모세가 하나님을 뵙고서 자신의 심경을 말씀드릴 때, 그 내용은 사실상 이런 것이었습니다. "주께서 저에게 애굽으로 가서 주의 백성에게와 바로에게 주의 말씀을 전하라고 말씀하시지만, 그들은 제가 무슨 권위로 그 말을 전하는지 알고 싶어할 것입니다. 누가 저한테 이 소식을 들려 보냈는지 알려고 할 것입니다."

그러자 하나님이 이렇게 대답하셨습니다. "너는 이스라엘 자손에게 이같이 이르기를 '스스로 있는 자'I AM가 나를 너희에게 보내셨다 하라"출 3:11-14. 영광의 하나님이신 "스스로 있는 자"가 그렇게 말씀하셨습니다. 자신을 '우주의 근거'나 '존재의 기반' 혹은 관념으로서의 '사랑'으로 밝히지 않으시고, 인간이 고안해 낸 나무와 돌과 은으로 만든 이교도들의 우상과 같지 않은 인격체이신 하나님, 살아계시는 하나님으로 밝히신 것입니다. 하나님은 이교의 우상처럼 공허한 신이 아닙니다. 현대 철학자들이 공교한 논리로 고안해 낸 신이 아닙니다. 하나님은 결코 그런 분이 아닙니다. 하나님은 인격체이신 하나님이요, 우리 밖에 우리 위에 불가해한 상태로 초월적으로 거하시는 분입니다. 영광의 하나님, 거룩하신 하나님, 의의 하나님, 공의의 하나님이십니다. 하나님이 친히 자신을 그렇게 계시하셨으며, 하나님이 친히 계시하신 바를 떠나서는 하나님에 관해 아무것도 알지 못합니다.

마지막으로, 하나님은 자신이 온 땅의 재판장이라고 말씀하셨습니다. 이것은 태초부터, 에덴동산에서부터 계시하신 사실입니다. 이 계시는 구약성경 내내 이어져 오다가 신약성경에 더욱 밝히 드러났습니다. 사도 바울이 아테네에서 전파한 것이 이 계시입니다.

하나님은 친히 온 세상을 재판하실 뜻을 계시해 오셨습니다. 온 세상은 하나님께서 지으셨고, 하나님의 것이기 때문입니다. 하나님은 세상을 재판하실 권리를 가지고 계십니다. 우리는 모두 그의 피조물입니다. 장차 그분 앞에 설 때 땅에서 그분이 주신 좋은 은사들을 어떻게 사용하며 살았는지 회계하게 될 것입니다. 하나님은 그러한 분이십니다! 영광의 하나님이십니다.

블레즈 파스칼Blaise Pascal에 관한 유명한 이야기가 있습니다. 그는 삼백 년 전에 살았던 프랑스의 유력한 지식인으로서, 역사상 손꼽히는 수학자였습니다. 그가 숨을 거두었을 때 그가 입고 있던 셔츠 안쪽에 종이 뭉치가 꿰매져 있는 것이 발견되었습니다. 그 종이에는 하나님께서 어느 날 밤 파스칼 자신에게 나타나셨다고 적혀 있었고, 이어 이런 내용이 적혀 있었습니다. "영광스럽고, 영광스럽고, 영광스럽도다! 그분은 아브라함의 하나님 이삭의 하나님 야곱의 하나님이시요, 철학자들이 고안해 낸 신이 아니로다."

섬광과 같은 깨달음을 얻은 후로, 파스칼은 철학자들이 주장하며 가르쳐 온 신神 개념을 혐오스럽게 생각했습니다. 그러한 신 개념은 모욕이요 교만한 것이었습니다. 철학자들은 아무것도 모를 뿐 아니라, 어떠한 것도 제대로 알 수 있는 능력이 없습니다. 하나님은 영광의 하나님이십니다!

그런데 바로 이것이 복음전도의 시작입니다. 복음은 우주와 그 안에 있는 만물을 창조하신 하나님, 모든 것을 통치하시는 하나님, 모든 것을 심판하실 하나님에 관한 것입니다. 그러므로 여러분에게 묻겠습니다. 여러분은 하나님과 더불어 시작합니까? 하나님에 대한 생각을 모든 생각의 출발점으로 삼습니까? 창조주 하나님, 역사 안에서 일해 오신 하나님, "영광의 하나님"으로 돌아가서 시작하지 않으면, 여러분 자신뿐 아니라 현대사회와 현대인들이 안고 있는 문제에 대해서도 알지 못할 것입니다.

여러분은 하나님을 만났습니까? 여러분이 과연 하나님을 만났는지 저는 분별할 수 있습니다. 그것은 견해의 문제가 아닙니다. 사람들이 영광의 하나님을 만날 때 다양한 반응을 내놓습니다. 변론을 그치고 공교한 이론을 중단합니다. 아담과 하와는 저녁 서늘한 시간에 동산에서 하나님의 음성을 들었을 때 나무 뒤로 가 숨었습니다. 영광의 하나님이 자신들에게 말씀하려고 내려오셨기 때문에 두려웠던 것입니다. 이어서 벧엘에서 일어난 위대한 사건을 다시 여러분에게 환기시켜 드립니다. "야곱이 잠이 깨어 이르되 여호와께서 과연 여기 계시거늘 내가 알지 못하였도다. 이에 두려워하여 이르되 두렵도다. 이곳이여, 이것은 다름 아닌 하나님의 집이요 이는 하늘의 문이로다 하고"
창 28:16-17.

여러분은 이와 같은 것을 느껴 본 적이 있습니까? 살아계시는 하나님 앞에서 두려움을 느껴 본 적이 있습니까? 여러분은 하나님에 대해 논증해 왔고, 비평해 왔고, 이런저런 방법으로 사색해 왔습니다. 이것은 여러분이 하나님께서 영광의 하나님이신 줄을 깨닫지 못하기 때문에 내놓은 행위입니다. 영광의 하나님에 대해서는 철저히 무지하고 맹인처럼 눈이 멀어 있습니다. 어느 곳에서든 하나님 곁에 있게 되면 "두렵도다. 이곳이여" 하는 심정을 느끼게 됩니다.

더 나아가 불붙은 떨기나무 앞에 섰던 모세를 기억해 보십시오. 처음에 그것은 과학적 호기심을 가지고 살펴볼 만한 현상이었습니다. 그런데 이런 음성이 들려왔습니다. "이리로 가까이 오지 말라. 네가 선 곳은 거룩한 땅이니 네 발에서 신을 벗으라" 출 3:5. 이 음성을 들었을 때 모세가 가졌을 심정을 여러분은 느껴 본 적이 있습니까? 살아계시는 하나님의 임재 앞에서 두려움과 존경을 품는 것, 이것이 복음의 시작입니다.

욥 이야기를 여러분은 기억하십니까? 욥기는 마음을 사로잡는 긴 분량의 책입니다. 직접 읽으면서 욥이 하나님에 관해 무엇이라고 말하는지, 어떻게 자기 견해를 주장하면서 하나님이 불공평하다고 생각하는지 추적해 보십시오. 그러나 이야기의 결말에 가서는 어떤 태도를 취하는지 살펴보십시오.

욥이 여호와께 대답하여 이르되 보소서, 나는 비천하오니 무엇이라 주께 대답하리이까. 손으로 내 입을 가릴 뿐이로소이다. 내가 한번 말하였사온즉 다시는 더 대답하지 아니하겠나이다 욥 40:3-5.

더 이상 입을 열지 못하는 것이 너무나 당연합니다! 하지만 왜 그랬을까요? 42장에서 욥은 그 이유를 설명합니다.

욥이 여호와께 대답하여 이르되 주께서는 못 하실 일이 없사오며 무슨 계획이든지 못 이루실 것이 없는 줄 아오니 무지한 말로 이치를 가리는 자가 누구니이까. 나는 깨닫지도 못한 일을 말하였고 스스로 알 수도 없고 헤아리기도 어려운 일을 말하였나이다. 내가 말하겠사오니 주는 들으시고 내가 주께 묻겠사오니 주여, 내게 알게 하옵소서. 내가 주께 대하여 귀로 듣기만 하였사오나 이제는 눈으로 주를 뵈옵나이다. 그러므로 내가 스스로 거두어들이고 티끌과 재 가운데에서 회개하나이다[1-6절].

여러분은 이런 자리에 서 본 적이 있습니까? 여러분은 그렇게 해본 적이 있습니까? 여러분도 그렇게 말할 수 있어야 합니다. 여러분은 욥처럼 하나님에 관하여 말해 본 적이 있습니까? 손으로 입을 가리는 지경까지 가본 적이 있습니까? "티끌과 재 가운데에서" 회개해 본 적이 있습니까?

이사야가 하나님의 영광을 보았을 때 나타낸 반응도 읽어 보십시오. "화로다. 나여, 망하게 되었도다. 나는 입술이 부정한 사람이요 나는 입술이 부정한 백성 중에 거주하면서 만군의 여호와이신 왕을 뵈었음이로다"[사 6:5].

과연 누가 타오르는 불과 함께 거하겠습니까? "여호와의 산에 오를 자가 누구며 그의 거룩한 곳에 설 자가 누구인가" 하고 시편기자는 묻습니다[24:3]. 시편 46:10에서 하나님은 "너희는 가만히 있어 내가 하나님됨을 알지어다" 하고 명하십니다.

또한 계시록에서 사도 요한이 나타낸 반응을 생각해 보십시오. 그는 하나님의 영광을 얼핏 바라보고는 "그의 발 앞에 엎드러져 죽은 자같이" 되었다고 말합니다[계 1:17]. 그것은 당연한 일입니다. "우리 하나님은 소멸하는 불"이시기 때문입니다[히 12:29].

영광의 하나님을 어렴풋이 뵙거나 깨달은 사람들은 어김없이 이러한 태도를 취했습니다. "나는 사악한 자다, 나는 부정하다, 나는 망했다" 그렇게 생각했으며, "티끌과 재 가운데에서" 회개했습니다. 자신들이 멸망을 당해 하나님 앞에서 영원히 버림을 당할 수밖에 없는 자들임을 절감했습니다.

그러나 감사하게도 그것이 끝이 아닙니다. 하나님의 계시는 그것으로 중단되지 않고 계속 이어집니다. 그것이 복음의 좋은 소식입니다. 하나님께서 그러한 방식들을 사용해 자신을 계시해 오셨지만, 마침내 자신의 독생자 나사렛 예수 안에서 자신을 계시하셨습니다. 사도 요한은 이렇게 말합니다. "우리가 그의 영광을 보니 아버지의 독생자의 영광이요 은혜와 진리가 충만하더라"요 1:14. 이것을 예수께서는 "나를 본 자는 아버지를 보았거늘" 하는 말씀으로 다시 가르치셨습니다.요 14:9.

사도 바울은 이렇게 말합니다. "어두운 데에 빛이 비치라 말씀하셨던 그 하나님께서 예수 그리스도의 얼굴에 있는 하나님의 영광을 아는 빛을 우리 마음에 비추셨느니라"고후 4:6. 얼마나 복된 계시입니까! 하나님의 영광이 예수 그리스도의 얼굴에 나타난 것입니다! 그 앞에서 나는 무너집니다. 죄인으로 드러나 정죄를 당합니다. 그런데 바로 그 순간에, 친히 하나님이시요 독생자이신 주님께서 "수고하고 무거운 짐진 자들아, 다 내게로 오라. 내가 너희를 쉬게 하리라"고 말씀하십니다마 11:28. 그 주님이 "인자가 온 것은 잃어버린 자를 찾아 구원하려 함이니라"고 말씀하십니다눅 19:10. 주님은 우리를 하나님께로 인도하여 하나님께 소개하시기 위해 오셨습니다. 주님은 하나님을 "거룩하신 아버지"라 부릅니다. 그리고 친히 우리에게 그렇게 기도하도록 가르쳐 주셨습니다. "하늘에 계신 우리 아버지여, 이름이 거룩히 여김을 받으시오며"마 6:9.

우리는 모두 죄인들입니다. 주께서 우리 죄를 위해 죽으셨습니다. 우리를 위해 피흘리시고 몸이 찢겨지심으로 우리 대신 형벌을 받으셨습니다. 주님은 우리를 영광의 하나님과 더불어 화목하게 하시고, 우리를 하나님의 자녀로 만드셨습니다.

03

메소보다미아에서의 아브라함

대제사장이 이르되 이것이 사실이냐. 스데반이 이르되 여러분 부형들이여, 들으소서. 우리 조상 아브라함이 하란에 있기 전 메소보다미아에 있을 때에 영광의 하나님이 그에게 보여.

사도행전 7:1-2

우리는 지금 스데반의 위대한 변론을 상고하고 있습니다. 다시 한번 말씀드리지만, 우리가 이 주제를 살펴보는 이유는 단순히 고대사에 관심이 많기 때문이 아닙니다. 오히려 기독교 교회의 초대 지도자들이 전한 복음 가운데, 가장 먼저 온전하게 기록된 설교이기 때문에 집중해서 살펴보는 것입니다.

우리는 신앙의 본질을 진술하는 데 관심이 있습니다. 이것만이 오늘날 우리가 처한 상태에 대해 정확하게 말해 줄 수 있는 유일한 메시지이기 때문입니다. 그러나 2천 년 동안 그리스도인들이 해왔던 것과 달리, 현대인들은 복음을 믿고 받아들이고 복음이 주는 큰 위로와 소망을 맛보고 힘을 얻는 대신에, 집요하게 배척한다는 데 비극이 있습니다. 그들이 복음을 배척하는 주된 이유는, 사실 산헤드린 공회원들의 마음에 흐르던 동기와 같습니다.

우리는 이와 같은 목적을 가지고 스데반의 설교를 살펴보고 있습니다. 스데반은 "들으소서"라는 단어로 시작해 유대인들의 역사를 개관해 나갑니다. 설교의 도입부를 살펴보면서, 복음이 사람과 더불어 시작하지 않고 하나님과 더불어 시작한다는 점을 말했습니다. 영광의 하나님께서 자신을 사람들에게 계시해 오다가, 마침내 독생자이신 우리 주와 구주 예수 그리스도 안에서 자신을 온전히 계시하셨다는 사실을 말했습니다.

오늘은 거기서 좀더 나아가 생각해 보기로 하겠습니다. 스데반은 이렇게 말합니다. "우리 조상 아브라함이 하란에 있기 전 메소보다미아에 있을 때에 영광의 하나님이 그에게 보여." 한마디로, 영광의 하나님이 메소보다미아에 살던 아브라함에게 보이셨다는 말입니다. 이것이 본문의 핵심입니다. 본문은 하나님과 세상, 하나님과 세상의 관계, 특히 하나님께서 사람들과 맺고 계신 관계를 다룹니다. 이것이 오늘날 사람들이 크게 오해하는 주제입니다. 사람들은 복음이 현실과 동떨어져서 현대세계의 문제들을 해결하는 데 적절하지 않다고 느끼며, 이런 이유로 많은 사람들이 복음을 받아들이지 않습니다. 그들은 이렇게 말합니다. "복음은 옛날이야기일 뿐입니다. 여러분, 그리스도인들은 자기 한 몸 구원하고 자기 영혼의 작은 문제들을 해결하는 데만 관심이 있지 않습니까? 대부분 소심하고 내성적이고 병적인 그리스도인들은 복음이 자신들에게 도움이 된다고 말하지만, 우리가 몸담아 살고 있는 큰 세계와 인류의 문제는 어쩔 셈인가요? 여러분의 복음은 이런 문제에 대해 시대에 뒤떨어집니다."

그러나 이것은 사실에서 빗나간 주장입니다. 복음 외에는 어떤 것도 우리의 상태에 대해 제대로 말해 주지 못합니다. 복음은 인간에게 실제적인 도움을 주는 유일한 메시지입니다. 복음 외에 다른 것은 모두 말에 그칠 뿐입니다. 현상에 대해 이렇다 저렇다 말하는 것만큼 쉬운 일이 어디 있습니까? 사람들은 수십 세기를 두고 끊임없이 말을 해왔습니다. 철학자와 정치가와 시인들이 인류가 안고 있는 큰 문제에 관해 이런저런 말을 해왔지만, 그들의 말이 무슨 가치가 있었습니까? 결국 공허한 말로 끝났습니다.

이 세상에 실제적인 메시지가 있다면, 그것은 기독교 복음입니다. 이 기독교 복음에는 역사 지식이 대단히 중요합니다. 복음은 그것을 믿는 사람들에게 정복자를 능가하는 능력을 부여하며, 아무리 어려운 상황에서도 용감히 서게 하며, 어려움을 뚫고 나가 승리하게 합니다. 이것이 그리스도인들이 이룩해 온 역사입니다. 그리스도인들이야말로 인생을 인생답게 살아간 유일한 사람들이며, '어떻게 살아야 하는가'뿐 아니라 '어떻게 죽어야 하는가'도 알았던 유일한 사람들입니다. 기독교 복음 외에 그렇게 할 수 있는 것이 세상에는 없습니다. 다른 것들은 모두 멸망에 닿아 있습니다. 영광의 하나님께서 메소보다미아에 살던 아브라함을 찾아 주심으로 시작된 복음이야말로, 이 세상에서 유일하게 실제적인 메시지입니다.

그러면 이 메시지의 내용이 무엇입니까? 이렇게 설명하고 싶습니다. 먼저 인간들이 사는 세상을 살펴봅시다. 여러분은 왜 스데반이 메소보다미아에 살고 있던 시절의 아브라함을 상기시키면서 설교를 시작했다고 보십니까? 그 사실이 무슨 의미가 있을까요? 그런데 이것이 기독교 교리에서 지극히 중요한 점입니다. 아브라함은 메소보다미아에 거할 때 갈대아 지방의 '우르'라고 하는 지역에서 살았으며, 그 지역 사람들과 마찬가지로 그도 이교도였습니다. 우르 사람들은 달을 신으로 숭배했습니다. 이교도들의 종교의식에는 다양한 등급이 있고, 그들이 숭배하던 신들도 다양합니다. 어떤 사람들은 사랑의 신이나 전쟁의 신 따위를 섬기는 반면에 다른 사람들은 달과 태양과 별들을 섬기고, 정령숭배자 같은 사람들은 나무와 돌과 시냇물 따위에 영들이 있다고 믿습니다.

아브라함은 메소보다미아에서 살 때 달을 숭배하던 사람이었습니다. 이 사실이 인간 세상의 상태를 들여다볼 수 있는 혜안을 줍니다. 우리는 이 세상에 관해 많은 것을 알고 있습니다. 구약성경에서 세상에 관해 많은 것을 배웁니다. 가인이라는 사람이 시기와 질투에 휘둘려 친동생 아벨을 살해한 이야기를 읽습니다. 창세기 6장에는 대홍수 전의 세상의 상태가 두렵게 묘사되어 있습니다. "여호와께서 사람의 죄악이 세상에 가득함과 그의 마음으로 생각하는 모든 계획이 항상 악할 뿐임을 보시고"창 6:5. 세상은 오늘날도 그런 상태에 있습니다.

또한 구약성경에는 '평지 도시들'인 소돔과 고모라의 역사와 그 도시에 가득하던 죄악과 타락에 관한 기록이 실려 있습니다창 18-19장. 그것이 세상에 사는 사람들의 상태입니다. 그것이 세상의 이야기입니다. 구약성경에는 그와 유사한 기록들이 많습니다.

신약성경으로 눈을 돌리면, 로마서 2장 후반에 인간의 죄악이 적나라하게 묘사된 것을 보게 됩니다. 앞에서 우리가 이미 살펴본 이 본문에서 사도는 사람들이 어떻게 자신들의 지혜를 의지하고 사는지, 하나님이 자신을 계시해 주셨음에도 하나님을 하나님으로 여기지 않고 그분에게서 등을 돌린 이야기를 합니다. "스스로 지혜 있다 하나

어리석게 되어 썩어지지 아니하는 하나님의 영광을 썩어질 사람과 새와 짐승과 기어다니는 동물 모양의 우상으로 바꾸었느니라"롬 1:22-23. 그들은 이런 것들을 신들로 삼아 숭배하기 시작했으며, 그 결과 하나님은 그들을 "상실한 마음대로" 내버려두셨습니다28절.

그 단락을 다시 한번 읽어 보시기 바랍니다. 그 단락은 역사의 많은 시기를 거쳐 오는 동안 세상이 처했던 상황을 고스란히 묘사하고 있는데, 오늘날도 더하면 더했지 결코 뒤지지 않습니다.

이 때문에 하나님께서 그들을 부끄러운 욕심에 내버려두셨으니 곧 그들의 여자들도 순리대로 쓸 것을 바꾸어 역리로 쓰며 그와 같이 남자들도 순리대로 여자 쓰기를 버리고 서로 향하여 음욕이 불 일 듯하매 남자가 남자와 더불어 부끄러운 일을 행하여 그들의 그릇됨에 상당한 보응을 그들 자신이 받았느니라롬 1:26-27.

사도는 계속해서 기술합니다.

곧 모든 불의, 추악, 탐욕, 악의가 가득한 자요 시기, 살인, 분쟁, 사기, 악독이 가득한 자요 수군수군하는 자요 비방하는 자요 하나님께서 미워하시는 자요 능욕하는 자요 교만한 자요 자랑하는 자요 악을 도모하는 자요 부모를 거역하는 자요 우매한 자요 배약하는 자요 무정한 자요 무자비한 자라. 그들이 이 같은 일을 행하는 자는 사형에 해당한다고 하나님께서 정하심을 알고도 자기들만 행할 뿐 아니라 또한 그런 일을 행하는 자들을 옳다 하느니라29-32절.

이것이 그리스도를 떠난 세상의 상태입니다. 제가 이 주제로 설교하는 이유가 바로 거기에 있습니다. 이것이 런던과 뉴욕과 파리 같은 대도시들이 처해 있는 현실입니다. 저마다 세련되고 지식과 학문이 발달했음에도, 그 안에 사는 사람들의 상태는 위의 말씀에 묘사된 바와 다르지 않습니다. 그들은 이런 일들을 행하고 그것을 자랑스럽게 여길 뿐 아니라, 같은 일을 행하는 자들을 옳다고 인정합니다. '세상과 더불어' 사는 것이란 이런 것입니다. 메소보다미아에서 이교에 발을 담근 채 사는 것입니다. 이것이 우상숭배입니다. 오늘날도 사람들은 여전히 우상을 숭배하며 삽니다. 더러는 서로를 숭배하기도 하고 조국을 숭배하기도 합니다. 더러는 승용차를 숭배하고 집을 숭배하고 자녀들을 숭배합니다. 혹은 돈을 숭배합니다. 이런 것들이 그들의 신입니다! 돈, 곧 물신物神이 이교도들이 숭배하던 신들 가운데 하나입니다. 세상이 우상숭배로 넘쳐납니다. 이것이 복음을 배척하고 부끄럽게 여기는 이 세대가 봉착한 현실입니다. 그들은 저마다 종교를 신봉하고 살지만, 앞서 말한 것들이 그들이 섬기는 신들입니다. 이교란 바로 이런 것입니다! 메소보다미아에 몸담고 사는 아브라함입니다!

그러나 그것이 전부가 아닙니다. 그것은 세상의 도덕 상태를 묘사한 것이지만, 유감스럽게도 그것이 이야기의 끝이 아닙니다. 세상은 질병이 널려 있는 곳입니다. 고통이 있는 곳입니다. 재난과 사고가 다반사로 일어나는 곳입니다. 공포와 충격이 있는 곳이며, 기근과 전염병이 끊이지 않는 곳입니다. 죽음의 세상에서 우리가 살고 있습니다.

'메소보다미아에 사는 아브라함.' 이 표현에는 인간 세상이 처한 현실이 예리하게 묘사되어 있습니다. 그렇지 않습니까? 아브라함 당시에도 그랬고 오늘날도 그렇습니다. 우리는 이러한 세상에 살고 있기 때문에 "어떻게 손 쓸 길이 없습니까? 소망이 전혀 없는 겁니까? 위로받을 길이, 도피할 방법이 없습니까?" 하는 질문이 절로 나옵니다. 다시 한번 강조합니다만, 이 문제에 직면해 해결할 수 있는 길은 오직 복음뿐입니다.

복음이 세상의 현실을 어떻게 다루는지 보여드리고자 하는데, 먼저 이런 질문으로 시작하려고 합니다. "세상이 왜 이 모양이 되었는가? 어쩌다가 아브라함이 메소보다미아에 거하는 상황이 발생했는가?" 이 질문에는 크게 두 가지 대답밖에 없습니다. 하나는 비성경적인 대답이고, 다른 하나는 성경적인 대답입니다. 여러분은 자연인들이 한결같이 내놓는 첫번째 대답에 익숙해 있습니다. 자연인들에게 왜 세상이 이 지경이 되었는지 묻는다면, 아마도 세상에 널리 유행하는 진화론과 인간 진보이론을 꺼낼 것입니다.

자연인들은 온 세계가 우연이며, 그 배후에 어떠한 정신이나 이성도 없다고 말합니다. 우주가 우연에 의해 존재하게 되었다고 합니다. 다만 상승하게 하는 어떤 힘과 원리가 있어서 그것에 의해 무생물계와 생물계로부터 가장 우수한 인류가 생기게 되었다고 합니다. 하지만 인류는 이제 막 정글에서 벗어난 상태여서 자신들을 해방시키는 초기 단계에 있을 뿐이며, 그 해방의 과정이 매우 더디다고 합니다. 세상이 오늘날의 상태에 이르기까지 천문학적인 세월이 흘렀으므로, 인류가 완성단계에 도달하려면 또다시 그만한 세월이 흐르는 것이 당연하다고 말합니다.

이런 주장에 대해 여러분은 이렇게 반문할 것입니다. "좋습니다. 만일 이것이 인류가 처한 현실이라면, 세상에 발생하는 이 모든 현상들, 이 모든 고통과 질병과 재앙이 어디서 무슨 이유로 발생하는 것입니까?"

그들은 이렇게 대답합니다. "그 질문에는 답이 없습니다. 굳이 답을 찾자면 우연에서 찾을 수 있겠지요."

이것은 제가 꾸며낸 문답이 아닙니다. 저는 기독교의 입장에서 문제를 호도할 마음이 추호도 없습니다. 세상 사람들이 실제로 그렇게 생각하고 있는 것입니다. 과학적 인본주의자들과 심지어 고전적 인본주의자들조차 그 이상의 것을 말하지 못합니다. 그들은 역사 어디에도 식별할 만한 목적이 존재하지 않는다고 주장합니다. 사물들은 저절로 발생했고, 우리가 어디로 가는지 알지 못하며, 알지 못하는 세상에 살면서 그저 현실에 최선을 다하면 된다고 주장합니다. 예언을 해서도 안되고, 기약을 해서도 안된다고 합니다. 현실이란 상승할 수도 있고 하강할 수도 있는데, 그것은 아무도 모르는 일이라고 합니다. 위로도 없고 용기를 낼 만한 것도 없습니다. 오직 이 세상뿐이고, 오늘 우리가 이어가는 이 삶이 유일한 삶이며, 죽음은 모든 것의 끝이라고 합니다. 이 사람들은 자신들의 주장을 뒷받침할 만한 증거가 없으면서도 자신들이 옳다고 주장합니다. 이것이 성경의 계시를 떠난 채 세상에서 자신이 안고 있는 문제에 직면해 있는 인간의 절망적 상태입니다.

따라서 성경의 계시를 살펴보지 않을 수 없습니다. 어쩌다가 세상이 이 지경이 되었는가 하는 질문에 대한 두번째 큰 대답이 성경의 계시에 있습니다. 성경의 대답은, 세상이 원래는 이렇지는 않았다는 것과, 하나님께서 세상을 지으셨을 때는 완전하게 지으셨다는 것입니다. 세상이 원시적이고 미개한 상태에서 점진적으로 현대문명으로 진화했다고 말하지 않습니다. 오히려 성경은 정반대로 가르칩니다. 세상이 원래는 완벽한 상태로 창조되었으나 이 지경으로 타락했다는 것입니다. 하나님께서 세상을 창조하신 직후에 창조만물을 바라보시고 좋아하셨습니다. 불완전한 것이 없었고, 고통도 없었고, 문제도 없었습니다. 질병도 없었고, 전염병도 없었고, 죽음도 없었습니다. 그야말로 낙원樂園이었습니다! 완전했습니다!

그런데 어쩌다가 오늘날과 같은 지경에 이르게 되었습니까? 성경에 답이 있습니다. 성경은 천사들의 영역에서 반란이 일어났다고 말합니다. 그것은 비범한 광명의 천사가 교만해져 하나님께 반기를 드는 사건이었습니다. 성경은 그 천사를 가리켜 '마귀'라고 합니다. 그가 하늘에서 땅으로 떨어질 때 많은 수의 천사들을 동반한 채 떨어졌다고 말합니다.

그 타락한 천사가 오늘날 하나님의 원수로 버티고 있습니다. 그는 자신의 존재 전체를 걸고서 하나님을 미워합니다. 그는 하나님이 지으신 완전한 창조세계에 들어와서 그곳에 살던 최상의 존재들을 시험했습니다. 마귀에게 처음 시험을 받은 사람은 하와였고, 하와가 아담을 자신의 생각에 동조하게 만들었습니다. 그 시험은 하나님을 무시하고 그분께 반항하도록 하는 것이었습니다. 아담과 하와 두 사람은 시험에 져서 그렇게 하고 말았습니다. 두 사람은 마귀의 말을 경청했고, 하나님을 거역했고, 죄를 범했고, 그로써 타락하게 되었습니다.

이것이 세상의 상태가 이 지경이 된 원인에 대해 성경이 제시하는 설명입니다. 여기에 복음의 첫번째 진술이 담겨 있습니다. 오해의 위험을 무릅쓰고 거듭 말씀드립니다만, 복음은 "예수께 나오시오! 여러분을 언제든 영접할 준비가 되어 있는 이 좋은 친구에게로 나오시오!"라는 진술과 더불어 시작하지 않습니다. 좋게 들리는 말인데도 사람들의 반응이 시답지 않은 이유를 여러분은 아십니까? 사람들은 그럴 필요를 느끼지 못하기 때문입니다. 그럴 필요를 느끼지 못하는 이유는, 복음의 기본 도리에서 출발하지 않기 때문입니다. 인간이 마귀의 시험에 넘어가 죄를 범하고 타락함으로써 세상이 저주의 상태에 떨어지게 되었다는 사실, 스스로의 힘으로 세상을 구제하고 개선해 보려는 노력을 헛되게 만드는 이 원리에서부터 출발하지 않았기 때문입니다.

"아, 하지만 나는 더 이상 마귀를 믿지 않습니다" 하고 말해 봐야 소용이 없습니다.

저는 마귀가 있다고 믿으며, 그 이유는 다음과 같습니다. 마귀를 배제해 놓고는 세상의 상태를 설명할 길이 없습니다. 여러분이 혹시 진화론에 근거해 설명하고자 한다면, 그 증거가 무엇입니까? 증거 모두가 오히려 정반대의 원인을 가리키지 않습니까? 그러므로 세상의 상태에 대한 첫번째 되는 분명한 설명은, 성경이 인간의 타락에 관해 진술하는 내용에 있습니다.

좀더 나아가 생각해 보겠습니다. "그렇다면 이렇게 타락한 세상이 하나님과 어떤 관계에 있습니까?" 이런 질문을 가질 수 있습니다.

이 질문은 여러분이 반드시 알고 넘어가야 할 내용이며, 성경은 이 질문에 관해 아주 분명하게 답변합니다. 하나님은 이 세상의 창조주요 주인이십니다. 세상이 보존되고 유지되도록 끊임없이 일하십니다. 하나님께서 손을 놓으시면 세상은 그날로 붕괴될 것입니다. 비를 내리지 않으시면 어떻게 되겠습니까? 태양을 없애 버리신다면 인간의 삶은 당장 중단되고 맙니다. 그뿐 아니라 하나님은 세상을 다스리시는 분입니다. 더 나아가 세상을 심판하시는 재판장이십니다. 본문에서 우리가 생각하는 아브라함은 위대한 문장을 남겼습니다. "세상을 심판하시는 이가 정의를 행하실 것이 아니니이까"창 18:25. 하나님은 영원한 재판장이십니다.

하나님이 재판장이심을 제가 강조하는 이유는, 그 사실이 세상과 인류가 왜 이 지경이 되었는지 이해하는 데 크게 도움이 되기 때문입니다. 여러분과 제가 사는 이 세상은 하나님의 심판 아래 놓여 있습니다. 이 사실을 이해하지 못한다면 복음을 절대 이해할 수 없습니다. 이 사실을 이해하지 못하는 사람들이 복음을 배척하는 것은 당연한 일인지도 모릅니다. 그런 사람들은 깊이 생각하지 않습니다. 피상적으로 생각하고서 그런 결론을 내리는 것입니다.

다시 말씀드리건대, 세상과 그 안에 사는 사람들은 모두 하나님의 심판 아래 놓여 있습니다. 하나님의 심판이 있기에 인간이 타락했을 때 낙원에서 쫓겨난 것입니다. 그것은 인간에게 내리신 하나님의 형벌의 일환이었습니다. 하나님께 불순종하고 반역했으므로 더 이상 에덴동산에 거하면서 열매를 따먹으며 살도록 허용되지 않았습니다. 그는 형벌을 받았으며, 형벌 가운데 하나는 낙원에서 쫓겨나 이마에 땀이 흐르도록 노동해야 겨우 먹고 살 수 있도록 저주를 받은 것입니다.

그 이후로 인간에게는 고통과 문제들이 쌓이고 또 쌓였습니다. 인간은 영적으로 죽었고, 하나님을 뵐 수 있는 길을 잃었으며, 끊임없이 타락해 가다가 마침내 대홍수 전의 두려운 상태에 이르렀습니다. 오늘날의 이 세상 역시 그때와 방불한 두려운 상태에 이르렀으며, 그 결과 온 세상이 고통에 신음하고 있습니다. 이 모든 것이 인간의 죄 때문에 생긴 결과입니다.

이 시점에서 여러분에게 각별히 말씀드리고 싶은 것이 있습니다. 지난 금요일 웨일즈 남부에서 발생한 참사를 여러분은 다 기억하실 것입니다.[1] 그 사건을 놓고 사람들은 이런 질문을 던집니다. "왜 이런 사건이 발생했습니까? 하나님이 살아계시다면, 진정 사랑의 하나님

---

[1] 1966년 10월 21일에 발생한 애버판 참사the Aberfan Disaster에 관한 언급. 거대한 석탄 폐기물 더미가 무너져 내려 초등학교 교사를 덮치는 바람에 어린이 116명이 목숨을 잃은 사건이다.

이시라면, 어찌 이런 일이 발생하도록 허용하실까요?" 이런 질문들이 사방에서 제기되고 있습니다. 그러나 이것은 얕은 소견으로 크신 주님을 판단하는 것입니다. 자신들이 말하는 내용을 잘 알지 못하면서 성급하고 피상적인 결론을 내리는 것입니다.

서둘지 말고 잠시 기다리십시오. 여기에 답이 있습니다. 인간이 죄를 범하고 하나님께 반역해 타락함으로써 온 세상이 고통하며 신음해 왔습니다. 제가 '세상'이라고 할 때는 인간들만 가리키지 않고 동물들을 포함한 모든 창조세계를 가리킵니다. 만물이 함께 고통을 겪고 있습니다. 창세기 3장을 보면, 하나님이 인간의 죄에 형벌을 내리면서 땅을 저주하셨다는 내용이 나옵니다. 이것은 사도 바울이 로마서 8장에서 가르치는 바 의심의 여지 없는 사실입니다. "피조물이 허무한 데 굴복하는 것은 자기 뜻이 아니요 오직 굴복하게 하시는 이로 말미암음이라"20절. 사도는 바로 앞에서 이렇게 말했습니다. "생각하건대 현재의 고난은 장차 우리에게 나타날 영광과 비교할 수 없도다. 피조물"-동물들과 꽃들과 나무들과 모든 것-"이 고대하는 바는 하나님의 아들들이 나타나는 것이니"18-19절. 그리고 22절에서는 "피조물이 다 이제까지 함께 탄식하며 함께 고통을 겪고 있는 것을 우리가 아느니라" 하고 말합니다.

애버판에서 벌어진 참사도 그런 것입니다. 피조물이 함께 탄식하며 함께 고통한 사건입니다. 재앙과 전염병과 폭풍우와 태풍이 모두 피조물의 신음입니다. 역사의 시초에는 이렇지 않았습니다. 창조의 목적도 이런 것이 아니었습니다. 그러나 사도 바울에 따르면, 이런 현상은 피조물이 자기 뜻과 달리 허무한 데 굴복하게 되었기 때문에 생긴 것입니다. 창조만물은 죄를 범하지 않았습니다. 죄를 범한 것은 인간이었습니다. 그러나 인간이 모든 피조물의 영장인 까닭에, 그가 죄를 짓고 타락했을 때 그의 수하에 있는 만물이 그의 범죄와 형벌에 가담하게 되었습니다. 사도가 로마서 8장에서 가르치는 것은, 정확히 창세기 3장에 진술된 그대로입니다. 하나님께서 땅을 저주하신 것입니다! 인간의 죄 때문에 온 우주에 이런 일이 발생했습니다.

여러분과 저는 이 세상의 원래 상태를 본 적이 없습니다. 거듭 말씀드리지만, 낙원에는 재앙이란 것이 없었습니다. 지난 금요일에 발생한 것과 같은 참사가 낙원에서는 발생할 수 없었습니다. 애버판 참사는 결과를 고려하지 않은 채 돈벌이에 혈안이 된 인간의 탐욕도 한 몫 거들었습니다. 그 계곡에 세워진 가옥들도 그다지 사람 살 만한 곳이 아니었습니다. 지난 세기 이후로 돈벌이에 급급해 부실하게 지어졌습니다. 참사의 원인을 오로지 인간의 죄로 돌릴 수는 없겠지만, 그래도 죄가 원인의 일부분입니다. 지진을 비롯한 재해들도 인간의 죄가 없었다면 발생하지 않았을 것입니다. 이렇게 자연은 함께 탄식하며 고통합니다. 하지만 이것이 하나님께서 세상을 창조하신 원래의 상태는 아니었습니다.

그렇다면 이것이 인간들이 빈정대며 던지는 질문에 대한 대답인 셈입니다. 그들은 "하나님께서 왜 전쟁을 허용하십니까?"하고 말합니다. 여러분은 그 대답을 압니까? 전쟁은 인간이 만들어 냈습니다. 하나님께서 형벌의 일환으로 인간 자신의 어리석음과 악한 정욕과 육욕의 열매를 거두도록 허용하시는 것입니다. 순리를 거스르고 고통으로 이어지는 모든 것은, 인간이 하나님께 반역하고 죄를 범한 대가로 받는 형벌의 일부분입니다.

그리고 이것이 장애자들에게 사람들이 던지는 질문-"하나님께서 전능하시고 모든 것을 다 아신다면 왜 이런 일이 일어나도록 허용하셨는가?"-에 대한 답이기도 합니다.

오히려 이렇게 되물어야 합니다. "하나님께서 세상을 창조하셨을 때는 그런 가슴 아픈 일이 발생하지 않도록 완전하게 창조하셨다. 죄를 짓지 않았다면 이후로도 그런 일이 일어나지 않았을 텐데, 왜 인간은 이처럼 항상 하나님을 거슬러 죄를 범하는가? 결국 세상은 영광의 하나님 심판 아래 놓여 있는 것이 아닌가?"

거기에 덧붙여야 할 것이 있습니다. 이 세상에는 하나님의 '허용적인 뜻'이 나타납니다. 하나님은 2차적인 원인들이 작용하도록 허용하십니다. 그것을 가리켜 섭리^{providence}라고 합니다. 찬송가 저자는 섭리를 이렇게 묘사합니다.

잔뜩 찌푸린 섭리 배후에

실제로 섭리는 자주 얼굴을 찌푸립니다.

하나님의 따뜻한 미소가 가려져 있다.
― 윌리엄 쿠퍼 William Cowper

정확한 통찰입니다. 하나님은 섭리의 하나님이심을 유념하십시오. 하나님은 세상을 통제하시되 그 안에서 어떤 일들이 발생하는 것을 허용하십니다. 자연에 법칙을 두고 이 법칙이 세상 안에서 작용하도록 하십니다. 인간에게는 자신이 범한 죄의 열매를 거두도록 내버려두십니다. 그런 것은 여러분 스스로 방지하고 제거할 수 있습니다. 애버판에서 석탄 폐기장이 왜 그곳에 있어야 했는지 우리는 물어볼 필요가 있습니다. 그것은 인간들이 즉각적인 대가와 보수와 이윤에만 눈이 멀어 안전 같은 문제를 고려하지 않았기 때문에 생긴 인재人災였습니다.

사람들은 자신들이 하나님 없이도 살아갈 수 있다고 말합니다. 실제로 인간 사회가 하나님을 떠난 상태에서도 번영을 누리며 살아온 예가 적지 않게 있습니다. 하지만 저는 이것이 우리 시대의 큰 비극이라 생각합니다. 저는 그 계곡을 알고 있습니다. 그 계곡에 자리잡은 애버판이라는 읍에 가서 설교한 적이 있으며, 특히 지난번 전쟁 이후로 그곳 사람들이 얼마나 믿음에서 떠났는지도 잘 알고 있습니다. 생활이 풍족해지자 함께 모여 하나님께 찬송과 기도를 드리고 하나님이 베푸신 자비와 긍휼을 생각하며 한없이 감사를 드리던 자리를 떠나, 하나님께 등을 돌린 것을 저는 알고 있습니다. 그렇게 하나님께 등을 돌린 사람들이 이제 와서 하나님께 불평할 권리가 있습니까? 이런 일들에 대해 뭐라고 말하기 전에 스스로 깊이 생각해야 합니다. 하나님은 인간에게 스스로 범한 반역과 죄의 결과들을 거두도록 내버려두십니다. 2차적인 원인들이 작용하도록 허용하십니다.

그럼에도 불구하고-제가 강조하고 싶은 것은 이것입니다-하나님께서 여전히 세상을 통제하고 계십니다. 사람들이 하나님께 죄를 짓고 그 결과에 따라 자기 자신과 세상에 재앙을 임하게 하고 있지만, 하나님은 여전히 세상을 주관하고 계십니다. 이런 생각은 성경 곳곳에서 발견할 수 있습니다. 로마서 13장 서두만큼 이 사실을 잘 진술해 놓은 곳도 없을 것입니다. "각 사람은 위에 있는 권세들에게 복종하라. 권세는 하나님으로부터 나지 않음이 없나니 모든 권세는 다 하나님께서 정하신 바라. 그러므로 권세를 거스르는 자는 하나님의 명을 거스름이니 거스르는 자들은 심판을 자취하리라. 다스리는 자들은 선한 일에 대하여 두려움이 되지 않고 악한 일에 대하여 되나니 네가 권세를 두려워하지 아니하려느냐. 선을 행하라. 그리하면 그에게 칭찬을 받으리라"1-3절.

사도 바울은 법과 행정관과 제후와 왕과 황제가 각각 "하나님의 사역자가 되어 네게 선을 베푸는 자"라고 한 뒤, "그러나 네가 악을 행하거든 두려워하라. 그가 공연히 칼을 가지지 아니하였으니 곧 하나님의 사역자가 되어 악을 행하는 자에게 진노하심을 따라 보응하는 자니라"4절 하고 말합니다.

세상이 하나님께 반역해 왔으나, 하나님은 세상이 당신께로부터 도망치는 것을 허용치 않으셨습니다. 어느 정도까지는 내버려두시지만, 그후에는 인간이 넘어서는 안될 한계를 정해 놓으십니다. 하나님은 세상 나라들에 정부가 수립되도록 하셨습니다. 정부는 인간이 고안해 낸 것이 아닙니다. 인간들에게 국가와 정부를 세워 질서를 유지하도록 가르치신 분은 하나님이십니다. "권세는 하나님으로부터 나지 않음이 없나니." 하나님은 죄에 한계를 두셨습니다. 죄의 악한 결과가 한계선을 넘으면 당장 제재를 가하십니다. 그러나 로마서 1장은, 하나님께서 어떤 경우는 죄가 한계선을 넘더라도 그냥 내버려두신다고 가르칩니다. 저는 우리가 사는 시대가 그러한 상태에 있다고 믿고 있습니다. 하나님이 통제의 손길을 거두심으로 죄가 곪을 대로 곪아 터져 악취가 진동하고 있습니다. 하나님께서 잠시 통제의 손길을 거두심으로 현실이 이런 상태가 된 것이지만, 그러나 모든 것은 하나님의 통제 아래 놓여 있습니다.

성경을 읽어 보면, 하나님이 역사에 개입하시고 세상 안으로 들어오시는 것을 보게 됩니다. 앗수르 같은 민족이 일어나 하나님의 택하신 백성을 멸망시키려고 할 때, 하나님은 분연히 일어나 그들을 치시고 초라한 몰골로 만드십니다. 하나님이 역사에 개입하신 사례들은 성경 곳곳에 나와 있을 뿐 아니라, 성경 이후의 역사에도 얼마든지 볼 수 있습니다.

그러나 이 모든 것을 넘어서서, 성경은 하나님께서 세상과 맺고 계신 관계를 계시합니다. 하나님은 영광의 하나님이시고, 아브라함은 메소보다미아에 사는 이교도였습니다. 이 상태에서 하나님과 세상의 관계란 무엇입니까? 대답은, 하나님이 이러한 세상을 구속하기로 작정하셨다는 것입니다. 이것이 복음의 핵심입니다. 하나님이 왜 아브라함에게 나타나셨습니까? 곁길로 나간 옛 세상을 구속해 회복시키려는 계획을 그에게 알려 주기 원하셨기 때문입니다. 이런 이유에서 스데반은 메소보다미아 시절의 아브라함에서부터 시작한 것입니다. 하나님의 구속은 훨씬 오래전에 시작되었지만(이 점에 대해서는 차후에 말씀드리기로 하겠습니다), 어떤 의미에서 이것이 하나님 구속의 시작이라고 할 수 있습니다. 그러나 영광의 하나님께서 아브라함에게 나타나셔서 어떤 말씀을 하신 시점은 그가 메소보다미아에서 이교도로 살 때였습니다. 다시 말씀드리지만, 이것이 기독교 복음의 원대한 메시지입니다. 인간을 구속하고 구원하시려는 하나님의 영원하신 뜻이 그 사실에 잘 나타났습니다.

그 메시지가 무엇입니까? 오늘은 큰 윤곽만 말씀드리고자 합니다. 이것은 위대한 복음입니다. 그렇지 않습니까? 오늘날 교회에서 사람들이 범하는 가장 큰 죄는, 이 영광스럽고 무한한 복음을 단순하고 시시한 싸구려로 만드는 것입니다. 한 걸음 물러서서 현실을 넓게 바라보십시오! 영광의 하나님을 생각하고 나서 인간을 바라보십시오. 메소보다미아에 살던 아브라함에게 영광의 하나님께서 찾아오신 것입니다.

이제 하나님의 구속 목적에 관한 메시지를 몇 가지 요점으로 설명하고자 합니다. 첫째, 감사하게도 이 세상은 여전히 하나님의 세상입니다. 그렇지 않다면 제가 이렇게 강단에서 말씀을 전하는 일도 없었을 것입니다. 오늘날 여러분이 보는 바 이 세상이 낡은 것처럼 보여도 여전히 하나님의 세상입니다. 하나님은 왜 아브라함에게 나타나셨을까요? 세상을 포기하지 않았음을 말씀해 주시기 위함이었습니다. 아브라함 같은 사람은 이교도로 달을 숭배하고, 어떤 사람은 막대기와 돌 따위를 숭배하고 다른 사람은 짐승을 숭배하고 있었음에도, 하나님은 그들을 포기하지 않으셨습니다.

하나님은 여전히 이 세상에 관심을 갖고 계십니다. 이 사실이야말로 우리에게 유일한 소망입니다. 우리들만 남겨지면 어떻게 되겠습니까? 우리의 지혜와 계획만 남겨지면 어떻게 되겠습니까? 인생의 비참함조차 우스갯거리로 만드는 인간들의 교육과 문화와 예술과 온갖 재주에, 인류의 유일한 소망을 맡긴다면 어떻게 되겠습니까? 하나님이 우리에게 '너희끼리 알아서 하라'거나 '너희 죄 가운데 곪을 대로 곪으라'고 하시면 어떻게 되겠습니까? 그렇게 되면 우리는 "세상에서 소망이 없고 하나님도 없는 자"가 될 것입니다.엡 2:12

그러나 여기에 구속의 메시지가 있습니다. "아브라함이……메소보다미아에 있을 때에 영광의 하나님이 그에게 보여." 지극히 큰 영광 가운데 계시고 죄와 수치 가운데 있는 인간과 무한히 구별되시는 하나님께서, 인간이 처한 상황을 굽어보시고 이 세상을 구속하기 위한 계획을 알리려고 아브라함에게 나타나신 것입니다. 이것이 하나님께서 아브라함에게 계시하신 내용이며, 스데반이 이 위대한 설교로 설명하는 내용입니다.

이것이 첫번째 요점입니다. 이 내용을 좀더 길게 다루고 싶은 마음이 있습니다. 혹시 전해야 할 다른 내용이 없어서 이 내용만 전하게 된다 해도, 이것만으로도 현대를 살아가는 사람들을 능히 붙들어 줄 수 있을 것입니다. 하나님은 여전히 이 세상에 관심을 가지고 계십니다. 세상은 여전히 하나님께 속해 있고, 하나님도 세상을 아직 버리지 않으셨습니다.

그러나 그것이 전부가 아닙니다. 스데반의 설교에서 얻을 수 있는 두번째 요점을 말씀드리겠습니다. 그것은 하나님께서 구속 계획을 철저히 주도하신다는 점입니다. 스데반이 이 점을 어떻게 표현했는지 여러분은 잘 압니다. "여러분 부형들이여, 들으소서. 우리 조상 아브라함이 하란에 있기 전 메소보다미아에 있을 때에 영광의 하나님이 그에게 보여." 하나님께서 먼저 행동하셨습니다. 하지만 현대사회에 널리 퍼져 있는 견해는 이것과 정반대입니다. 그렇지 않습니까? 오늘날 유행하는 견해는 아브라함이 원래 사상가로서 깊은 사색 끝에 어느 날 갑자기 '달은 인격이 없으므로 신이 될 수 없다'는 판단을 내리게 되었다는 것입니다. 이러한 사색과 논증과정을 거친 끝에 이교를 버리고 살아계시는 하나님을 믿는 신앙에 도달했다는 것입니다.

이것이 오늘날 유행하는 교훈입니다. 그들은 이것을 가리켜 '비교종교'라고 합니다. 그들은 종교가 어떻게 생겨났고 어떻게 발전해 왔는지 자신 있게 말합니다. 어떻게 그렇게 자신 있게 말할 수 있는지 저는 알 수 없습니다. 자신들이 말하는 종교의 발전과정을 직접 겪어본 경험이 없기 때문입니다. 그들의 주장은 가설을 사실들에 꿰어 맞춘 것으로, 거짓말이요 상상입니다. 그들은 원시시대의 인류가 애니미즘을 믿다가 차츰 발전해 인격신을 믿게 되었다고 합니다. 구약성경은 이처럼 신 개념이 상승해 간 역사에 지나지 않으며, 유대인들은 다른 민족보다 상승속도가 빨라서, 다른 민족들이 모두 다신多神을 숭배하고 있을 때 홀로 유일신론에 도달한 후 다른 민족들에게 그 사상을 전파했다고 그들은 주장합니다.

이것이 현대사회에 퍼져 있는 견해지만, 사실과는 거리가 멉니다. 오히려 사실은 정반대입니다. 인간은 본래 유일하고 참되며 살아계시는 하나님에 관한 지식을 가지고 출발했습니다. 그러나 거기서 추락한 이래 계속해서 추락해 애니미즘과 다신교와 이교로 전락했고, 그런 신앙들에 걸맞은 의식을 거행하게 되었습니다. 만일 한 가지 큰 사건이 없었다면 내내 그 자리에 머물러 있었을 것입니다. 그 사건이 무엇입니까? 영광의 하나님께서 아브라함에게 나타나신 사건입니다.

따라서 성경의 역사는 인간이 하나님을 추구한 역사가 아니라, 하나님께서 인간을 찾으신 역사입니다. 이것은 아담과 하와가 에덴동산에서 범죄해 타락한 순간에도 확인할 수 있었던 사실이 아닙니까? 창세기 3장의 내용이 무엇입니까? 남자와 여자가 나옵니다. 두 사람은 죄를 범했고 본인들도 그 사실을 알고 있습니다. 자신들이 벗었음을 처음으로 인식합니다. 수치심을 이기지 못해 무화과나무 잎사귀로 몸을 가립니다. 그러던 중 갑자기 "그날 바람이 불 때 동산에 거니시는 여호와 하나님의 소리"가 들려옵니다. 두 사람은 두려움을 이기지 못하여 나무 뒤에 숨습니다.

그다음 어떻게 되었습니까? 두 사람이 하나님의 음성을 듣게 되었습니다! "아담아, 네가 어디 있느냐." 아담이 방금 전에 반역해 죄를 범했는데도, 너무나 미련한 짓을 저질렀는데도, 수치감에 휩싸여 있는데도, 하나님은 그에게 나타나 주셨습니다. "아담아, 네가 어디 있느냐." 훗날 아브라함을 찾아 주실 때처럼 이곳 에덴에서 아담의 이름을 불러 주셨습니다.

사랑하는 여러분, 여러분이 죄의 밑바닥에 떨어져 있든 여러분이 얼마나 못된 사람이든, 저는 관심이 없습니다. 들어 보십시오. 아담과 아브라함을 찾아 주신 하나님이, 여러분에게 관심을 갖고 계시며 여러분을 잘 알고 계십니다. 그분 말씀을 듣고 마음을 가다듬으십시오. 하나님께서 여러분의 이름을 부르시며 "네가 어디 있느냐, 그 수치에서 나와 내가 하는 말을 들으라"고 말씀하시는 음성이 여러분의 마음에 들립니까?

이것이 성경 전체의 이야기입니다. 야곱을 생각해 보십시오. 야곱은 매우 교활한 사람입니다. 그렇지 않습니까? 형을 속이고 집을 도망쳐 나옵니다. 경황없이 종일 걷고 달리고 하다가 어둠이 깔리자 지친 몸을 땅바닥에 뉘입니다. 돌을 가져다 베고 곯아떨어집니다. 잠을 자고 있는데 하나님 곧 영광의 하나님께서 그에게 나타나 말씀합니다. 야곱은 잠에서 깨어나 "여호와께서 과연 여기 계시거늘 내가 알지 못하였도다" 하고 말합니다창 28:16. 알지 못했던 것이 당연합니다! 그가 하나님을 찾은 것이 아니라, 두려움과 수치에 떠밀려 도망치는 그를 하나님께서 아시고 찾아 주신 것입니다.

이것이 복음 전체의 이야기입니다. 복음서들을 펼쳐 읽어 보십시오. 먼저 누가복음을 살펴보십시오. 누가복음이 어떤 내용으로 시작합니까? 사가랴라고 하는 제사장에서부터 시작합니다. 사가랴가 제사장 임무를 수행하기 위해 성전의 성소에 들어갑니다. 그런데 전혀 예상치 못한 상태에서 나타난 천사에게 한 소식을 듣고는 벙어리가 됩니다. 그가 말할 기능을 되찾았을 때 터뜨린 첫마디는 "찬송하리로다. 주 이스라엘의 하나님이여, 그 백성을 돌보사 속량하시며"였습니다눅 1:68. 하나님이 나타나셔서 우리의 문을, 세상의 문을, 인류의 문을 두드리셨습니다. 하나님께서 자기 백성을 구속하시려고 찾아오신 것입니다.

누가복음 3장에 가면, 사가랴의 아들인 세례 요한이 등장합니다. 그 장면이 어떻게 소개됩니까? "디베료 황제가 통치한 지 열다섯 해 곧 본디오 빌라도가 유대의 총독으로……있을 때에." 그때에 무슨 일이 일어났습니까? "하나님의 말씀이 빈 들에서 사가랴의 아들 요한에게 임한지라"1, 2절. 요한이 대학도서관과 강의실에 앉아 수년간 책과 씨름하며 연구하고 철학자들과 토론하고 논쟁하다가 마침내 구원의 말씀에 도달한 것입니까? 결코 아닙니다. 하나님의 말씀은 빈 들에서 책은커녕 아무것도 없이 지내던 사가랴의 아들 요한에게 임했습니다. 하나님이 먼저 계획하시고 먼저 나타나시고 먼저 말씀하셨습니다.

하나님은 항상 그러하십니다. "하나님이 세상을 이처럼 사랑하사 독생자를 주셨으니 이는 그를 믿는 자마다 멸망하지 않고 영생을 얻게 하려 하심이라"요 3:16.

"때가 차매 하나님이 그 아들을 보내사 여자에게서 나게 하시고 율법 아래에 나게 하신 것은 율법 아래에 있는 자들을 속량하시고 우리로 아들의 명분을 얻게 하려 하심이라"갈 4:4-5.

사도 바울이 같은 내용을 장엄하게 진술해 놓은 디도서 2:11도 읽어 보십시오. "모든 사람에게 구원을 주시는 하나님의 은혜가 나타나." 하나님께서 구원하실 때는 언제나 이러한 '나타남'이 있었는데, 마침내 하나님의 구원의 은혜가 예수 그리스도의 얼굴에 나타났습니다.

사도가 디모데에게 쓴 편지에도 같은 내용이 나옵니다. "크도다. 경건의 비밀이여, 그렇지 않다 하는 이 없도다. 그는 육신으로 나타난 바 되시고"딤전 3:16. 하나님께서 "육신으로" 나타나신 것입니다! 더 이상 말씀만 하시지 않고 아들의 위격 안에 오셨습니다. 자신을 계시하고 나타내시더니, 이제 우리 가운데 오셨습니다. 우리 가운데 장막을 치시고 우리 가운데 거하셨습니다. "말씀이 육신이 되어 우리 가운데 거하시매"요 1:14. 구속의 메시지란 이런 것입니다. 하나님께서 나타나시고, 하나님께서 주도하십니다. 우리는 모두 그 은택을 입습니다.

하나님께서 왜 이 일을 하실까요? 하나님은 자신의 영광을 위해 이 일을 하십니다. 자신을 위해, 자신의 영광을 위해 이 구속 계획을 세워 놓고 계십니다. 마귀가 승리하여 개가를 부르는 것을 하나님은 용납하지 않으십니다. 마귀는 인간을 속임으로 먼저 하와를 유혹하고 하와를 통해 아담을 유혹함으로써 인간을 이 지경으로 만들어 놓았습니다. 하지만 하나님이 세상을 언제까지나 이 상태로 두실 수 있겠습니까? 그런 일은 생각할 수도 없고 가능하지도 않습니다. 하나님은 자신을 위하여, 자기 이름을 위하여, 자기 영광을 위하여 마귀가 승리하도록 내버려두지 않으실 것입니다. 하나님 당신의 명예가 걸려 있는 까닭에, 이러한 위대한 구속 계획과 목적을 세우신 것입니다.

그러나 하나님께서 아브라함에게 나타나신 것은 단지 그 이유 때문만은 아니었습니다. 하나님은 당신의 은혜와 자비와 긍휼과 사랑을 주체하실 수 없었습니다. 인간의 비참함을 보셨고, 탄식과 신음을 들으셨고, 불행을 보셨고, 인간이 자기 자신과 창조세계를 망쳐 놓은 것을 보셨습니다. 마귀의 적개심을 보셨습니다. 그러고는 오직 당신의 영원한 사랑과 자비에 이끌려 아무 자격이 없는 자들에게 인자와 용서를 보이셨습니다. 하나님은 그런 분이십니다! "우리 조상 아브라함이⋯⋯메소보다미아에 있을 때에 영광의 하나님이 그에게 보여." 처음부터 끝까지 하나님이 주도하신 것입니다.

그렇다면 하나님이 품으신 목적이 무엇이었을까요? 요약하면 이렇습니다. 하나님의 구속은 먼저 개인들을 위한 구속입니다. 여러분은 이 악한 세상에서 지금 개인적으로 구원을 얻을 수 있습니다. 복음은 먼저 개인을 위한 복음입니다. 하나님은 아브라함 한 사람을 부르셨습니다. 성경 전체의 교훈을 생각해 보십시오. 하나님은 주로 개인들을 대하십니다. 개인들을 죄로 말미암은 혼란과 공포와 악함과 비참함에서 건져 내셔서, 일으켜 세우시고 새로운 사람들로 만드시며 거룩한 백성으로 장성시키십니다. 성경은 이러한 사례들로 가득하며, 성경 이후의 역사도 마찬가지입니다. 구원은 개인적으로 임합니다.

오늘날 세상이 이처럼 악하지만 만일 여러분이 개인적으로 복음을 믿는다면, 하나님께서 여러분을 사랑하사 여러분이 받아야 할 형벌을 독생하신 아들이 받게 하시고 십자가에 달려 죽으셨을 뿐 아니라 여러분을 의롭다 하시기 위하여 그를 다시 살리신 사실을 믿는다면, 여러분은 죄사함과 함께 새로운 생명을 얻고 새사람이 될 것입니다. 세상이 현재와 같은 상태로 남을지라도, 여러분 개인은 구원을 얻는 것입니다.

그러나 그것이 전부가 아닙니다. 구원에는 우주적인 면이 있습니다. 우리는 사망과 재앙의 그늘이 덮인 이 시대에 교회로 함께 모일 때 이 부분에 대해서도 소홀히 해서는 안됩니다. 하나님께서 아브라함이 메소보다미아에 살 때 그에게 나타나셨는데, 궁극적으로 그에게 무슨 말씀을 하셨는지 여러분은 아십니까? 그가 구원을 얻고 복을 누릴 것이라고 말씀하셨습니다. 뿐만 아니라 "또 네 씨로 말미암아 천하 만민이 복을 받으리니"라고 말씀하셨습니다.^{창 22:18}. 우주적인 구속이 있는 것입니다. 개인적인 구원은 어떻습니까? 물론 구원은 개인적으로 받는 것입니다. 그러나 저는 그 너머로 펼쳐질 일을 바라봅니다. 우리 개인의 구원에 필요한 모든 일을 완수하신 하나님의 아들이 장차 이 세상에 다시 오실 날이 다가오고 있습니다.

우리 주님이 재림하시는 목적이 무엇입니까? 주님의 모든 원수들을 멸하시려는 것입니다. 마귀는 이미 치명적인 패배를 당했습니다. 우리 주님이 육신으로 이 세상에 계실 때 단 한 번의 전투로 그에게 패배를 안기신 것입니다. 이미 마귀와 그의 종들을 정복했습니다. 사망을 정복했습니다. 무덤을 정복했습니다. 모든 인간의 원수들을 정복했습니다. 그러나 다시 오셔서, 그들을 완전히 멸하실 것입니다. 그들을 불못에 던진 다음 영원히 거기서 나오지 못하게 하실 것입니다.

이 낡은 지구, 이 낡은 세상이 변하여 새롭게 될 것입니다. "피조물이 고대하는 바는 하나님의 아들들이 나타나는 것이니"롬 8:19. 온 우주가 죄악의 모는 영향력과 결과에서 깨끗이 씻음을 받을 것입니다. "우리는 그의 약속대로 의가 있는 곳인 새 하늘과 새 땅을 바라보도다"벧후 3:13. "그때에 이리가 어린양과 함께 살며 표범이 어린 염소와 함께 누우며 송아지와 어린 사자와 살진 짐승이 함께 있어 어린아이에게 끌리며……내 거룩한 산 모든 곳에서 해됨도 없고 상함도 없을 것이니"사 11:6, 9. "새 하늘과 새 땅"이 도래하며, 우리의 모든 원수들이 최종적으로 멸망한다는 것이 복음의 일부분입니다. "다시는 사망이 없고 애통하는 것이나 곡하는 것이나 아픈 것이 다시 있지 아니하리니"계 21:4.

요한계시록 7장이 이와 관련하여 가르쳐 주는 바가 있습니다. 재앙과 사망이 곳곳에 있고 슬픔과 사별이 다반사가 된 세상에 사는 우리는, 그 말씀을 귀담아들어야 합니다. 요한계시록 저자는 환상을 본 후에 장차 될 일을 기록합니다.

허다한 사람들이 나타나서 이렇게 말합니다.

아멘. 찬송과 영광과 지혜와 감사와 존귀와 권능과 힘이 우리 하나님께 세세토록 있을지어다. 아멘 하더라. 장로 중 하나가 응답하여 나에게 이르되 이 흰옷 입은 자들이 누구며 또 어디서 왔느냐. 내가 말하기를 내 주여, 당신이 아시나이다 하니 그가 나에게 이르되 이는 큰 환난에서 나오는 자들인데 어린양의 피에 그 옷을 씻어 희게 하였느니라. 그러므로 그들이 하나님의 보좌 앞에 있고 또 그의 성전에서 밤낮 하나님을 섬기매 보좌에 앉으신 이가 그들 위에 장막을 치시리니 그들이 다시는 주리지도 아니하며 목마르지도 아니하고 해나 아무 뜨거운 기운에 상하지도 아니하리니 이는 보좌 가운데에 계신 어린양이 그들의 목자가 되사 생명수 샘으로 인도하시고 하나님께서 그들의 눈에서 모든 눈물을 씻어 주실 것임이라^{계 7:12-17}.

더 이상 슬픔도 이별도 죽음도 아픔도 배고픔도 목마름도 재앙도 없을 것입니다. 온 우주가 원래의 완전함을 회복할 뿐 아니라, 더욱 영광스럽게 될 것입니다. 장차 그러한 일이 있을 것입니다. 이것이 하나님의 계획 가운데 일부입니다. 하나님의 아들이 다시 오셔서 만물을 회복하시고 원래의 영광에 이르게 하실 것이며, 그날에는 하나님께서 만유가 되시고 만유 가운데 계실 것입니다.

04

언약의 하나님

대제사장이 이르되 이것이 사실이냐. 스데반이 이르되 여러분 부형들이여, 들으소서. 우리 조상 아브라함이 하란에 있기 전 메소보다미아에 있을 때에 영광의 하나님이 그에게 보여 이르시되 네 고향과 친척을 떠나 내가 네게 보일 땅으로 가라 하시니 아브라함이 갈대아 사람의 땅을 떠나 하란에 거하다가 그의 아버지가 죽으매 하나님이 그를 거기서 너희 지금 사는 이 땅으로 옮기셨느니라. 그러나 여기서 발붙일 만한 땅도 유업으로 주지 아니하시고 다만 이 땅을 아직 자식도 없는 그와 그의 후손에게 소유로 주신다고 약속하셨으며 하나님이 또 이같이 말씀하시되 그 후손이 다른 땅에서 나그네가 되리니 그 땅 사람들이 종으로 삼아 사백 년 동안을 괴롭게 하리라 하시고 또 이르시되 종 삼는 나라를 내가 심판하리니 그후에 그들이 나와서 이곳에서 나를 섬기리라 하시고 할례의 언약을 아브라함에게 주셨더니 그가 이삭을 낳아 여드레 만에 할례를 행하고 이삭이 야곱을, 야곱이 우리 열두 조상을 낳으니라.

사도행전 7:1-8

스데반의 설교는 매우 기본적인 내용을 다룹니다. 우리가 그의 설교를 상고하는 목적은, 이 설교를 통해 기독교 복음이 무엇인지 정확하게 파악하고자 하는 데 있습니다. 현대사회를 바라보면서 우리는, 이 사회가 파탄 상태에 있을 뿐 아니라 인간의 능력을 총동원해도 가망이 없음을 압니다. 하지만 우리에게는 유일한 소망이 있습니다. 그 소망이 무엇입니까? 제가 보건대, 오늘날 세상의 가장 큰 비극은 이것입니다. 원래 쉽고 분명하게 제시된 복음이 몹시 혼란스럽게 되어, 사람들이 자기들 입맛에 맞게 고쳐서 받아들이고 있는 것입니다. 그러므로 우리는 사도행전의 처음 장들로 돌아가 교회가 어떻게 시작되었으며, 처음부터 어떤 복음을 전했는지 확인하는 것 외에 다른 길이 없습니다. 여기 사도행전 7장에 복음이 온전하게 제시되어 있습니다.

스데반이 말하는 내용은 이런 것입니다. "여러분은 왜 나사렛 예수에 관한 복음을 반대합니까? 왜 이 가르침을 과격하다고 생각합니까? 여러분은 복음을 철저히 잘못 알고 있습니다. 예수님은 혁신가가 아니라 구약을 성취하신 분입니다. 예수께서 구약의 모든 약속을 성취하신 것을, 여러분은 모르십니다." 스데반은 설교를 통해 그 점을 증명해 갑니다. 히브리서 기자의 말대로, 하나님은 "옛적에 선지자들을 통하여 여러 부분과 여러 모양으로" 역사를 통해 계시하신 계획과 목적을 가지고 계셨으며^{히 1:1}, 그것이 이 복되신 분 곧 하나님의 아들 나사렛 예수 안에 초점을 두고 있음을 스데반은 증명해 갑니다.

제가 여기서 강조하고 싶은 것은, 하나님의 목적은 하나이며 불변하다는 것입니다. 그 목적은 역사가 오래되었으되, 하나님께서 그것을 이루어 가실 때는 맨 처음에 정하신 방법을 사용하십니다. 제가 스데반의 설교를 강해하는 직접적인 목적은, 하나님께서 어떻게 아브라함을 만나 주셨고 어떻게 당신의 계획과 목적을 계시해 주셨는지 깨우쳐 드리려는 것입니다. 아브라함은 복음과 구원 문제 전체에 대단히 중요한 인물입니다. 사도 바울은 갈라디아서를 쓰면서, 우리 그리스도인들 모두가 어떤 의미에서는 아브라함의 자손이라고 말합니다. 아브라함은 모든 믿는 자들의 조상이며, 우리는 믿음의 자녀들로서 아브라함의 자손들입니다갈 3:7. 이방인인 우리도 그리스도인이 되면 '아브라함의 자손'이 됩니다. 이 점에서 아브라함은 축이요 중심입니다. 유대인은 언제나 자신들의 조상 아브라함을 언급했으며, 그것은 정당한 일이었습니다. 어떤 의미에서는 우리 그리스도인들도 언제나 그래야 합니다. 그러나 어떤 점에서 그러한지 이해해야 합니다. 바로 그 문제를 스데반이 본문에서 다루고 있습니다.

혹시 이런 질문이 있을 수 있습니다. "좋습니다. 그것이 사실이라고 합시다. 하지만 그게 우리와 무슨 상관이 있습니까? 무엇 때문에 오래전의 역사에 우리가 관심을 가져야 하는 겁니까? 가난과 다툼과 고통과 슬픔의 세상에 살고 있는 우리에게, 차라리 도움이 될 만한 것을 주는 것이 더 현명하지 않습니까? 왜 그것을 주지 않는 겁니까? 왜 아브라함 이야기로 우리를 성가시게 하는 겁니까?" 이 사람의 말은 다음과 같이 계속될 것입니다. "물론 산헤드린 공회원들에게는 아브라함 이야기가 어느 정도 의미가 있었을 테지요. 그들은 유대인이고 종교 지도자들이었으니까. 하지만 나는 아닙니다. 나는 전혀 관심이 없어요. 구약성경에서 무슨 일이 일어났든, 아브라함에게 무슨 일이 일어났든 내가 알게 뭡니까? 나는 다만 이 비참한 현실에서, 과연 당신이 나를 행복하게 해줄 수 있는지 알고 싶을 뿐입니다. 실패한 내게 당신은 성공을 보장해 줄 능력이 있습니까? 한 치 앞도 보이지 않는 이 불안한 세상에서 내게 희망을 줄 수 있습니까? 행복한 미소로 힘 있게 내 갈 길을 가게 해줄 어떤 능력을 당신은 가지고 있습니까? 내가 알고 싶은 것은 그것뿐입니다."

그렇게 말하는 사람에게 뭐라고 대답해 주어야 합니까? 이 문제는 대단히 중요합니다. 첫번째 대답은 이렇습니다. 대다수 사람들이 기독교 신앙을 받아들이지 않거나 왜곡해서 받아들이는 이유는, 구체적인 각론 때문이 아니라 접근하는 태도 때문입니다. 문제는 거기 있습니다.

누군가가 "나는 아브라함 이야기를 듣고 싶지 않습니다" 하고 말한다면, 그에게 먼저 해줄 말은 이것입니다. 그렇게 말하면 위험하고 미련한 것일 뿐 아니라, 이 위대한 구원의 복을 결코 맛볼 수 없게 된다는 것입니다. 구걸하는 사람이 찬밥 더운밥 가리는 것 봤습니까? 그런데 복음이 맨 처음 하는 일은, 우리가 구걸하는 처지임을 깨닫게 하는 것입니다. 이것을 깨닫지 못하면 결코 그리스도인이 되지 못합니다. 여러분의 호주머니에 어떤 종류든 영적 지폐가 있다고 생각한다면, 구원과는 영영 멀어집니다. 구원은 무릎을 꿇어야 받을 수 있습니다.

당연히 세상의 이치와는 다릅니다. 그렇지 않습니까? 세상에서는 똑똑한 정신과 냉철한 이성과 의문들을 지니는 것이 정상입니다. 세상에서 살아남으려면 두 다리로 버티고 서야 합니다. 그러나 복음은 그런 자세로 접근해서는 조금도 깨달을 수 없습니다. 내 자신이 아무것도 아니고 아무것도 가진 것이 없음을 깨달을 때까지, 복음은 아무 말도 하지 않습니다.

구원받는 문제에 지대한 관심이 있으나 복음을 깨닫지 못한 채 우왕좌왕하는 사람들을 생각해 보면 제 말이 쉽게 이해될 것입니다. 그들이 우왕좌왕하는 가장 큰 이유는, 뻣뻣이 선 채로 예수 그리스도 앞에 나오기 때문입니다. 그런 태도로는 절대로 그리스도를 알 수 없습니다. 그리스도께 나오는 유일한 방법은 무릎을 꿇는 것입니다. 무릎을 꿇어도 안되면 땅에 꿇어 엎드려야 합니다.

두번째 대답은 이것입니다. 구원은 하나님이 정해 주신 방식대로 받아야 합니다. 이 구원은 하나님으로부터 오는 구원이며, 아브라함에게 나타나신 분은 "영광의 하나님"이십니다. 결정하시는 분은 하나님이십니다. 우리 주님은 이렇게 말씀하십니다. "진실로 너희에게 이르노니 너희가 돌이켜 어린아이들과 같이 되지 아니하면 결단코 천국에 들어가지 못하리라"마 18:3. 다 큰 어른이라도 어린아이처럼 아는 것이 없고 가진 것도 없음을 인정해야 합니다. 설교자의 입장에서, 구원을 하나님이 정해 놓으신 방식대로 받아야 한다고 말하지 않으면, 그것은 여러분을 그릇된 길로 인도하는 것입니다.

"그런 요구는 참을 수 없습니다" 하고 말할 사람이 있을 것입니다.

그렇게 말해도 상관없습니다. 다만 그렇게 생각하고 말하는 한, 구원을 경험하지 못할 것입니다. 구원을 경험하고 싶다면 자신을 낮추고, 하나님이 말씀하신 방식대로 구원을 받아들여야 합니다.

각도를 조금 달리해서 설명해 보겠습니다. 기독교의 구원을 사교邪敎들과 같은 방식으로 바라봐서는 안됩니다. "근심과 걱정을 털어 버리고 싶습니까? 걱정하지 마십시오. 할 수 있습니다. 우리에게 방법이 있습니다. 고통에서 벗어나고 싶습니까? 걱정하지 마십시오. 우리에게 또 다른 방법이 있습니다."

사교들은 '우리'와 '우리의 필요'에서부터 출발합니다. 그들에게 종교란 그런 것을 충족시키는 매체일 뿐입니다. 그러나 복음은 그렇지 않습니다. 인간의 진정한 문제는 자신에게 참으로 필요한 것이 무엇인지 모른다는 것입니다. 복음은 그 점을 깨우쳐 줍니다. 사람들은 자신들에게 정말로 필요한 것이 행복이라고 생각합니다만, 그렇지 않습니다. 행복보다 더 중요한 것이 있습니다. 그것은 거룩함입니다. 하나님을 아는 지식입니다. 하나님과 더불어 사는 삶입니다. 우리에게는 그것이 필요합니다.

우리에게 필요한 것을 모르면서 아는 것처럼 행동하며, 사교를 찾아가거나 세상의 것을 찾아가듯 우리는 구원에 접근합니다. 그것은 옳지 못합니다. 그렇게 해서는 안되는 중요한 이유가 있습니다. 구원의 목적이 인간의 필요를 충족하는 데 있지 않고, 하나님을 영화롭게 하고 그분의 영광을 드높이는 데 있기 때문입니다. 우리의 유익과 행복은 부차적인 것입니다. 이런 말을 하면 현대인들이 몹시 싫어하고 모멸감을 느낀다는 것을 저는 알고 있습니다. 하지만 구원을 그렇게 생각하는 한, 비참한 상태를 벗어나지 못하고 어둠과 절망 가운데 "무덤을 밝혀 줄 아무런 소망도 없이" 죽을 것입니다. 분명히 말씀드리지만, 구원의 목적은 하나님을 영화롭게 하는 데 있습니다. 영광의 하나님이 아브라함에게 나타나 주신 것입니다.

구원을 어린아이처럼 받아야 합니다. 구원이 우리에게 그런 방식으로 제시되는 이유가 또 하나 있습니다. 물론 그것은 우리를 겸손하게 하기 위한 것입니다. 우리는 모두 복음 앞에서 겸손할 필요가 있습니다. 특히 자신감과 자긍심을 유독 앞세우는 20세기 사람들은 더욱 그럴 필요가 있습니다. 현대인은 자신들의 지식을 어느 시대보다 더 많이 자랑하나, 사실 조상들보다 더 지혜로울 것이 없습니다. 과연 오늘날 무수히 발행되는 서적이며 텔레비전과 라디오 등 지식을 자랑할 만한 매체들이 많이 있습니다. 현대인은 이런 지식 매체들 속에 살면서 마치 모든 것을 다 아는 것처럼 행동합니다. 하지만 겸손해야 합니다. 땅바닥에 엎드려야 합니다. 우리에게 씻어 내야 할 것들이 많지만, 그 가운데 하나가 '20세기'가 붙는 말입니다. 이런 말은 전혀 적절치 않습니다. 구원의 중요한 문제와 전혀 상관이 없으면서 본질을 흐려놓습니다.

세번째 대답이 있습니다. 이것은 제가 여러분에게 드릴 수 있는 교훈 중에 가장 영광스러운 것이기도 합니다. 복음을 이와 같이 소개하는 이유가 있습니다. 여러분에게 절대 확신과 안전감을 드릴 뿐 아니라 기독교 복음이 결코 사소한 것이 아니라는 것, 우주에서 가장 크고 영광스럽고 놀라운 것임을 보여드리기 위한 것입니다. 복음은 제가 원하는, 작은 도움을 줄 수 있는 정도의 것이 아닙니다. 절대 아닙니다! 복음은 나 자신에 관해 잊게 만듭니다. 영원하신 하나님, 하나님이 독생자 안에서 나타내신 영원한 사랑의 깊이를 들여다보면 경이로움과 사랑과 감사에 사로잡힙니다. 그러므로 여러분에게 복음을 이와 같이 소개하는 것입니다.

이제 구체적으로 들어가 생각해 보겠습니다. 지난 시간에는 하나님께서 구속 계획을 갖고 계시다는 것과, 복음이 개인 구속뿐 아니라 우주의 구속에도 관련된다는 것을 말씀드렸습니다. 오늘은 이 계획에 관해 좀더 자세히 살펴보겠습니다. 하나님은 언제 우주 전체를 구속하려는 원대한 목적을 세우셨을까요? 이것은 대단히 중요한 질문입니다. 성경 곳곳에서 제시하는 대답은 "창세 전에"엡 1:4 세우셨다는 것입니다. 하나님은 세상을 창조하시기 전에 이미 세상을 구속하려는 계획을 세우신 것입니다. 무슨 이유로 그렇게 하셨습니까? 하나님은 "영광의 하나님"이시기 때문입니다. 모든 것을 아시는 하나님이십니다. 인간이 어떻게 할 것을 미리 다 아셨습니다. 사도 바울은 고린도인들에게 쓴 편지에서 이같이 말합니다. "그러나 우리가 온전한 자들 중에서는 지혜를 말하노니 이는 이 세상의 지혜가 아니요 또 이 세상에서 없어질 통치자들의 지혜도 아니요 오직 은밀한 가운데 있는 하나님의 지혜를 말하는 것으로서 곧 감추어졌던 것인데 하나님이 우리의 영광을 위하여 만세 전에 미리 정하신 것이라"고전 2:6-7. 이것이 제가 영광스럽게 말씀드리는 사실입니다.

우리는 20세기 사람들임을 지나치게 자부할뿐더러 너무나 자기 본위로 살고 있습니다. 세상이 지금과 같은 적이 없었으며 우리가 안고 있는 문제들이 과거에는 없던 새로운 것이라고 생각하면서, 우리의 과학지식과 우리가 이룩한 모든 진보들을 절대시합니다. 그러나 이런 생각을 바로잡아 주는 사실이 있습니다. 그것은 이 세상이 오래된 세상이며, 아브라함이 메소보다미아에서 살던 때와 심지어 그 이전과도 다름없이 낡은 세상이라는 사실입니다. 우리가 안고 있는 문제들은 새로운 것이 아닙니다. 오늘날 우리가 직면하고 있는 문제들 중에, 인류가 하나님께 반역함으로써 비참과 혼돈을 자초한 이래로 직면해 오지 않은 것은 하나도 없습니다. 새로운 문제란 사실상 없는 것입니다. 이 세대에게 가장 필요한 것은, 철저히 부서져 겸손히 땅바닥에 엎드리는 것입니다.

역사는 인간이 하나도 변하지 않았음을 보여줍니다. 저는 이 사실을 오히려 감사하게 생각합니다. 우리가 맞닥뜨리고 있는 문제가 20세기 사람들에게 돌발적으로 닥친 새로운 것이 아니라, 하나님의 구원과 구속 목적과 계획에 의한 것이기 때문입니다. 이 사실 앞에서 현대인들은 무릎 꿇고 하나님께 경배해야 합니다. 오늘날 여러분이 내세울 자부심과 긍지가 어디 있습니까? 그런 것이 과연 있습니까? 없습니다! 그 헛된 생각을 버리십시오. 여러분이 다만 인간이되 오히려 타락하고 실패한 인간이며, 여러분이 안고 있는 문제가 역사의 시초부터 인류가 안고 온 문제였음을 깨달아야 합니다.

참으로 하나님께 감사드리지 않을 수 없습니다. 우리가 뜻밖의 우연한 상황에 처해 있거나 막연하게 새로운 사상과 영감을 기다리고 있는 것이 아니라, 세상이 지어지기 전부터 인류가 존재하기 전부터, 처음부터 끝까지 모든 상황을 다 아시고 계획하신 하나님 앞에서 살고 있음을 알기 때문에 그렇습니다.

또한 하나님의 계획이 구체적인 것임을 생각하지 않을 수 없습니다. 만일 여러분이 이 진리에서 위로를 얻지 못한다면, 여러분은 그리스도인이 아니며 복음을 모르고 있다는 결론을 내릴 수밖에 없습니다. 하나님의 계획은 매우 구체적입니다. 스데반이 산헤드린 앞에서 설교하면서 그 점을 깨우쳐 주는 대목을 읽지 못합니까? "하나님이 또 이같이 말씀하시되 그 후손이 다른 땅에서 나그네가 되리니 그 땅 사람들이 종으로 삼아 사백 년 동안을 괴롭게 하리라"^{행 7:6}.

하나님이 아브라함에게 이 말씀을 하신 때는 실제 사건이 발생하기 오래전이었습니다. 이 점에 대해 우리가 내릴 수 있는 결론은, 하나님은 모든 사건을 통제하시고, 모든 사건 위에 계시며, 모든 사건을 결정하신다는 것입니다. 메소보다미아에 사는 아브라함을 언제 부르실지 아셨고, 자기 백성이 언제 애굽으로 내려갈지, 그곳에 얼마나 체류하게 될지, 언제 돌아오게 될지 하나님은 모두 아셨습니다.

이처럼 모든 일이 하나님을 떠나서는 발생하지 않습니다. 하나님께서 모든 일을 구체적으로 알고 계신다는 사실이 우리에게 얼마나 큰 위로가 되고, 얼마나 큰 기쁨으로 전율하게 합니까! 성경은 "때가 차매"라는 표현을 일관되게 사용합니다. "때가 차매 하나님이 그 아들을 보내사 여자에게서 나게 하시고 율법 아래에 나게 하신 것은"^{갈 4:4}. 성경에 기록된 모든 예언을 생각해 보십시오. 예언은 하나님께서 모든 것을 아시고 모든 것 배후에 계실 뿐 아니라, 구체적으로 확정된 완전한 계획을 갖고 계셔야만 성취됩니다. 하나님은 처음부터 어떤 일이 발생할지 다 아셨으며, 아신 대로 한 치 어긋남 없이 이루어졌습니다. 전체를 조망하면서 예언이 어떻게 이루어졌는지 구체적으로 생각해 보십시오. 우연하게 발생한 일은 하나도 없습니다. 하나님이 만물 위에 계시고, 만물은 하나님 아래에 있습니다.

이 세상의 미래를 하나님께서 알고 계시다는 사실이 우리에게 큰 위로가 됩니다. 물론 우리는 현세의 문제에 몰두해 있습니다. 전기傳記들이 출판됩니다. 최근의 역사와 좀더 먼 역사를 다룬 책들이 읽힙니다. 매우 중요하고 전율케 하는 것들입니다. 그러나 이런 것들이 우리에게 얼마나 도움이 됩니까? 우리에게 무엇을 줍니까? 우리의 인식에 무슨 기여를 합니까? 대답은 전혀 없다는 것입니다. 우리의 삶은, 셰익스피어가 『맥베스』에서 표현한 대로 "바보 얼간이가 들려주는 아무런 뜻도 없는 이야기"일 뿐입니다. 우리가 세상에 몰입해 살면서 흥분하고 분개하는 것, 온갖 세련된 대화와 통찰을 주고받는 것이 우리에게 무엇을 더해 줍니까? 아무것도 없습니다! 그들이 미래에 관해서 무엇을 압니까? 아무것도 모릅니다.

그러나 본문말씀은, 태초를 계획하신 하나님께서 종말도 계획해 두셨음을 말합니다. 세계의 미래가 어떻게 될지 여러분에게 구체적으로 말씀드릴 수 없지만, 제가 똑똑히 알고 있는 사실이 있습니다. 틀릴지도 모른다는 두려움 없이 큰 확신으로 말씀드릴 수 있습니다. 그것은 세상이 점차 좋아지지도 않았을뿐더러 앞으로도 더 좋아지지 않는다는 사실입니다. 세상은 악합니다. 진화와 개량과 진보에 관한 말은 모두 상상에서 나온 허구일 뿐입니다. 그것은 사실이 아닙니다. 사실인 적도 없었고, 앞으로도 사실이 아닐 것입니다. 세상은 악합니다. 이 상태로 가는 한 아무런 소망이 없습니다.

그러나 제가 동시에 아는 것이 있습니다. 역사에 끝이 있다는 사실입니다. 언제 종말이 올지는 알 수 없으나 확실히 말씀드릴 수 있는 것은 세상이 갈수록 악해질 것입니다. "악한 사람들과 속이는 자들은 더욱 악하여져서 속이기도 하고 속기도" 할 것이며딤후 3:13, "난리와 난리 소문"이 들려올 것이며마 24:6, 전염병과 지진과 사고와 기근 등 현대세계에서 발생하는 온갖 재앙들이 계속될 것입니다. 갈수록 그런 일이 증가할 것입니다.

또 한 가지 제가 아는 것은, 하나님께서 아들을 이 세상에 다시 보내셔서 역사의 종국을 맞게 하시고 모든 사람을 심판하실 날을 정해 두셨다는 사실입니다. 그날이 오면 악과 죄가 추방되고 처벌받아 멸망할 것이며, 그리스도께서 영광의 나라를 세우실 것입니다. 그날이 언제일지는 모릅니다. 우리 주님은 세상에 계실 때 그날과 시간은 하늘의 천사들도 모르고 주님 자신도 모르되, 다만 영광의 하나님 아버지만 아신다고 말씀하셨습니다. 모든 계획이 하나님 앞에 구체적으로 놓여 있으며, 그것이 하나도 착오 없이 성취되고 있습니다. 이 사실이 오늘날과 같은 세상에서 얼마나 큰 위로가 됩니까! 이 세상은 우리 손에 있지 않고 하나님의 손에 있습니다. 어떤 것도 하나님의 영원한 목적과 계획을 가로막지 못합니다.

그것이 제가 발견한 한 가지 사실입니다. 좀더 속도를 내겠습니다. 여러분은 본문에서 언약이라는 단어를 눈여겨보셨습니까? "할례의 언약을 아브라함에게 주셨더니"8절. 창세기 17장에는 언약이라는 단어가 계속 사용됩니다. 이것이 또 한 가지 중요한 단어입니다. 우리는 이미 사도행전 3장에서 이 단어를 본 적이 있습니다. 베드로가 예루살렘에서 행한 설교에 나옵니다.

너희는 선지자들의 자손이요 또 하나님이 너희 조상과 더불어 세우신 언약의 자손이라. 아브라함에게 이르시기를 땅 위의 모든 족속이 너의 씨로 말미암아 복을 받으리라 하셨으니 하나님이 그 종을 세워 복주시려고 너희에게 먼저 보내사 너희로 하여금 돌이켜 각각 그 악함을 버리게 하셨느니라25-26절.

본문에서 스데반이 똑같은 단어를 사용하는 것을 봅니다. 언약입니다! 이 놀라운 단어의 의미를 모르고서는 성경을 아무리 읽어도 이해할 수 없습니다. 본질상 '언약'이란 단어는 위대하신 영광의 하나님, 자존自存하시는 하나님, 우리의 도움도 세상의 도움도 필요치 않으시며 스스로 충만 가운데 거하시는 하나님께서, 지혜와 인자로 세상과 인간을 창조하셨다는 뜻입니다. 하지만 인간은 죄를 범하고 하나님을 배반하고 하나님께 등을 돌렸습니다. 그런 사건이 있은 뒤-바로 여기에 언약의 진정한 의미가 있습니다-바로 그 영광의 하나님께서 인간을 찾으시고 그에게 나타나셨을 뿐 아니라, 장차 인간과 세상에 대해 하실 일을 말씀하시고 그 일을 친히 이루겠다고 약속하셨습니다. 아브라함 앞에서 당신의 이름으로 맹세까지 하셨습니다.

그런데 주의할 것은, 언약이 하나님과 사람 사이의 흥정이 아니었다는 것입니다. 결코 그런 것이 아니었습니다. 언약은 철두철미하게 하나님께로부터 나왔습니다. 양자가 동등한 자격으로 계약을 맺고 서명하는 그런 것이 아니었습니다. 언약은 하나님이 내려오셔서 "내가 너를 위해 세운 계획이다, 내가 세웠다, 내가 서명했다, 도장을 찍었다, 이것을 네게 주마" 하고 말씀하시는 것입니다. 하나님의 약속이고 목적입니다. 협상이 아니라 우주를 구속하겠다고 확신을 주시는, 자유롭게 베푸신 영원한 은혜의 행위입니다.

구약성경을 읽어 보면 이런 사례들을 얼마든지 발견할 수 있습니다. 대홍수 후에 하나님은 노아와 언약을 맺으셨습니다. 세상이 홍수로 멸망했으나, 노아와 그의 가족이 방주에서 나온 후 하나님께서 그들에게 약속하셨습니다. 다시는 물로 세상을 멸하지 않겠다고 맹세하셨습니다. 따라서 여러분과 저는, 이 세상이 다시는 홍수로 멸망하지 않는다고 확신할 수 있습니다. 제가 이것을 아는 것은, 하나님께서 언약의 형태로 그것을 말씀하시고 표징sign을 주셨기 때문입니다. 하나님은 무지개를 언약의 상징으로 삼으시고 그것이 하늘에 피어나게 하십니다. 무지개를 볼 때마다 세상에 무슨 일이 일어나든, 다시는 홍수로 멸망하는 일이 없을 것임을 기억하게 됩니다. 우리는 장차 세상이 불로 멸망하리라는 것을 압니다. "그날에 하늘이 불에 타서 풀어지고 물질이 뜨거운 불에 녹아지려니와"벧후 3:12.

그후 하나님께서 아브라함과 언약을 맺으시면서 새로운 표징을 주셨습니다. 할례입니다. 그것은 구별됨뿐 아니라 순결과 거룩함까지도 가리키는 대단히 중요한 표징입니다. 하나님은 거룩하신 하나님이십니다. 죄 지은 자들이 행복하게 지내는 것을 차마 보지 못하시는 분이시기 때문입니다. 행복해지려면 거룩해야 합니다. 그것이 할례입니다! 베어 버리는 것입니다. 이런 내용들이 언약의 근본 요소들입니다.

"하지만 나는 작은 위로라도 받을까 하고 교회에 나왔는데요" 하고 말할 분도 있을 것입니다.

사랑하는 여러분, 이 세상에 사는 날 동안 거룩하신 하나님과 관계를 맺은 거룩한 사람이 되기 전에는 참된 위로를 얻을 수 없습니다.

제가 여러분에게 소개할 수 있는 언약의 사례들이 더 있습니다. 하나님은 아브라함과 언약을 맺으시고 그것을 그의 아들 이삭, 이삭의 아들 야곱과 다시 맺으셨습니다. 그리고 그들의 후손과도 같은 언약을 맺으셨습니다. 모세와도 맺으셨고, 다윗왕과도 맺으셨습니다. 구약성경을 읽을 때 '언약'이라는 이 위대한 단어에 착념하는 것만큼 좋은 방법이 없습니다. 중간에 지나치게 자세한 대목을 만나 집중력이 떨어지는 때도 있고 이스라엘 자손이 하나님을 떠나 방황하는 대목도 나오지만, 그때마다 하나님이 그들을 돌이키게 하신 다음 다시 언약을 맺으십니다. 같은 노선을 따라 하나님의 계획이 계속 진행됩니다. 유다 지파, 다윗의 후손 가운데서 메시아가 나온다는 약속이 갈수록 구체적으로 언급됩니다.

언약이 참으로 중요한 것은, 주 예수 그리스도가 탄생하실 때 성령의 조명을 받은 사람들이 즉각 그 사실을 언약의 성취로 인식한 데서 잘 나타납니다. 세례 요한의 아버지 사가랴는 섬광처럼 스치는 이 사실을 깨닫고 다음과 같은 찬송을 드렸습니다.

찬송하리로다. 주 이스라엘의 하나님이여, 그 백성을 돌보사 속량하시며 우리를 위하여 구원의 뿔을 그 종 다윗의 집에 일으키셨으니 이것은 주께서 예로부터 거룩한 선지자의 입으로 말씀하신 바와 같이 우리 원수에게서와 우리를 미워하는 모든 자의 손에서 구원하시는 일이라. 우리 조상을 긍휼히 여기시며 그 거룩한 언약을 기억하셨으니눅 1:68-72.

사가랴는 이 사실을 즉시 알아보았습니다. 이것이 스데반이 강조하는 요지입니다. 그는 산헤드린 공회의원들을 바라보면서 이렇게 말했습니다. "여러분이 지금 무슨 일을 하고 있는 것입니까? 여러분은 성경을 알지 못합니까? 여러분의 역사를 모른단 말입니까? 언약에 관해 아는 바가 없단 말입니까? 여러분이 욕하고 버린 이 예수가 '약속된 분'입니다. 그가 하나님께서 우리 조상 아브라함과 맺으신 언약의 중심인 것입니다." 얼마나 통렬한 지적입니까! 이것은 우연도 아니고 우발적인 것도 아니고, 이미 발생한 어떤 사건에 비추어 직관적으로 생각해 낸 것도 아닙니다. "창세 전에" 수립된 계획이 이루어진 것입니다. 하나님께서 이 사람 아브라함에게 나타나 말씀하셨는데, 그 내용은 사실 이와 같습니다. "보라, 내가 네게 비밀을 알려 줄 것이다. 내가 장차 시행할 일을 네게 가르쳐 줄 것인데, 그 일에 네가 중요한 일을 담당할 것이다. 그러니 나를 따라 나오라." 이것이 이 역동적인 과정의 시작입니다. 이것이 스데반이 말하는 내용이며, 이 내용에서 그리스도인인 우리들과의 연관성을 바라봅니다.

그 연관성과 적절성을 좀더 구체적으로 보여드리고자 합니다. 하나님의 이 목적과 언약은 하나님의 권능에 토대를 둔 것입니다. 여기에는 본질적이고 대단히 중요한 어떤 것이 있습니다. 제가 여러분에게 전하도록 특권을 받은 구원의 도리에는 기적의 성격이 있습니다. 구원은 처음부터 끝까지 기적입니다. 자연이 아니라 초자연입니다! 제가 이해할 수 없는 유형의 그리스도인이 있습니다. 기적과 초자연을 두려워하고 기피하는 사람입니다. "과학자들은 이 말을 믿지 않을 겁니다" 하고 말하는 사람입니다. 물론 과학자들은 믿지 않습니다! 그들은 이런 것을 믿어 본 적이 없습니다. 그래서 세상이 예나 지금이나 같은 것입니다. 그러나 복음이 기적이 아니라면, 그것은 우리를 구원하지 못할 것입니다.

여러분은 아브라함과 그의 아내 사라 이야기를 기억하실 것입니다. 아브라함이 아흔아홉 살이고 사라가 아흔 살일 때, 하나님이 찾아오셔서 그들이 아들을 낳을 것이라고 말씀하셨습니다. 창세기 18장의 기록을 주의해서 읽어 보시기 바랍니다. 하늘에서 내려온 손님들이 아브라함을 찾아와 이렇게 말합니다.

네 아내 사라가 어디 있느냐. 대답하되 장막에 있나이다. 그가 이르시되 내년 이맘때 내가 반드시 네게로 돌아오리니 네 아내 사라에게 아들이 있으리라 하시니 사라가 그 뒤 장막 문에서 들었더라. 아브라함과 사라는 나이가 많아 늙었고 사라에게는 여성의 생리가 끊어졌는지라.

저는 이와 같은 본문을 인용하는 것을 꺼리거나 미안해하지 않습니다. 제가 소개하는 것은 역사의 사실입니다. 실제적인 눈을 가지고 사실들을 똑바로 바라보시기 바랍니다.

사라가 속으로 웃고 이르되 내가 노쇠하였고 내 주인도 늙었으니 내게 무슨 즐거움이 있으리요. 여호와께서 아브라함에게 이르시되 사라가 왜 웃으며 이르기를 내가 늙었거늘 어떻게 아들을 낳으리요 하느냐. 여호와께 능하지 못한 일이 있겠느냐.

바로 그것입니다!

기한이 이를 때에 내가 네게로 돌아오리니 사라에게 아들이 있으리라9-14절.

이삭이 태어난 일은 자연의 이치로 보자면 불가능한 일이었습니다.

과학자에게는 그것이 전혀 불가능한 일입니다. 세상의 지혜로 봐도 당연히 생각할 수 없는 일입니다. 그러나 그런 일이 발생했습니다! 이 위대한 구속 역사의 출발점부터, 이것이 기적적인 소식이며 기적적인 구속임을 환기시켜 주는 것입니다.

역사를 거슬러 올라가 살펴보십시오. 사도행전 7:6에서 스데반은, 이스라엘 자손이 애굽으로 내려가 사백 년간 체류하며 종살이할 때에 애굽인들에게 학대를 당할 것이라는 하나님의 예언이 그대로 실현되었다고 언급합니다. 이스라엘 자손은 그 처지에서 도움을 청할 곳도 스스로 보호할 방책도 없었습니다. 충분하지 않은 짚으로 벽돌을 만들어야 했으며, 곁에는 사나운 간역자들이 채찍을 휘둘러 댔습니다. 절망 그 자체였습니다. 그들에게 무슨 소망이 있었습니까? 거기서 도망쳐 나올 수 있었습니까? 외부에서 도울 자가 있었습니까? 인간의 관점에서 보면 아무것도 없었습니다. 그런데 그들이 애굽에서 나온 것입니다! 그것은 하나님이 기적으로 개입하신 결과였습니다.

애굽에서 나온 이스라엘 자손이 당도한 곳은 비하히롯과 바알스본 근처였습니다. 앞에는 홍해의 물결이 넘실대고 있고, 뒤에는 바로와 그의 군대와 병거들이 추격해 오고 있었습니다. 진퇴양난이었습니다. 이제 얼마 후면 붙잡힐 것이고, 모든 게 끝장이었습니다. 하지만 그렇게 되었습니까? 홍해가 그들 앞에서 갈라졌고 그들은 마른 땅으로 바다를 건너갔습니다. 이것은 역사입니다!

"아무리 그래도 그런 일은 불가능합니다" 하고 말할 분이 있겠지요. 인간적으로 말하면 그렇습니다. 인간은 그런 일을 할 수 없습니다. 하지만 하나님은 하셨습니다. 자기 백성을 인도하여 홍해를 건너게 하셨습니다. 홍해만 건너게 하신 것이 아니라 광야를 지나게 하셨고, 그들을 위해 요단강도 갈라지게 하셨습니다. 구약 역사를 읽어 보십시오. 이 힘없고 가련한 민족이 거대한 왕조와 대제국들을 정복한 역사를 보십시오. 보잘것없는 이 작은 민족이, 다윗 같은 왕이 다스리던 시대에 다른 민족들 위에 우뚝 선 역사를 보십시오. 여러분은 이 사실을 어떻게 설명하시렵니까? 대답은 한 가지뿐입니다. 기적적이고 초자연적인 하나님의 권능이 나타난 것입니다.

하나님의 권능이 아니었다면, 제가 오늘 이 자리에서 여러분에게 이 말씀을 드리는 일도 없었을 것입니다. 하지만 저는 여러분에게 이렇게 말합니다. "내가 복음을 부끄러워하지 아니하노니 이 복음은 모든 믿는 자에게 구원을 주시는 하나님의 능력이 됨이라"롬 1:16. 하나님의 권능이 없다면 복음이 아닙니다. 인간은 인간을 구원할 수 없습니다. 저는 제 한 몸도 구원할 수 없고, 다른 사람도 구원할 수 없고, 다른 사람 역시 저를 구원할 수 없습니다. 사회학자와 정치가와 철학자들도 스스로를 구원할 수 없고, 나를 구원할 수 없고, 세상을 구원할 수 없습니다. 구원하시는 분은 오직 하나님 한분이십니다. 하나님 한 분만이 구원하십니다!

"여호와께 능하지 못한 일이 있겠느냐"창 18:14. 이 말씀은 아브라함과 사라에게 주신 말씀입니다. 이쯤 되면 스데반이 왜 아브라함으로 돌아가 이야기를 시작하는지, 그가 왜 역사에 이처럼 관심을 두는지 이해하기가 어렵지 않습니다. 기독교 구원의 모든 기본 원리들이 시초부터 아브라함에게 전달된 것입니다.

물론 복음은 기적적이고 초자연적이기 때문에 인간의 이해를 완전히 넘어서 있습니다. 아브라함은 하나님의 말씀을 이해하지 못했습니다. 사라는 말할 것도 없었습니다. 그러나 감사하게도, 우리의 구원은 우리의 이해에 달려 있지 않습니다. 만일 우리의 깨달음 여부에 구원이 달려 있다면 아무도 구원받지 못할 것입니다. 현대인들이 범하는 치명적인 오류는, 무엇이든 다 이해할 수 있다는 듯이 덤비는 것입니다. "나는 당신이 말하는 구원을 이해할 수 없소" 하고 그들은 말합니다. 이해하지 못하므로 복음을 배척하며, 그들의 세상은 갈수록 더 악해지기만 합니다.

아브라함은 하나님께 "이스마엘이 있지 않습니까?" 하고 아뢰었습니다. 사라의 몸종 하갈에게서 낳은 아들을 생각하고 그렇게 말한 것입니다. 과연 그도 아브라함의 아들이었습니다. 그에게 대를 잇는 것이 지극히 자연스럽게 보였습니다. 아브라함은 이렇게 말했습니다.

"사라가 아들을 낳는다는 것은 불가능합니다. 아흔 살이 넘었습니다. 저는 아흔아홉이나 되었습니다. 하지만 여기 제 아들 이스마엘이 있습니다. 그를 상속자로 삼으면 안되겠습니까? 왜 그에게 약속을 해주시지 않는지요?"

이것이 사람들이 생각하는 방식입니다. 사람들은 하나님이 무슨 일을 하셔야 하는지 자신들이 안다고 생각하고, 심지어 그것을 말씀 드리기까지 합니다. 현대라고 하는 이 시대와 이 시대를 사는 사람들이 범하는 최후의 어리석음은, 감히 하나님을 비평하고 그분에게 제안하고 수정안을 제시하는 것입니다. "이렇게 하면 되지 않겠습니까? 여기 이스마엘이 있지 않습니까?"

우리는 이해하지 못합니다. 그러나 감사하게도, 우리는 이해할 수 없음에도 구원을 얻습니다. 하나님께서 이사야를 통해 같은 말씀을 하셨습니다. "이는 내 생각이 너희의 생각과 다르며 내 길은 너희의 길과 다름이니라. 여호와의 말씀이니라. 이는 하늘이 땅보다 높음같이 내 길은 너희의 길보다 높으며 내 생각은 너희의 생각보다 높음이니라"사 55:8-9. 이해가 됩니까? 당연히 안됩니다!

사도 바울도 고린도인들에게 같은 교훈을 합니다. "그러나 우리가 온전한 자들 중에서는 지혜를 말하노니 이는 이 세상의 지혜가 아니요 또 이 세상에서 없어질 통치자들의 지혜도 아니요 오직 은밀한 가운데 있는 하나님의 지혜를 말하는 것으로서 곧 감추어졌던 것인데 하나님이 우리의 영광을 위하여 만세 전에 미리 정하신 것이라"고전 2:6-7. 이것이 구속의 비밀입니다! 구원의 비밀은 이런 것입니다! 이것이 비밀인 것에 대해 하나님께 감사드려야 합니다!

여러분은 대체 무엇을 이해하려고 하는 것입니까? 감히 영광의 하나님을 이해하려고 하는 것이 아닙니까! 여러분은 삼위일체 하나님의 신비를, 세 위격으로 계시면서 한분이신 하나님의 신비를 감히 이해하려고 합니다. 온전한 하나님인 동시에 온전한 사람으로서, 신성과 인성이 혼합되지 않는 복되신 그리스도의 신비를 이해하려고 합니다. 과연 이것은 신비입니다. 구원의 길이 아브라함과 사라의 이해가 닿지 못하는 곳에 있었던 것처럼, 이 모든 것이 인간의 이해를 넘어서 있습니다. 거듭 말씀드리지만, 우리가 해야 할 가장 시급한 일은 우리가 이해조차 하려 해서는 안되는 이유를 깨닫는 것입니다. 그것은 하나님의 계획이며, 영원하고 불변하시는 하나님의 마음에 간직된 것입니다.

구원의 복음의 중심에는 신생新生, 곧 거듭남의 신비가 있습니다. 여러분과 제가 구원을 얻기 위해 필요한 것이 무엇입니까? 거듭나는 일입니다.

하지만 이렇게 말할 분이 있을 것입니다. "우리가 어떻게 거듭난단 말입니까? 인간은 한번 태어나면 그것으로 끝이 아닌가요? 인간은 태어날 때 천성을 타고나며 죽을 때까지 그것을 가지게 됩니다. 근본적인 결함을 갖고 있으면 그것은 절대로 제거할 수 없습니다. 새로 출발힐 수 없는 것입니다. '구스인이 그의 피부를, 표범이 그의 반점을 변하게 할 수 있'습니까?"렘 13:23

그러나 복음은 "네가 거듭나야 하겠다"고 말합니다요 3:7. 인간이 거듭날 수 있다는 뜻입니다. 여러분도 새로운 출발을, 새로운 시작을 할 수 있습니다. 새로운 본성을 가질 수 있습니다. 새로운 인격을 가질 수 있습니다. 이것은 기적입니다. 이것은 '새로운 창조'입니다. 인간은 이것을 이해할 수 없습니다. 그것은 당연한 일입니다. 아브라함과 사라가 그 나이에 아들을 낳을 수 있었겠습니까? 당연히 불가능하지 않습니까! 그러나 하나님께는 불가능하지 않았습니다. "여호와께 능하지 못한 일이 있겠느냐."

여기에 복음전도의 영광스러움이 있습니다! 이 시점에서 특정한 부류의 사람에 관해 말씀드리고자 합니다. 그는 심히 죄짓고 살아서 의지력뿐 아니라 자아존중마저 잃어버린 사람입니다. 만일 여러분이 그 사람이라면 심한 좌절에 빠져 어떠한 결심도 하지 못하는 상태에 있을 것입니다. 가족들이 나서서 수없이 호소하고 설득하고, 몇 번이고 다짐하고 모든 노력을 다해 봅니다. 그러나 변하지 않습니다. 그래서 갈수록 좌절감이 깊어지고 생활은 자꾸 악해져만 갑니다. 이 말은 여러분에게뿐 아니라 세상에서 크게 존경받는 사람에게도 확신을 가지고 해줄 수 있는 말입니다.

왜 그렇습니까? 지금 제가 여러분에게 전하는 것은, 아무것도 없는 데서 세상을 창조하시고 권능의 말씀으로 세상을 유지하시는 하나님, 지극히 가련하고 사악한 본성이라도 새롭게 하시며 아들의 형상대로 새로 빛으시는 하나님의 권능 때문입니다. 어리석은 생각을 버리십시오. 하나님의 신비를 이해하려고 하는 행동을 그만두십시오. 찰스 웨슬리가 이 점을 깊이 헤아렸습니다. 그가 지은 찬송을 들어 보십시오.

크고 기이한 신비여! 불멸하신 분이 죽으셨도다!
그 기이한 뜻 누가 헤아릴 수 있는가.
하나님의 깊은 사랑, 하늘의 천사 알고자 하나
다 알 길 없도다.
크고 충만한 자비여! 온 땅으로 경배케 하고,
하늘의 천사도 다 알게 하시도다.

인간들만 이 신비를 이해 못하는 것이 아니라, 하늘의 천사들도 이해하지 못합니다. 그것을 이해할 수 있는 분은, 하나님 곧 성부 하나님과 성자 하나님과 성령 하나님뿐이십니다. 그럼에도 하나님은 자신의 계획을 아브라함에게 알리시고 그와 언약을 맺으십니다. 아브라함은 말문이 막히고 사라도 당황합니다. "우리는 할 수 없습니다. 불가능합니다. 이해가 되지 않습니다." 그러나 그들이 이해하고 이해하지 못하고의 문제가 아니었습니다. 하나님이 약속하셨고 그대로 이루어졌습니다. 장래에도 하나님의 약속은 반드시 이루어집니다. 때가 차매 그리스도께서 오셨습니다. 그리고 종말이 임할 것입니다!

이것이 오늘 설교의 마지막 주제로 이어집니다. 하나님께서 온 세상을 창조하셨고, 그 안의 모든 사람을 지으셨습니다. 그러나 모든 사람이 죄를 범하고 곁길로 나갔습니다. 이교로 떨어지고 그보다 더 악한 상태로 떨어지기도 했습니다. 그렇다면 하나님의 구속 방법이 무엇입니까? 하나님의 말씀은 "의가 있는 곳인 새 하늘과 새 땅"이 도래할 것이라고 가르칩니다.벧후 3:13. 이 새로운 세상은 사람들로 채워질 것입니다. 그들이 어디에서 옵니까?

여기에 하나님이 아브라함에게 계시하신 언약의 비밀이 있습니다. 여기에 하나님의 원대하신 구속 계획과 목적이 있습니다. 죄 가운데 타락한 이 허다한 인류 가운데서, 하나님은 자신을 위해 한 민족을 이루시려는 것입니다. 하나님께서 아브라함에게 하신 말씀은 사실 이런 뜻입니다. "나는 새로운 민족, 기적적인 민족을 일으킬 것이다. 이 민족은 네가 이삭이라고 부를 네 아들의 출생과 관련된 기적과 더불어 출발할 것이다. 그에게서 허다한 사람들이 나올 것이다."

이처럼 "이삭이 야곱을, 야곱이 열두 조상을" 낳게 되었고, 그들에게서 민족이 생겼습니다. 이것이 구약의 위대한 역사입니다. 아브라함은 하나님께서 새로운 민족을 세우시기 위해 택하신 믿음의 조상이었습니다.

하나님께서 이 민족을 통해 하시려는 일이 무엇입니까? 결국 그 일을 구약시대에 행하시지 않았습니까? 하나님은 아브라함에게 그 비밀을 알려 주셨고, 아브라함은 그것을 이삭에게, 이삭은 야곱에게 전했습니다. 그들은 우리와 마찬가지로 죄 많고 연약한 인간들이었습니다. 그러나 그들은 비밀을 간직했습니다. 이 위대한 비밀 곧 하나님의 약속, 하나님의 언약, 하나님의 원대하신 목적의 빛 안에서 살았습니다. 하나님은 이 민족을 통해 온 세상을 가르치기를 원하셨고, 실제로 그렇게 하셨습니다. 그 일을 위해 이스라엘 민족에게 자신과 자신의 거룩하신 성품과 궁극적인 목적을 알리는 율법을 주셨습니다. 하나님 당신을 거룩하신 하나님이라고 선포할 교사들을 주셨습니다. "너희는 거룩하라. 이는 나 여호와 너희 하나님이 거룩함이니라" 하고 친히 말씀하셨습니다레 19:2. 하나님의 백성은 자신들의 하나님을 닮아야 하는 것입니다.

이스라엘 민족은 세상의 다른 민족들과 달랐습니다. 세상의 민족들은 모세를 통해 주신 율법도 없었고 위대한 선지자들의 계열도 없었습니다. 세상의 민족들은 이교를 숭배하며 어둠과 죄악에 빠져 있었습니다. 말하자면, 메소보다미아에 그냥 남아 있었던 것입니다. 지혜롭다고 하는 헬라인과 로마인들조차 다른 신들을 섬기고 자신들의 만신전萬神殿을 갖고 있었으나, 이 작은 민족은 신비스러운 비밀을 간직하고 있었습니다. 하나님께서 그들을 이 비밀로 인도하셨고, 그들을 통해 온 세상을 가르치고 복주시려 하셨습니다.

하나님은 이스라엘 민족에게 주신 교훈을 통해서뿐 아니라, 그들을 위해 행하신 일을 통해서도 세상을 교훈하셨습니다. 홍해에서 어떤 일이 발생했는지 여러분에게 말씀드렸습니다. 그 사건은 한 가지로밖에 설명할 수 없습니다. 그들이 믿는 하나님의 권능이 나타난 것입니다. 요단강을 건넌 사건과 그 밖의 많은 사건들도 마찬가지였습니다. 이스라엘 민족이 적국의 강한 군대들을 무릎 꿇게 했을 때, 그들의 대적들은 "이는 그들의 하나님이다. 그는 우리의 신들보다 위대한 신이다. 이 하나님이 누구신가?" 하고 묻지 않을 수 없었습니다. 하나님께서 온 세상에 대해 자신에 관한 진리의 어떤 부분을 계시하고 계셨습니다.

그러나 궁극적으로, 하나님의 목적과 계획은 자신의 독생자가 이 세상에 오도록 준비하시는 데 있었습니다. 이것이 하나님 계획의 핵심입니다. 하나님께서 독생자를 세상에 보내신 것은, 그것만이 세상을 구원할 수 있는 유일한 길이었기 때문입니다. 말씀이 육신이 되셔야 했습니다. 아담을 또 한 사람 만들어 봐야 소용이 없었습니다. 그 역시 첫째 아담처럼 넘어질 것이었습니다. 성자 하나님께서 강생하셔서 인성을 취하셔야 했습니다.

성자 하나님께서 그 일을 어떻게 하셨습니까? 사도 바울은 로마서에서 이렇게 말합니다.

예수 그리스도의 종 바울은 사도로 부르심을 받아 하나님의 복음을 위하여 택정함을 입었으니 이 복음은 하나님이 선지자들을 통하여 그의 아들에 관하여 성경에 미리 약속하신 것이라. 그의 아들에 관하여 말하면 육신으로는 다윗의 혈통에서 나셨고 성결의 영으로는 죽은 자들 가운데서 부활하사 능력으로 하나님의 아들로 선포되셨으니 곧 우리 주 예수 그리스도시니라^{롬 1:1-4}.

사도는 로마서 9장에서도 같은 교훈을 합니다. 이 내용이 바울에게는 대단히 중요했습니다. 2절에서 그는 동족인 유대인들에 대해 "큰 근심……과 마음에 그치지 않는 고통"이 있다고 토로합니다.

나의 형제 곧 골육의 친척을 위하여 내 자신이 저주를 받아 그리스도에게서 끊어질지라도 원하는 바로라. 그들은 이스라엘 사람이라. 그들에게는 양자됨과 영광과 언약들과.

하나님께서 노아와 맺으신 언약이 있었고, 아브라함과 맺으신 언약, 이삭과 야곱과 모세와 다윗과 맺으신 언약이 있었습니다.

율법을 세우신 것과 예배와 약속들이 있고 조상들도 그들의 것이요 육신으로 하면 그리스도가 그들에게서 나셨으니 그는 만물 위에 계셔서 세세에 찬양을 받으실 하나님이시니라^{롬 9:3-5}.

하나님께서 이스라엘 민족을 아브라함에게서 이끌어 내신 목적은, 그 민족에게서 복되신 메시아가 나오도록 하기 위함이었습니다. 메시아가 "육신으로는 다윗의 혈통에서" 유대인으로 나셨습니다. 그리고 아브라함의 씨인 이분을 통해 오늘날 천하 만민이 복을 받고 있습니다. 하나님께서 시작은 한 민족으로 했으나, 오늘날 모든 민족과 방언 가운데서 자기 백성을 불러 모으시고 그들을 당신을 위한 자들로 세우십니다. 이것이 구속 계획과 목적의 큰 중심입니다. 과연 "여자의 후손은 네 머리를 상하게 할 것이요"라는 약속대로 된 것입니다^{창 3:15}. 우리 주님도 친히 이렇게 말씀하셨습니다. "너희 조상 아브라함은 나의 때 볼 것을 즐거워하다가 보고 기뻐하였느니라"요 8:56.

하나님은 아브라함에게 장차 하실 일을 일러 주셨습니다. 그것이 하나님이 계시하신 비밀들 가운데 하나입니다. 주 예수 그리스도께서 탄생하시기 2천 년 전에, 하나님은 이 사람 아브라함에게 "네 허리에서" 곧 아브라함의 씨로부터 하나님의 영원하신 아들이 육신을 따라 태어나실 것임을 알려 주셨습니다. 그리고 그 아들 안에서, 그를 통하여, 천하 만민이 복을 받을 것임을 약속하셨습니다. 하나님의 모든 계획과 목적은 주 예수 그리스도에 중심을 둡니다. "하나님의 약속은 얼마든지 그리스도 안에서 예가 되니 그런즉 그로 말미암아 우리가 아멘 하여 하나님께 영광을 돌리게 되느니라"고후 1:20. "하나님께서 그리스도 안에 계시사 세상을 자기와 화목하게 하시며"고후 5:19. 이것이 하나님께서 아브라함에게 하신 말씀입니다. 아브라함이 메소보다미아에 살 때 영광의 하나님이 그에게 나타나셔서, 자기 아들이 오실 것과 갈보리 언덕에서 십자가를 지실 것을 어렴풋이 보여주셨습니다. 아브라함은 흑암 중에 있어창 15:12 참조 그 말씀을 다 이해하지 못했으나, 어렴풋이 깨달았습니다.

이것이 구원의 복음입니다. 결국 스데반이 산헤드린 앞에서 외친 것은 사실 이런 것이었습니다. "산헤드린 공회원 여러분, 여러분은 왜 이 나사렛 예수를 배척합니까? 그가 여러분이 믿는다고 주장하는 모든 것의 성취이심을 알지 못합니까? 그는 하나님의 영원하신 목적의 절정이요 초점이며, 조상들에게 주신 모든 언약과 약속들의 성취입니다. 그는 언약의 사람입니다." 여러분도 그분을 믿지 않으면 여전히 죄 가운데 소망도 없이 남아 있게 될 것입니다. 하나님께서 우리에게 자비를 베푸셔서 겸손한 마음을 갖게 하시고, 마음의 눈을 열어 언약의 영광과 구속의 신비한 도리를 알게 해주시기를 기원합니다.

05

구약에 담긴 복음

대제사장이 이르되 이것이 사실이냐. 스데반이 이르되 여러분 부형들이여, 들으소서. 우리 조상 아브라함이 하란에 있기 전 메소보다미아에 있을 때에 영광의 하나님이 그에게 보여……하나님이 또 이같이 말씀하시되 그 후손이 다른 땅에서 나그네가 되리니 그 땅 사람들이 종으로 삼아 사백 년 동안을 괴롭게 하리라 하시고 또 이르시되 종 삼는 나라를 내가 심판하리니 그후에 그들이 나와서 이곳에서 나를 섬기리라 하시고.

사도행전 7:1, 2, 6-7

그동안 스데반이 산헤드린 앞에서 행한 설교를 상고해 오면서 지난 시간에 내린 결론은, 하나님께서 원대한 계획을 가지고 계시며 이 계획은 나사렛 예수 안에 초점이 맞춰져 있다는 것이었습니다. 스데반은 이 예수와 그의 가르침을 믿는다는 이유로 어려운 곤경에 처했고 재판을 받게 되었습니다. 거짓 증인들이 일어나 그를 고소했습니다. "그의 말에 이 나사렛 예수가 이곳을 헐고 또 모세가 우리에게 전하여 준 규례를 고치겠다 함을 우리가 들었노라"행 6:14. 문제의 핵심은, 하나님께서 창세 전에 세우신 원대한 계획의 초점, 나사렛 예수였습니다. 사도 바울도 이와 같이 씁니다. "때가 차매 하나님이 그 아들을 보내사 여자에게서 나게 하시고 율법 아래에 나게 하신 것은 율법 아래에 있는 자들을 속량하시고"갈 4:4-5.

따라서 오늘 먼저 살펴볼 질문은 이것입니다. '이 계획은 어떤 방식으로 성취될 것인가? 이 계획은 무엇을 수반하는가? 이 계획이 성취되려면 무엇이 필요한가?' 여기서 다시 한번, 오늘날 크게 오해되는 대단히 중요한 점을 만나게 됩니다. 중요하기 때문에 그 점을 다루지 않을 수 없으며, 다루되 이렇게 특별한 방법으로 다루는 것입니다.

오늘날 사람들은 하나님과 이 세상의 문제를 매우 단순하게 생각하는 것 같습니다. "하나님이 사랑이시라면 아무 문제가 없는 것 아닌가요? 하나님이 결국에는 모두를 용서해 주실 겁니다. 사랑의 하나님이시니까 그것이 당연한 것 아닌가요?" 하고 말합니다. 하나님이 사랑이시므로 여러분이 하나님을 믿든 믿지 않든 상관없다는 것입니다. 실제로 천국에서 무신론자들도 만나게 될 것이라 가르치고 그렇게 믿는 성직자들도 있습니다. 그들에게는 땅에서 선하게 살았든 악하게 살았든 문제가 되지 않습니다. 굳이 신학과 교리와 교의를 수립하고 방어하느라 노력할 필요도 없고, 구약성경도 필요 없습니다. 하나님의 사랑, 그것만이 중요합니다.

여러분도 잘 아시는 것처럼, 이것이 이 시대의 보편적인 교훈입니다. 그러나 스데반이나 사도들의 교훈에서 기독교를 배웠다면 현대에 널리 퍼진 이런 교리를 받아들일 수 없습니다. 스데반은 아무 뜻 없이 산헤드린 앞에 일어나 "아무래도 괜찮습니다. 하나님은 사랑이십니다. 나를 핍박하는 여러분도 결국에는 다 용서받을 겁니다" 하고 말하지 않았습니다. 오히려 그는 구약성경으로 돌아갔으며, 앞서 말씀드린 대로 사도행전 7장 가운데 50절가량이 구약 역사를 요약한 내용입니다.

그러나 앞서 살펴본 대로, 현대인들은 이렇게 질문하기를 좋아합니다. "왜 아까운 설교시간을 스데반의 설교에 허비합니까? 우리는 아브라함과 이삭과 야곱에 대한 설교에 관심이 없어요. 구약 이야기가 현실에 무슨 도움이 됩니까? 그것이 우리와 무슨 상관이 있습니까? 우리가 알고 싶은 것은 하나님이 우리를 사랑하시는가, 우리에게 복을 주시겠는가 하는 것입니다."

꽤 그럴듯하고 편안하게 들리는 말입니다. 하지만 저는 죄와 불신앙도 괜찮다고 말하는 현대사회가 얼마나 큰 오류에 빠져 있는가를, 여기 앞에 놓인 구약과 신약성경을 통해 입증해 보일 생각입니다. 우선 이렇게 대답하고 싶습니다. 만일 여러분이 그 문제를 그처럼 간단하게 생각한다면, 한번 묻겠습니다. 구약성경에 기록된 모든 내용은 무엇 때문에 기록된 것이며, 스데반은 왜 그런 수고와 핍박을 견뎌야 했을까요? 아브라함을 비롯한 족장들의 역사는 무슨 목적으로 우리에게 전수된 것일까요? 이스라엘 자손들의 출생과 결혼과 죽음과 전쟁 같은 그들의 역사가 왜 기록되어 우리에게 전해진 것일까요?

구약성경에는 예배를 위해 성막(후에는 성전)을 세운 일, 성막 혹은 성전과 관련된 기구와 의식과 제사에 관한 세부지침, 그리고 짐승을 잡아 피를 드려야 했던 일이 기록되어 있습니다. 만일 그런 것이 현실과 상관이 없어서 당장 빼버려야 할 정도라면, 하나님께서 무슨 목적으로 그 모든 지침과 규례를 우리에게 주셨으며 스데반은 무슨 목적으로 그것에 관해 설교했을까요?

그러나 더 심각하고 중요한 질문이 있습니다. 만일 하나님과 이 세상의 관계에 아무런 문제도 없다는 말이 옳다면, 하나님의 아들이 무엇 때문에 이 세상에 오셔야 했습니까? 만일 하나님이 사랑이신 고로 죄를 쉽게 용서하실 수 있다면, 다만 필요한 것은 "내가 다 이루었다! 너희가 믿든 믿지 않든 내가 다 이루었다!" 하고 말씀만 하시면 된다면, 신약성경에 역사 기술의 방식으로 제시된 내용들은 다 무슨 의미가 있습니까? 만일 아무 문제가 없다면, 사복음서에 담긴 그 모든 내용은 도대체 왜 기록된 것입니까?

여러분, 그 무엇보다도 갈보리 언덕의 십자가의 죽음은 무엇 때문에 일어난 것입니까? 이 질문을 피하지 마십시오. 성경은 우리 주께서 "승천하실 기약이 차 가매 예루살렘을 향하여 올라가기로 굳게 결심"하셨다고 전합니다 눅 9:51. 주님 곁에 있던 사람들이 한사코 말렸습니다. 헤롯이 주님을 죽일 음모를 꾸미고 있다고 말씀드렸습니다. 제발 올라가지 말라고 말씀드렸습니다. 간곡히 호소했습니다. 그러나 주님은 "내가 올라가야겠다"고 말씀하셨습니다. 거기서 장차 일어날 일을 아시고 굳게 결심하셨습니다. 그런데도 아무런 문제가 없다면, 만일 하나님의 사랑이 우주의 응어리를 푸는 촉매 정도라면, 대체 성육신이 왜 발생했으며 십자가의 죽음은 왜 발생했는지 묻지 않을 수 없습니다. 이것은 절대 가벼운 질문이 아닙니다. 중세교회의 걸출한 지식인 안셀름^{Anselm}은 『하나님께서 왜 인간이 되셨는가』$^{Cur\ Deus\ Homo}$라는 위대한 저서를 썼습니다. 이 책 제목은 정곡을 찌르는 중요한 질문입니다. 왜 이러한 신인神人이 존재하게 되었습니까? 예수의 진실이 과연 무엇입니까? 스데반이 진지하게 다룬 문제가 바로 이것이었습니다.

문제는 사람들이 생각하는 것처럼 단순하지 않습니다. 여러분이 이 같은 근본적 질문에 만족스럽게 대답할 수 있는 유일한 길은, 스데반처럼 구약성경으로 돌아가 다시 확인하는 것입니다. 오늘날 사람들이 왜 신약성경의 교훈을 믿지 않습니까? 저는 그 주된 이유가 구약성경의 교훈을 이해하지 않고 믿지 않기 때문이라고 생각합니다.

현대사회에는 "예수께 나오라"고 말하는 사람들이 있습니다. 그런데도 사람들은 나오지 않습니다. 왜 나오지 않을까요? 앞서 살펴본 대로 대답은 하나뿐입니다. 예수의 필요를 느끼지 못하기 때문입니다. 자신의 부족과 위기와 문제를 깨닫기 전에는 그리스도인이 되지 못합니다. 모든 것이 순조로운 동안에, 젊고 건강하고 왕성하고 수중에 돈이 넉넉한 동안에는, 예수 그리스도의 필요를 느끼지 못합니다.

"이렇게 좋은 시절은 없었습니다."

"세상이 너무 아름다워요."

"인생이 너무 멋지지 않습니까?"

그러나 인생의 실패의 쓴맛을 보고 번민하는 날이 닥칠 때, 영혼이 몹시 시리고 아플 때, 자신이 가련하고 비참한 낙오자임을 깨달을 때, 여러분이 몸담고 사는 사회와 세계의 실상을 바라보면서 무언가 크게 잘못되어 가는 것을 느낄 때, 그때에야 비로소 하나님의 말씀을 들을 귀가 열리기 시작할 것입니다.

구약성경의 목적은, 주 예수 그리스도와 그분의 오심이 왜 필요했는지 깨닫게 하는 데 있습니다. 구약은 그리스도를 위한 준비입니다. 스데반은 이 점을 정확하게 파악했습니다. 그는 말했습니다. "복음은 나사렛 예수와 더불어 시작하지 않습니다. 되돌아가십시오! 여러분 자신의 이야기의 시초인 아브라함에게 돌아가십시오. 여러분 역사 전체의 배경을 유념하지 않으면 예수를 결코 이해할 수 없습니다. 역사를 되짚어 봐야만 예수가 어떤 분인지를 알 수 있습니다."

거듭 말씀드리지만, 이것은 오늘날도 다르지 않습니다. 구약을 토대로 삼지 않고는 신약을 사실적으로 전할 수 없습니다. 구약은 신약의 필요를 보여줍니다. 신약은 구약에 기록된 약속들의 성취입니다. 신약은, 창세 전에 시작하여 "때가 차매 하나님이 그 아들을 보내사 여자에게서 나게 하시고 율법 아래에 나게 하신"갈 4:4 때에 비로소 밝히 나타난 구원의 원대한 계획입니다.

영광의 하나님께서 바로 그 목적으로 메소보다미아에 살고 있던 아브라함에게 나타나신 것입니다. 하나님께서 아브라함에게 "네가 살고 있는 곳에서 나오라. 내가 네 안에서 너를 통해 할 일이 있다" 말씀하셨습니다.

아브라함은 이해하지 못했습니다. 당연한 일이었습니다. 하지만 그는 "순종하여……갈 바를 알지 못하고 나아갔"고[히 11:8], 하나님이 그에게 크고 놀라운 뜻을 알리기 시작하셨으며, 그의 아들 이삭과 관련해 그 뜻을 분명히 나타내 보이셨습니다.

하지만 문제는 여전히 남습니다. 하나님은 영광의 하나님이시고 세상은 악하고 죄가 관영합니다. 이러한 세상을 어떻게 해야 하나님과 화목하게 할 수 있습니까? 영광의 하나님, 거룩하신 하나님께서 어떻게 죄가 가득하고 사악한 인간들을 받으시고 그들과 사귐을 가지실 수 있습니까? 구약성경에서 그 문제의 윤곽을 미리 볼 수 있습니다. 구약 백성들이 하나님께로부터 좋은 것을 다 받아 누리면서도 실패를 반복한 것입니다. 세상의 역사책 속에서 우리는 역사 가운데 명멸한 위대한 문명들에 관해 읽습니다. 그리스의 학문과 예술이 심오하고 위대했다는 것을 확인합니다. 그럼에도 신약성경은 "하나님의 지혜에 있어서는 이 세상이 자기 지혜로 하나님을 알지 못하므로"[고전 1:21]라는 말로 그리스를 포함한 위대한 문명들을 평가합니다. 하나님께서 세상에 여러 능력과 지혜와 이해력을 주시고 구원의 길을 찾을 만한 큰 기회를 주셨으나, 세상은 전혀 찾지 못했습니다. 결국 하나님께서 자기 아들을 세상에 보내신 것입니다.

그러나 우리는 문제의 본질, 곧 구원이 하나님의 손에 달려 있다는 것을 깨달아야만 하나님 구원의 의미를 이해하게 됩니다. 저는 깊은 경외심으로 이 말씀을 드립니다. 하나님의 본성과 성품상, 인간의 죄가 하나님께 큰 문제를 안겨 드린 것입니다. 사람들은 흔히 하나님을 자신들과 같은 줄로 압니다. 마치 하나님을 요즘 시대의 무원칙한 아버지쯤으로 생각합니다. 그렇지 않습니까? 요즘 아버지들은 징계와 훈육을 중시하지 않습니다. 그런 아버지들 때문에 오늘날 사회가 이 지경이 되었고, 각종 도덕적 문제와 범죄가 발생하고 있는 것입니다. 현대의 아버지들은 가정에서 자녀를 징계하지 않을뿐더러, 학교에서 교사가 자기 자녀를 징계하는 것을 강하게 반대합니다. 하나님도 그와 같을 줄로 짐작합니다. 어림도 없는 이야기입니다. 하나님은 "영광의 하나님"이십니다. "하나님은 빛이시라. 그에게는 어둠이 조금도 없으시다는 것이니라"요일 1:5.

여러분과 저는 이 말씀을 다 이해할 수 없습니다. 그렇지 않습니까? 하지만 그것은 문제가 되지 않습니다. 그분은 하나님이십니다. 하나님께서 친히 자신을 계시하시되 거룩하신 하나님으로 계시하셨습니다. "주께서는 눈이 정결하시므로 악을 차마 보지 못하시며"합 1:13. 하나님은 죄악을 보고 그냥 지나치실 수 없습니다. 공의의 하나님, 의의 하나님, 진리의 하나님이십니다. 우리가 현실에서 보고 알고 있는 모든 것과 영원히 대비되시는 분이시며, 왜곡되고 뒤틀리고 천박하고 졸렬하고 이기적인 모든 것과 정반대되는 분입니다. 우리가 안고 있는 진정한 문제는, 우리가 하나님에 대해 아무것도 모른다는 것입니다! 구약성경에서 하나님은 자신을 일관되게 거룩하신 하나님으로 계시하십니다. 죄와 모든 악을 영원히 미워하시는 분입니다. 더욱이 하나님은, 악에게 진노를 쏟으시고 그것을 반드시 멸하기로 작정하시는 분으로 친히 계시하십니다.

여기서 우리는 문제의 핵심을 만납니다. 저는 지금 제가 하는 말이 현대인들에게 비판을 받을 뿐 아니라 혐오와 조소를 당한다는 것을 잘 압니다. 앞서 살펴본 대로, 현대인들은 하나님의 사랑에 대해서도 같은 태도를 취합니다. 여러분은 신약성경을 구약성경과 대립시키고 경쟁하게 만드는 현대인들의 관행을 익히 알고 있습니다. "여러분은 이러한 진노의 신, 심판의 신, 죄를 미워하고 죄인들을 벌하려는 신을 믿겠지만 이 신은 예수가 믿으라고 가르친 신이 아닙니다. 여러분이 믿는 신은 시내산의 신이요 구약성경의 신입니다" 하고 그들은 말합니다. 이러한 견해가 오늘날 기독교 교회에 널리 퍼져 있습니다. 하나님이 모든 사람을 사랑하시므로, 진노나 형벌에 관해 말하지 말라고 그들은 타이릅니다.

더 나아가 저와 같이 하나님의 말씀을 있는 그대로 전하는 사람, 결국 모든 죄와 거룩하지 않음과 불의에 대한 하나님의 진노를 말하지 않을 수 없는 사람은, 그리스도인이 아니라고까지 말하는 사람도 적지 않습니다. "기독교의 정신은 사랑입니다. 따라서 하나님이 인간을 벌하실 수 있다는 생각, 하나님이 진노를 품으실 수 있다는 생각은 모순됩니다. 동일한 분이 어떻게 진노와 사랑을 동시에 품을 수 있단 말입니까?" 이런 논리를 근거로 그들은 구약성경을 통째로 버립니다.

이것은 대단히 심각한 문제일 뿐 아니라 여러분 앞에 이런 질문이 던져진 것과 같습니다. "여러분은 현대의 이 가르침을 믿습니까, 아니면 구약성경을 근거로 한 최초의 순교자 스데반의 가르침을 믿습니까? 여러분은 공의도 의도 없고 죄에 분개하지도 않고 진노도 하지 않는 신, 성경의 하나님이 아닌 그런 신에게 만족합니까?"

현대사회에 떠도는 이러한 주장이, 얼마나 그릇되고 위험한가를 말씀드리고자 합니다. 우리 주님은 구약성경의 가르침을 모두 받아들이셨습니다. 수시로 구약성경을 인용하셨습니다. 사실, 늘 품에 간직하고 다니시면서 제자들에게 무엇을 가르칠 때마다 적절한 내용을 인용하신 것입니다. 그뿐 아니라 당신이 구약을 성취하러 오셨다고 말씀하셨습니다. "내가 율법이나 선지자를 폐하러 온 줄로 생각하지 말라. 폐하러 온 것이 아니요 완전하게 하려 함이라. 진실로 너희에게 이르노니 천지가 없어지기 전에는 율법의 일점일획도 결코 없어지지 아니하고 다 이루리라"마 5:17-18. 구약성경의 세세한 내용까지 다 이루시겠다는 말씀입니다.

따라서 구약성경과 그 가르침을 배척한다면 구약성경만 배척하는 것이 아니라, 현대인들이 구약성경의 하나님과 대립시키는 나사렛 예수까지도 배척하는 것입니다. 예수께서는 구약의 하나님을 믿으셨습니다. 구약의 하나님께 경배하시고, 그 하나님이 당신의 하나님이시요 아버지이심을 보이셨습니다. 이처럼 구약성경을 배격한다는 것은 대단히 심각한 일입니다.

그렇다면 우리 주님이 믿으신 구약성경의 가르침을 좀더 자세히 살펴보겠습니다. 구약의 율법은 하나님의 거룩하심을 드러냅니다. "너희는 거룩하라. 이는 나 여호와 너희 하나님이 거룩함이니라"레 19:2. 십계명이야말로 영원하신 하나님의 거룩하심을 장엄하게 교훈합니다.

같은 교훈이 선지자들의 글에도 실려 있습니다. 그 교훈이야말로 선지자들이 이스라엘 자손들에게 던진 위대한 메시지였습니다. 선지자들은 백성들을 향해 "너희가 하나님을 믿는다고 말하지만, 하나님께서는 이렇게 말씀하신다" 하고 강하게 책망했습니다. "주께서 이르시되 이 백성이 입으로는 나를 가까이하며 입술로는 나를 공경하나 그들의 마음은 내게서 멀리 떠났나니"사 29:13.

이스라엘 자손들은 "우리는 하나님의 백성이며, 하나님을 믿습니다" 하고 말했습니다. 그러나 그들은 죄 가운데서 살았습니다. 자신들을 위해 우상을 만들었습니다. 선지자들은 그들을 향해 하나님의 어떠하심을 알리고 회개를 촉구했습니다. "여러분은 이렇게 살아서는 안됩니다. 하나님께서 다 보고 계시며 다 알고 계십니다. 하나님 앞에서는 아무것도 감출 수 없습니다. 여러분이 만든 신은 상상으로 고안해 낸 거짓 신입니다. 하늘의 하나님은 거룩하신 하나님이시며, 죄에 대해 진노하십니다."

사도행전 본문에도 '심판'이라는 단어가 나옵니다. "하나님이 또 이같이 말씀하시되 그 후손이 다른 땅에서 나그네가 되리니 그 땅 사람들이 종으로 삼아 사백 년 동안을 괴롭게 하리라 하시고 또 이르시되 종 삼는 나라를 내가 심판하리니 그후에 그들이 나와서 이곳에서 나를 섬기리라"행 7:6-7. 과연 그렇게 하셨습니다! 구약성경의 가르침은 하나님이 죄에 분노하시고 심판하신다는 개념으로 가득 차 있습니다.

그러나 하나님의 진노와 심판은 교훈으로만 기록되어 있지 않고 역사 가운데 행동으로 분명히 시행되었습니다. 구약성경의 맨 처음, 인간이 타락한 직후부터 그것이 나타났습니다. 아담과 하와가 죄를 범하고 수치감에 싸여 동산의 나무 뒤에 숨어 있을 때 하나님이 내려오셔서 그들에게 말씀하셨습니다. 무슨 말씀을 하셨습니까? 심판을 선고하셨습니다. 선고만 하시지 않고 시행하셨습니다. 그들을 동산에서, 낙원에서 내쫓으셨습니다.

인간은 이 세상을 고향처럼 편하게 느끼지 못합니다. 원래 인간은 여러분과 제가 겪어 왔고 지금도 경험하는, 이런 유의 인생을 살도록 의도되지 않았습니다. 낙원에서 평안과 복을 맛보며 하나님으로 말미암아 즐거워하도록 창조되었습니다. 그러나 반역하고 죄를 지음으로 하나님께 벌을 받아 낙원에서 쫓겨났습니다. 낙원 문을 지키는 그룹들과 화염검 때문에 다시는 그곳으로 들어가지 못하게 되었습니다. 사람들은 하나님을 반역한 사실을 시인하지 않으면서, 다시 낙원으로 돌아가 유익과 행복을 얻고 싶어합니다. 하지만 엄히 금지되어 있으므로 돌아갈 수 없습니다. 낙원에서 쫓겨난 것 자체가 형벌의 일부입니다.

하나님의 진노와 형벌은 거기서부터 시작됩니다. 그후에 홍수 이야기가 나옵니다. 그것이 무슨 사건이었습니까? 심판이었습니다! 현대인들은 대홍수 이야기에 코웃음을 칩니다. 하지만 베드로는 자신의 두번째 서신에서 그들의 웃음을 거론합니다. 말세에 기롱하는 자들이 와서 "주께서 강림하신다는 약속이 어디 있느냐" 하고 조소할 것이라 경고합니다 벧후 3:4. 노아시대에도 사람들은 빈정댔습니다. 노아를 미친 사람 취급했습니다. "홍수, 심판, 멸망? 그런 정신 나간 소리 말아라!" 하고 비웃었습니다.

우리 주께서 인류역사 전체를 이렇게 정리해 말씀하셨습니다. "노아의 때에 된 것과 같이 인자의 때에도 그러하리라. 노아가 방주에 들어가던 날까지 사람들이 먹고 마시고 장가들고 시집가더니 홍수가 나서 그들을 다 멸망시켰으며……인자가 나타나는 날에도 이러하리라" 눅 17:26-27, 30. 사람들이 노아의 경고를 믿지 않고, 코웃음 치며 이 세상을 즐기며 살고 있었습니다. 하지만 사람들이 어떻게 생각하고 어떻게 행동하든 아무런 차이가 없습니다. 하나님의 말씀은 반드시 이루어집니다. 대홍수의 심판이 임했습니다.

그후의 역사를 계속 따라가다 보면, 애굽 민족이 이스라엘 백성 곧 아브라함의 자손들을 억류해 노예로 부린 데 대한 심판을 보게 됩니다. 애굽 전역이 심판과 재앙에 휩싸였고, 하나님의 백성은 거기서 빠져나왔습니다.

다른 이야기들도 있습니다. 소돔과 고모라 이야기만큼 눈에 띄는 것도 없습니다. 그것은 역사입니다. '평지 성읍들'의 역사입니다. 이 성읍들의 주민은 부유하고 사치스러운 생활을 구가했을 뿐 아니라 불륜과 폭력과 도착倒錯 가운데 살았습니다. 결국 이 평지 성읍들은 멸망했습니다. 그것은 심판 때문이었습니다.

이처럼 구약성경은 하나님께서 죄에 대해 진노하신다는 교훈으로 가득할 뿐 아니라, 하나님께서 친히 언약하신 일을 어떻게 이루셨는지를 진술하는 내용으로 가득합니다. 하나님의 교훈과 행위가 구약성경을 이루고 있습니다. 하나님은 죄를 가증히 여기시며 반드시 징벌하십니다.

구약성경에서 특히 두드러지는 교훈은, 앞서 말씀드린 대로, 성막과 성전에서 하나님께 드려야 했던 예배에 관한 것입니다. 하나님께서 모세를 산 위로 부르시고 그에게 어떻게 예배해야 하는지, 구체적인 지침을 내렸습니다. 이 지침의 핵심은 제사였습니다. 제사장들이 날마다 아침저녁으로 어린양을 잡아 하나님께 드려야 했습니다. 수소도 드려야 했습니다. 제사를 드릴 때 제사장은 제물이 될 짐승의 머리에 손을 얹었습니다. 무엇 때문입니까? 은유적으로 백성의 죄를 짐승에게 전가한 것입니다. 그런 후에 짐승을 잡고 피를 받아 나중에 성전이 된 성막의 성소에 들어가 하나님께 바쳤습니다.

레위기에는 각종 제사와 의식에 관한 세부규정이 실려 있습니다. 이 모든 내용이 우리와는 하등 상관없는 무의미한 것일까요, 아니면 우리에게 절대적으로 중요한 것일까요? 스데반에 따르면, 그것은 우리에게 절대적으로 중요하며 반드시 이해해야 하는 내용입니다. 그것은 하나님께서 아브라함에게 하신 말씀과 그 말씀대로 행하신 일들의 중요한 부분입니다.

구약성경에 기록된 각종 제사와 의식에 관한 모든 교훈이 히브리서에 이렇게 요약되어 있습니다. "율법을 따라 거의 모든 물건이 피로써 정결하게 되나니 피흘림이 없은즉 사함이 없느니라"히 9:22. 저는 이 말씀을 이해하라고 여러분을 다그치는 게 아닙니다. 저 자신도 다 이해하지 못하는 부분이 있습니다. 제가 아는 것은, 그 의미를 다음과 같이 설명할 수 있다는 것뿐입니다. 우리 인간이 스스로 지혜와 꾀를 내 세상을 하나님보다 더 좋게 이끌어 갈 수 있다고 생각함으로써, 하나님의 명령을 업신여기고 하나님께 반역하고 죄를 범했습니다. 영광의 하나님에 대해 중대한 침해를 가했습니다. 하나님께서 모욕과 침해를 당하시고 진노하셨습니다. 그것을 벌하기로 작정하셨습니다.

더 나아가 하나님은, 당신의 본성과 성품상 형벌을 내리지 않으실 수 없습니다. 만일 하나님께서 우리의 반역을 못 보신 것처럼 아무 내색 없이 지나친다면, 더 이상 하나님일 수 없습니다. "하나님은 빛이시라. 그에게는 어둠이 조금도 없으시다는 것이니라"요일 1:5. 하나님은 가장하실 수 없으며, 이랬다저랬다 변개하실 수 없는 분입니다. 여러분과 저는 그런 일을 밥 먹듯이 행하므로 하나님도 그런 분인 줄 생각합니다. 그러나 하나님의 거룩하신 본성이 그런 일을 불가능하게 합니다. 사도 바울이 고린도후서 6장에서 한 말과 같습니다. "빛과 어둠이 어찌 사귀며"14절. 빛과 어두움, 검은색과 흰색은 영원한 대립입니다. 두 대립 사이에는 중용이 없습니다. 그러므로 구약성경이 제사와 관련해 가르치는 요지는, 형벌받지 않으려면 반드시 죄를 속贖해야 한다는 것입니다. 하나님은 마치 제가 죄를 짓지 않은 것처럼, 아무 일도 없었던 것처럼 눈감아 주실 수 없습니다. 저는 죄를 지었고 제 영혼에는 얼룩이 많이 생겼습니다. 그것이 저의 생명책에 고스란히 기록되어 있습니다. 만일 제가 하나님과 동거하려 한다면, 그것을 생명책에 그대로 남겨 두어서는 안됩니다. 죄의 기록이 말소되어야 합니다. 저로 인해 모욕과 침해를 당하신 하나님의 영광과 명예가 회복되어야 합니다.

이 두 가지 필요에 해당하는 단어가 속죄와 화목입니다. 이것이 구약성경 전체가 가르치는 교훈의 의미입니다. 제사장이 짐승을 취해 그 이마에 손을 얹고 죄를 짐승에게 전가했습니다. 그런 다음 짐승을 잡아 피를 받고 그것을 하나님께 바쳤습니다. 이것이 속죄입니다. 하나님께서 그것을 받으시고, 그때부터 백성의 죄가 한동안 가려졌습니다. 이것이 화목입니다.

이것이 구약성경의 교훈입니다. 짐승이 사람을 대신했습니다. 백성의 죄가 짐승들에게 전가되었고, 짐승의 피 곧 "염소와 송아지의 피"히 9:12가 하나님께 드려졌습니다. 아브라함 자신도 제사를 드렸습니다. 그는 제단을 쌓았고, 짐승을 잡아 하나님께 드렸습니다. 아브라함 이야기를 읽어 보십시오. 스데반이 여러분에게 그렇게 할 것을 권하고 있습니다.

그러나 문제는 이것입니다. 아브라함은 무엇 때문에 이런 일들을 했습니까? 거기에 무슨 의미가 있습니까? 대답은 이것입니다. 구약성경에 기록된 모든 것은 예언적 성격을 띠고 있으므로, 장차 올 어떤 것을 가리키고자 함입니다. 구약성경에서 하나님은 영적 원리를 물질적 방법으로 가르치셨습니다.

하나님께서 구약 백성들에게 장차 올 어떤 것을 위해 준비시키셨습니다. 사도 바울은 "율법이 우리를 그리스도께로 인도하는 초등교사"였다고 기록합니다갈 3:24. 하나님이 율법을 이스라엘 자손에게 주신 것은, 그것으로 그들을 구원하시려는 것이 아니었습니다. 율법은 그 누구도 지킬 수 없기 때문입니다. 그들에게 율법을 주신 목적은, 그리스도의 필요를 깨닫게 하시고 그들의 실패를 드러내시려는 것이었습니다. 율법으로 죄를 예리하게 지적하시고, 그로써 죄의 심각성을 드러내신 것입니다. 율법은 하나님의 백성이 어린 수준에 있을 때 그들을 가르친 초등교사, 곧 어린 자녀의 훈육교사였습니다. 번제, 어린양, 수소와 염소의 피가 다 어린 백성을 가르치던 교사였습니다. 나사렛 예수께서 친히 이렇게 말씀하셨습니다. "율법과 선지자는 요한의 때까지요 그후부터는 하나님 나라의 복음이 전파되어 사람마다 그리로 침입하느니라"눅 16:16.

신약이 구약을 종합하고 요약하는 방식이 이것입니다. "이는 황소와 염소의 피가 능히 죄를 없이하지 못함이라"히 10:4. 이것이 히브리서에 기록된 위대한 교훈의 핵심입니다. 한동안 짐승의 피가 죄를 덮었으나, 그것은 하나님께서 본격적으로 우리 죄와 하나님과 원수된 문제를 다루게 될 어떤 일을 행하실 것을 가리켰습니다. 구약성경 전체는 때가 차매 일어날 일을 미리 그려 놓은 그림일 뿐입니다.

이 모든 내용을 아브라함의 사례에서 정확하고 풍성하게 발견할 수 있습니다. 스데반은 이런 이유 때문에 당연히 아브라함에서부터 논리를 시작한 것입니다. 창세기 22장에는 하나님께서 아브라함을 시험하신 내용이 기록되어 있습니다. 하루는 하나님께서 아브라함을 찾아오셔서 "아브라함아, 네 아들 이삭을 내게 바치라" 하고 말씀하셨습니다. 이삭은 아브라함이 백 세에, 사라가 구십 세에 낳은 독자였습니다창 21:5. 이 부부는 아들 낳기를 간절히 기다리다가 이미 오래전에 뜻을 접었으나, 하나님께서 기적으로 이삭을 주셨던 것입니다. 그러나 아브라함에게 이삭을 번제로 바칠 것을 말씀하셨고, 아브라함은 말씀대로 순종할 준비를 했습니다.

아버지와 아들 두 사람이 함께 집을 나서서 나란히 걷고 종 둘이서 뒤를 따릅니다. 종들이 나무와 불을 준비했고 아브라함의 손에는 칼이 들려 있습니다. 모든 것이 다 준비되었습니다. 그런데 이삭이 뭔가 빠진 것을 알아차리고는 갑자기 질문을 합니다. "불과 나무는 준비해 왔는데 번제로 드릴 어린양은 어디 있습니까?" 여러분은 아브라함이 뭐라고 대답했는지 기억하실 것입니다. "내 아들아, 번제할 어린양은 하나님이 자기를 위하여 친히 준비하시리라"창 22:1-19 참조.

아브라함과 이삭 이야기는 역사입니다. 역사일 뿐 아니라 예언이자 교훈이기도 합니다. 우리 주님은 아브라함이 자신의 날을 바라보고 기뻐했다고 말씀하셨습니다. 하나님은 아브라함에게 하나님의 아들 나사렛 예수가 오실 일을 어렴풋이 보게 하셨습니다. 이삭을 번제로 드리려 했던 이 사건을 통해 그 일부분을 보게 하신 것입니다. 이 사건은 하나님께서 당신의 종 아브라함에게 나타내시고 선포하신 원대한 계시였습니다. 이 계시를 통해 아브라함은 하나님의 구원 계획을 들여다보았습니다.

수소와 염소의 피가 사람을 구원할 수 없다면 무엇이 구원할 것입니까? 그것이 이삭의 질문이었습니다. "어린양은 어디 있습니까? 제물은 어디 있습니까?"

대답은 한 가지뿐입니다. "어린양은 하나님이 자기를 위하여 친히 준비하시리라." 오래전 아브라함의 이야기에 이미 뜻을 나타내셨습니다. 그리고 그 약속은 구약성경을 통해 면면히 흐릅니다. "어린양은 하나님이 자기를 위하여 친히 준비하시리라"는 말씀이 거대한 메아리로 끊임없이 울려 퍼집니다.

그러던 어느 날, 세례 요한이라는 낯선 사람이 광야에 나타나 유대인들을 향해 회개하라고 외치기 시작했습니다. 그 같은 사람을 유대인들은 본 적이 없었습니다. 그는 낙타털옷을 입고 가죽띠를 띠었습니다. 메뚜기와 석청만 먹고 살았습니다. 그는 의와 심판을 외쳤습니다. "임박한 진노"마 3:7를 피하라고 경고했습니다. 사람들이 그의 설교를 듣기 위해 구름처럼 몰려들었습니다.

하루는 요한이 제자 중 두 사람과 함께 서 있을 때 나사렛 예수께서 지나가셨습니다. 요한은 그분을 가리키며 두 제자에게 "보라, 하나님의 어린양이로다" 하고 말했습니다.요 1:36. 아브라함에게 하신 약속이 성취된 것입니다. 하나님께서 어린양을 준비하셨습니다. 그 어린양은 다름 아닌 사랑하시는 아들 독생자였던 것입니다.

그런데 질문이 제기됩니다. 이 모든 일이 왜 일어났습니까? 이 모든 일이 왜 일어나야만 했습니까? 나사렛 예수께서 무엇 때문에 영광의 궁전을 떠나 힘없는 아기로 태어나셔야 했습니까? 그분은 천지만물을 창조하신 분입니다. 그분은 여전히 능력의 말씀으로 만물을 붙들고 계시나, 구유에서 연약한 아기로 누워 계십니다. 왜 이렇게 되어야 합니까? 하나님께서 "내가 너를 용서하마, 네 죄를 다 잊었다, 나는 사랑이므로 아무런 문제가 없다" 하고 말씀하시면 모든 것이 해결될 텐데, 왜 이토록 하나님께서 친히 낮아지셔야 했습니까? 왜 하늘에서 낮은 땅으로 내려오셔야 했습니까? 왜 고난을 당하셔야 했습니까? 왜 가축들이 울고 짚 무더기 쌓인 구유에서 태어나셔야 했습니까? 왜 가난을 겪으셔야 했습니까? 왜 타락한 인간들의 조롱과 모욕을 당하셔야 했습니까? 왜 겟세마네 동산에서 피를 땀처럼 흘리셔야 했습니까? 왜 법정에 서서 사형 판결을 받는 치욕을 당하셔야 했습니까? 왜 나무에 못박힌 채 육체와 영혼의 괴로움을 당하셔야 했습니까?

대답은 한 가지뿐입니다. 하나님께서 우리를 용서해 주실 수 있는 길은, 그것밖에 없었기 때문입니다. 모든 인간이 죄를 범했습니다. 그 누구도 하나님의 계명을 지키며 하나님의 영광에 합당하게 살지 못했습니다. 아무도 과거에 지은 자신의 죄의 얼룩을 지울 수 없습니다. "내가 쓸 것을 썼다"고 빌라도가 말했는데요 19:22, 우리도 같은 말을 할 수 있습니다. 우리는 우리의 죄를 돌이킬 수도 없고 지울 수도 없습니다.

혹시 이런 질문을 하실 수도 있습니다. "왜 완전한 인간을 다시 창조하지 않으셨을까요? 전능하신 하나님이 아담이라 불린 완전한 사람을 창조하셨다면, 왜 그 같은 사람을 다시 창조하지 않으셨을까요?"

대답은 이렇습니다. 하나님께서 완전한 사람 아담이 실패하고 사탄에게 기만을 당했듯이, 또 다른 완전한 사람도 그렇게 될 줄을 정확히 아셨기 때문입니다. 인간이 죄사함과 구원과 해방을 얻을 수 있는 길은 한 가지뿐입니다. 그 길을 하나님께서 친히 내셨습니다. 그것을 위해 하나님의 독생하신 아들이 세상에 오지 않을 수 없었습니다. 만일 그 길 외에 다른 길이 있었다면, 그 다른 길로 구원이 이루어졌을 것입니다. 만일 하나님께서 다른 방법으로 우리를 구원하시고 죄를 사하시고 회복시키실 수 있었다면, 그리하셨을 것입니다. 그러나 다른 길이 없었습니다.

죄 값을 치를 만한
다른 길이 없었습니다.
  -세실 프랜시스 알렉산더 Cecil Frances Alexander

이것이 창세 전에 작정된 하나님의 계획이었습니다. 하나님은 자기 아들에게 인성人性을 입혀 세상에 보내시기로 작정하셨습니다. "말씀이 육신이 되어 우리 가운데 거하시매"요 1:14.

이것이 역사이고 이것이 기독교입니다. 나사렛 예수는 사람들 가운데 한 사람이 아니셨습니다. 몸소 인성을 취하시고 사람이 되신, 영원하신 하나님이셨습니다. 하나님이시기를 한순간도 중단하신 적이 없으셨습니다. 온전한 하나님이신 동시에 온전한 사람이셨습니다. 하나님께서 아브라함에게 미리 보게 하신 비밀이 그것이었습니다. 왜 아브라함이 예수 그리스도의 날을 보고 즐거워했습니까? 왜 그의 마음이 기쁨을 주체하지 못했습니까? 왜 환희와 영광으로 충만했습니까? 대답은 한 가지뿐입니다. 아브라함은 자신의 실패를 알았고, 온 세상의 실패를 알았습니다. 이삭을 언약의 선물로 받았으나 이삭 역시 죄인이었습니다. 그런데 하나님께서 이렇게 말씀하셨습니다. "내가 이러한 일을 행하리라. 내가 새로운 인류를 출범하게 할 것이다. 내 아들을 땅에 보낼 것이다. 그는 여인의 태에서, 여인의 난소에서 정결한 인성을 입을 것이다. 내가 성령으로 그 인성을 온전하게 하며 정결하게 할 것이다. 신성에 연합할 새 인류의 씨를 거기에 둘 것이다. 그가 많은 형제들 가운데 맏아들이 될 것이다. 그는 둘째 아담이 될 것이다. 그는 마지막 아담, 두번째 인간이 될 것이다. 나는 그 안에서 나를 영화롭게 하고 나의 찬송을 부를 새로운 백성, 새로운 민족, 새로운 인류를 출범시킬 것이다."

그것이 설명입니다. 하지만 여전히 의문이 남을 수 있습니다. "왜 하나님의 아들이 굳이 십자가에 달려 죽어야 했습니까? 하나님이 아들을 세상에 보내셔서 우리를 사랑하신다는 소식을 전하게 하신 뜻은 충분히 알겠는데, 왜 하나님의 아들이 그런 식으로 죽어야 했습니까? 왜 자신이 말한 대로 죽어야 했습니까?"

이 질문도 대답은 한 가지뿐입니다. 하나님은 거룩하신 하나님이시기 때문입니다. 죄에는 반드시 형벌이 따릅니다. 하나님께서 죄를 벌하지 않으신다면, 하나님은 하나님으로 존재하지 못합니다. 하나님께서 무조건적으로 "내가 너의 죄를 사한다"고 말씀하실 수 없습니다. 만일 그렇게 하실 수 있었다면, 하나님은 얼마든지 그렇게 하셨을 것입니다. 그러나 독생하신 아들을 십자가의 죽음에 내주시는 일이 절대적으로 필요치 않았다면, 하나님께서 과연 그렇게 하셨겠습니까? 아닙니다. 그것은 절대적으로 필요한 일이었습니다. 하나님은 공의로운 분이십니다. 인간의 죄를 사하실 때도 공의를 훼손하실 수 없기 때문에, 길은 하나밖에 없었습니다. 친히 당신의 어린양을 내주신 것입니다. "어린양은 하나님이 자기를 위하여 친히 준비하시리라." 하나님이 준비하신 어린양은 이삭이 예표한 분이었습니다. 이삭은 아브라함의 외아들이었으며, 나사렛 예수는 하나님의 독생자이셨습니다. "하나님이 세상을 이처럼 사랑하사 독생자를 주셨으니"-그를 십자가의 죽음과 수치와 모욕과 번민과 고통에 내주셨으니-"이는 그를 믿는 자마다 멸망하지 않고 영생을 얻게 하려 하심이라"요 3:16. "자기 아들을 아끼지 아니하시고 우리 모든 사람을 위하여 내주신 이가 어찌 그 아들과 함께 모든 것을 우리에게 주시지 아니하겠느냐"롬 8:32.

이것이 기독교 복음입니다. "오직 우리가 천사들보다 잠시 동안 못하게 하심을 입은 자 곧 죽음의 고난받으심으로 말미암아 영광과 존귀로 관을 쓰신 예수를 보니"히 2:9. 여러분의 죄를 사하시기 위해, 하나님께서 독생자를 죽음에 내놓으시는 대가를 치르셔야 했습니다. 하나님의 아들을 죄인으로 만드셨습니다. 여러분의 죄를 그 아들에게 전가시키셨습니다. 그 아들이 아버지의 얼굴을 보려 했으나 보실 수 없게 되자, 절망의 고뇌에 싸여 이렇게 부르짖으셨습니다. "나의 하나님, 나의 하나님, 어찌하여 나를 버리셨나이까"마 27:46. 그분은 우리 죄를 위해 "죽임을 당한 어린양"이셨습니다계 13:8.

하나님께서 아브라함에게 계시하신 내용이 이것이었습니다. 사실, 예수 그리스도 안에는 새로운 것이 없었습니다. 그분은 이 원대한 계획의 일부이셨습니다. 모든 번제와 제사들이 이 계획을 지향했습니다. 누가 하나님의 심정을 다 헤아린다 할 수 있겠습니까? 이것이 경건의 비밀입니다. 그런데도 여러분은 사랑과 공의, 의와 자비가 하나로 어우러진 이 사건-역사상 발생했거나 발생할 수 있는 사건들 가운데 가장 놀라운 이 사건-을 여러분의 미약한 지적 능력으로 무시하려는 것입니까?

너무나 놀라운 하나님의 사랑
내 영혼과 생명, 내 모든 것을 요구합니다.
―아이작 와츠 Isaac Watts

06

하나님의 부르심

우리 조상 아브라함이 하란에 있기 전 메소보다미아에 있을 때에 영광의 하나님이 그에게 보여 이르시되 네 고향과 친척을 떠나 내가 네게 보일 땅으로 가라 하시니.

사도행전 7:2-3

계속해서 스데반이 산헤드린의 심문에 대해 답변한 내용의 앞부분을 상고하겠습니다. 대제사장이 "이것이 사실이냐" 하고 묻자, 스데반은 유대 민족의 역사 초기로 거슬러 올라가 그들의 조상 아브라함에게 어떤 일이 있었는지 상기시켰습니다. 이것은 오늘날 혼돈에 빠져 있는 이 세상이 기독교 교회를 향해 "너희는 자신의 정당성을 어떻게 증명하겠는가? 무슨 할 말이 있는가?" 하고 던지는 질문에 대한 교회의 답변이기도 합니다.

이 실문을 여기서 다루는 것이 좋겠습니다. 현대세계에 몸담고 있는 우리는, 현대가 처한 상황을 잘 알고 있습니다. 오늘은 추모주일 Remembrance Sunday입니다.[1] 특별히 이날에 우리는 20세기에 벌어진 양차 세계대전을 기념하고 있습니다. 두 번에 걸친 세계대전으로 수백만 명이 희생되었고, 온갖 종류의 살상무기들이 발명되었습니다. 20세기에는 인간의 창의력과 역량이 주로 파괴와 살상 쪽으로 집중되었습니다. 세계대전이 두 번이나 연거푸 일어난 것입니다! 오늘날 세계 정세를 바라볼 때 두려운 가능성들이 지평선 위로 떠오르는 것을 보게 됩니다. 사람들은 묻습니다. "기독교 교회는 이러한 현실 앞에서 무슨 할 말이 있습니까? 이 낡은 제도는 거의 2천 년이나 존속해 왔습니다. 과연 기독교는 철 지난 옷처럼 현대세계에 맞지 않는 종교입니까, 아니면 현대세계에 절대 필요한 구체적이고 분명한 할 말을 갖고 있습니까?"

과연 우리는 불안과 번민과 고통에 떨고 있는 사람들에게 해줄 말

---

1 제1·2차 세계대전의 전사자들을 기념하는 주일. 해마다 11월 11일의 가장 가까운 주일에 거행되었다.

이 있는 것입니까? 그렇다고 저는 장담합니다. 더 나아가 우리의 복음이, 이 세상 어떤 것도 줄 수 없는 독특한 것임을 장담합니다. 제가 이 자리에 서 있는 것도 그 때문이요, 오늘 우리가 스데반의 산헤드린 법정 진술을 살펴보는 것도 그 때문입니다. 이것은 법정 진술이자 설교입니다. 지금까지 우리가 사도행전을 공부해 오면서 접한[2] 초대 기독교 지도자들의 설교 가운데 가장 긴 설교입니다. 지난 몇 회에 걸쳐 이 설교를 상고해 오면서, 그 중심이 갈보리 언덕의 십자가 곧 십자가에 달리신 예수 그리스도임을 살펴보았습니다. 기독교 교회의 위대한 메시지는, 예수 그리스도 안에서 하나님이 우리를 당신과 화평하게 하시고 이 악한 세상에서 구원하시는 데 필요한 모든 일을 이루셨다는 것입니다.

우리가 이렇게 말하면 사람들이 던지는 질문이 있습니다. "좋습니다. 만일 그것이 사실이라면 이 메시지가 우리에게 어떻게 전달될 수 있을까요? 복음이 이 추모주일 저녁에 우리에게 해줄 말이 무엇입니까? 복음이 제시하고 선포하는 것이 무엇입니까? 복음이 우리 앞에 내놓는 이 소망이 대체 무엇입니까?" 이것은 결코 사소한 질문들이 아니며, 스데반은 이러한 질문들에도 답변합니다. 스데반이 산헤드린 앞에서 행한 진술에 복음이 집약되어 있습니다. 그런 이유 때문에 제가 그의 진술을 구체적으로 다루고 있는 것입니다.

사람들은 묻습니다. "기독교 메시지가 무엇입니까? 기독교 복음이 대체 무엇입니까?" 복음에 대한 해명이 너무 다양하고 혼란스러운 까닭에, 그런 질문을 하는 것이 조금도 이상하지 않습니다. 하지만 권위 있는 답변이 있습니다. 제가 알고 있는 복음은 거기서 한 치도 벗어나지 않습니다. 그러므로 그것을 여러분에게 설명하고 여러분 앞에 둠으로써, 스스로 생각하도록 하는 것입니다.

복음의 메시지는 우리에게 어떤 방식으로 옵니까? 그 답은, 부르심의 형식으로 온다는 것입니다. 하나님께서 우리를 부르시는 것입니

[2] 사도행전 강해설교 시리즈 1-3권, 사도들의 설교를 보라.

다. "우리 조상 아브라함이 하란에 있기 전 메소보다미아에 있을 때에 영광의 하나님이 그에게 보여 이르시되 네 고향과 친척을 떠나 내가 네게 보일 땅으로 가라 하시니."

하나님께서 우리를 어떻게 부르십니까? 우리를 부르시는 것은 하나님이 사람들을 대하시는 방식이므로, 성경에는 그런 사례들이 허다하게 실려 있습니다. 하나님이 사람들을 부르시는 방식은 아주 많으므로, 이 점을 아는 것이 대단히 중요합니다. 하나님께서 그 무엇보다 정규적으로 사용하시는 한 가지 방식이 있습니다. 그것은 다름 아닌 설교입니다. 사도 바울은 이렇게 말합니다.

> 누구든지 주의 이름을 부르는 자는 구원을 받으리라. 그런즉 그들이 믿지 아니하는 이를 어찌 부르리요. 듣지도 못한 이를 어찌 믿으리요. 전파하는 자가 없이 어찌 들으리요. 보내심을 받지 아니하였으면 어찌 전파하리요롬 10:13-15.

설교는 지난 십수 세기 동안, 하나님이 당신의 아들 예수 그리스도 안에서 사람들을 위대한 구원으로 부르실 때 가장 요긴하게 사용하신 방법입니다. 그래서 우리는 설교하는 것입니다. "보내심을 받지 아니하였으면 어찌 전파하리요." 하나님께서 말씀을 전하도록 부르시고 전파할 메시지와 능력을 주시지 않았다면 어떻게 설교할 수 있는가, 그런 뜻입니다.

제가 이 자리에 선 것은 직업이 설교자이기 때문이 아닙니다. 하나님께서 말씀을 전하라고 부르셨기 때문입니다. 제가 여러분에게 전하는 것은 하나님의 말씀이며, 만일 하나님께서 저를 이 일에 부르셨다고 확신하지 않았다면 저는 감히 말씀을 전하지 못할 것입니다. 많은 사람들이 사람의 입으로 하나님의 말씀을 풀어 가르치고, 구원의 소식을 선포하는 설교를 듣고서 하나님의 부르심을 받았습니다. 이처럼 설교는, 하나님께서 우리를 부르실 때 쓰시는 한 가지 방식입니다. 하지만 이것이 유일한 방식은 아닙니다.

때로는 글을 통해 하나님의 부르심을 받기도 합니다. 많은 사람들이 성경을 읽고서 하나님의 부르심을 받고 믿고 나왔습니다. 곁에 아무도 없이 혼자 성경을 읽고 있는데 하나님께서 말씀하신 것입니다. 그들은 말씀이 자신들에게 전달되었다는 것을 압니다. 갑자기 말씀이 명료하게 다가왔습니다. 전에도 여러 번 읽은 말씀이었고 그때마다 덤덤히 지나쳤는데, 갑자기 주옥같이 느껴졌습니다. 하나님이 친히 말씀하시는 것임을 그 순간 깨닫습니다.

성경을 읽을 때만이 아닙니다. 책을 읽다가도 하나님의 부르심을 들을 수 있습니다. 때로는 숨이 멎을 듯한 아름다운 풍광을 보다가 부르심을 받기도 합니다. 때로는 자연의 두려운 현상을 바라보면서 하나님을 생각하게 되기도 합니다. 하나님께서 사람들에게 이 위대하고 궁극적인 실재들을 바라보도록 부르시는 방법은 참으로 다양하고 많아서 일일이 다 열거하기 어렵습니다.

하나님께서 사람을 부르실 때 쓰시는 또 한 가지 일상적인 방법은, 질병에 걸려 말씀을 들을 귀가 열리게 하시는 것입니다. 질병이 계기가 되어 지금까지 살아온 인생을 돌아보게 되고, 그 일로 인해 하나님께 감사를 드리게 된 사람들은 한둘이 아닙니다. 건강할 때는 한 번도 하나님을 생각하지 않습니다. 그저 하루하루 다람쥐 쳇바퀴 돌 듯 일상을 반복할 뿐, 삶의 목적을 짚어 볼 겨를이 없습니다. 그러다가 뜻하지 않게 중병에 걸려 자리에 눕습니다. 그제서야 생각하게 됩니다. 그리고 그 일로 인해 하나님께 감사를 드립니다. 스코틀랜드의 위대한 설교가이자 19세기 대표적 설교가인 토마스 차머즈 박사 Dr. Thomas Chalmers는, 열 달 동안 중병에 걸려 누워 지낼 때 구원의 도리를 깨닫게 되었다고 기회가 있을 때마다 간증했습니다.

또한 사람들은 사고를 당한 것을 계기로 하나님의 부르심을 듣습니다. 토마스 그레이 Thomas Gray라고 하는 연로한 목사님에게 들은 이야기가 기억납니다. 목사님은 젊은 시절에, 술과 도박과 욕설을 일삼으며 방탕하게 지냈습니다. 아무 생각 없이 닥치는 대로 살던 어느 날, 그가 일하던 광산에 큰 사고가 났습니다. 많은 사람들이 죽었습니다.

하지만 토마스 그레이는 죽지 않고 구조되었습니다. 다음 날 길을 가다가 연세 지긋한 목사님을 만났습니다. 목사님이 그에게 "토마스 그레이, 난 자네가 어제 지옥에 들어간 줄로 알았네" 하고 말했습니다. 토마스 그레이는 그 순간 정신이 번쩍 들어 진지하게 생각하게 되었다고 합니다.

그런가 하면, 다른 사람의 죽음을 지켜보거나 상가를 방문하다가 종종 사람의 내면을 흔들어 깨우는 부르심을 듣습니다. 무디$^{D.\,L.\,Moody}$가 들려준 일화에 그런 것이 있습니다. 어떤 부모가 하나밖에 없는 자식과 사별하고서 크게 상심한 채 무디를 찾아왔습니다. "당신은 하나님이 사랑의 하나님이라고 했지요? 그런데 하나밖에 없는 자식을 우리에게서 데려가는 분이 어찌 사랑의 하나님일 수 있습니까?" 무디는 그 부부가 어떤 사람들인지 알고 있었습니다. 그리스도인이라는 이름만 내걸고 형식적인 신앙생활을 해온 사람들이었습니다. 무디는 그들에게 이야기를 들려주었습니다. 어느 날 길을 가다가 양치기를 보게 되었는데, 양치기는 어미 양과 새끼 양을 몰아 작은 개천을 건너게 하려고 몇 시간이나 애를 쓰고 있었습니다. 용케 양들을 몰아 개천을 다 건넜는가 싶으면, 순간 양들이 돌아서서 도망치곤 했습니다. 양치기는 갑자기 좋은 생각이 났습니다. 먼저 새끼 양을 안고 개천을 건너 맞은편에 내려놓았습니다. 그러자 어미 양은 고집을 부리지 않고 곧장 개천을 건넜습니다. 무디가 이야기를 마치고 의미심장한 표정을 지으며 바라보자, 부부는 그 뜻을 깨달았습니다. 하나님께서 때로는 이런 방식으로도 사람을 부르십니다. 아주 어렵고 슬프고 가슴이 미어지는 일이지만, 사랑의 하나님이 지극히 크신 분이므로 말씀을 통해 몇 번 불러도 아무 반응이 없으면 이 같은 일도 하시는 것입니다.

오늘과 같은 기념일이면 우리는 전쟁을 생각합니다. 그렇지 않습니까? 전쟁과 함께 스러져간 모든 사람들, 참혹했던 순간들, 크게 믿었으나 산산조각이 나버린 것들, 혼란과 격동에 휩싸였던 삶 전체를 생각합니다. 이것이 우리들로 하여금 삶과 죽음, 영원에 대한 중대한 질문에 맞닥뜨리게 합니다. 오늘은 추모주일입니다. 오늘 여러분 마음 가운데 하나님의 부르심이 울려 퍼지는 분이 있습니까? 하나님께서 친히 부르시려고 오늘 여러분을 이 자리로 인도하셨습니까? 혹시 이 예배가 이런 궁극적인 질문들을 생각하도록 하나님께서 부르시는 방식이 될 수도 있습니다.

스데반의 이 설교에서 눈에 띄는 두번째 점은, 하나님의 부르심이 항상 개인적이라는 것입니다. "우리 조상 아브라함이 하란에 있기 전 메소보다미아에 있을 때에 영광의 하나님이 그에게 보여 이르시되." 하나님은 어느 민족이나 가문을 부르시지 않고 한 사람, 한 개인을 부르셨습니다. 제가 이 점을 강조하는 이유는, 현대인들이 개인의 중요성을 잊고 있기 때문입니다. 삶의 거의 모든 영역에서 개인이 무시되고 있습니다. 많은 예를 들 수 있지만 그것이 여기서 할 일은 아닙니다. 제가 말하고자 하는 것은, 이 점이 대단히 시급하고 중요한 문제라는 것입니다. 오늘날은 교회에서조차 개인보다 사회와 전체를 강조하는 경향이 있습니다. 개인적인 복음, 개인에게 호소하는 복음을 중시하던 시대가 지나갔다고 서슴없이 말하는 사람들이 있습니다. 그들은 현대 교회가 사람들에게 접근할 수 있는 길이란, 사회적 신분이나 정치활동 혹은 세상을 바로잡는 활동을 통해 접근하는 길뿐이라고 주장합니다. 이제는 사람들이 더 이상 이기적이거나 자신이 속한 작은 집단의 이익에 연연하지 않고, 오히려 사회적·경제적 상황과 범세계적 문제와 거대한 민중운동에 관심을 둔다고 말합니다.

좋습니다. 그것이 문제의 본질입니다. 그런데 제가 말씀드리고 싶은 것은, 그것이 성경적인 방법이 아니라는 것입니다. 그것은 하나님이 쓰시는 방법이 아닙니다. 하나님은 개인과 더불어 시작하십니다. 복음은 우선적으로 전체적인 메시지가 아닙니다. 궁극적으로 개인적인 메시지입니다. 영광의 하나님, 우주를 창조하시고 유지·보존하시는 하나님께서 한 사람 아브라함에게 나타나셨고, 그에게 직접 개인적으로 말씀하셨습니다.

바로 이것이 지금 제가 강조하고 있는 점입니다. 여러분은 제가 이 자리에서 정치적 관점에서 20세기를 개관해 주기를 기대했습니까? 현 상황에 대해 거창한 식견을 피력하고, 각 나라 수상과 정부와 대통령이 해야 할 일에 관해 견해를 제시하기를 기대했습니까? 여러분은 과연 그것이 복음의 메시지라고 생각합니까? 그것이 암울한 현실에 저항하는 방법이라고 생각했습니까? 오늘 제가 이 자리에서, 여러분을 독려해 군비경쟁이나 전쟁에 종지부를 찍기 위한 대대적인 운동을 일으켜야 옳다고 생각했습니까?

사랑하는 여러분, 오늘 제가 이 자리에 선 목적은 **여러분에게** 말씀을 드리기 위해서입니다. 여러분은 세상이 이 지경이 된 데 대해 일차적인 책임이 없습니다. 저 역시 그렇습니다. 그러나 여러분이 책임을 져야 할 부분이 있습니다. 그 부분에 대해서는 최후 심판대에서 주께서 여러분에게 책임을 물으실 것입니다. 여러분과 제가 20세기 정치 상황에 대해서는 책임을 추궁당하지 않겠지만, 우리 자신의 영혼, 우리가 우리 영혼에 행한 일들에 대해서는 책임을 추궁당할 것입니다. 이것이 우리 각 사람에게 던져진 질문입니다. "각각 자기의 짐을 질 것이라"갈 6:5. 각 사람이 자신에 대해 답변해야 합니다.

하나님께서 개인을 부르신다는 것이 성경에 기록된 불변의 규범이자, 기독교 교회 역사가 진행되어 오는 동안 내내 흔들리지 않는 규범이었습니다. 교회가 이처럼 개인을 향해 말씀을 전할 때 사회·정치 상황에 가장 큰 영향을 끼쳤다는 사실이 흥미롭지 않습니까? 영국을 비롯한 서방세계의 역사에서 가장 위대한 시기는, 항상 개인구원을 강조한 대부흥운동과 대각성운동에 이어진 시기였습니다. 허다한 개인들을 복음으로 변화시켜 하나님의 자녀가 되게 할 때, 그들은 다시 자신들이 처한 사회 현실 속으로 들어가 상황을 바꿔 놓기 시작합니다. 그러나 교회가 주로 사회·정치 상황에 대해 말하는 20세기에는, 그리스도인이 되는 사람이 갈수록 줄어듭니다. 교회가 갈수록 왜소해져 사회적 소수로 전락할 뿐 아니라, 교회가 오랜 세월 중시해 오던 것을 더 이상 중시하지 않음으로써, 사회 각 부분이 퇴보하고 타락해 갑니다.

그러므로 제가 이 자리에서 여러분에게 묻고자 하는 것은, 전쟁이나 정부나 군비경쟁에 관해 여러분 생각이 어떠한지, 여러분이 무엇을 해야 하는지 하는 따위가 아닙니다. 진심으로 여러분에게 묻고자 하는 것은, 여러분 자신은 과연 어떠하며 어떠한 인생을 살아가고 있는가 하는 것입니다. 자신을 비판하기보다 정부를 비판하기 쉽습니다. "정부가 형편없다. 이 정부는 실패한 정부다" 하고 여러분은 말합니다. 좋습니다! 그러면 여러분은 성공했습니까? 이 질문이 '메소보다미아'와 같은 세상에 사는 여러분에게 던져지는 개인적 질문입니다. 영광의 하나님께서 여러분을 찾아오셔서 여러분 자신에 대해 직접 물으십니다.

스데반의 설교에서 눈에 띄는 또 한 가지는, 하나님의 부르심이 과거의 그릇된 생활방식을 버리라는 부르심이라는 점입니다. "우리 조상 아브라함이 하란에 있기 전 메소보다미아에 있을 때에 영광의 하나님이 그에게 보여 이르시되 네 고향과 친척을 떠나 내가 네게 보일 땅으로 가라 하시니." 네 나라를 떠나라, 네 가문을 떠나라, 네 친척을 떠나라 하신 것입니다. 이것이 대단히 중요합니다. 이것이야말로 복음의 부르심 가운데 첫번째 부분입니다. 나가라! 떠나라! 어서 피하라!

이것이 무슨 뜻입니까? 이 부르심이 아브라함에게 무엇을 의미했는지 우리는 압니다. 아브라함은 메소보다미아에서 태어나 거기서 자랐습니다. 그곳이 그의 큰 배경이었습니다. 그의 가문이 여러 세대 동안 그곳에 뿌리를 내린 채 살아왔습니다. 앞서 말씀드린 대로, 아브라함은 이교도였습니다. 우르 사람들은 달을 신으로 숭배했습니다. 아브라함도 그들 가운데 한 사람이었습니다. 달숭배가 그의 삶의 본질적인 부분이었습니다. 그러나 아브라함은 거기서 나오라는 부르심을 받았습니다. 이 부르심을 오늘날 우리에게 맞게 옮기면, 현세적 인생관을 버리라는 것입니다. 복음이 우리에게 가장 먼저 요구하는 것은 언제나 이것입니다.

혹시 현세적 인생관을 버리라는 말을 좀더 구체적으로 알고 싶다면, 사도 요한이 우리에게 당부하는 말씀을 들어 보십시오.

이 세상이나 세상에 있는 것들을 사랑하지 말라. 누구든지 세상을 사랑하면 아버지의 사랑이 그 안에 있지 아니하니 이는 세상에 있는 모든 것이 육신의 정욕과 안목의 정욕과 이생의 자랑이니 다 아버지께로부터 온 것이 아니요 세상으로부터 온 것이라 요일 2:15-16.

이것이 현세적 인생관이요, 세상적 삶이요, 하나님께서 아브라함에게 떠나라고 부르신 삶입니다.

세상적 삶에 관해 성경은 여러 방식으로 묘사하는데, 그 가운데 사도 바울은 이렇게 말합니다.

그는 허물과 죄로 죽었던 너희를 살리셨도다. 그때에 너희는 그 가운데서 행하여 이 세상 풍조를 따르고 공중의 권세 잡은 자를 따랐으니 곧 지금 불순종의 아들들 가운데서 역사하는 영이라. 전에는 우리도 다 그 가운데서 우리 육체의 욕심을 따라 지내며 육체와 마음의 원하는 것을 하여 다른 이들과 같이 본질상 진노의 자녀이었더니 엡 2:1-3.

이것이 세상적 삶입니다. 이것이 아브라함이 영위했던 삶이요, 메소보다미아 지방의 삶이요, 대영제국의 삶이요, 미국의 삶이요, 모든 나라 모든 민족의 삶입니다. 이것이 "고향과 친척"입니다. 이러한 삶은 현세에만 관심이 있을 뿐 그 너머에는 관심이 없습니다. 자기 나라와 그 안에서 일어나는 일들, 자기 가문과 자기 친척에서 생기는 일들에만 관심이 있습니다. '인간의 자부심과 세상의 영광'에 갇혀 있습니다. 세상은 본래 이런 상태로 진행되어 왔으나 오늘날은 그 정도가 유난히 심합니다.

따라서 전기傳記들은 하나같이 내용이 비슷한 수준입니다. 요즘은 양차 세계대전을 다룬 서적들이 제법 많이 나와 있습니다. 전쟁의 징후와 과정, 평가, 승리 혹은 패배의 원인이 다양하게 진단되어 있습니다. 하지만 모두가 한결같이 현세에만 초점을 맞출 뿐, 거기서 한 치도 넘어서지 못합니다. 물론 그리스도인이 아닌 사람들-메소보다미아 시절의 아브라함-이 현세에 주저앉아 있는 것은 당연한 일입니다. 그들은 먹고 마시고, 취직하고 결혼하고 자녀를 낳습니다. 대를 이어 같은 일을 반복합니다. 언제나 그랬고 앞으로도 그럴 것입니다. 이것이 우리가 조상들에게 유업으로 받은 전통이며, 후손들에게 물려줄 전통입니다. 자기 나라와 자기 나라의 역사, 자기 가문과 자기 가문의 역사라는 해묵은 이야기가 대를 이어 반복됩니다. 항상 똑같이 태어나서 결혼하고 죽습니다. 왔다가 갑니다. 사도 바울의 표현대로 "이 세상 풍조" 곧 '이 세상의 길'the course of this world은 끊임없이 돌아가는 회전목마와 같습니다. 이것이 전통입니다.

그러나 불행하게도 그것이 전부가 아닙니다. 성경이 현세의 삶에 관해 어떻게 묘사하는지 주목하시기 바랍니다. 그것은 육욕과 정욕의 삶입니다. "육신의 정욕과 안목의 정욕과 이생의 자랑"에 이끌리는 삶입니다. 우리를 향한 하나님의 부르심이란, 이러한 삶에서 빠져나오라는 것입니다. 우리 모두는 본성으로 그 안에 있고, 그 안에서 태어나며, 그것을 유업으로 물려받습니다. 어릴 때 우리는 어른들의 말과 어른들이 들려주는 이야기를 들으며 자랐습니다. 그것은 어른들이 보고 듣고 알고 행한 이야기요, 다른 사람들이 그들 앞에서 행한 이야기입니다. 그것은 육욕과 정욕과 자랑이 지배하는 삶입니다.

왜 우리가 이러한 삶을 살아야 합니까? 성경에 기록된 대답은, 우리가 이 세상을 장악하고 있는 마귀에게 붙잡혀 있기 때문이라는 것입니다. 마귀는 "공중의 권세 잡은 자" 곧 "지금 불순종의 아들들 가운데서 역사하는 영"입니다. 그에게 장악된 삶은 하나님을 포함하지 않는 삶입니다. 하나님께서 우리의 마음에 계시지 않습니다. 우리는 다른 것들을 섬깁니다. 메소보다미아 사람들이 달을 숭배할 때, 우리는 돈을 숭배하고 자동차를 숭배하고 집을 숭배하고 쾌락을 숭배합니다. 이런 것은 모두 동물적이고 본능적이고 원시적이고 세상적이며, 주로 육체의 영역에 속합니다. 이런 종류의 삶을 우리는 유업으로 물려받습니다. 이것은 아브라함이 메소보다미아에 살 때도 그랬고, 지금 우리도 여전히 그렇습니다.

　더 나아가, 현세적 삶은 거짓 희망에 매달린 삶입니다. 현세적 삶에서 이것만큼 비극적인 면이 없습니다. 현세적 삶은 고통의 삶이요, 실패의 삶이요, 전쟁과 고통과 유혈과 아픔과 공포를 기념하는 추모일을 두지 않으면 안되는 삶입니다. 세상은 때때로 이런 현실에 휘둘립니다. 오늘처럼 추모일을 맞으면 잠시 우리의 현실을 생각하게 되고 마음이 언짢아집니다. 하지만 그것은 잠시뿐이고, 한 해가 지나 다음번 추모일 때까지 까맣게 잊고 지냅니다. 설령 다시 추모일을 맞아도 언짢고 불편한 것은 잠시뿐입니다. 어떤 사람들은 다른 사람들에 비해 좀더 진지하고 숙연한 태도로 "현실을 바로잡아야지, 이대로 내버려둬서는 안된다. 어떻게 해서든 멈추게 해야 돼"하고 말합니다. 자신들이 노력만 하면 그렇게 할 수 있다고 믿습니다.

　심지어 어떤 사람들은 세상을 좀더 낫게 변화시키는 작업이 벌써 진행되고 있고, 세상이 진보하고 발전하고 있다고까지 믿습니다. 세상은 언제나 개선이 가능하며, 언제나 현실을 바로잡을 수 있고 좋게 만들 수 있다고 믿습니다. 오늘날 같은 시대라면, 전쟁의 위협과 공포와 생명을 유린하는 것들을 미연에 제거함으로써 좀더 나은 세상을 만들 수 있다고 믿으며, 스스로 힘껏 격려하고 결심하며 노력합니다. 세상은 언제나 그렇게 할 수 있다고 독려합니다.

　나이가 많은 분들 가운데는 제1차 세계대전이 발발한 때, 지금으로부터 50년 전 어떤 웅변가가 나와서 "우리가 이 전쟁을 치르는 목적은 영웅들이 거할 땅을 마련하기 위함이다" 하고 외친 일을 기억하는 이도 있을 것입니다. 그때 우리는 대부분 그 말을 믿었습니다. 그때 우리는 블레이크^{William Blake}의 '예루살렘'^{Jerusalem}을 좋아했습니다. 그렇지 않았습니까?

　　내 달아오른 금화살을 가져오라!
　　내 욕구의 화살을 가져오라!
　　내 창을 가져오라! 아, 구름아, 걷히거라!

내 불병거를 가져오라!
나는 정신의 투쟁을 쉬지 않으며,
칼도 내 손에서 잠들지 않을 것이다.
잉글랜드 푸르른 낙토에
예루살렘을 세우는 그날까지.

근사한 시 아닙니까! 시어들이 멋집니다. 허버트 패리 경^{Sir Hubert Parry}의 시는 한결 더 근사할 것입니다. 하지만 결국 어찌 되었습니까? 쓰레기요 허튼소리일 뿐이었습니다!

우리는 여전히 우리 힘으로 현실을 개선할 수 있다고 믿습니다. 우리 스스로 현세의 문제들을 처리할 수 있다고 생각합니다. 의회 입법활동과 그 밖의 다양한 노력을 통해 새 예루살렘을 건설하고 있다고 믿습니다. 하지만 하나님께서 우리에게 하시는 말씀은 전혀 다릅니다. "거기서 나오라! 도망치라!"고 말씀하시는 것입니다. 왜 이렇게 말씀하십니까? 이 세상은 죄악과 저주의 땅이요, 우리가 장망성^{將亡城}에 살고 있기 때문입니다.

벌써 오래전에 존 번연^{John Bunyan}은 이것을 보았습니다. 여러분은 『천로역정』^{The Pilgrim's Progress}을 읽어 보셨습니까? 아직 읽지 않았다면 꼭 읽어 보시기 바랍니다. 감히 말씀드리건대, 이 책은 기독교 신문들에 실린 모든 기사를 합쳐 놓은 것보다 이 세대에 더 많은 교훈을 주고 있습니다. 천로역정^{天路歷程}! 이 책이 어떻게 시작하던가요? 장망성 곧 '장차 멸망할 도성'이라 불리는 성읍에 한 사람이 살고 있었습니다. 어느 날 그가 목숨을 건지려면 그 성에서 도망쳐 나오라는 음성을 듣습니다. 성경에 따르면, 이 세상은 장망성입니다. 인간의 노력과 실천으로 이 '푸르른 낙토'에 새 예루살렘을 도래하게 하는 일이란 결코 없을 것입니다.

오히려 우리가 듣는 분명한 진리는, 메소보다미아든 잉글랜드든 모두 하나님의 진노 아래 있다는 것입니다. 그것이 성경의 가르침이자, 기독교 복음이 오늘날 세상에 외치는 경고입니다. 여러분 친구들이여, 우리는 하나님의 진노 아래 있습니다. 우리가 무슨 연유로 두 번에 걸친 세계대전을 겪었습니까? 왜 세상이 이렇게 되었습니까? 성경의 교훈에 따르면, 이것은 하나님께서 우리의 죄와 반역을 심판하신 형벌의 일부입니다. 우리가 뿌린 씨앗을 열매로 거두도록 내버려 두시는 것입니다. "사람이 무엇으로 심든지 그대로 거두리라"갈 6:7. 사람을 숭배하기 시작하면 곧 그를 죽이게 됩니다. 하나님 없이도 얼마든지 잘살 수 있다고 말하면 그 인생은 혼돈과 공허에 빠지고 맙니다. 자업자득입니다. 우리는 장망성에 살고 있습니다. "전에는 우리도 다 그 가운데서 우리 육체의 욕심을 따라 지내며 육체와 마음의 원하는 것을 하여 다른 이들과 같이 본질상 진노의 자녀이었더니"엡 2:3. "하나님의 진노가 불의로 진리를 막는 사람들의 모든 경건하지 않음과 불의에 대하여 하늘로부터 나타나나니"롬 1:18.

여러분과 제가 이런 말을 좋아하든 않든 상관없이, 이것이 복음의 메시지입니다. 영광의 하나님께서 우리 조상 아브라함에게 나타나셨습니다. 이것이 어떤 의미에서는 위대한 구속 역사의 시작이요, 하나님께서 아브라함과 맺으신 언약의 시작입니다. 그렇게 아브라함에게 나타나신 하나님께서 가장 먼저 하신 말씀은 "나가라! 네가 살고 있는 곳은 장망성이다! 어서 피하라!" 하는 것이었습니다.

따라서 세상의 현실이 왜 이렇게 되었는가 하는 질문에 답변할 수 있는 유일한 길은, 이것이 인간의 죄에 대한 하나님의 형벌이라는 것밖에 없습니다. 철학자나 정치가들을 찾아가 설명해 달라고 청해 본들 답변다운 답변을 얻을 수 없습니다. 철학과 정치와 교육이 필요 없다는 말이 아닙니다. 모두 중요하고 필요한 것들입니다. 제가 여러분에게 드리고자 하는 말씀은, 하나님께 신뢰를 두지 않는 어리석은 사람들이 행하는 것처럼, 철학과 정치와 교육 같은 것을 신뢰하면 세상은 갈수록 더 악해지고 만다는 것입니다. 20세기의 세상은 어떻습니까? 19세기의 낙관론에 편승한 이상주의자들의 가르침과 그들의 예언을 송두리째 짓밟고 뒤엎고 있습니다. 이 세상은 하나님의 진노 아래 놓여 있습니다. 저주 아래 있습니다.

여러분의 동료 인간으로서 말씀드립니다. 여러분과 저의 발등에 떨어진 불은, 장차 세상이 어떻게 될 것이며 제3차 세계대전이 과연 일어날 것인지에 대한 문제가 아닙니다. 그런 문제는 저도 모르고 여러분도 모릅니다. 만일 제가 그런 문제에 관해 무슨 예측을 한다면, 그것은 여러분의 시간을 허비하는 것입니다. 그러나 제가 아는 것은, 장차 제3차 세계대전이 발발하든 하지 않든, 여러분과 제가 예외 없이 하나님의 심판대에 서게 된다는 사실입니다. 그날에는 하나님이 우리를 바라보시면서, 세상에서 우리에게 주신 은사를 말씀하신 후에 그 은사를 어떻게 사용했는지 물으실 것입니다. 그날에 우리는 하나님의 거룩한 율법과 영원한 심판의 빛 가운데 서게 될 터인데, 하나님은 이미 우리가 정죄 아래 놓여 있다고 말씀하셨습니다. "의인은 없나니 하나도 없으며"롬 3:10. 그렇기 때문에 복음은 "떠나라!"고 하는 것입니다.

"너희가 이 패역한 세대에서 구원을 받으라"행 2:40. 이것은 사도 베드로가 오순절에 최초로 기독교 설교를 할 때 전한 말씀입니다. 심판이 다가오고 있습니다. 만일 세상의 가치관과 심성에서 떠나지 않으면, 심판에 휩쓸릴 것입니다. 그것은 영원한 저주와 비참과 불행이요, 하나님의 생명 밖으로 내쳐지는 것입니다. 그러므로 거기서 나오라고 하는 것입니다.

그러나 감사하게도, 하나님은 부정적인 말씀으로만 끝내지 않으셨습니다. 하나님께서 아브라함에게 하신 말씀의 나머지 부분을 살펴보십시오. "네 고향과 친척을 떠나 내가 네게 보일 땅으로 가라." 여기까지 읽어야 온전한 복음이 됩니다. 율법과 복음이 나란히 있는 것입니다! '떠나라', '회개하라' 명령 곁에 '가라'는 따뜻한 권유의 말씀이 있습니다. 하나님께서 얼마나 인자하신 분인지요! 하나님은 우리와 세상에 심판을 고지하고 선포하실 뿐 아니라, 자비로운 초대도 하시는 것입니다.

사랑하는 이를 생각하면 마음이 아련해집니까? 모질게 휩쓸고 간 재난을 생각할 때, 양차 세계대전과 그것이 여러분과 여러분 가족과 여러분의 인생에 남긴 상처를 생각할 때 마음이 저며 옵니까? 그렇다면 귀 기울여 보십시오. 내면에서 음성이 들립니까? 내면에서 "가라!" 하고 말씀하시는 하나님의 음성이 들립니까? 하나님께서 여러분을 부르고 계신 것입니다.

그렇다면 어디로 가라고, 무엇을 하라고 부르시는 것입니까? 하나님은 여러분에게 철저한 변화를 요구하시고, 그리로 부르십니다. "메소보다미아에서 나오라. 그것이 상징하는 모든 것에서 나오라. 네 고향과 네 친척을 떠나라. 내가 너를 위해 예비한 곳으로 가라!"

이 부르심이 뜻하는 바가 무엇일까요? 이 부르심을 현대의 언어와 상황에 놓고 보면, 하나님은 우리에게 관점을 완전히 바꾸라고 요구하시는 것입니다. 그리스도인의 삶은 세상 사람들의 삶과 사뭇 다릅니다. 둘 사이에는 공통되는 것이 없습니다. 그리스도인이 되어 믿음으로 산다는 것은 철저히 변화하는 것입니다. 흑암의 왕국에서 하나님의 사랑하시는 아들의 나라, 빛의 나라로 들어오는 것입니다 골 1:13 참조.

이것은 이전과 완전히 다른 사고방식을 갖는 것을 뜻합니다. 더 이상 우리의 생각이, 고향과 친척과 이 세상과 그 역사와 우리가 몸담고 살아가는 당대의 이 작은 사회를 축으로 돌아가지 않습니다. 우리 영혼, 우리 자신에서 출발합니다. 나는 개인입니다. 나는 하나의 존재입니다. 나는 하나의 실체입니다. 나는 이 세상에 홀로 들어왔고, 떠날 때도 홀로 떠나야 합니다. 나는 고립되어 있습니다. "마음의 고통은 자기가 알고 마음의 즐거움은 타인이 참여하지 못하느니라" 잠 14:10.

그러므로 이 음성을 듣습니다. "너 자신을 해방시키라. 이 복잡한 사회에서 발생하는 일에 얽매이지 말라. 너는 너 자신일 뿐이다. 네가 무엇이란 말인가?" 그러고는 깨닫게 됩니다. 나는 하나님과 대면해 있는 하나의 영혼이다. 이생에서 내게 가장 중요한 것은, 사회와 이 세상에서 일어나는 일이 아니라 영원한 세계를 바라보고 있는 나에게, 나 자신에게, 내 영혼에게 일어나는 일인 것입니다. 내 안에는 이러한 정서가 흐릅니다.

너는 흙이니 흙으로 돌아가라 하신 것은
영혼에 대해 하신 말씀이 아니었다.

―롱펠로우 H. W. Longfellow

모든 인간은 불멸에 관한 의식을 지니고 있습니다. 그것은 당연합니다. "죽음이 끝이 아니고, 나는 계속 존재한다. 그렇다면 이 영혼은 어떻게 되는 것일까?" 이것이 새로운 사고방식입니다. 나 자신이 하나님 앞에 책임을 지고 있는 존재임을 깨닫는 것입니다.

따라서 이 세상에서 내게 가장 중요한 일은, 하나님과의 관계임을 깨닫습니다. 이것이 복음 메시지의 본질입니다. 하나님과의 관계를 사람들과의 관계보다 앞에 두어야 합니다. 20세기의 오류와 실패는, 가치 위계의 맨 윗자리에 사회 현실과 정치와 집단을 둔 데 있습니다. 그것은 잘못된 것입니다. 하나님과 더불어 출발해야 합니다! 우리 주께서 이 사실을 분명히 하셨습니다. 하루는 "율법 중에서 어느 계명이 크니이까" 하는 질문을 받으시고 이렇게 대답하셨습니다. "네 마음을 다하고 목숨을 다하고 뜻을 다하여 주 너의 하나님을 사랑하라 하셨으니 이것이 크고 첫째 되는 계명이요 둘째도 그와 같으니 네 이웃을 네 자신같이 사랑하라 하셨으니 이 두 계명이 온 율법과 선지자의 강령이니라"마 22:37-40.

현대인들은 다르게 생각합니다. "나는 하나님에 대해서는 관심이 없다. 내 동료 인간에게만 관심이 있을 뿐이다. 어떻게 하면 내 동료 인간을 사랑할 수 있는가? 이것이 내가 풀고 싶은 문제다." 하지만 부질없는 생각입니다. 하나님과 바른 관계에 있지 못하면 절대 그 문제를 풀 수 없습니다. 하나님과 바른 관계에 있지 못한 사람들은 동료 인간들과도 바른 관계를 맺고 살 수 없습니다. 그들은 스스로 신이 되어, 이기심과 자기중심적 사고방식에 사로잡혀 있으며, 지금까지 그래왔던 것처럼 앞으로도 서로 싸울 것입니다.

인간이 인간과 화목할 수 있는 길은 하나뿐입니다. 그것은 먼저 모두가 하나님과 화목하는 것입니다. 이것이 새로운 사고방식입니다.

이 새로운 사고방식을 얻기 위해서 떠나야 합니다. 자신이 정당한 위치에 있어야 하고, 자기 마음이 정당한 상태에 있어야 하고, 자신의 관점이 정당해야 하고, 자기 자신과 더불어 출발해야 합니다. 중요한 것은 사회가 아니라 여러분 자신입니다!

그런 다음 아브라함의 생애 이야기는, 나의 인생에 장차 올 세상을 위한 준비일 뿐임을 계속해서 일러 줍니다. "네 고향과 친척을 떠나." 여러분은 이 세상에서 "나그네와 거류민"에 지나지 않습니다. 그저 세상을 스쳐 지나가는 거류민에 불과합니다. 세상은 과연 크고 훌륭할 뿐 아니라 우리가 이곳에 몸담고 사는 동안에는 최선을 다해야 합니다. 그러나 성경이 일관되게 가르치는 것은, 이 세상이 유일한 세상이 아니고 다만 예비학교일 뿐이라는 것입니다. 우리가 가야 할 길이 있습니다. 우리 앞에 원대한 실재가 놓여 있습니다. 정작 중요한 것은 그것입니다. 그러니 떠나야 하고 가야 합니다.

설교를 마치기 전에 이 위대한 말씀을 좀더 살펴보고자 합니다. 이 가르침은 우리에게 새로운 소망을 줍니다. 이 말씀은 어느 휴전일 밤에, 오늘과 같은 추모주일에 전한 말씀입니다. 새로운 소망! 감히 말씀드리건대, 오늘날 이 세상에는 스데반의 이 설교가 제시하는 소망 외에는 아무런 소망이 없습니다.

어떤 이들은 이렇게 말할 것입니다. "그러나 그것은 다 부질없는 말에 불과합니다. 당신들 설교자들은 벌써 오래전부터 같은 말을 해왔지만, 세상 돌아가는 꼴을 한번 보세요. 복음의 약속들이 대체 이루어진 게 무엇입니까? 당신들의 기독교는 실패했습니다. 당신들의 소망, 당신들의 복음이 말하는 소망이 과연 정치와 철학자와 시인들이 말하는 소망보다 나은 게 무엇입니까?"

일견 옳은 지적입니다만, 분명히 알아야 할 점이 있습니다. 사람들은 기독교의 복음을 이해하지 못합니다. 기독교가 세상을 개혁할 것을 가르친다고 섣불리 생각합니다. 세상을 좀더 살 만한 곳으로 만들도록 장려하고, 그러기 위해 입법활동에 힘쓰고, 사회적·정치적 공익에 힘쓰면서 점차 사회를 개선해 나가면, 마침내 세상이 변화될 것이라 생각합니다. 그러나 그것은 복음 메시지가 아닙니다. 앞서 말씀드린 대로, 복음 메시지는 이 세상이 장차 멸망할 도성이라는 것입니다. 우리 주님이 친히 말씀하시기를, 종말에는 "난리와 난리 소문"이 있을 것이라 하셨습니다^{마 24:6}. 역사의 종말을 몹시 어둡고 두려운 색채로 그려 놓으셨습니다. 점진적인 개선과 향상을 약속하시지 않았습니다. 오히려 정반대입니다. 사회 개조와 개량이 복음 메시지가 아닙니다. 복음은, 잉글랜드의 '푸르른 낙토'에 새 예루살렘을 도래하게 할 것을 약속한 적이 없습니다. 칼을 의지할 수도 있고 창을 앞세울 수도 있고 정신력을 운운할 수도 있지만, 결국 철저한 실패의 죽음을 죽게 될 것입니다.

그렇다면 복음이 약속한 것이 무엇입니까? 복음의 약속이 무엇인지는 히브리서 11장이 말하고 있습니다. 이것이 아브라함을 지탱해 준 약속입니다. 아브라함은 "하나님이 계획하시고 지으실 터가 있는 성을" 바랐습니다^{히 11:10}. 그가 바란 도성은 인간의 이상으로 설립된 도성이 아니고, 인간의 지성과 학문과 과학과 지식에 토대를 둔 도성도 아니었습니다. 그것은 하나님께서 세우실 도성이었습니다. 하나님이 설계자고 건축가이십니다. 인간의 계획과 노력으로 세워지는 도성이 아니라, 하나님의 원대한 계획과 역사로 세워지는 도성입니다. 이 도성을 세우시기 위해, 하나님께서 일하시고 부르시고 움직이시고 추진하십니다. 이것이 복음 메시지입니다.

복음은 세상 변혁의 메시지를 전하지 않습니다. 그렇다면 복음이 전하는 메시지가 무엇입니까? 그것은 요한계시록에서 읽게 되는 위대한 메시지요, 천상의 도성 곧 "거룩한 성 새 예루살렘이 하나님께로부터 하늘에서"^{계 21:2} 내려올 것을 전하는 메시지입니다. "의가 있는 곳인 새 하늘과 새 땅"^{벧후 3:13}에 관한 메시지입니다. 그것이 복음 메시지이며, 그것이 세상의 유일한 소망입니다. 복음에 얼마나 크고 놀라운 메시지가 담겨 있는 것입니까? "또 내가 새 하늘과 새 땅을 보니"^{계 21:1}. 현재의 이 하늘과 땅에는 아무런 소망도 없지만, 여전히 우리에게는 소망이 남아 있습니다. "처음 하늘과 처음 땅이 없어졌고 바다도 다시 있지 않더라. 또 내가 보매 거룩한 성 새 예루살렘이 하나님께 로부터 하늘에서 내려오니 그 준비한 것이 신부가 남편을 위하여 단장한 것 같더라"계 21:1-2. 이 거룩한 도성은 여러분과 제가 각고면려한다고 세워지는 것도 아니고, 우리의 '정신적 투쟁'으로 세워지는 것도 아닙니다. 시인과 정치인들이 수십 세기를 지나오는 동안 우리를 얼마나 크게 기만한 것입니까! 그들이 제시한 이상으로는 어림도 없습니다. 새 예루살렘은 하늘에서 하나님께로부터 내려옵니다. 하나님께서 그것을 지으셨으므로 그 도성은 완전합니다.

내가 들으니 보좌에서 큰 음성이 나서 이르되 보라, 하나님의 장막이 사람들과 함께 있으매 하나님이 그들과 함께 계시리니 그들은 하나님의 백성이 되고 하나님은 친히 그들과 함께 계셔서"계 21:3

여러분 가운데 오늘 추모주일 저녁에 상한 마음으로 이 자리에 오신 분들은 귀담아들으시기 바랍니다.

모든 눈물을 그 눈에서 닦아 주시니 다시는 사망이 없고 애통하는 것이나 곡하는 것이나 아픈 것이 다시 있지 아니하리니 처음 것들이 다 지나갔음이러라. 보좌에 앉으신 이가 이르시되 보라, 내가 만물을 새롭게 하노라 하시고"계 21:4-5.

하나님의 도성이 하늘에서 내려오는데, 이 일은 하나님께서 이 악한 세상과 이 세상에 속하고 세상의 악행에 가담한 모든 자들, 사탄과 그의 모든 앞잡이와 종들을 심판하신 후에 이루어질 것입니다.

이것이 복음 메시지입니다. 아브라함은 "하나님이 계획하시고 지으실 터가 있는 성"을 바랐습니다. 히브리서 기자가 이 일을 어떻게 기록하는지 유의하여 보셨습니까?

그들이 이같이 말하는 것은 자기들이 본향 찾는 자임을 나타냄이

라. 그들이 나온 바 본향을 생각하였더라면 돌아갈 기회가 있었으려니와 그들이 이제는 더 나은 본향을 사모하니 곧 하늘에 있는 것이라히 11:14-16.

우리가 몸담고 사는 이 낡은 세상은, 온갖 낙관주의자와 이상주의자와 낙천적 정치가들에도 불구하고, 전쟁에서 전쟁으로 재앙에서 재앙으로 치달을 것입니다. 거듭 말씀드리지만, 그들은 절대로 새 예루살렘을 세우지 못합니다. 그런 일은 절대 없습니다! 사람 마음에 있는 죄 때문에 그것은 불가능합니다. 이 세상은 심판 아래 놓여 있고, 장차 심판을 받을 것입니다.

이상의 내용은 절대 확실합니다. 하나님의 그리스도, 곧 죽은 자 가운데서 살아나시고 사망과 무덤을 정복하시고 택하신 증인들에게 자신을 보이신 그리스도가, 하늘에 오르셔서 영원한 영광 가운데 있는 하나님 우편에 앉으시고, 거기서 원수들을 자신의 발등상 삼으실 때까지 기다리고 계십니다. 그러나 반드시 다시 오실 것입니다. 오셔서 모든 원수들을 멸하실 것입니다. 모든 죄와 악, 그것들이 끼친 모든 결과를 우주에서 씻어 내실 것입니다. 새 예루살렘이 하늘에서 내려올 때, 그리스도가 온 천지를 다스리실 것입니다. 친히 온 천하를 환히 비추실 것이므로, 다시는 태양이 필요 없을 것입니다계 22:5.

그날이 다가오고 있습니다. 이것은 확실합니다. 그러므로 여러분과 제게 중대한 질문은, 우리가 과연 그 도성에 들어가게 될 것인가 하는 것입니다. 이것이 유일한 문제입니다. 여러분은 전쟁이 아니더라도 노령이나 사고로 혹은 질병으로, 곧 이 지상의 도성을 떠나게 될 것입니다. 여러분은 어디서 영원의 세월을 보낼 것입니까? 여러분은 하나님의 도성, 하늘의 도성, 새 예루살렘, 하나님의 낙원, 확실하게 도래할 새롭게 된 우주에서 살게 될 것입니까? 오해의 위험을 무릅쓰고 말씀드리건대, 장차 또 다른 세계대전이 발발할지 그렇지 않을지는 그다지 중요치 않습니다. 참으로 중요한 질문은, 시간 안에서 여러분에게 무슨 일이 일어날 것인가 하는 것이 아니라, 영원 안에서 여러분에게 무슨 일이 일어날 것인가 하는 것입니다. 여러분은 하나님이 다스리시는 이 도성의 시민이 될 것입니까? 이것이 복음이 여러분에게 던지는 질문입니다. 지금 이 세상에 있는 동안 결단을 내려야 합니다.

하나님의 부르심은 장망성, 곧 하나님의 진노 아래 있는 도성에서 나와 이 새로운 나라의 백성, 이 새로운 왕국의 시민이 되라는 부르심입니다. 여러분은 지금 여기서, 그 나라에 들어갈 수 있습니다. 그 길은 하나님께서 내미시는 복음 메시지를 믿는 것입니다. 하나님께서 여러분에게 떠나라고 하실 때 그 음성을 들으십시오. 아직 시간과 기회가 있을 때 장차 망할 이 도성을 떠나 영원히 없어지지 않을 나라, 우리 하나님과 그리스도께서 다스리시는 나라의 시민이 되십시오!

07

믿음의 반응

이르시되 네 고향과 친척을 떠나 내가 네게 보일 땅으로 가라 하시니 아브라함이 갈대아 사람의 땅을 떠나 하란에 거하다가 그의 아버지가 죽으매 하나님이 그를 거기서 너희 지금 사는 이 땅으로 옮기셨느니라.

사도행전 7:3-4

이 위대한 설교에서, 스데반은 역사를 되짚어 가면서 산헤드린 앞에 구원의 복음을 완벽하게 설명합니다. 그가 전개해 가는 논리의 순서가 우리에게도 매우 중요합니다. 스데반이 전한 이 말씀은 오늘날에도 여전히 기독교 복음의 메시지입니다. 하나님이 아브라함에게 나타나셔서 구원의 길과 당신이 세우신 목적과 계획을 일러 주실 때, 그것은 훗날 주 예수 그리스도 안에서 성취될 것이었습니다. 하나님은 당신의 목적과 계획을 말씀하신 후에, 아브라함에게 고향과 친척을 떠나 그를 위해 예비한 곳으로 가라고 명령하셨습니다.

지난 시간에, 우리 각자에게 찾아오는 이러한 부르심을 살펴보았습니다. 그것은 보편적인 부르심입니다. 복음을 들은 모든 사람들에게 해당되는 부르심입니다. 복음으로 초대하는 것은, 기꺼이 들을 준비가 돼 있는 모든 사람들에게 주어집니다. 하지만 복음을 들은 모든 사람이 반응하여 복음을 영접하거나 믿는 것이 아니고, 모두가 구원받는 것이 아니며, 모두가 그리스도인이 되는 것이 아닙니다. 이것은 분명합니다. 그렇지 않습니까? 무엇이 이런 차이를 가져옵니까? 그리스도인이 되고 안되고를 결정짓는 관건이 무엇입니까?

이것이 오늘 읽은 본문 4절 전반부에서 다루는 문제입니다. 결정적인 요인은, 복음을 통해 부르시는 하나님의 부르심에 우리가 어떻게 반응하는가, 하는 것입니다. 하나님께서 아브라함에게 "네 고향과 친척을 떠나 내가 네게 보일 땅으로 가라"고 하셨습니다. 4절에는 아브라함이 "갈대아 사람의 땅을 떠나 하란에 거하다가"라고 기록되어 있습니다. 히브리서 기자는 아브라함이 나타낸 반응에 대해 이렇게 말합니다. "아브라함은 부르심을 받았을 때에 순종하여 장래의 유업으로 받을 땅에 나아갈새 갈 바를 알지 못하고 나아갔으며"[히 11:8]. 오늘 말씀에서 스데반이 강조하는 것이 바로 이 점입니다.

우리가 이것을 주목해 봐야 하는 이유는, 아브라함이 믿음으로 인생을 살아간 첫번째 사례이기 때문입니다. 아브라함은 사람이 율법의 행위로 의롭게 되는 것이 아니라 믿음으로 의롭게 된다는 진리를, 역사상 최초로 삶 그 자체로 보여준 인물입니다. 이것이 본문에서 스데반이 진술하는 논지이자, 사도 바울이 로마서 4장에서 좀더 구체적으로 제시하는 주장이기도 합니다.

로마서의 처음 3장까지, 바울 사도는 사람이 오직 믿음으로 의롭다 함을 얻는다는 메시지를 개략적으로 진술합니다. 여러 주장과 이유를 제시한 사도는 이렇게 결론을 내립니다. "그러므로 사람이 의롭다 하심을 얻는 것은 율법의 행위에 있지 않고 믿음으로 되는 줄 우리가 인정하노라"롬 3:28. 그런 다음 로마서 4:1에서 아브라함의 경우를 예로 듭니다. "그런즉 육신으로 우리 조상인 아브라함이 무엇을 얻었다 하리요." 바울은 로마에 사는 유대인들 가운데는 언제든 다음과 같이 이의를 제기할 사람들이 있음을 알았습니다. "다 좋은 말이긴 한데, 당신들이 전하는 이 교훈은 우리 조상 아브라함에 관해 성경이 가르치는 교훈과 위배됩니다. 아브라함은 누가 뭐라고 해도 스스로 결단하고 노력함으로써 의롭다 함을 받은 사람입니다. 이 사실을 통째로 부정하겠다는 겁니까?" 이런 이유 때문에 바울은 아브라함이 믿음으로 의롭다 함을 받았다는 사실을 치밀하게 논증해 놓았습니다. "성경이 무엇을 말하느냐. 아브라함이 하나님을 믿으매 그것이 그에게 의로 여겨진 바 되었느니라"3절.

이 점을 유념하고서 히브리서 가운데, 특히 10장 후반과 11장 전체를 읽어 보셨다면 거기서 무엇을 발견하게 됩니까? 로마서에서 바울이 가르친 것과 동일한 교훈을 발견하게 되지 않습니까? "나의 의인은 믿음으로 말미암아 살리라"히 10:38. 믿음이란 무엇입니까? 히브리서 11장은 믿음에 관하여 가르치는데, 아브라함을 여러 믿음의 인물들 가운데 한 사람으로 예를 듭니다. 11장 전체 의도는, 아브라함 한 사람뿐 아니라 구약의 모든 신앙의 위인들이 믿음으로 인생을 살았으며, 하나님을 믿고 하나님이 자신들을 부르신 부르심을 따라 살았음을 분명하게 나타내려는 것입니다. 하나님의 백성은 믿음으로 의롭다 함을 얻고 또한 믿음으로 산다는 이 원리는, 어느 경우든 동일합니다. "믿음은 바라는 것들의 실상이요 보이지 않는 것들의 증거니"히 11:1. 히브리서 기자가 거듭 환기시키는 바와 같이, 이들은 모두 믿음으로 살았고 믿음으로 걸었습니다. 이처럼 사도행전 7장에서 스데반이 사용하는 논지는, 초기 기독교 설교자들이 복음을 전할 때 사용한 핵심 논지였습니다.

어떤 사람은 이렇게 말할 것입니다. "다 좋습니다. 당신들이 신약성경에 관해 말하는 것을 우리도 다 인정합니다. 하지만 그 모든 이야기가 오늘날 나와 무슨 상관이 있습니까? 내가 살고 있는 시대는 20세기가 아닌가요?"

그러나 믿음에 관한 이 교훈은 모든 것의 축이 되는 돌쩌귀와 같습니다. 이 교훈은 여러 방식으로 결정적인 역할을 했습니다. 이것이 개신교 종교개혁을 일으켰습니다. 여러분은 종교개혁에 관심이 있습니까? 개신교 종교개혁이 역사의 물줄기를 어떤 방향으로 틀어놓았다고 생각합니까? 어떤 사람들은 과연 종교개혁에 구체적인 논지나 목적이 있었던 것인지 의심합니다. 사람들의 생각이 이런 방향으로 흘러가는 시대에 우리가 살고 있습니다. 그러므로 이 시대를 가리켜 죄악의 시대요 방탕한 시대라고 하는 것입니다. 만일 대영제국의 역사 가운데 위대한 시기들을 되짚어 보고자 한다면, 개신교 종교개혁이 일어난 시대와 그 영향으로 부흥과 각성이 일어난 시대로 돌아가지 않을 수 없습니다. 이 나라와 온 세계에 가장 절박한 것이 있다면, 그것은 개신교 종교개혁시대에 사람들의 마음을 뜨겁게 타오르도록 한 원칙을 다시 붙드는 것입니다.

개신교 종교개혁의 최대 쟁점이 무엇이었습니까? 다름 아닌 믿음의 문제였습니다. 개혁자들이 내세운 큰 원칙은 "오직 믿음으로 의롭다 함을 받는다"는 교훈이었습니다. "사람이 하나님 앞에서 어떻게 의롭다 함을 받을 수 있는가? 어떻게 하나님 앞에서 죄사함을 받을 수 있는가?" 이것이 종교개혁을 일으킨 쟁점이었습니다.

경건한 청년 마르틴 루터는 자기 영혼에 대해 고민하면서, 어떻게 해야 자기가 지은 죄들을 용서받을 수 있는지 알고 싶었습니다. 그의 아버지는 그를 법률가로 키우고 싶었습니다. 그래서 그는 법률 공부를 시작했으나, 양심의 가책에 시달려 한시도 마음 편할 날이 없었습니다. 마침내 세속에서는 평안을 얻을 길이 없다 판단하고, 그는 모든 것을 버리고 수사가 되었습니다. 하나님 앞에서 의롭게 되고 화목하게 되는 길을 찾기 위해 세상을 버린 것입니다. 그러고는 공부와 금식과 노동과 기도에 전념했습니다. 하지만 공부에 전념할수록 자신이 의로우신 하나님 앞에 철저히 저주와 버림을 받았다는 생각에 사로잡혔고, 갈수록 자기 비하와 무기력으로 움츠러들었습니다. 자포자기에 빠져 아무 일도 못하게 되었습니다. 그러나 그런 상태에서 모든 것이 갑자기 분명해졌습니다. "의인은 믿음으로 말미암아 살리라!" 하나님의 의는 사람이 노력해서 얻을 수 있는 것이 아니라, 예수 그리스도를 통해 오는 하나님의 선물임을 깨달았습니다. 순간, 큰 평안과 기쁨이 루터의 영혼에 깃들었습니다. 이것이 개신교 종교개혁의 시작이었습니다.

마르틴 루터가 로마서 4장 마지막 절에 대해 뭐라고 말했는지 여러분은 아십니까? 그 본문을 잠시 인용하겠습니다.

> 그에게 의로 여겨졌다 기록된 것은 아브라함만 위한 것이 아니요 의로 여기심을 받을 우리도 위함이니 곧 예수 우리 주를 죽은 자 가운데서 살리신 이를 믿는 자니라. 예수는 우리가 범죄한 것 때문에 내줌이 되고 또한 우리를 의롭다 하시기 위하여 살아나셨느니라롬 4:23-25.

루터는 "이 몇 구절에 기독교 전체가 함축되어 있다"고 말했습니다. 제가 아브라함에 관한 이야기를 이렇게 길게 다루는 것도 그 이유 때문입니다. 기독교 전체가, 아브라함이 부르심을 받고 메소보다미아를 떠나 하나님의 명령으로 하란으로 갔다는 이 진술에 함축되어 있는 것입니다.

바울 사도가 동시대 사람들에게 전한 말을 저도 여러분에게 전하고자 합니다. 이 모든 내용은 단지 아브라함에 관한 지식을 전하고자 기록된 것이 아닙니다. 제가 아브라함 이야기를 여러분에게 이토록 길게 환기시키는 이유는, 역사에 관심이 있기 때문도 아니고 고대를 중시하는 정신이 제 안에 흐르고 있기 때문도 아닙니다. 저 역시 여러분과 같은 시대에 살고 있으며, 저 역시 장차 죽어 하나님 앞에 서게 될 것입니다. 저는 이 세상에 사는 동안 단정하게 살고 싶습니다. 저는 기독교의 도리가 그렇게 살 수 있는 유일한 길임을 압니다.

우리 모두에게 가장 큰 질문이 무엇입니까? 그것은 "어떻게 하면 그리스도인이 될 수 있는가? 어떻게 하면 하나님 앞에 의롭고 바르게 설 수 있는가? 어떻게 하면 아무 두려움도 없이 기쁨과 감사를 품고 살다가 죽을 수 있는가? 사람이 어떻게 구원을 받을 수 있는가?" 하는 것입니다.

우리 각 사람에게 가장 절실하게 필요한 것은, 하나님의 은혜와 복을 받는 것입니다. 추모주일에 우리는 20세기에 발생한 세계대전들을 생각하고 있습니다. 그것은 "불의로 진리를 막는 사람들의 모든 경건하지 않음과 불의에 대하여" 내린 하나님 진노의 일부입니다.롬 1:18. 오늘날 세상에 가장 필요한 일은, 하나님의 진노에서 벗어나 하나님의 은혜와 복 아래로 들어가는 것입니다. 하지만 죄에 물든 우리의 성향을 어떻게 해야 합니까? 어떻게 해야 하나님을 알 수 있습니까? 어떻게 해야 이 복된 관계를 발견할 수 있습니까? 생각을 끝까지 밀고 나가다 보면 결국 남는 질문이 있습니다. "우리가 우리의 행한 일로 구원을 받는가, 아니면 하나님께서 행하신 일에 힘입어 구원을 받는가?" 하는 것입니다.

질문을 아주 간단하게 정리하면 이렇습니다. 무엇이 하나님 앞에서 사람을 의롭고 바르게 만듭니까? 선한 삶을 살면 그렇게 됩니까? 다른 사람들이 행하는 그릇된 일을 하지 않고 착한 일을 행하고 성경을 읽고 기도를 드리고 가난하고 약한 사람들을 돕는 일에 힘쓰면 그렇게 됩니까? 그렇게만 하면 하나님 앞에 의롭게 되고 죄사함을 받고 구원의 확신을 얻게 되는 것입니까? 도덕적 생활과 종교생활에 힘쓰고 기독교적 인격을 배양하면 하나님 앞에 의롭게 되는 것입니까? 그것이 길입니까?

더욱이 교회를 위해 열심히 활동하는 사람이 그리스도인이 되고, 죄사함과 구원을 얻게 되는 것입니까? 사제가 유아에게 물을 부을 때 그들이 죄사함과 새 생명을 얻게 되는 것입니까? 성례나 성례의 권세를 선언하는 사제의 행위로 구원을 얻게 되는 것입니까?

이 모든 것이 지금 우리가 긴요하게 다루는 문제에서 발생하는 시급한 질문들입니다. 바로 이 문제 때문에 스데반을 비롯한 초대교회 지도자들이 심문을 당했습니다. 그리고 그 대답은 아주 확고하게 서 있습니다. 그것은 우리가 오직 믿음으로 의롭다 함을 받는다는 것입니다. 우리의 행위나, 교회 활동도 우리를 의롭게 하지 못합니다. "아브라함이 하나님을 믿으매 그것이 그에게 의로 여겨진 바 되었느니라." 바로 이것이 스데반이 진술하고 있는 내용입니다.

그러나 우리가 과연 "오직 믿음으로 의롭다 함을 받는다"는 말씀, 곧 이신칭의以信稱義의 뜻을 분명히 바르게 알고 있습니까? 여러분의 영혼 전체와 구원, 여러분의 영원한 운명이 이 한 사실의 깨달음 여부에 달려 있습니다. 이것이 형식적 종교와 참되고 살아있는 기독교 신앙을 가르는 굵은 선입니다.

성경은 무엇이라고 가르칩니까? 스데반과 사도 바울의 예를 따르는 것보다 더 좋은 방법이 없을 것입니다. 바울은 로마서 4장에서 아브라함에 관해 위대한 논증을 하면서 "그러므로 그것이 그에게 의로 여겨졌느니라"22절 하는 말로 마칩니다. '여기셨다'는 단어에 해당하는 원어는 '그의 계좌에 이체했다'는 뜻입니다. 아브라함이 하나님을 믿은 사실이 가장 중요한 일이었고, 그것이 그를 의롭다 여기시도록 만들었습니다. 앞서 살펴본 대로, 바울은 이 사실이 우리를 위해서도 기록되었다고 강조합니다.

그렇다면 아브라함의 경우를 살펴보겠습니다. 아브라함은 "하나님의 벗"약 2:23이라 불릴 정도로 복을 받은 사람입니다. 그렇게 될 수 있었던 비결이 무엇입니까? 창세기로 돌아가 11장부터 시작되는 그의 기사를 읽어 보십시오. 이 위대한 인물 이야기를 차분히 읽어 보십시오. 이 세상에서 신자로 살면서 얼마나 또렷하고 위대한 발자취를 남겼습니까! 그는 거인과 같은 삶을 살았습니다. 위대한 신사였습니다. 소돔과 고모라가 판을 치고 있던 세상에서조차 왕처럼 당당하게 걸어갔습니다. 당시의 세상이 오늘날 우리의 세상과 너무나 흡사하다는 사실을 기억하십시오. 그렇다면 그가 이러한 삶을 살 수 있었던 비결이 무엇입니까? 어떻게 해서 하나님께 그러한 복을 받았습니까?

본문의 내용을 취합해 그 답을 찾아보았으면 합니다. 하나님께서 아브라함에게 떠나라고 하셨습니다. "네 고향과 친척을 떠나 내가 네게 보일 땅으로 가라!" 아브라함은 일어나 떠났습니다. 이것은 성경을 통틀어 가장 놀라운 행위의 하나입니다. "아브라함은 부르심을 받았을 때에 순종하여 장래의 유업으로 받을 땅에 나아갈새 갈 바를 알지 못하고 나아갔으며"히 11:8.

이 말씀이 무슨 뜻입니까? 첫째, 아브라함은 하나님을 믿었습니다. 이것이 첫걸음이었습니다. 하나님께서 아브라함에게 나타나셔서 말씀하셨고, 아브라함은 하나님을 믿었습니다. "영광의 하나님"께서 자신에게 말씀하시는 것을 믿었습니다. 먼저는 하나님 자신을 믿었습니다. 아브라함이 당시에 달 신을 숭배하는 이교도였다는 사실을 기억하십시오. 그러나 하나님께서 당신이 살아계시고 참되신 하나님임을 말씀하셨을 때, 아브라함은 그 말씀을 믿었습니다.

또한 하나님은 세상 상태와 아브라함 자신에 대해서도 말씀하셨습니다. 세상이 그 지경으로 전락한 원인이 인간의 반역과 죄 때문임을 알리셨습니다. 메소보다미아의 현실과 아브라함의 상태도 예외가 아니었습니다. 하나님께서 찾아 주시기 전까지는 아브라함 역시 그 사실을 알지 못했고 깨닫지 못했습니다. 다른 사람들도 마찬가지였습니다. 하나님께서 그에게 말씀해 주심으로 그가 알고 믿게 되었던 것입니다.

그런 후에 하나님은 아브라함에게 자신의 구원 목적과 계획을 알려 주셨습니다. 어떻게 아브라함이 이 위대한 구원 과정의 처음이 될 것인지 말씀해 주셨습니다. 하나님은 갈대아 우르에 살고 있던 아브라함을 불러내셔서, 그를 통해 새로운 민족을 일으킬 계획이었습니다. 궁극적으로 그 민족으로부터 구원자 곧 메시아이신 구주가 나시도록 할 작정이었습니다. 하나님은 아브라함에게 구주가 오실 날을 어렴풋이 알게 해주셨습니다. 그러므로 "너희 조상 아브라함은 나의 때 볼 것을 즐거워하다가 보고 기뻐하였느니라"요 8:56 하고 말씀하신 것입니다. 얼마나 놀라운 구원 계획입니까! 우주 전체를 구원하시려는 하나님의 계획이 주 예수 그리스도에 초점을 맞추고 있는 것입니다.

창세기 15장을 열어 보십시오. 하나님께서 아브라함을 밖으로 불러내신 후에 밤하늘의 별들을 헤아려 보라고 말씀하시면서 "네 자손이 이와 같으리라" 하셨습니다창 15:5. 그런데 놀랍게도 "아브람이 여호와를 믿으니" 하고 기록되어 있습니다창 15:6. 로마서에서 사도 바울은 이 일을 자세히 설명합니다. 사도가 이렇게 한 것은, 이 일이 우리에게도 매우 중요하기 때문이었습니다.

둘째, 아브라함은 하나님의 말씀과는 정반대의 현실과 상황에 처해 있으면서도 하나님을 믿었습니다. 사도는 이 점을 다음과 같이 강조합니다.

> 아브라함이 바랄 수 없는 중에 바라고 믿었으니 이는 네 후손이 이 같으리라 하신 말씀대로 많은 민족의 조상이 되게 하려 하심이라. 그가 백 세나 되어 자기 몸이 죽은 것 같고 사라의 태가 죽은 것 같음을 알고도 믿음이 약하여지지 아니하고 믿음이 없어 하나님의 약속을 의심하지 않고 믿음으로 견고하여져서 하나님께 영광을 돌리며 약속하신 그것을 또한 능히 이루실 줄을 확신하였으니 그러므로 그것이 그에게 의로 여겨졌느니라롬 4:18-22.

이 말씀의 의미를 이해하시겠습니까? 아브라함은 자신이 알고 있는 현실, 자신이 생각하고 있는 것, 자신이 이해하고 있는 것, 모든 상식과 인간적 지식이 정반대되는 상황에도 불구하고 하나님을 믿었습니다. 하나님께서 아브라함과 사라에게 큰 약속을 하실 그때에 이들 부부에게는 자식이 없었습니다. 그들의 씨가 땅의 티끌 같게 될 것이라고 말씀하시지만^{창 13:16}, 정작 그들에게는 자식이 한 명도 없었던 것입니다! 뿐만 아니라 하나님께서 이삭이 태어나리라고 약속하실 때 아브라함은 아흔아홉 살이었고 사라는 아흔 살이 넘었습니다. 이것이 그들의 현실이었습니다. 그러나 하나님께서 그 부부에게 말씀하셨습니다. "떠나라. 내가 너로 큰 민족을 이루게 할 것이며, 세상의 모든 민족이 너와 너의 씨, 특히 장차 올 한 씨를 통해 복을 받게 되리라. 그러니 떠나라! 나는 이 새로운 역사를 시작하기를 원한다."

아브라함은 그 말씀이 현실과 정반대임에도 불구하고 믿었습니다. 그가 왜 그 말씀을 믿었습니까? 세번째로, 이것이 우리가 생각해야 할 점입니다. 아브라함은 단지 하나님의 말씀을 믿었던 것입니다. 앞서 살펴본 대로, 그는 다른 것을 마음에 두지 않았습니다. 그 마음의 결심에 대해 성경은 이렇게 말합니다. "믿음이 없어 하나님의 약속을 의심하지 않고 믿음으로 견고하여져서 하나님께 영광을 돌리며"^{롬 4:20}.

이 말씀은 이런 뜻입니다. 아브라함은 하나님께서 행하시는 말씀 그대로 받았고, 그 말씀에 붙잡혔습니다. 하나님의 이 목적과 계획이 사실상 그에게 중심을 두고 있었습니다. 이 위대한 일이 비록 현실적으로는 도저히 불가능하게 보일지라도, 자신과 자신의 아내 사라를 통해 이루어질 것이었습니다. 아브라함은 일어나 가족을 데리고 떠났습니다. 왜 그랬습니까? 그것은 절대 순종하는 믿음이었습니다. 그저 하나님을 믿은 것입니다. 말씀하신 분이 하나님이시기 때문에 그렇게 행동한 것입니다. 그는 마음에 하나님 말씀 외에는 아무것도 두지 않았습니다.

그러나 주의해서 살펴보면, 아브라함의 마음에는 그를 붙들어 준 한 가지 판단이 있었던 것을 알 수 있습니다. "믿음이 약하여지지 아니하고……약속하신 그것을 또한 능히 이루실 줄을 확신하였으니." 이 점을 분명히 알아야 합니다. 아브라함은 어리석은 사람이 아니었습니다. 감상적인 사람이 아니었고, 즉흥적 판단에 따라 움직이는 사람이 아니었습니다. 사람들은 그리스도인들이 그런 부류의 사람들인 줄 생각합니다. 우리가 지적 수준이 낮은 사람들이요, 감상주의에 휘둘려 툭하면 눈물을 흘리는 사람들인 줄 압니다. 그것은 사실과 거리가 멉니다. 아브라함은 자기 나이와 사라의 나이를 의식했습니다. 아내의 태가 죽은 사람과 다를 바 없음을 알았습니다. 그러나 지레 포기하지 않고 논리적으로 하나씩 따져 생각했습니다. 하나님은 영광의 하나님이시므로 친히 하시는 일을 잘 아시고, 친히 하시는 말씀을 잘 아신다고 판단했습니다. 지금 현실을 다 이해할 수 없지만, 이 말씀을 하신 분이 하나님이심을 먼저 생각했습니다. 하나님은 "빛이 있으라" 하시매 빛이 있게 하신 분입니다. 만물을 창조하신 분입니다. 만물을 다스리시는 분입니다. 하나님께는 불가능한 일이 하나도 없습니다.

아브라함은 하나님께서 말씀하시는 내용을 다 이해할 수 없었고, 그것이 이성에 위배되는 것만 같았습니다. 그러나 그는 한 가지 사실을 알았습니다. 말씀하신 분이 하나님이시며 그 하나님은 크고 깊으신 분이다, 비록 지금은 모든 것이 다 이해되지 않으나 하나님을 믿으며 하나님께서 하라고 말씀하시는 일을 기꺼이 행하리라 결심한 것입니다.

아브라함은 하나님께 영광을 돌렸습니다. 말씀하신 분이 하나님이시기 때문에 그 말씀을 믿었습니다. 이것이 믿음의 단계입니다. 이러한 태도가 사람을 그리스도인으로 만듭니다.

따라서 이제 다음 단계에 이르게 됩니다. 아브라함은 하나님의 명령대로 갈대아 우르를 떠난 것입니다. 하나님의 명령에 순종하여 가산을 정리하고 고향과 친척을 떠나, 하나님께서 자신을 위해 예비해 두고 가라고 하신 땅으로 갔습니다. 이것이 믿음의 본질적인 부분이며, 저는 이것을 매우 신중히 강조하고 싶습니다. 여러분 가운데 성경과 신학에 조금이라도 관심이 있는 분들은, 바울과 야고보 사이의 유명한 논쟁이라 불리는 것을 알 것입니다. 야고보는 아브라함의 사례를 놓고 그것이 사람이 행함으로 의롭다 함을 얻는 증거라고 말합니다.

우리 조상 아브라함이 그 아들 이삭을 제단에 바칠 때에 행함으로 의롭다 하심을 받은 것이 아니냐. 네가 보거니와 믿음이 그의 행함과 함께 일하고 행함으로 믿음이 온전하게 되었느니라. 이에 성경에 이른바 아브라함이 하나님을 믿으니 이것을 의로 여기셨다는 말씀이 이루어졌고 그는 하나님의 벗이라 칭함을 받았나니 이로 보건대 사람이 행함으로 의롭다 하심을 받고 믿음으로만은 아니니라 약 2:21-24.

그러나 두 사도 사이에는 어긋나는 것이 전혀 없습니다. 무슨 근거로 이렇게 말할 수 있습니까? 여러분은 두 사도의 견해를 어떻게 조화시키는지요? 아주 간단합니다. 야고보는 만일 이러이러한 내용을 믿기만 하면 예전처럼 계속 살더라도 괜찮다고 스스로 타협하는 사람들을 향해 말했습니다. 이론적 신앙이라고 할 수 있는 것을 다룬 것입니다.

우리는 저마다 아주 똑똑하고 영악한 존재들입니다. 그렇지 않습니까? 모두가 천국에 가고 싶어합니다. 지옥에 가고 싶어하는 사람은 아무도 없습니다. 그러면서 동시에 이 세상을 즐기고 싶은 마음을 쉽게 버리지 못합니다. 둘 다 가지려고 합니다. '나는 지금까지 살아온 대로 살아가겠지만, 하나님을 믿고 복음 메시지를 믿는다고 기꺼이 말할 준비가 되어 있다'고 은연중에 생각을 굳힙니다.

믿는다고 말하면, 그것이 신앙이라고 생각합니다. 하지만 그것은 믿음이 아닙니다. 이론적인 신앙, 지적인 신앙을 가질 수 있을지 몰라도 그것은 아무런 가치가 없습니다. "행함이 없는 믿음은 죽은 것이니라" 약 2:26. 달리 말해 보겠습니다. 믿음의 본질적인 부분은 믿는 바를 실천하는 것이고, 스스로 믿는다고 말한 것에 자신을 던지는 것이고, 그것이 자신의 인생 전체를 이끌고 가게 하는 것입니다. 야고보는 만일 그렇게 하지 않는다면, 여러분의 믿음이 아무런 가치가 없다고 말하는 것일 뿐입니다.

바울도 정확히 동일한 교훈을 합니다. 그는 행위를 가장 중시하는 유대인들을 다루고 있었습니다. 그들의 모든 행위를 다 합해도 그들을 구원하지 못한다고 그는 말해야 했습니다. 그러나 실제로는 믿음의 실재를 입증하는 것은 행위입니다. 아브라함은 행위로써 자신이 참된 신앙을 가지고 있음을 입증했습니다. 가산을 정리하여 메소보다미아를 떠났습니다. 단순히 "좋습니다, 나는 이것을 믿습니다" 하고 말한 다음 메소보다미아에 그냥 주저앉아 있지 않았습니다. 결코 그렇지 않았습니다. 그는 메소보다미아를 떠난 것입니다. 떠날 때 갈 바를 알지 못한 채 길을 나섰습니다. 그가 가진 전부는 하나님께서 자신을 위해 예비하신 나라, 곧 땅에 관한 약속이었습니다. 하나님의 말씀만 의지한 채 조상 대대로 살아온 뿌리를 뽑고 장막을 걷고서 길을 나섰습니다. 갈 바를 알지 못하였으나, 하나님의 말씀 하나만 굳게 간직한 채 길을 나섰습니다.

이것이 가장 중요합니다. 우리 주께서 바리새인들에게 이 점을 분명히 깨우쳐 주시려고 비유로 말씀하셨습니다. 그것은 두 아들을 둔 아버지 비유였습니다. 그 내용은 이러합니다.

> 그러나 너희 생각에는 어떠하냐. 어떤 사람에게 두 아들이 있는데 맏아들에게 가서 이르되 얘, 오늘 포도원에 가서 일하라 하니 대답하여 이르되 아버지, 가겠나이다 하더니 가지 아니하고 둘째 아들에게 가서 또 그와 같이 말하니 대답하여 이르되 싫소이다 하였다가 그후에 뉘우치고 갔으니 그 둘 중의 누가 아버지의 뜻대로 하였느냐 이르되 둘째 아들이니이다. 예수께서 그들에게 이르시되 내가 진실로 너희에게 이르노니 세리들과 창녀들이 너희보다 먼저 하나님의 나라에 들어가리라. 요한이 의의 도로 너희에게 왔거늘 너희는 그를 믿지 아니하였으되 세리와 창녀는 믿었으며 너희는 이것을 보고도 끝내 뉘우쳐 믿지 아니하였도다 마 21:28-32.

이 비유는 믿음이 무엇인지를 말해 줍니다. 첫째 아들은 "아버지, 가겠나이다" 해놓고 가지 않았습니다. 둘째 아들은 "싫소이다" 해놓고는 후에 뉘우치고 갔습니다. 만일 참되게 뉘우치지 않았다면 가지 않았을 것입니다. 첫째 아들의 경우처럼 "기꺼이 가겠습니다. 나는 그렇게 믿습니다" 하고 말해 놓고는 일어나 가지 않는다면 믿는다는 말이 아무 소용이 없게 됩니다. 둘째 아들이 차라리 낫습니다.

아브라함은 갔습니다. 말씀을 믿었고, 진리를 받아들였습니다. 그는 더 이상 자신과 자신의 행위와 이해를 의지하지 않았습니다. 하나님의 명령과 말씀만 온전히 의지하고 자신을 드렸습니다. 아브라함이 믿으니 이것이 저에게 의로 여겨진 바 되었습니다.

당시 아브라함의 경우가 그러했다고 바울은 말합니다. 그렇다면 우리는 어떠합니까? 우리의 경우도 조금도 다르지 않습니다. "그에게 의로 여겨졌다 기록된 것은 아브라함만 위한 것이 아니요 의로 여기심을 받을 우리도 위함이니 곧 예수 우리 주를 죽은 자 가운데서 살리신 이를 믿는 자니라"롬 4:23-24.

여러분은 아브라함 이야기의 핵심을 파악했습니까? 여러분과 제가 어떻게 구원을 받을 수 있습니까? 여러분은 구원받았습니까? 만일 받았다면 그 길은 한 가지밖에 없었습니다. 아브라함이 구원받은 방식으로 역사 대대로 모든 사람이 구원을 받아 온 것입니다. "우리를 구원하시되 우리가 행한 바 의로운 행위로 말미암지 아니하고"딛 3:5. 우리가 구원을 받을 수 있는 길은 오직 믿음뿐입니다.

이것은 아브라함이 행한 것을 나도 행해야 한다는 뜻입니다. 나도 하나님을 믿어야 합니다. 나도 하나님의 말씀을 믿어야 합니다. 다른 것은 몰라도 이것만은 분명합니다. 사람이 어떻게 그리스도인이 됩니까? 복음 메시지, 곧 나 자신에 관한 정확하고 분명한 사실을 말해 주는 복음 메시지를 믿음으로 그리스도인이 되는 것입니다. 그것은 사도 바울이 로마서 처음 3장까지 전한 메시지로, 제게 이렇게 말합니다. "의인은 없나니 하나도 없으며"롬 3:10. "모든 사람이 죄를 범하였으매 하나님의 영광에 이르지 못하더니"롬 3:23. "우리가 알거니와 무릇 율법이 말하는 바는 율법 아래에 있는 자들에게 말하는 것이니 이는 모든 입을 막고 온 세상으로 하나님의 심판 아래에 있게 하려 함이라"롬 3:19.

이것이 하나님께서 여러분에게 하시는 말씀입니다. 여러분은 이 말씀을 믿습니까? 하나님께서 우리 각 사람에게 말씀하시기를, 우리가 본성과 행위로 모두 죄인이며 하나님의 정죄와 진노 아래 놓여 있다고 하십니다. 심판 날에 우리가 하나님 앞에 서게 될 것이며, 하나님을 피할 길이 없다고 말씀하십니다. 세상 사람들은 죽으면 그것으로 끝이고 더 이상 생명이 없다고 말하지만, 하나님은 죽음이 끝이 아니라 그후에 영원한 생명이 있다고 말씀하십니다. 여기 우리에게 복음으로 전해지는 하나님 말씀과, 이 시대 우리 귀에 폭격하듯 퍼붓는 인간들의 말 사이에 충돌이 있습니다.

하나님의 말씀은 거기서 한 걸음 더 나아갑니다. 인간은 스스로 구원할 힘이 없다고 말합니다. 이것이 인간의 마음을 거스릅니다! 마음을 성가시게 합니다. 그렇지 않습니까? 우리의 마음에서 본능적으로 이런 말이 튀어나옵니다. "물론 내가 완전한 성인이 아닌 것을 인정합니다. 내가 잘못을 범했음을 인정하며, 내 안에 악한 것이 존재한다고 생각합니다. 하지만 우리는 스스로 결심하고 노력해서 자신의 잘못을 바로잡을 수 있다고 믿고 싶습니다." 그러나 하나님의 말씀은 우리가 그렇게 할 수 없다고 가르칩니다. 우리가 철저히 무력하고 소망이 없다고 가르칩니다.

여러분은 이렇게 말합니다. "하지만 마음을 다잡고 노력하면……."

좋습니다. 사도 바울의 말을 귀담아들어 보십시오. 그는 그리스도를 믿기 전에 선량한 사람이었습니다. 도덕적인 사람이었고, 명철한 사람이었고, 바리새인 중의 바리새인이었습니다. 전통이 인간에게 전달해 줄 수 있는 최선의 것을 다 물려받은 유대인이었습니다. 그는 자신이 하나님을 기쁘시게 하며 살았다고 자부했습니다. 자기 의에 그만큼 충일했던 것입니다! 그의 의를 살펴보십시오. 얼마나 큰 인생의 업적입니까! 그러나 그는 그리스도를 믿은 후에 이렇게 말합니다.

그러나 무엇이든지 내게 유익하던 것을 내가 그리스도를 위하여 다 해로 여길뿐더러 또한 모든 것을 해로 여김은 내 주 그리스도 예수를 아는 지식이 가장 고상하기 때문이라. 내가 그를 위하여 모든 것을 잃어버리고 배설물로 여김은 그리스도를 얻고 그 안에서 발견되려 함이니 내가 가진 의는 율법에서 난 것이 아니요 오직 그리스도를 믿음으로 말미암은 것이니 곧 믿음으로 하나님께로부터 난 의라빌 3:7-9.

이것이 스스로의 노력으로 하나님 앞에서 의롭다 함을 받을 수 있다고 생각하는 사람에게 주는 대답입니다. 여러분은 남은 생애 동안 굳게 결심하고 노력하면 의를 얻을 수 있다고 생각합니다. 그렇지요? 혹은 수사나 은둔자가 되어야겠다고 생각할 수도 있습니다. 어떤 사람은 마르틴 루터처럼 온종일 하나님 앞에 의롭다 함을 얻기 위해 노력해 봅니다. 그러나 노력하면 할수록 하나님에게서 더 멀어져 갈 뿐 아니라, 하나님의 의 앞에서 점점 오그라들고 자신의 의가 '더러운 옷'같이 드러납니다. 정력과 시간을 낭비하지 마십시오. 낭비하다가는 오히려 처음 믿을 때보다 하나님의 의에서 더 멀어지게 됩니다. 하나님의 말씀은 메소보다미아의 아브라함에게 교훈한 것처럼 오늘날 우리에게도 동일하게 교훈합니다.

참으로 감사한 것은, 하나님의 말씀은 하나님께서 그 아들이신 우리 구주 예수 그리스도 안에서 우리를 위해 예비하신 것이 있다고 가르칩니다. 우리가 스스로 구원할 길이 없었으나, 하나님께서 우리를 위해 구원의 길을 마련하시고 그것을 우리에게 값없이 선물로 주신다고 가르칩니다. 베들레헴의 구유에 뉘이셨던 아기가 하나님의 아들이었다고 가르칩니다. 그분은 동정녀 마리아의 태에서 탄생하신 '거룩한 분'이셨습니다. 하나님의 아들이 의지할 데 없는 아기로 오신 것입니다! 이것이 하나님께서 말씀하시는 내용이며, 이것이 복음의 메시지입니다.

하나님의 말씀은, 하나님 아들의 한 위격 안에 두 본성이 있다고 말합니다. 그분은 온전하고 충만하신 하나님이신 동시에 온전하고 충만하신 사람입니다. 두 본성이 한 위격에 거하는 것입니다! 하나님의 말씀은 계속해서 우리에게 말합니다. "그분을 보라, 그분이 행하신 일을 보라, 그분이 일으키신 기적들을 보라!" 그분은 바다 위를 걸으셨고 폭풍과 풍랑을 잠잠하게 하셨습니다. 그분은 죽은 자를 살려 내셨습니다.

또한 여러분은 그분이 십자가에 달려 죽으시는 모습을 보게 됩니다. 그분은 그 죽음을 당하시기 위해 세상에 오셨습니다. 죽으시기 위해 태어나신 것입니다. "예수께서 승천하실 기약이 차가매 예루살렘을 향하여 올라가기로 굳게 결심하시고"눅 9:51. 그분을 그 죽음에 내주신 분은 하나님이셨습니다. 하나님께서 그분을 세상에 보내신 목적은, 죽임을 당하시도록 하기 위함이었습니다.

하나님의 아들이 십자가에 달려 죽으셨고, 사람들이 그의 시신을 끌어내어 무덤에 장사지냈습니다. 돌을 굴려 무덤 문을 막고 봉한 다음, 병사들을 배치하여 지키게 했습니다. 그러나 그분은 죽은 자 가운데서 살아나셨습니다. 무덤이 비었고, 돌이 옮겨졌고–사람들이 아닌 천사들에 의해–사흘날 아침에 육신으로 무덤 밖에 나타나셨습니다. 택하신 증인들에게 사십 일 동안 자신을 나타내셨으며, 그후 많은 사람들이 보는 가운데 하늘로 올라가셨습니다.

하나님의 말씀은 "여호와께서는 우리 모두의 죄악을 그에게 담당시키셨도다" 하고 말합니다사 53:6. 하나님의 아들이 죽으신 이유가 바로 이것이었습니다. 하나님께서 나의 죄를 가져다가 당신의 아들에게 담당시키셨습니다. 그런 다음 아들 안에서 그 죄를 징벌하셨습니다. "하나님이 죄를 알지도 못하신 이를 우리를 대신하여 죄로 삼으신 것은 우리로 하여금 그 안에서 하나님의 의가 되게 하려 하심이라"고후 5:21. 하나님의 아들의 육신이 상하였고 피가 흘렀습니다. 왜 그랬습니까? 내 죄에 대한 형벌을 대신 받으셨기 때문이었습니다.

그런 다음 하나님께서 또 다른 영광스러운 일을 행하십니다. 그리스도의 의를 나에게 전가시키시는 것입니다. 나는 용서받을 뿐 아니라 하나님의 아들 예수 그리스도의 의를 입습니다. 어찌 그런 일이 있을 수 있을까 의구심이 들기도 합니다. 철학과 과학을 통해 배워 온 바와 정면으로 반대됩니다. 내가 터득해 온 인간적 윤리관과 맞지 않습니다. 그럼에도 하나님께서 그렇게 말씀하시고, 그렇게 선언하십니다. 우리에게 그것을 믿으라고 당부하십니다. 아브라함은 믿을 수 없는 가운데서 믿었으며, 저도 제 상식과 정서와 판단과 맞지 않으나 다만 하나님께서 그렇게 말씀하셨다는 이유 때문에 믿습니다. 그것은 하나님의 말씀입니다!

하나님의 말씀은 이 모든 것을 믿고서 "오라"고 하십니다. 하나님의 아들께서 "수고하고 무거운 짐진 자들아, 다 내게로 오라"고 하십니다마 11:28. 십자가에서 우리를 향해 "오라"고 하십니다. "땅의 모든 끝이여, 내게로 돌이켜 구원을 받으라" 하고 말씀하십니다사 45:22.

만일 여러분이 주님의 '온유하고 따뜻한 음성'을 들었다면, 성령에 힘입어 주님을 어렴풋이 느꼈다면, 잠시도 지체하지 않고 주님 음성을 듣고 모든 것을 주님께 맡길 것입니다. 아브라함처럼 즉시 버리고 일어나 주의 영광스러운 말씀을 의지하고 나설 것입니다. 여러분의 구원은 하나님이 값없이 주시는 선물입니다. "너희는 그 은혜에 의하여 믿음으로 말미암아 구원을 받았으니 이것은 너희에게서 난 것이 아니요 하나님의 선물이라"엡 2:8.

사랑하는 여러분, 아브라함과 같은 태도로 하나님의 부르심에 응답해 본 적이 있습니까? 여러분 자신과, 여러분이 쌓은 지식과 판단과 학문과, 20세기에 속했다는 사실과, 윤리성과 선량함과 인간에 대한 사랑과 정치적·이상주의적 식견을 의지하기를 그쳤습니까? 그것이 하나님의 부르심을 받고 하나님 앞에 나아가는 데 모두 분뇨요, 쓰레기요, 찌꺼기라고 판단했습니까?

주님은 여러분이 자신을 서슴없이 부인하고, 주님과 주께서 값없이 주시는 영광스러운 구원을 온전히 의지하기를 원하십니다. 아브라함은 그렇게 했습니다. 그것이 그에게 "의로 여겨진 바" 되었습니다. 여러분도 예수를 죽은 자 가운데서 살리신 분을 믿으면 그렇게 의로 여겨진 바 될 것입니다. "예수는 우리가 범죄한 것 때문에 내줌이 되고 또한 우리를 의롭다 하시기 위하여 살아나셨느니라"롬 4:25.

08

믿음으로 사는 삶

아브라함이 갈대아 사람의 땅을 떠나 하란에 거하다가 그의 아버지가 죽으매 하나님이 그를 거기서 너희 지금 사는 이 땅으로 옮기셨느니라. 그러나 여기서 발붙일 만한 땅도 유업으로 주지 아니하시고 다만 이 땅을 아직 자식도 없는 그와 그의 후손에게 소유로 주신다고 약속하셨으며 하나님이 또 이같이 말씀하시되 그 후손이 다른 땅에서 나그네가 되리니 그 땅 사람들이 종으로 삼아 사백 년 동안을 괴롭게 하리라 하시고 또 이르시되 종 삼는 나라를 내가 심판하리니 그후에 그들이 나와서 이곳에서 나를 섬기리라 하시고 할례의 언약을 아브라함에게 주셨더니 그가 이삭을 낳아 여드레 만에 할례를 행하고 이삭이 야곱을, 야곱이 우리 열두 조상을 낳으니라.

사도행전 7:4-8

아브라함이 자기 고향과 친척을 떠난 것은, 하나님의 말씀과 하나님께서 자신에게 지시하신 것을 믿었기 때문이었음을 지난 시간에 살펴보았습니다. 또한 로마서 4장에서, 사도 바울이 오직 믿음으로 의롭다 함을 얻는다는 진리를 가르치기 위해 아브라함의 예를 인용한 것도 살펴보았습니다. 하지만 그것이 복음 메시지의 끝이 아닙니다. 그것이 아브라함 이야기의 끝이 아닙니다. 아브라함이 하나님의 말씀에 순종하여 메소보다미아를 떠난 것은 다만 시작일 뿐이었습니다. 본문에서 스네반은, 그 후에 일어난 일들을 아주 개략적으로 진술합니다.

물론 아브라함 이야기의 시작 부분이 대단히 중요합니다. 시작이 분명치 않으면 지향점도 분명치 않은 법입니다. 많은 사람들이 시작 단계부터 잘못된 길로 들어섭니다. 선량하게 살고 교회에 빠지지 않으면 그리스도인이 될 수 있다고 생각합니다. 그러나 스스로의 노력으로 그리스도인이 될 수 없습니다. 그리스도인이 되는 길은 오직 한 가지뿐입니다. 그것은 자신이 소망 없는 절망적인 존재라는 사실을 깨닫는 것과, 나의 죄에 대한 형벌을 담당하시려 십자가에 달려 죽으신 하나님의 아들 나사렛 예수를 믿는 것뿐입니다.

거듭 말씀드리지만, 그것은 시작일 뿐입니다. 기독교는 거기서 끝나지 않습니다. 시작과 마찬가지로 중요한 것이 있습니다. 하나님의 아들이 십자가에서 죽으신 목적을 깨달아야 하고, 그리스도께서 우리에게 가능하도록 만들어 주신 삶이 어떠한 것인지, 그 새로운 삶의 본질과 성격을 이해해야 합니다. 그 점을 오늘 여러분과 함께 상고하고자 합니다.

창세기 11장부터 25장까지 진술된 아브라함의 생애를 살펴봅시다. 아브라함은 "하나님의 벗"약 2:23이라 할 만큼 위대한 인물로 서 있습니다. 그는 복된 사람이자, 모든 면에서 큰 인물이었습니다. 숱한 시련과 시험에 부딪쳤으나, 모든 것을 이겼습니다. 인생을 지배하고 정복한 인물입니다. 아브라함의 생애를 읽으면 "과연 이름에 걸맞은 사람이다. 인생은 마땅히 그렇게 살아야 한다"는 느낌이 절로 듭니다. 그러나 아브라함의 생애는 장차 올 것의 그림자였습니다. 그 실체는 신약성경에서 선명하고 충만하게 나타납니다. 성경에 기록된 모든 개인들의 역사로 인해 하나님께 감사해야 합니다. 개인의 인격과 생애에 그리스도인의 삶의 본질이 환하게 나타납니다. 개인의 생애를 주의해서 살피는 것이 그리스도인의 삶을 이해하는 좋은 방법입니다. 스데반은 유대 민족의 조상 이야기로 곧장 거슬러 올라간 것입니다.

그러므로 아브라함의 생애를 살펴보십시오. 그리스도인의 삶에 관해 가르치는 것이 복음의 필수적인 부분입니다. 어떤 사람들은 복음이 죄사함에 관한 가르침일 뿐이라고 생각하는 듯합니다. 그렇지 않습니다. 그리스도께서 왜 십자가에 달려 죽으셨습니까? 사도 바울은 디도에게 쓴 편지에서 이렇게 말합니다. "그가 우리를 대신하여 자신을 주심은 모든 불법에서 우리를 속량하시고 우리를 깨끗하게 하사 선한 일을 열심히 하는 자기 백성이 되게 하려 하심이라"딛 2:14. 그것이 그리스도께서 죽으신 이유입니다. 그것이 하나님의 은혜가 모든 사람에게 나타난 이유입니다. 하나님의 아들이 왜 이 세상에 오셨습니까? 왜 베들레헴에서 아기로 태어나셨습니까? 요한은 자신의 첫번째 편지에서 이렇게 대답합니다. "하나님의 아들이 나타나신 것은 마귀의 일을 멸하려 하심이라"요일 3:8. 그러한 일들을 모두 멸하려고 세상에 오셨습니다. 우리는 "죄에 대하여는 죽은 자요 그리스도 예수 안에서 하나님께 대하여는 살아있는 자"입니다롬 6:11.

주 예수 그리스도께서 "내게로 오라"고 말씀하시는 것으로 그치지 않고 이어 "나를 따라오라"고 말씀하셨습니다. 이 둘을 분리해서는 안됩니다. 이 둘은 하나로 연결되어 있습니다. 둘 다 절대로 없어서는 안됩니다. 우리는 어떤 것으로부터 구원을 받았으나, 감사하게도 그것이 전부가 아니라, 또한 어떤 것을 위하여 구원을 받았습니다. 그러나 불행하게도 이 둘을 나누어 생각하는 오류에 빠진 사람들이 있습니다. 우리가 지옥에서 건짐을 받고, 우리의 죄가 사함받은 사실만 강조하는 사람들이 있습니다. 그것이 반드시 필요하지만, 책을 읽거나 교향곡을 감상할 때라도 서론에서 멈추는 일은 없습니다. 본론으로 들어가는 것이 당연합니다.

어떤 사람들은 시작도 하지 않고서 그 삶을 살 수 있다고 생각하는 듯합니다. 그들은 십자가에는 관심이 없고, 예수를 따르고 본받는 일에만 관심이 있습니다. 그러나 유일한 문으로 들어가기 전에는, 예수를 따를 수도 본받을 수도 없습니다. 앞서 살펴본 대로, 영생으로 들어가는 문은 하나뿐입니다. "이 닦아 둔 것 외에 능히 다른 터를 닦아 둘 자가 없으니 이 터는 곧 예수 그리스도라"고전 3:11. 그 문 안에 들어와 있다면 예수를 따를 수 있습니다.

두 가지 모두가 필수적입니다. 스데반이 개관하는 아브라함의 역사에 그것이 뚜렷하게 나타납니다. 그것이 창세기 17:1의 위대한 문장에 용해되어 있습니다. 하나님께서 어느 날 아브라함에게 나타나셔서 "너는 내 앞에서 행하여 완전하라"고 말씀하십니다. 여기서 "행하여"라는 말씀은 하나님의 임재 안에 거하듯이 하나님 앞에서 항상 살라는 뜻이고, "완전하라"는 말씀은 흠잡을 것이 없게 하여 마음을 하나로 모아 철저하라는 뜻입니다.

그것이 하나님께서 아브라함이 행하기를 원하신 것입니다. 하나님은 아무 목적도 없이 아브라함을 갈대아 민족의 땅 우르에서 불러내신 것이 아닙니다. 아브라함을 거기서 불러내셔서 새로운 삶, 원대한 삶, 위대한 삶, 영광스러운 삶을 살기를 바라셨습니다. 앞서 말씀드린 대로, 구약의 이 위대한 신사, "하나님의 벗"이라는 이름을 얻은 아브라함은 과연 그러한 삶을 살았습니다.

아브라함의 생애에 나타난 특징들은, 이 영광스러운 복음으로 부르심을 받은 우리 그리스도인의 삶에도 없어서는 안 될 요건들입니다. 첫번째 특징은, 그의 생애가 하나님 중심적이고 하나님의 다스림을 받는 삶이었다는 것입니다. 아브라함은 하나님께서 자신을 찾아오셔서 말씀하신 후에 중대한 사실을 발견했습니다. 그것은 자신이 짊어지고 살아온 모든 문제들이, 결국 자신의 생각대로 자기중심적인 생활을 해왔기 때문에 생긴 것들이라는 사실이었습니다. 물론 그 문제들은 조상들로부터 물려받은 해묵은 것이기도 했습니다. 우리는 문제를 만날 때 그것이 우리만 당하는 것인 줄 생각하기 쉽지만, 사실은 그렇지 않습니다. 우리가 행하거나 당하는 어떠한 일도 우리가 처음은 아닙니다. 우리는 조상들이 범했던 죄를 반복하면서, 친척과 민족의 편견을 받아들입니다. 그러므로 하나님께서 아브라함에게 그의 고향과 친척을 떠나라고 명하셨습니다.

우리는 너나 할 것 없이 습관과 관습과 유행의 종들입니다. 스스로는 독창적이고 독자적으로 산다고 자부하지만, 사실은 그렇지 못합니다. 하나님께서 우리를 만나 주실 때, 그동안 많은 문제를 안고 살아온 원인이 거기에 있음을 발견합니다. 하나님 앞에 설 때는, 우리가 무엇을 소유하고 있는지 앞으로 무엇을 가질 수 있는지가 중요치 않습니다. 성경의 일관된 교훈은, 우리를 지으신 하나님 없이는 우리가 행복을 찾을 수 없다는 것입니다. 인류역사가 흘러오는 동안 사람들이 스스로 행복을 찾으려 애썼으나 뜻을 이루지 못했습니다. 세상은 예나 지금이나 행복에서 멀리 떨어져 있을 뿐입니다.

아브라함은 하나님께서 자신을 찾아오셨을 때 이제는 하나님께 중심을 두고 하나님의 인도를 받으며 살아야 한다는 것을 알았고, 그것은 인간이 역사상 발견한 가장 위대한 발견이었습니다. 그것이 그리스도인의 본질적 생활 태도입니다. 믿지 않은 사람들은 예외 없이 세상 중심적이거나 자기중심적입니다. 세상 중심적이든 자기중심적이든 뿌리는 한가지입니다. 그러나 그리스도인은 눈을 들어 하늘을 바라봅니다. 땅만 바라보지 않고 하늘을 우러러봅니다. 하나님이 찾아 주셨으므로 하늘을 바라보며, 하늘에서 눈을 떼지 않습니다. 거기서 진리와 실재를 보며, 자신이 원하는 모든 것을 봅니다. 그러므로 그리스도인은 하나님 중심적이고 하나님의 인도를 받고 사는 사람이 됩니다.

한 사람이 그리스도인이 될 때, 과거에 품고 살아온 생각이 모두 잘못되었음을 발견합니다. 성경을 읽기 시작하고, 하나님의 계시를 발견하고, 그것을 받아들입니다. 세상에 함몰되어 살던 시절에는 신문이 그들의 생각을 끌고 갔습니다. 특집기사, 주말 확장판, 굉장한 듯합니다. 그런데 실제로 그렇습니까? 신문에 실린 기사들이 여러분에게 해주는 말이 무엇입니까? 과거에 자신에 대해 알지 못하던 것을 신문을 통해 알게 된 것이 과연 무엇입니까? 인생에 대해, 세상에 대해 신문을 통해 무엇을 알았습니까? 아무것도 없습니다. 신문은 문제를 아주 탁월하게 분석하고, 더러는 그 분석이 대단히 치밀합니다. 부인할 수 없는 사실입니다. 하지만 그것이 여러분에게 도움을 줍니까? 기사를 쓴 사람들도 스스로를 돕지 못합니다. 모두 눈이 멀어 앞을 보지 못합니다. 온 세상이, 심지어 위대하다고 하는 천재들까지도 이 세상의 임금인 마귀에 의해 눈이 멀었습니다. 20세기 위인들로 꼽히는 사람들의 전기와 자서전을 읽어 보십시오. 그들도 한결같이 다른 사람과 마찬가지로 앞 못 보는 사람들입니다. 개나 짐승처럼 "무덤을 반길 만한 아무런 소망도 없이" 죽어갔음을 발견하게 될 것입니다.

하나님께서 이 복된 말씀으로 만나 주실 때 사람들이 가장 먼저 발견하는 것은 완전히 새롭게 바뀐 인생관입니다. 자신들의 생각이 송두리째 잘못되었음을 발견하고는 새롭게 생각하기 시작합니다. 이제 자신과 현대세계로부터 시작하는 대신, 하나님과 더불어 시작합니다. 그다음부터는 오늘이라는 날이 매우 평범해집니다. 우리가 자부하는 것들, 우리가 이룩한 진보, 우리가 쌓은 과학지식이 모두 다 보통일이 됩니다. 수십 세기를 거슬러 올라가 메소보다미아로 돌아갑니다. 아는 것이 아무것도 없습니다. 삶과 죽음에 관련된 치명적인 문제들에 대해 수십 세기 전 메소보다미아 사람들보다 더 잘 안다고 할 것이 없습니다. 오늘날에는 비행기가 있지만 그때는 없지 않았느냐고 말해 봐야 소용이 없습니다. 오히려 묻고 싶습니다. 여러분은 생명에 관해 무엇을 알고 있습니까? 여러분 자신에 관해 무엇을 알고 있습니까? 인생을 사는 법에 관해 무엇을 알고 있습니까? 이런 것들은 대단히 근본적인 질문들입니다. 그런데도 세상은 이런 질문들에 무지합니다.

그러나 그리스도인들은 이러한 무지를 알고, 자신들의 생각과 이해를 하나님께서 성경에 기록해 두기를 기뻐하신 계시에 복종시킵니다. 성경에 기록된 계시는 하나님에 관한 계시요, 인간과 인생과 그 목적에 관한, 우리 모두를 찾아올 필연적 사건인 죽음에 관한 계시입니다. 죽음 저편에는 무엇이 있습니까? 무엇이 있는지 세상 사람들은 아무도 모릅니다. 사람들은 강신술과 신접神接 따위는 알지만 죽음 저편에 무엇이 있는지는 모릅니다. 그것을 우리에게 알려 주실 분은 오직 한분밖에 없습니다. 그가 그곳에서 오신 분입니다. 영원에서 시간 안으로 들어오셨다가 다시 영원으로 돌아가신 하나님의 아들입니다. 하나님의 아들은 하나님의 얼굴을 보신 분이므로, 우리에게 말씀하실 수 있고 우리에게 일러 주실 수 있습니다. 오직 그분만이 죽음 저편에 관해 아십니다.

그러므로 그리스도인들은 스스로를 의지해서는 안된다는 것을 깨닫고 오직 하나님이 주시는 이 교훈에 복종하되, 정신만 아니라 마음과 소원으로도 복종합니다.

> 나는 나의 안심과 평안을 신뢰하지 않고
> 예수의 이름만 의지합니다.
> ─에드워드 모우트 Edward Mote

소원과 욕구는 상황에 따라 변할 수 있습니다. 대부분 사람들은 근심을 안고 살아갑니다. 그러나 하나님을 만나면 "주님 보시기에 기쁜 일 외에 아무 바랄 게 없습니다" 하고 고백하게 됩니다.

> 주님, 주님을 떠나서는
> 즐거움도 고통도 없게 하소서.

오직 하나님께 마음과 뜻을 바칩니다.

주님 뜻 행하는 일만 내 마음에 가득하게 하옵소서.

하나님을 만난 후에는 아브라함에게 문제되는 것이 아무것도 없었습니다. 다만 하나님의 인도를 받아 살아가는 것, 하나님께 기쁨을 드리는 것, 하나님께서 하라고 명하신 일만 하는 것이 그의 마음에 가득했습니다. 그것이 첫번째입니다.

그 뒤를 이어 필연적으로 아브라함에게 따랐던 것은, 세상과 작별하고 죄를 버리는 일이었습니다. 제 말을 오해하지 마시기 바랍니다. 제 말은 아브라함이 하나님을 만난 후로 수사나 그와 비슷한 사람이 되었다는 뜻이 아닙니다. 저는 그런 것을 신뢰하지 않습니다. 그것은 기독교를 크게 오해한 것입니다. 여러분은 세상에 거할 수 있으나 세상에 속하지 않습니다. "메소보다미아를 떠나라. 거기서 나오라!" 이것이 하나님께서 예수 그리스도 안에서 우리를 부르는 부르심입니다.

할례는 구별의 상징입니다. 하나님께서 새로운 민족을 만들고 계십니다. 사람들을 세상에서 불러내 당신의 나라 안으로 들어오게 하십니다. 그 나라는 하나님이 친히 세우시는 하나님의 나라로, 그 나라 백성은 세상 사람들과 달라야 합니다. 우리는 세상 사람들이 모두 똑같다는 것을 알지만 – 과거에 우리도 그 안에 속해 살았으므로 – 이제는 세상에서 불러내심으로 말미암아 씻음과 새롭게 되었습니다. 신약성경은 육체에 행하는 할례가 아닌 마음에 행하는 할례를 말합니다. 마음에 할례를 받는다는 것은, 하나님께서 우리를 세상과 구별해 놓으셨음을 즉시 깨닫는다는 뜻입니다. "그가 우리를 대신하여 자신을 주심은 모든 불법에서 우리를 속량하시고 우리를 깨끗하게 하사 선한 일을 열심히 하는 자기 백성이 되게 하려 하심이라"딛 2:14.

이 말씀은 어려운 내용이 아닙니다. 논쟁 대상도 아닙니다. 그리스도인이라면 이 말씀이 본능적으로 수긍이 되어야 합니다. 과연 그러한지 확인하고 싶다면, 아브라함이 조카 롯과 어떻게 대조되는 길을 걸었는지 읽어 보시기 바랍니다. 아브라함과 롯은 한 지역에 도착한 후에 높은 지대에 올라가서 아래에 펼쳐진 비옥한 평야를 내려다

보았습니다. 그들은 양을 치는 사람들이었으므로, 저 아래 평야지대에 거처를 정하면 돈을 많이 벌 수 있다는 것을 즉시 알았습니다. 그러나 평야지대에는 성읍들이 있었고, 그 가운데는 오늘날 벌어지는 악행이 대낮에 자행되는 소돔과 고모라가 있었습니다. 요즘 발행되는 통속적인 잡지들을 한번 펼쳐 보십시오. 소돔과 고모라가 따로 없습니다. 런던, 뉴욕, 파리, 소돔, 고모라. 아무 차이가 없습니다. 모두가 똑같은 일을 행하고 있습니다.

롯은 소돔과 고모라가 있는데도 불구하고 평야지대에 정착하는 쪽을 택했습니다. 그는 가족과 함께 소돔에서 살았고, 소돔과 고모라가 멸망할 때 가산을 하나도 챙기지 못한 채 몸만 빠져나왔습니다. 두 천사가 식구들을 강제로 잡아끌다시피 하여 성밖으로 데려 나간 덕분에 멸망을 면했습니다. 롯의 아내는 타락한 소돔성에 미련이 남아 돌아보다가 멸망당했습니다.

그러나 아브라함은 산지에 머물렀습니다. 하나님의 사람이었던 그는, 평야지대로 내려가면 하나님께서 기뻐하지 않으신다는 것을 알았습니다. 평야지대의 도시생활에 발을 담그지 않은 이유는, 하나님을 만난 다음부터 그 두 가지 생활방식이 혼합될 수 없음을 알았기 때문입니다. 사도 바울은 이 점을 힘주어 가르칩니다. 만일 사도의 교훈이 와닿지 않는다면, 여러분이 그리스도인이 아니라고 밖에 말할 수 없습니다. "너희는 믿지 않는 자와 멍에를 함께 메지 말라"고 사도는 말합니다. 이제 사도가 던지는 질문을 들어 보십시오.

의와 불법이 어찌 함께하며 빛과 어둠이 어찌 사귀며 그리스도와 벨리알이 어찌 조화되며 믿는 자와 믿지 않는 자가 어찌 상관하며 하나님의 성전과 우상이 어찌 일치가 되리요^{고후 6:14-16}.

물론 대답은 그런 일이 있을 수 없다는 것입니다. 둘은 영원히 상극입니다. 그리스도인이라면 이 사실을 본능적으로 알게 되는 까닭에, 이런 것들로부터 자신을 구별해야 함을 압니다.

그렇다고 우리가 자칭 의로운 바리새인처럼 되어 "나는 너보다 더 거룩하다. 나는 다른 누구보다 낫다"고 말한다는 뜻은 아닙니다. 그런 일이란 절대 있어서는 안됩니다! 그리스도인도 시험을 받을 수 있습니다. 시험을 받아 거의 넘어지기 일보 직전까지 갈 수도 있고, 심지어 넘어질 수도 있습니다. 그러나 그리스도인은 그런 처지에서 자신의 잘못을 깨닫습니다. 만일 여러분이 아브라함처럼 살고 싶다면, 복된 인생을 살고 싶다면, 사도 요한의 교훈에 귀 기울이십시오.

이 세상이나 세상에 있는 것들을 사랑하지 말라. 누구든지 세상을 사랑하면 아버지의 사랑이 그 안에 있지 아니하니 이는 세상에 있는 모든 것이 육신의 정욕과 안목의 정욕과 이생의 자랑이니 다 아버지께로부터 온 것이 아니요 세상으로부터 온 것이라. 이 세상도, 그 정욕도 지나가되 오직 하나님의 뜻을 행하는 자는 영원히 거하느니라.요일 2:15-17.

그래서 할례가 필요했던 것입니다. 신자는 세상과 구별되어야 합니다. 아브라함은 그것을 알았습니다. '어떻게 해야 하나님과 동행하는 삶을 살며, 옛 생활과 반대되는 생활을 할 수 있을까?' 하는 생각을 품고 살았습니다.

사도 요한은 이렇게 설명합니다. "그를 아노라 하고 그의 계명을 지키지 아니하는 자는 거짓말하는 자요 진리가 그 속에 있지 아니하되"요일 2:4. 아브라함이 깨달은 것이 이것입니다. 세상과 구별되는 것이 언제나 거룩한 생활의 특징입니다. 그리스도인들은 세상의 것들이 자신의 영혼을 위험에 빠뜨린다는 것을 압니다. 그리스도인들은 자기 의를 내세우는 바리새인과 같지 않습니다. 오히려 정반대입니다. 자신들의 연약함을 잘 압니다. 그럴지라도 사도 베드로의 말을 가슴에 담고 삽니다. "사랑하는 자들아, 거류민과 나그네 같은 너희를 권하노니 영혼을 거슬러 싸우는 육체의 정욕을 제어하라. 너희가 이방인 중에서 행실을 선하게 가져 너희를 악행한다고 비방하는 자들로 하여금 너희 선한 일을 보고 오시는 날에 하나님께 영광을 돌리게 하려 함이라"벧전 2:11-12. 행여 그리스도인이라고 자부하면서 이 말씀을 모르고 살지는 않습니까? "영혼을 거슬러 싸우는" 이런 것들이 우리와 하나님 사이에 끼어들어 자리를 잡게 되면, 우리는 믿음을 잃게 되고 복을 잃게 되고 자책과 후회 속에서 비참과 괴로움의 쓴맛을 보게 됩니다. 그런 것들을 내버리라고 성경은 당부합니다. 오래전에 하나님께서 아브라함에게 "네 고향과 친척을 떠나"라고 하신 것과 같습니다.

그러나 그것은 부정적이고 소극적인 면입니다. 어떤 사람들은 기독교가 부정적인 면만 이야기해서 싫다고 말합니다. 기독교가 항상 '이것도 하지 말라. 저것도 해서는 안된다'고 다그치면서, 사는 낙을 앗아간다고 말합니다. 얼마나 심한 거짓말입니까! 기독교를 얼마나 우습게 만드는 말입니까! 기독교가 여러분에게 죄악되고 무익한 생활을 그치고 거기서 나오라고 당부하는 것은 사실입니다. 그러나 긍정적이고 적극적인 면에서, 주는 것이 아주 크다는 사실을 유념해야 합니다. 기독교는 여러분을 불러내어 적극적인 생활을 하게 하는 것입니다. 하나님의 아들이 여러분에게 "나를 따르라"고 말씀하십니다.

이미 수십 세기 전에 하나님은 아브라함을 그렇게 부르셨습니다. 그의 생애를 살펴보십시오. 그가 하나님의 부르심을 받고 어떠한 삶을 누리기 시작했습니까? 하나님의 벗이 된다는 것은 참으로 놀랍고 엄청난 일입니다. 전능하신 하나님께 무엇을 아뢰면 하나님께서 몸을 낮추셔서 귀 기울여 들으시고 대답하십니다. 비밀한 계획을 알려 주시고, 용기를 북돋아 주시고, 복을 충만하게 부어 주십니다. 온 우주를 살펴도 이와 견줄 만한 복이 없습니다. 그리스도인이 되어 살게 되는 것은 새로운 삶이요 정결한 삶이요 충만한 삶입니다.

그리스도인의 삶과 견줄 만한 삶이 없다고 자주 말씀드렸습니다. 지적 흥미와 지적 자극을 원하십니까? 오십시오. 와서 성경을 정독해 보십시오. 성경의 교훈을 잘 간직하고 그것을 깨달으려고 노력해 보십시오. 사도 바울이 쓴 힘차고 역동적인 서신들을 공부해 보십시오. 참으로 감사하게도, 거의 사십 년간 목회를 해온 제 경험에 비추어 볼 때, 성경은 읽을수록 더욱 감격스럽고 더욱 놀랍고 더욱 전율하게 만든다고 확신 있게 말씀드릴 수 있습니다. 저는 주일마다 큰 기대를 가지고 하나님의 말씀을 기다립니다. 하나님의 말씀은 아무리 읽고 배워도 바닥이 드러나거나 식상하는 법이 없습니다. 항상 우리 앞에 신선하고 새로운 모습으로 펼쳐져 있습니다.

하나님의 말씀은 읽으면 읽을수록, 하나님의 깊은 마음을 깨닫게 해줍니다. 인생을 깨달을 뿐 아니라, 누구에게도 예속되지 않고 당당하게 독립해서 살아갈 수 있는 힘을 줍니다. 하나님을 만나기 전에 돈의 노예로 살던 때만큼 비참한 상태란 생각할 수 없습니다. 하나님 없이 사는 사람에게는, 돈이 없으면 먹을 것과 마실 것을 살 수 없고 쾌락도 살 수 없습니다. 그런 것을 사지 못하면 인생이 그렇게 비참해질 수 없고, 어디에 마음을 두고 살아야 할지 불안하고 막막하기 짝이 없습니다. 지금도 세상은 그런 비참한 죄 가운데 빠져 있습니다!

그러나 이제 우리에게는 생명이 있습니다. 동전 한 닢 없어도 문제가 되지 않습니다. 사도 바울을 보십시오. 그는 옥중에서 쓴 서신에서 자신에 대해 이렇게 말합니다. "어떠한 형편에든지 나는 자족하기를 배웠노니 나는 비천에 처할 줄도 알고 풍부에 처할 줄도 알아 모든 일 곧 배부름과 배고픔과 풍부와 궁핍에도 처할 줄 아는 일체의 비결을 배웠노라. 내게 능력 주시는 자 안에서 내가 모든 것을 할 수 있느니라"빌 4:11-13. 세상과 그 안에 있는 모든 것에서 초연히 해방됩니다. 돈과 그것이 가져다주는 모든 것에서 독립합니다. 이제는 천지만물을 지으신 창조주 하나님을 알고 하나님의 생명에 참여하여 삽니다. 하나님께서 이러한 상태로 우리를 새롭게 지으셨습니다.

첫번째 계명은 이것입니다. "네 마음을 다하고 목숨을 다하고 뜻을 다하고 힘을 다하여 주 너의 하나님을 사랑하라"막 12:30. 하나님은 이처럼 여러분이 가진 모든 것을 받으신 후에 훨씬 더 풍성하게 돌려주심으로, 하나님 안에서 영원히 즐거워하며 살도록 하실 것입니다. "사람의 제일 되는 목적은 하나님을 영화롭게 하고 하나님으로 말미암아 영원토록 즐거워하는 것입니다"(웨스트민스터 소요리문답 제1문의 답). 산상수훈을 읽어 보십시오! 얼마나 복되고 훌륭한 삶이 제시되어 있습니까! 그것이 신자가 걸어야 할 길입니다. 그것은 우리가 이 세상에서 본성으로 알고 있는 모든 것과 완전히 대조됩니다. 적극적으로 하나님을 따르며 삶의 단계마다 한 걸음씩 인도해 주시기를 바라고 살 때, 하나님께서 보여주시는 영광을 현실에서 깨달아 나가는 것입니다.

여기서 다시 눈을 돌려 아브라함을 바라보면, 또 다른 면이 보일 것입니다. 아브라함은 메소보다미아 사회에서 나온 후부터 하나님 중심적인 삶을 살기 시작했습니다. 믿는 자로서 적극적인 삶을 누려 갔을 뿐 아니라, 행여 갈 길이 보이지 않아 막막할 때에도 하나님을 굳게 신뢰하고 나간 것입니다. 이 놀라운 그의 태도가 창세기에 자세히 기록되어 있습니다.

아브라함이 갈대아 사람의 땅을 떠나 하란에 거하다가 그의 아버지가 죽으매 하나님이 그를 거기서 너희 지금 사는 이 땅으로 옮기셨느니라.

그후에 어떻게 되었습니까?

그러나 여기서 발붙일 만한 땅도 유업으로 주지 아니하시고 다만 이 땅을 아직 자식도 없는 그와 그의 후손에게 소유로 주신다고 약속하셨으며 행 7:4-5.

아브라함은 하나님이 주신 약속으로 만족했습니다. 하나님의 말씀대로 평생 뿌리를 내리고 살아온 세계에서 모든 것을 버리고 나왔습니다. 한동안 그에게는 남은 것이 아무것도 없었습니다. 현대인들 가운데는, 이런 이유 때문에 그리스도인이 되기를 주저하는 사람이 많습니다. 그들은 이렇게 말합니다. "내가 기독교를 믿을 경우 내게 돌아올 게 무엇인가? 아무것도 없지 않은가! 당신들은 언약을 갖고 있다고 말하지만, 말뿐인 언약 외에 실제로 가진 게 아무것도 없지 않은가!"

그러나 아브라함의 생애를 지탱해 준 능력의 비밀은, 바로 하나님의 언약이었습니다. 그것이 아브라함을 아브라함답게 만들어 주었던 것입니다. 그는 "믿음으로" 살고 행동했습니다. 하나님의 말씀을 신뢰했습니다. 갈 길이 보이지 않는 캄캄한 현실 앞에서도, 칠흑 같은 어둠 속에서도, 기꺼이 하나님의 인도하심을 따르려는 순종의 태도를 취했습니다. 자기 안에 하나님의 말씀이 있는 한, 아무것도 염려하지 않았습니다. 그리스도인의 삶이란 이런 것입니다. 이해하기가 아주 간단하고 쉽습니다. 그리스도인이라고 하는 사람들이, 가끔은 눈앞의 결과에 연연해 사람들에게 이렇게 말합니다. "주 예수 그리스도를 믿으십시오. 그러면 다시는 어려운 문제를 만나지 않습니다. 더 이상 문제에 시달리지 않고 만사형통할 것입니다. 앞으로는 내내 행복하게만 살게 될 것입니다."

하지만 그것은 아브라함에게도 사실이 아니었고, 우리에게도 사실이 아닙니다. 아브라함은 시련의 때와 앞이 보이지 않는 막막한 시기를 참으로 많이 겪었습니다. 창세기 15장에는 아브라함과 관련해 뜻밖의 기사가 실려 있습니다. 아브라함도 사람이었습니다. 따라서 아브라함과 같은 성경의 위인들을 영웅시해서는 안됩니다. 그들도 "우리와 성정이 같은" 사람이었습니다.^{약 5:17} 그들도 우리와 같은 문제와 시련에 부딪쳤습니다. 이 말씀을 들어 보십시오. "이후에 여호와의 말씀이 환상 중에 아브람에게 임하여 이르시되 아브람아, 두려워하지 말라. 나는 네 방패요 너의 지극히 큰 상급이니라"^{창 15:1}.

세상의 관점에서 볼 때 아브라함은 불쌍한 사람이었습니다! 입장을 바꿔 놓고 생각할 때 그에게 동정이 가지 않습니까? 그를 이해할 수 있지 않습니까? 그는 모든 것을 버렸고, 하나님께서는 그에게 땅을 주고 큰 민족을 이루게 하시겠다고 약속하셨습니다. 그러나 아직 그에게는 땅 한 뼘도 없었습니다. 그래도 아브라함은 여전히 하나님의 말씀을 믿었습니다. 얼마 후에 사방에서 대적들이 일어났습니다.

이렇게 가다가는 꼭 죽게 될 것만 같았고, 자신이 거느린 사람들과 재산을 몽땅 빼앗길 것만 같았습니다. 결국 아브라함도 사람인지라 두려움에 사로잡혔습니다.

그러한 그에게 "두려워하지 말라"고 하나님께서 말씀하십니다.

그리스도인의 삶은 믿음의 싸움입니다. 결코 쉬운 삶이 아닙니다. "우리가 믿음으로 행하고 보는 것으로 행하지 아니함이로라" 하고 사도는 말합니다.고후 5:7. 모든 것이 훌륭하고 완벽할뿐더러, 절대로 어려움을 만나지 않는다고 말하는 것은 기독교가 아니라 사교입니다. 그것은 거짓말입니다. 기독교는 그런 거짓말을 하지 않습니다. 기독교는 "세상에서는 너희가 환난을 당"한다고 말합니다.요 16:33.

그리스도인이 되면 반드시 박해하는 사람들이 생기게 되어 있습니다. 박해와 오해와 시련을 당하게 되고, 심지어 실패도 겪게 됩니다. 아브라함도 실패를 맛보았습니다. 그의 믿음이 그를 저버린 적도 있습니다. 죄를 짓기도 했습니다. 인간적인 꾀와 세상의 지혜에 기댄 적도 있습니다. 그러나 자신의 잘못을 깨달은 후에는, 언제나 자백하고 다시 일어나서 순종하는 삶을 살았습니다.

이것이 그리스도인의 삶입니다. 그렇게 되지 않을 수가 없습니다. 오늘날 같은 세상에서 그리스도인의 길은 결코 평탄할 수가 없습니다. 우리 주께서 친히 이렇게 말씀하셨습니다. "아무든지 나를 따라오려거든 자기를 부인하고 날마다 제 십자가를 지고 나를 따를 것이니라."눅 9:23.

십자가를 진다는 것이 무슨 뜻입니까? 많은 사람들은 질병과 사고를 당하고 사랑하는 이와 사별하는 것을 십자가로 생각합니다. 그런 것이 아닙니다. 십자가를 진다는 것은, 특정한 사람들과 멀어지고 그들의 애정을 잃게 된다는 뜻입니다. 그리스도인이라는 이유만으로 그들이 여러분과 절교할 것입니다. 여러분을 자기들 사회에서 몰아낼 것입니다. 쫓아내고 무시하고 조소할 것입니다. 매정하게 해를 입힐 것입니다.

그런 일을 당할 때, 개의치 말라고 그리스도께서 말씀하십니다.

여러분이 혼자가 아니라는 것입니다. 그리스도께서 함께해 주시겠다는 것입니다.

세상이 그리스도를 어떻게 대했는지 여러분은 잘 압니다. 세상을 구원하러 오신 그리스도께서, 어떠한 고난을 당하고 어떠한 모욕을 감내해야 했습니까? 이 점에서도 종은 주인보다 크지 못한 법입니다. 우리 또한 세상으로부터 같은 대접을 받을 각오를 해야 합니다. 아브라함도 늘 마음의 준비를 하고 살았습니다. 모든 일이 하나님의 약속과 반대되는 방향으로 전개되는 듯한 상황에서도, 아브라함은 하나님을 믿었습니다. 이것이야말로 보이는 것으로 행하지 않고 믿음으로 행하는 것입니다.^{고후 5:7 참조} 아브라함이 눈앞에 벌어지는 현실에 굴하지 않고 꿋꿋이 살아갔던 것처럼, 우리도 그러한 삶을 살아야 합니다.

설교를 마치기 전에, 아브라함이 간직한 궁극적인 비밀을 말씀드리고자 합니다. 아브라함의 마음 깊은 곳에 이러한 비밀이 있었기에, 그는 앞길을 가로막는 모든 장애와 환난을 당당하고도 능히 극복하고 갈 수 있었습니다. 그의 비밀이란 무엇입니까? 현실에 매몰되지 않고 시선을 현실 저 너머에 두는 것이었습니다. "이는 그가 하나님이 계획하시고 지으실 터가 있는 성을 바랐음이라"^{히 11:10}. 저는 이것이야말로, 우리가 진정한 그리스도인인지를 확인하려 할 때 자신에게 적용해야 할 궁극적인 시험이라고 거듭거듭 생각합니다. 여러분은 이 세상을 위해 살고 있습니까, 아니면 장차 올 세상을 위해 살고 있습니까? 장차 올 세상을 위해 사는 이것이야말로, 경건한 그리스도인이 취하는 가장 기본적인 삶의 태도입니다. 그리스도인이 된 사람은 이 세상에서는 결코 궁극적인 만족을 얻지 못하지만, 장차 올 세상에서 그것을 얻게 된다는 것을 분명히 깨닫습니다. 이것이 중요한 기점입니다. 사도 베드로는 이렇게 썼습니다. "사랑하는 자들아, 거류민과 나그네 같은 너희를 권하노니"^{벧전 2:11}.

하지만 세상은 이런 생각을 혐오합니다. 세상은 죽음에 관해 생각하거나 말하는 것을 좋아하지 않습니다. 죽음은 굳이 말하지 않아도 찾아오게 되어 있다고 생각합니다. 그러므로 세상 사람들은 무슨 일이 닥쳤는지 생각할 겨를도 없이 죽음을 맞이합니다. 아무런 준비 없이 죽는다는 것은 두렵고 참담한 일입니다. 저는 여러분 가운데 그렇게 비참하고 불쌍한 처지를 당하는 사람이 없을 줄로 확신합니다. 여러분은 언젠가는 반드시 죽게 되어 있습니다. 아무도 예외가 없습니다. 여러분은 준비가 되어 있습니까? 그리스도인들은 그러한 지식의 빛 가운데서 오늘을 살아갑니다. "우리가 여기에는 영구한 도성이 없으므로 장차 올 것을 찾나니" 하고 말할 수 있어야 합니다.히 13:14. 온 세상이 죄의 궤도를 맴돌면서 자기를 자랑하고 애써 낙천적으로 살려고 하지만, 결국에는 냉소와 비관과 절망 속으로 떨어진다는 것을 그리스도인들은 잘 압니다. 그러므로 이렇게 말합니다. "세상은 하나님을 대적하고 하나님은 세상을 대적하신다. 나는 반드시 세상에서 나와야 한다. 나 자신을 세상과 구별해야 한다. 하나님을 위해 살아야 한다. 장차 올 영광을 위해 살아야 한다."

아브라함이 내린 것은 엄숙한 결단이었습니다. 그리스도인이 되고자 하는 사람이면 누구나 그러한 결단을 해야 합니다. 진정으로 하나님을 알고 싶다면, 하나님의 인도를 받아 살고 싶다면, 하나님의 복을 맛보아 알고 싶다면, 하나님과 동행하는 감동적이고 스릴 넘치는 삶을 살고 싶다면, 이 세상에 박아 놓은 이런저런 뿌리들을 뽑아내고 장차 올 영광에 눈을 돌려야 합니다.

우리 주께서 이렇게 말씀하셨습니다. "사람이 만일 온 천하를 얻고도 제 목숨을 잃으면 무엇이 유익하리요. 사람이 무엇을 주고 제 목숨과 바꾸겠느냐"마 16:26. 여러분도 이 땅에서의 생을 마감하는 날이 있습니다. 세상을 떠날 때는 땅에서 쌓아 놓은 것을 하나도 가져가지 못합니다. 영혼 하나만 가져갈 뿐입니다. 그리스도인은 "그것이야말로 진정으로 중요한 것이다" 하고 말합니다. 장차 올 영원한 도성, 곧 하나님의 도성만 바라보며 인내하며 살아갑니다.

여기, 예수 그리스도의 복음 안에서 우리 각 사람을 부르시는 위대한 부르심이 있습니다. 우리 죄를 위해 친히 죽으시고 우리의 의롭다 함을 위해 다시 살아나신 그리스도께서, 우리를 향해 "내게로 오라"고 외치십니다. 그러나 동시에 "나를 따르라!"고 말씀하십니다. 여러분은 그리스도를 따를 준비가 되어 있습니까?

"왜 그리스도를 따라가야 합니까?" 하고 어떤 이는 묻습니다.

세 가지 이유가 있습니다. 간단히 말씀드리면 이렇습니다. 첫째, 주께서 여러분에게 나오라고 말씀하시는 이 세상이 얼마나 큰 오류와 악에 빠져 있는지, 얼마나 소망 없고 쓸모없는 것인지 생각하십시오.

둘째, 여러분이 그리스도와 함께 나눌 생명이 얼마나 의롭고 영광스러운지를 생각하십시오.

그러나 무엇보다도 그리스도를 생각하십시오! 이 복되고 영광스러우신 하나님의 아들을 따르는 그리스도인이 된다는 것이 얼마나 큰 특권입니까!

09

요셉과 그의 형제들

할례의 언약을 아브라함에게 주셨더니 그가 이삭을 낳아 여드레 만에 할례를 행하고 이삭이 야곱을, 야곱이 우리 열두 조상을 낳으니라. 여러 조상이 요셉을 시기하여 애굽에 팔았더니 하나님이 그와 함께 계셔 그 모든 환난에서 건져 내사 애굽 왕 바로 앞에서 은총과 지혜를 주시매 바로가 그를 애굽과 자기 온 집의 통치자로 세웠느니라. 그때에 애굽과 가나안 온 땅에 흉년이 들어 큰 환난이 있을새 우리 조상들이 양식이 없는지라. 야곱이 애굽에 곡식 있다는 말을 듣고 먼저 우리 조상들을 보내고 또 재차 보내매 요셉이 자기 형제들에게 알려지게 되고 또 요셉의 친족이 바로에게 드러나게 되니라. 요셉이 사람을 보내어 그의 아버지 야곱과 온 친족 일흔다섯 사람을 청하였더니 야곱이 애굽으로 내려가 자기와 우리 조상들이 거기서 죽고.

사도행전 7:8-15

이제 우리는, 최초의 순교자 스데반이 예루살렘 대법정 산헤드린 앞에서 전한 위대한 설교 가운데 새로운 부분으로 넘어가게 되었습니다. 지난 시간까지는 스데반이 아브라함 이야기를 함으로써, 유대인 지도자들에게 아브라함이 복음-스데반이 전하고 그들이 배척하던 복음-을 믿은 사실을 확실하게 상기시키려 했음을 살펴보았습니다.

부연해서 설명하면, 스데반이 요약해 전한 아브라함의 이야기에서 우리는, 기독교 복음의 온전한 요지를 확인했습니다. 이제 오늘부터는 그의 설교의 두번째 큰 부분으로 넘어와 상고하게 되었습니다. 두번째 부분은 요셉 이야기입니다. 본문에 잘 나타난 대로 스데반은 먼저 족보를 소개합니다. "할례의 언약을 아브라함에게 주셨더니 그가 이삭을 낳아 여드레 만에 할례를 행하고 이삭이 야곱을, 야곱이 우리 열두 조상을 낳으니라." 야곱은 열두 아들을 낳았는데 그중 하나가 요셉이었습니다. 요셉 이야기가 창세기 37장부터 소개됩니다.

그렇다면 스데반은 왜 요셉 이야기를 꺼냈을까요? 이것이 관심을 불러일으키는 질문입니다. 지금 스데반은 목숨이 걸린 재판을 받고 있는 중입니다. 목숨이 걸린 재판이었으므로 진술 하나하나에 신중을 기했을 것입니다. 긴장감이 감도는 상황에서 역사의 중요한 사건을 끄집어내어 설명해 나갔습니다. 그런데 제게는 스데반이 설명에 포함시킨 내용뿐 아니라 누락시킨 내용도 큰 관심사가 됩니다. 스데반은 지금 구약의 역사 가운데 위대한 부분을 다루고 있습니다. 그는 이 역사를 잘 알았고, 산헤드린 공회원들 역시 잘 알고 있음을 그는 알았습니다. 그런데 그 가운데 특정 부분을 의도적으로 생략한 것입니다. 이삭의 생애를 다루지 않았고, 야곱의 생애도 요셉 이야기와 겹치는 부분을 제외하고는 다루지 않았습니다. 그렇다면 스데반은 무슨 이유로 이삭과 야곱을 생략한 채 요셉을 지목하여 다루었을까요? 무슨 목적으로 그렇게 했을까요?

대답하기에 그다지 어려운 질문이 아닙니다. 스데반이 긴 설교를 통해 하고 싶었던 이야기는 단 한 가지입니다. 즉, 산헤드린이 주 예수 그리스도를 배척한 행위를 책망하려는 것이었습니다. 이 목적에 그의 관심이 온통 집중되어 있었습니다. 그들은 그리스도를 배척했습니다. 군중을 선동해 "없이하소서. 그를 십자가에 못박게 하소서" 하고 외치도록 했습니다. 그러한 그들이, 이번에는 그리스도의 제자와 전도자들을 처벌하고 있었습니다. 상황에서 산헤드린이 주 예수 그리스도께 행한 일은, 곧 그들의 조상 대대로 하나님과 하나님의 일에 대해 행해 온 일의 연속임을 스데반은 입증해 보이려고 한 것입니다.

산헤드린이 결국 그들의 조상과 다를 바 없음을 입증하고 있었던 것입니다. 오랜 역사를 지나오는 동안, 그들은 항상 하나님의 뜻을 오해하여 하나님이 행하시는 일을 육체적이고 세상적이고 인간적인 방법으로 바라볼 뿐이었습니다. 스데반은 영적 실재에 캄캄했던 사실을 백일하에 들춰내고 있었던 것입니다. 그들의 굴절된 역사를 크게 되짚어 보면서, 유대 민족이 당해 온 온갖 시련과 고통의 원인이 하나님께서 그들에게 보이시고 행하신 일을 배척한 데 있었음을 입증해 보이고 있었습니다. 이런 방식으로 산헤드린 구성원들을 호되게 책망한 것입니다. 그들은 조상들과 똑같은 일을 자기의 시대에 행하고 있었습니다. 하지만 그들의 죄가 조상들의 죄와 비교할 수 없이 컸던 이유는, 하나님의 아들을 배척했기 때문입니다. 스데반은 이 부분을 지적하려는 의도로 요셉 이야기를 꺼낸 것입니다.

어떤 사람은 이렇게 말합니다. "좋습니다. 참 흥미로운 이야기로군요. 이같이 과거의 역사를 끄집어내어 살펴보는 것보다 더 요긴한 일이 없다면 이런 이야기라도 어쩔 수 없이 들어야겠지요. 하지만 내가 오늘 밤 예배에 참석한 이유는, 세상살이에 지친 마음을 조금이나마 위로받고 싶었기 때문입니다. 지나간 역사 이야기보다 차라리 험한 인생을 헤쳐 나갈 수 있도록 도움과 빛과 교훈이 되는 설교를 듣고 싶습니다. 이렇게 수십 세기 전에 살았던 사람 이야기를 듣고 있자니 시간을 낭비하는 것 같습니다."

속단하지 말고 잠시만 기다려 주십시오. 이 지나간 역사 이야기가, 여러분과 저와 오늘날 온 세상과 얼마나 깊은 관계가 있는지 분명하게 보여드리겠습니다. 오늘 설교의 목적은 스데반이 산헤드린을 향해 품었던 목적과 다르지 않습니다. 인생을 이끌어 가는 원리들은 절대로 변하지 않습니다. 시대와 상황은 수시로 변해도 원리들은 그대로 남는 법입니다. 인간의 심리는 예나 지금이나 다르지 않습니다. 저는 요셉의 형들이 요셉을 팔아넘기게 된 바로 그 요인들이 오늘날 사람들의 마음에 어떻게 도사리고 있는지, 그 산헤드린이 하나님의 아들과 그분이 주신 놀라운 구원을 어떻게 배척했는지 입증해 드리고 싶습니다.

내나今 현대인늘이 수 예수 그리스도를 배척한다는 것은 엄연한 사실입니다. 통계자료를 보면, 우리 나라 인구의 10퍼센트만 그리스도인이라고 밝힐 뿐 나머지 90퍼센트는 기독교에 전혀 관심이 없을 뿐더러, 그리스도를 현실과 전혀 무관한 인물로 여기고 있습니다. 어쩌다가 이렇게 되었습니까? 어쩌다가 성탄절로 이어지는 대림절이 대다수 사람들에게 무의미하거나 동화 수준의 향수를 불러일으키는 절기로 전락한 것입니까?[1] 어쩌다가 우리 주 예수 그리스도의 복음이 이토록 배척당하게 되었습니까?

찬송가 작가 가운데 한 분은 이렇게 썼습니다.

오, 하나님의 사랑이여,
인생길 숱한 위험 앞에 방패와 기둥이 되시니,
영원한 사랑, 당신 품에 안기어
영원토록 안전과 복락을 누립니다.
 — 호라티우스 보나르 Horatius Bonar

---

[1] 이 설교는 1966년 12월 4일에 전해졌다.

영원한 안전과 복락, 이것이 기독교 복음이 세상에 내미는 것입니다. 인간을 비참하고 가련한 처지에서 건져 내어, 그 이름에 합당한 생명을 주는 것이 기독교 복음입니다. 그런데 이러한 복음을 세상은 왜 배척할까요?

궁극적인 대답은, 인간이 본성적으로 그러한 상태에 있기 때문입니다. 그러한 상태란 무엇입니까? 그 대답이 오늘 말씀에 기록된 요셉의 형들 이야기, 요셉에 대한 그들의 이야기에 담겨 있습니다. 요셉은 형들에게 배척을 당했지만, 나중에는 그 형들을 굶주림과 죽음에서 구원하는 은인이 됩니다. 이 대목에서 요셉은 누가 보다라도 그리스도의 표상입니다. 형들이 요셉을 대하는 태도는, 과거뿐 아니라 지금도 세상이 하나님의 아들 그리스도께 보이는 전형적인 태도입니다.

신약성경의 한 구절은 요셉의 형들이 요셉을 대했던 것처럼, 세상이 우리 주님을 대해 온 태도를 다음과 같이 적나라하게 묘사합니다. "자기 땅에 오매 자기 백성이 영접하지 아니하였으나"요 1:11. 이 구절을 요셉과 그의 형들의 이야기에 비추어 설명하고자 합니다. 이 관계를 아는 것이 매우 중요합니다. 우리는 자신의 실상을 알기 전에는 그리스도께서 세상에 오신 이유를 절대 알 수 없습니다. 사람들의 실상을 알기 전에는 그들이 그리스도를 배척해 온 이유를 알 수 없습니다.

좀더 신학적인 표현으로 말씀드리면, 복음을 올바로 전하기 위해서는 먼저 율법을 가르쳐야 한다는 것입니다. 신약의 메시지를 이해하고 감사하려면 구약의 메시지를 알아야 합니다. 사람들이 자신의 상태와 처지를 알지 못하면, 자신들에게 무엇이 필요한지도 알지 못하기 때문입니다. 자신에 대해 절망해 본 사람들만이 그리스도께 나옵니다. 정신적인 위안과 만족을 얻기 위해 나오는 사람들도 없지는 않겠지만, 제가 말씀드리고자 하는 것은 그것이 아닙니다. 저는 그런 것에 관심이 없습니다. 그런 동기라면 다른 사람이나 다른 종교를 찾아간들 무엇이 다르겠습니까? 가령 크리스천 사이언스를 찾아간들 뭐가 다르겠습니까? 그러나 그런 마음가짐으로는 구주이신 그리스도께 나올 수가 없습니다. 자신의 실상을 철저히 깨닫고 그리스도를 간절히 찾기 전에는 그분 앞에 나올 수 없습니다.

인간이 주 예수 그리스도를 배척해 온 것만큼, 인간의 악한 본성을 여실히 보여주는 것은 없습니다. 세상이 왜 이렇게 불행하게 되었습니까? 세상에 왜 실패와 수치와 타락이 널려 있습니까? 어쩌다 이렇게 되었습니까? 대답은 한 가지뿐입니다. 하나님을 배척하기 때문입니다. 이것이 그들이 문제에 휘말려 있는 근본적인 원인입니다. 이것이 바로 원죄였습니다. 하나님의 율법, 하나님의 거룩한 삶의 빛도를 배척한 데 불행의 근본 원인이 있습니다. 인간들이 죄 가운데 빠져 있는 실상을 보고 싶다면, 하나님의 사랑을 그들이 어떻게 배척하고 있는지 보면 됩니다. 그들은 하나님의 아들을 배척합니다. 하나님의 아들이 누구십니까? 그는 하나님께서 사랑 가운데 영원히 자신을 우리에게 내주신 바 된 분이 아닙니까? 사람들은 그러한 사랑조차 뿌리칩니다. 스데반은 요셉과 그의 형제들의 이 오래된 그림 안에서 그것을 보도록 도와줍니다. 우리는 이 사실을 직시해야 합니다.

앞장에서 아브라함을 다루면서 지적했듯이, 구약의 역사를 살펴보는 일에는 적지 않은 유익이 따릅니다. 현대에는 이런 방법이 통하지 않습니다. 그렇지 않습니까? 사람들은 "왜 이렇게 오래된 역사 이야기를 좋아합니까? 왜 직설적으로 진리를 전하지 않습니까?" 하고 말합니다. 현대는 영상과 그림과 이야기와 예화에 의존하는 시대요, 설교가 10분을 넘어가는 것을 참지 못하는 시대입니다. 긴 설교는 지루해서 듣지 못하는 것입니다! 좋습니다. 여러분의 현실을 인정해서 회화적인 형태로, 옛날이야기 식으로 말씀드리지요. 현대인들의 특성에는 일리 있는 면이 있습니다. 우리는 영상과 그림과 예화를 좋아합니다. 스데반도 그것을 알았습니다. 그래서 그러한 방식으로 말했습니다. 산헤드린 공회원들을 대놓고 공격하는 대신에, "잠시 판단을 보류하시기 바랍니다. 여러분을 위해 여러분의 역사를 되짚어 드리겠습니다" 하고 말한 것입니다.

그러자 산헤드린은 관심을 가지고 그의 말을 경청했습니다. 그러나 스데반은 요셉 형들의 죄를 책망하는 방식으로 산헤드린의 죄를 책망했습니다. 그들의 실상을 환기시키고 그들의 죄를 깨우치기 위해 스데반은 이런 방법을 택한 것입니다. 저도 스데반의 훌륭한 방법을 모방하고 있습니다.

따라서 먼저 살펴봐야 할 것은, 요셉의 형들이 도대체 무슨 근거로 동생을 배척하고 그토록 악하게 대했는가 하는 점입니다. 무엇이 그들로 하여금 그렇게 행동하도록 만들었습니까? 이야기는 아주 단순합니다. 그렇지 않습니까? 형들이 그렇게 행동한 이유는, 요셉이 자신들 앞에서 자랑한 말 때문이었습니다. 요셉은 야곱의 열두 아들들 가운데 나이로 치자면 아래에서 두번째였으나, 그에게는 처음부터 범상치 않은 면모가 있었습니다. 실은 야곱의 열두 아들이 다 범상치 않은 사람들이었으나, 요셉은 더욱 그러했던 것입니다. 내리사랑이라고, 요셉이 어렸으므로 아버지의 사랑을 유독 많이 받았을 것이라고 짐작하는 사람들도 있습니다. 하지만 요셉에게는 그 이상의 이유가 있었고, 본질적으로 형제들과 다른 어떤 점이 그에게 있었습니다.

그러나 진정한 배척 원인은 요셉의 꿈이었습니다. 요셉이 처음에 꾼 꿈에는 곡식 단들이 나옵니다. 요셉과 형제들이 각각 곡식을 묶어 단을 하나씩 만들었는데, 요셉의 곡식 단은 꼿꼿이 서 있고 나머지 형제들의 단은 그의 단에게 절을 했습니다. 요셉은 형들에게 꿈 이야기를 했고, 형들은 그 이야기에 담긴 뜻을 파악했습니다. 얼마 후에 요셉이 다시 꿈을 꾸었는데, 해와 달과 별들이 그에게 절하는 꿈이었습니다. 형들은 그 꿈 이야기에 담긴 뜻도 파악했습니다. 요셉이 자신의 우월성을 주장하고 있었던 것입니다. 형들이 장차 자신에게 복종하게 될 것이라고 말하고 있었던 것입니다.창 37:1-11 참조. 요셉의 말과 태도에 격분한 형들은 그를 배척했습니다. "자기가 누구기에 이런 말을 하는가? 저가 야곱의 아들들 가운데 하나이며 우리와 다름없는 평범한 인간일 뿐인데, 어떻게 감히 자신 혼자만 훌륭한 존재로 내세운단 말인가?"

요셉이 주 예수 그리스도의 표상임을 증명하기 위해 더 할 말이 있습니까? 사람들이 우리 주께 던지는 비판이 주로 무엇입니까? 주님이 무슨 이유로 배척을 받으십니까? 이유는 단 한 가지입니다. 당신 자신에 대해 친히 가르치고 선포하신 주장들 때문입니다. 만일 나사렛 예수를 위대한 인물의 한 사람으로 전하면 아무도 배척하지 않습니다. 오늘날에도 예수를 그렇게 전하면 배척할 사람이 없을 것입니다. 예수를 만대의 위대한 종교 지도자로 전한다 해도 아무도 싫어하거나 반대하지 않고, 오히려 칭송할 것입니다. 위대한 사상가라고 한다면 어떻겠습니까? 그래도 사람들은 괘념치 않을 것입니다.

그러나 우리 주님은 이렇게 말씀하셨습니다. "너희는 아래에서 났고 나는 위에서 났으며"요 8:23. "하늘에서 내려온 자 곧 인자 외에는 하늘에 올라간 자가 없느니라"요 3:13. 또 이렇게 말씀하셨습니다. "나와 아버지는 하나이니라"요 10:30. "나를 본 자는 아버지를 보았거늘"요 14:9. "나는 세상의 빛이니"요 8:12. "나는 양의 문이라"요 10:7. "내가 곧 길이요 진리요 생명이니 나로 말미암지 않고는 아버지께로 올 자가 없느니라"요 14:6.

그러나 세상은 말합니다. "당신이 누구요? 당신은 사람들 가운데 한 사람에 불과하고, 나사렛 동네의 목수 예수 아니오? 지금 무슨 소리를 하는 거요?" 문제의 원인은 바로 여기에 있습니다. 복음서들을 차분하게 읽어 보십시오. 우리 주님이 처음 공적 사역을 시작하실 때 허다한 사람들이 따랐습니다. 바리새인들과 그 밖의 사람들도 예수님을 만나보려고 나갔습니다. 민중이 예수님을 좋아했습니다. 예수께서 굉장한 현상이 되어 버렸습니다. 그러나 종교 지도자들은 예수님의 말씀을 들을수록 미움과 증오만 커져 갔습니다. 그러던 차에 예수님이 다른 말씀을 하기 시작했습니다. "옛사람에게 말한 바……하였다는 것을 너희가 들었으나 나는 너희에게 이르노니"마 5:33-34.

유대인 지도자들은 주께서 자신을 율법보다 높이시고 유일무이한 권위를 주장한다고 말했습니다. 그들은 "그가 민중에게 '내 말을 들으라' 말한다"고 했습니다. 실제로 주님은 사람들을 보시면서 "나를 따라오라"고 하시고, 그들이 일어나 모든 것을 버리고 자신을 좇기를 바라셨습니다. 이것이 바리새인들과 서기관들을 격분하게 만들었습니다다. 그들은 말했습니다. "그가 누구기에 자신을 하나님의 아들이라 주장하는가? 그가 누구기에 자신을 권위 있는 스승이라고 주장하는가? 그가 누구기에 굴복과 절대 복종을 요구하는가? 그가 대체 누구란 말인가?" 주님의 이러한 가르침과 태도 앞에서, 종교 지도자들은 마침내 주님을 배척할 뿐 아니라 십자가에 못박는 죄를 범하기에 이르게 되었습니다. 특히 주님을 배척한 원인이 주께서 자신에 관하여 하신 말씀, 그 가운데서도 자신이 사람일 뿐 아니라 하나님이기도 하다는 말씀 때문이었습니다.

오늘날도 사람들은 우리가 주님에 관하여 전하는 내용 때문에 주님을 배척합니다. 내가 만일 주님이 동정녀에게서 나셨고, 인간 아버지를 두신 적이 없으시고, 그분의 탄생이 기적이었다고 말한다면 사람들은 배척할 것입니다. 그러나 우리가 전하는 내용은, 지금 여러분이 본문에서 대하는 분이 유일무이하신 분, 참 하나님이신 동시에 참 사람이신 분, 이 세상에 존재해 온 어떤 사람들과도 같지 않으신 분입니다. 우리는 그분이 세상의 구주이시며, 세상을 구원하러 오셨으며, 친히 다음과 같이 말씀하셨다고 주장합니다. "인자가 온 것은 잃어버린 자를 찾아 구원하려 함이니라"눅 19:10. "인자가 온 것은 섬김을 받으려 함이 아니라 도리어 섬기려 하고 자기 목숨을 많은 사람의 대속물로 주려 함이니라"막 10:45. 그리고 우리 주께서 재판을 받으신 기사를 읽어 보면, 그러한 주장을 하셨다는 것이 고소의 내용임을 알게 됩니다.

따라서 요셉의 형들이 요셉을 배척하게 된 원리는, 사람들이 하나님의 아들을 배척해 온 원리와 동일한 셈입니다. 요셉과 우리 주님은 특정한 주장을 했기 때문에 배척을 당했습니다. 그러나 훨씬 더 심각한 문제가 있었습니다. 결국 문제되는 것은 배척을 하게 된 근거가 아니라, 배척을 하게 된 원인입니다. 요셉 이야기로 다시 돌아가서 보면, 한 구절이 눈길을 끕니다. "여러 조상이 요셉을 **시기하여** 애굽에 팔았더니"행 7:9. 자세한 이야기는 창세기 37장에 실려 있습니다. 여기에 문제의 진정한 원인이 있습니다.

바리새인들과 서기관들이 무엇 때문에 우리 주님을 배척했습니까? 먼저 부정적인 이유부터 말씀드리면, 그것은 지적인 이유가 아니었습니다. 지식이나 학식의 문제가 아니었습니다. 이것이 대단히 중요한 점이며, 오늘날에도 그대로 적용됩니다. 사람들이 주 예수 그리스도 안에 제시된 놀라운 구원을 배척하는 원인은 지식의 문제에 있지 않습니다. 물론 세상은 그렇다고 말합니다. 그것이 텔레비전과 라디오와 그 밖의 매체에서 천박한 농담과 함께 주기적으로 듣게 되는 주장입니다. 얼마나 꾀바른 주장입니까! 그러나 세상이 틀렸습니다. 그것을 얼마든지 입증할 수 있습니다. 역사 사실들만 놓고 보더라도, 인류역사에서 활동한 적지 않은 수의 위대한 천재들과 지식인들이 복음을 믿었습니다. 이 주장 하나만으로도 충분합니다. 그리스도를 배척하는 것은 지식의 문제일 수가 없습니다. 왜냐하면 역사에 우뚝 서 있는 이 거인들이 복음을 믿고 그리스도인이 된 사람들이었기 때문입니다.

한 가지 주목할 만한 예를 들어 보겠습니다. 어거스틴 같은 이를 생각해 보십시오. 제가 그를 예로 드는 이유는, 세계 역사와 오늘날 인류의 큰 문제이기도 한 이슈들을 다룬 기념비적인 저서 『하나님의 도성』*The City of God* 때문입니다. 위대한 지식인이었던 그는 이교에서 돌이켜 그리스도인이 되었습니다.

이 강단에서 사역한 저의 전임자들 가운데 한 분인 고故 존 허튼 박사Dr. John A. Hutton는 대학시절 자신의 은사에 관한 이야기를 곧잘 들려주곤 했습니다. 신학교수였던 그 은사가, 인생에 대해 다 아는 것처럼 생각하고 기독교에 아무것도 없다고 느끼던 신입생들의 수업시간에 들어왔습니다. 그러고는 칠판에 인명을 길게 적는 것이었습니다. 바울부터 시작해 어거스틴을 거쳐 루터와 칼빈을 적은 교수는, 계속해서 녹스, 파스칼, 웨슬리 형제, 휫필드, 뉴먼, 글래드스턴을 적고는 이어서 여러 인명을 적었습니다. 그러고는 학생들을 돌아보면서 이렇게 말했습니다. "제군들, 복음은 내가 방금 칠판에 열거한 지식인들에게 충분히 검증된 것이니, 적어도 제군들이 사려 깊게 대할 가치가 있다고 생각하네." 저 역시 여러분에게 같은 말씀을 드리고 싶습니다. 과거뿐 아니라 현대에도 이 복음을 믿는 지식인들이 적지 않습니다.

다시 말씀드리건대, 불신앙은 탁월한 지성이나 과학지식의 산물이 아닙니다. 그렇다면 불신앙은 무엇 때문입니까? 과연 무엇이 그리스도를 배척하게 만드는지 살펴보기 위해, 요셉의 형들 이야기로 돌아가 생각해 보겠습니다. 무엇이 형들로 하여금 요셉을 그런 식으로 대하게 만들었습니까? 첫번째 이유로 무지와 맹목을 들 수 있습니다. 도덕적 맹목성이 편견을 낳은 것입니다.

이것은 성경의 일관된 교훈입니다. 본문에서 스데반이 산헤드린 공회원들 앞에서 역설하는 것도 이것입니다. 편견인 것입니다! 사태를 균형 있게 투명하게 생각하지 않는 것입니다. 요셉의 형들은 문제를 고심한 흔적이 없습니다. 창세기 37:11에는 의미심장한 진술이 나옵니다. "그의 형들은 시기하되 그의 아버지는 그 말을 간직해 두었더라." 이것이 사태를 파악할 수 있는 열쇠입니다. 요셉이 두 번의 꿈에 대해 형들에게 말했을 때, 형들은 막무가내로 화만 냈습니다. 맹목적인 편견에 사로잡힌 것입니다. "그 아이가 대체 뭐란 말인가? 이건 참을 수 없는 일이다! 있을 수 없는 모욕이다!"

그러나 요셉의 아버지인 연로한 야곱, 과거 하나님을 만난 경험이 있는 그는 그 말을 마음에 두었습니다. 편견에 눈이 멀지 않고, 마음에 넣어 곰곰이 생각했습니다. 겉으로 요셉을 나무라고 한편으로 요셉의 말을 다 이해할 수 없었지만, 그것이 그저 장난삼아 한번 해본 말이 아닌 줄 알만큼 그는 영적 분별력이 있었습니다. 야곱은 생각했습니다. '저 아이는 교만한 아이가 아니다. 오히려 정반대다. 내 자식들 가운데 제대로 배우고 교양을 갖춘 아이는 요셉뿐이다. 그런데 저 아이가 왜 이런 말을 하는 것일까? 스스로 지어낸 이야기는 분명 아니다. 무슨 일이 그에게 생긴 것이 틀림없다.'

야곱은 예상치 못했던 하나님을 만난다는 것이 무엇인지 경험을 통해 알고 있던 사람입니다. 자기 때문에 분노한 형 에서를 피하여 도망치던 날 밤에 그 일이 발생했습니다. 종일 경황없이 도망쳐 온 터라

지칠 대로 지쳤습니다. '이젠 한 발짝도 더 옮길 수 없구나. 여기서 누워 좀 자고 가야겠다' 하고 그는 생각했습니다. 베개조차 없었고, 있는 것이라곤 돌뿐이어서 그것을 베고 곯아떨어졌습니다. 그러고는 꿈을 꾸었는데, 하늘에서 사닥다리가 내려와 있고 천사들이 그리로 오르내리는 것이 보였습니다. 잠에서 깨어난 야곱은 이렇게 고백했습니다. "여호와께서 과연 여기 계시거늘 내가 알지 못하였도다.……두렵도다. 이곳이여, 이것은 다름 아닌 하나님의 집이요 이는 하늘의 문이로다"창 28:16-17. 야곱은 아들이 꿈 이야기를 하자, 자신이 젊었을 때 꾸었던 꿈과 하나님이 꿈에서 나타나 주셨던 일을 기억했습니다. 그러므로 요셉의 꿈을 마음에 두고 생각했습니다. '저 아이의 말을 가볍게 넘길 수가 없구나. 그 뜻이 대체 무엇일까?'

만일 요셉의 형들도 아버지처럼 생각했다면 이야기가 달라졌을 것입니다. 하지만 그들은 그렇게 생각하지 않았습니다. 동생에 대한 시기심에 눈이 멀었습니다. 이것이 오늘날 사람들이 주 예수 그리스도를 배척하는 단순한 이유입니다. 맹목입니다. 순전히 편견일 뿐 다른 것은 아닙니다. 사실을 직시하지 못하는 것입니다. 될 수 있는 대로 쉽게 판단하고 넘어가려는 속셈입니다.

우리 주님은, 자신을 반대하고 어떻게든 꼬투리를 잡아 법정에 넘기려던 바리새인과 교법사들을 대할 때 항상 같은 점을 지적하셨습니다. 그들에게 "너희가 서로 영광을 취하고 유일하신 하나님께로부터 오는 영광은 구하지 아니하니 어찌 나를 믿을 수 있느냐"하고 말씀하셨습니다요 5:44. 이 말씀은 사실 이런 뜻입니다. "너희가 학문과 지식을 자랑하며 서로 추천하고 높이고서야 어찌 나를 믿을 수 있겠는가? 너희가 그렇게 하는 동안에는 나를 믿을 수 없다. 오직 하나님께로부터 오는 영광을 구하는 데서 출발해야만 깨닫기 시작할 것이다."

산헤드린이 왜 그리스도를 배척했습니까? 눈이 멀었기 때문입니다. 오늘날도 그리스도를 배척하는 사람은 마음의 눈이 멀어서 그런 것입니다. 무엇에 대해 눈먼 것입니까? 그리스도의 영광에 대해 눈먼 것입니다. 야곱은 요셉에게서 다른 아들들과 다른 면을 보았습니다. 현대인들은 나사렛 예수에 관한 말을 들을 때, 그저 사람 대할 때처럼 무시할 수 있다고 생각합니다. 도무지 그분의 영광과 비할 데 없는 성품을 보지 못합니다. 그리스도 앞에 서서 왜 그분을 바라보지 못하는 것일까요? 왜 이런 생각을 하지 않는 것일까요? '한낱 목수인 사람이 대체 어떻게 역사를 주관해 왔다는 것인가? 그가 그 시대에 태어나 그런 생애를 살도록 이끈 힘이 대체 무엇인가? 그가 세계사에서 이토록 지배적인 위치를 차지하게 된 비결이 대체 무엇인가? 그의 십자가가 세월의 잔해 속에서도 여전히 우뚝 서 있는 비결이 대체 무엇인가?' 그러나 사람들은 이런 생각을 해보지도 않고 맹목적인 편견에 사로잡혀 그리스도를 무시합니다. 성경을 아예 펴서 읽지도 않습니다. 사실 자체를 모릅니다. 기독교 교회의 긴 역사를 설명하지 못합니다.

그들은 그리스도의 가르침의 빛에 대해서도 눈이 멀었습니다. 주님은 친히 이렇게 말씀하셨습니다. "그 정죄는 이것이니 곧 빛이 세상에 왔으되 사람들이 자기 행위가 악하므로 빛보다 어둠을 더 사랑한 것이니라"요 3:19. 그들이 주님의 음성을 듣기를 거부하고 주의 말씀을 깨닫지 못하는 이유는, 아예 생각하려 하지 않기 때문이요 논리적으로 차분히 따져보지 않기 때문입니다.

사도 바울은 이렇게 가르쳤습니다. "만일 우리의 복음이 가리었으면 망하는 자들에게 가리어진 것이라. 그중에 이 세상의 신이 믿지 아니하는 자들의 마음을 혼미하게 하여 그리스도의 영광의 복음의 광채가 비치지 못하게 함이니 그리스도는 하나님의 형상이니라"고후 4:3-4. 바울은 회심하고 나서 동족 유대인들을 바라보았을 때, 스데반이 부딪혔던 것과 동일한 문제에 부딪혔습니다. 동족의 상태에 대해 바울은 "수건이 그 마음을 덮었도다"라는 말로 평가합니다고후 3:15. 유대인들은 안식일마다 성경을 읽으면서도 깨닫지 못했습니다. 안개 같은 것이, 혼탁한 어떤 것이 그들을 덮고 있었습니다. 그들은 볼 수 없었습니다. 눈이 멀어 있었습니다.

이처럼 복음을 배척하는 사람들은 그리스도의 영광을 보지 못하며, 그 교훈의 빛을 깨닫지 못합니다. 복음서를 펼쳐 들고 몇 장을 읽더라도 논지를 붙잡지 못합니다. 어떤 사람들은 복음서에 기록된 그리스도의 사역을 정치선동으로 격하시키거나, 그리스도를 심미적 교훈을 남긴 '허약한 갈릴리인'쯤으로 간주합니다. 다른 사람들은 복음서 안에서 감상적인 사랑밖에 바라보지 못합니다. 복음서의 장엄함을 깨닫지 못합니다. 주께서 구원의 도리를 가르치신, 그분 교훈의 꽃봉오리라 할 수 있는 산상수훈을 아예 읽어 본 적이 없습니다. 혹시 읽더라도 무슨 뜻인지 감을 잡지 못합니다. 눈이 멀어 있기 때문입니다.

세계적인 석학이 곁에 와 있더라도 눈먼 사람은 볼 수 없으니 소용이 없습니다. 아무리 훌륭한 그림이 앞에 걸려 있어도 눈이 멀었다면 아무 소용이 없습니다. 성경은 그리스도를 앞에 두고도 사람들이 깨닫지 못하는 원인에 대해, 죄가 우리 각 사람에게 저질러 놓은 해악 때문으로 가르칩니다. 그리스도를 배척하는 사람들은 눈이 멀어 영적 진리를 바라보지 못합니다. 모든 것을 자기중심적으로 바라봅니다. 형들이 요셉을 몹시 싫어한 것도, 요셉이 잘난 척하며 자신들을 얕잡아 본다고 생각했기 때문입니다.

그러나 눈먼 것보다 훨씬 더 악한 것이 있습니다. 그것은 마음의 상태입니다. 현대인들은 자신들의 지식을 자랑합니다. 하지만 여러분이 프로이트의 말을 듣는다면, 사람은 자신의 지성에 지배받지 않고 욕구와 열정에 지배받는다고 결론을 내리게 될 것입니다. 그 점에 관한 한 프로이트의 주장은 옳습니다. 인간은 마음으로 사고하기 때문에 편견에 영향을 받습니다. 순수이성이 아니라 욕구에 지배를 받습니다. 요셉의 형들을 보십시오. "여러 조상이 요셉을 시기하여."

현대인들이 그리스도를 배척하는 이유도, 여전히 열정과 욕구에 휘둘리기 때문입니다. 요한복음 3:19을 다시 인용하겠습니다. "빛이 세상에 왔으되." 빛이 세상에 왔으나, 왜 모든 사람들은 빛으로 오지 않는 것입니까? 오늘날 세상이 왜 예수 그리스도께로 돌아오지 않습니까? 과거에 세상이 그리스도를 필요로 했다면 오늘날도 달라진 것이 없습니다. 세상의 상태를 한번 보십시오. 베트남 전쟁을 보십시오.

로디지아에서 자행되는 참상을 보십시오. 앞으로 상황이 어떻게 전개될지 알 수 없으나, 현재는 도처에 혼란과 불안과 불확실성으로 덮혀 있습니다. 세상이 성경의 평가와 하나도 다르지 않다는 생각이 들지 않습니까? "그러나 악인은 평온함을 얻지 못하고 그 물이 진흙과 더러운 것을 늘 솟구쳐 내는 요동하는 바다와 같으니라"사 57:20.

인간의 마음에는 번민이 있습니다. 여러분은 길모퉁이에 서서 '인간의 슬픈 음악'을 들어 본 적이 있습니까? 왜 이렇게 되었습니까? 대답은 이것입니다. "빛이 세상에 왔으되 사람들이 자기 행위가 악하므로 빛보다 어둠을 더 사랑한 것이니라"요 3:19. 세상은 어둠을 사랑하며, 빛을 원치 않습니다. 원하는 것처럼 말은 그렇게 하지만, 그것은 가라앉은 도덕심을 북돋우고 양심의 가책을 잠재우려는 것일 뿐, 모두 거짓말입니다. 만일 세상이 진정으로 빛과 진리와 거룩함을 원한다면 복음을 받아들여야 합니다. 복음은 아무 대가도 요구하지 않고 세상에 제시되었습니다.

우리 주님은 이 점을 여러 번 말씀하셨습니다. 악이란 대체 어디서 오는 것입니까? 주님은 아주 분명하게 대답하셨습니다. "마음에서 나오는 것은 악한 생각과 살인과 간음과 음란과 도둑질과 거짓 증언과 비방이니 이런 것들이 사람을 더럽게 하는 것이요 씻지 않은 손으로 먹는 것은 사람을 더럽게 하지 못하느니라"마 15:19-20. 우리가 왜 이렇게 되었습니까? 마음이 악하기 때문입니다. 원인은, 외부의 시험에 있는 것이 아니라 우리 자신에게 있는 것입니다. 우리가 자진하여 달려가 시험을 만납니다. 책을 읽는 이유는, 그 안에서 얻을 게 있음을 알기 때문입니다. 영화를 보는 이유도 거기서 얻을 게 있음을 알기 때문입니다. 우리가 그것을 좋아하는 것입니다! 세상을 탓할 것도 없고 광고업자들을 탓할 것도 없습니다. 탓할 것은 우리 자신입니다. 불신앙의 책임을 우리 자신에게 물어야 합니다. 이런 온갖 더러운 것은 인간의 마음에서 나오는 것입니다.

사랑하는 여러분, 정직하게 터놓고 생각해 봅시다. 세상이 그리스도를 배척하는 이유는, 거룩한 것을 원치 않기 때문이요 진리를 원치 않기 때문입니다. 인간 마음에는 심각한 모순이 자리잡고 있습니다. 사도 바울은 이렇게 기록합니다.

> 내가 원하는 바 선은 행하지 아니하고 도리어 원하지 아니하는 바 악을 행하는도다.……그러므로 내가 한 법을 깨달았노니 곧 선을 행하기 원하는 나에게 악이 함께 있는 것이로다. 내 속사람으로는 하나님의 법을 즐거워하되 내 지체 속에서 한 다른 법이 내 마음의 법과 싸워 내 지체 속에 있는 죄의 법으로 나를 사로잡는 것을 보는도다. 오호라, 나는 곤고한 사람이로다. 이 사망의 몸에서 누가 나를 건져 내랴롬 7:19, 21-24.

우리 각 사람의 본성이 이렇게 되어 있습니다. 우리는 욕망과 욕구와 열성에 끌려다닙니다. 그리스도 없는 인간, 본성으로만 사는 인간을 너무나 적절하게 묘사해 놓은 글을 소개하고 싶습니다. 사도 바울이 디도에게 쓴 편지에 실린 글입니다.

> 너는 그들로 하여금 통치자들과 권세 잡은 자들에게 복종하며 순종하며 모든 선한 일 행하기를 준비하게 하며 아무도 비방하지 말며 다투지 말며 관용하며 범사에 온유함을 모든 사람에게 나타낼 것을 기억하게 하라. 우리도 전에는 어리석은 자요 순종하지 아니한 자요 속은 자요 여러 가지 정욕과 행락에 종노릇한 자요 악독과 투기를 일삼은 자요 가증스러운 자요 피차 미워한 자였으나딛 3:1-3.

우리 모두가 본성적으로 그런 상태에 있지 않습니까? 우리 사회가 그렇지 않습니까?

파티에 참석해 보면 그렇게 화기애애할 수 없습니다. 서로를 얼마나 끔찍이 배려합니까! 하지만 저마다 마음에는 칼을 품고 증오를 간직하고 있습니다. "악독과 투기를 일삼은 자요 가증스러운 자요 피차 미워한 자였으나."

이것이 세상을 이 지경으로 만든 원인입니다. 탐욕과 시기와 정욕과 열정과 욕구가 세상을 이렇게 만들어 놓은 것입니다. 그 원인이 모두 우리 안에 있습니다. 사도는 로마서 1장 후반에서 이 점을 다시 언급하는데, 세상이 그리스도를 원치 않는 것도 바로 이것 때문입니다. 사람들은 "예수를 믿으면 인생을 망치게 된다"고 말합니다. 기독교가 편협하고 비굴한 종교이므로, 얼마든지 조소하고 빈정대고 멸시해도 되는 종교인 줄로 압니다. 여러분이 즐겨보는 텔레비전 프로그램에 기독교가 우스갯거리로 등장합니다. "그리스도! 그는 인생을 망쳐 놓는 자요, 우리를 편협하고 비루하고 갑갑한 삶으로 이끌고 가는 자"라고 말합니다. 실제로 세상 사람들이 그리스도와 기독교를 그런 식으로 대하지 않습니까?

이런 생각에 대해 대답할 말은 오직 한 가지밖에 없습니다. 거듭 말씀드리지만, 그것은 지성과 상관없는 생각이라는 것입니다. 그것은 마음의 상태입니다. 현대사회에 악을 끌어들이는 데 선도자 역할을 하는 자들은 똑똑한 사람들입니다. 지적 능력이 탁월한 사람들입니다. 하지만 그들이 지성을 어떻게 사용하는지 보십시오. 그들은 짐승 같은 본능의 비위를 맞추고, 짐승보다 못한 본능의 욕구를 채워 줍니다. 요셉의 형들에게서 그것을 봅니다. 그들은 시기심에 사로잡혔습니다. 그것은 모두 마음의 문제인 것입니다.

마지막으로 지적하고 싶은 것은, 이러한 배척이 얼마나 악한 것인가 하는 것입니다. 앞에서도 그 실상을 설명하고 원인을 규명했지만, 그것이 얼마나 악한 일인지 보십시오! 요셉의 형제들이 저지른 행동이 얼마나 흉악한 것입니까! 그들이 동생을 얼마나 모질게 대했습니까? 그들의 행동에 두둔할 만한 것이 있습니까?

우리 주께서 받으신 대접도 같은 것이 아닙니까? 주님의 생애 마지막 부분을 읽어 보십시오. 과연 주께서 원수들에게 고소당할 만한 일을 하셨습니까? 원수들이 고소한 죄목이 과연 사실입니까? 전혀 아닙니다. 그들은 거짓말을 했습니다. 아무것도 입증할 수 없었습니다. 주님은 아무 잘못도 하지 않으셨습니다. 평생 선한 일만 하며 사셨습니다행 10:38 참조. 원수들로서는 고소할 만한 것이 하나도 없었습니다. 하지만 바리새인과 서기관과 헤롯당과 사두개인과 대제사장들이 취한 태도를 보십시오. 그들이 주님께 어떠한 모욕과 경멸을 퍼부었는지 보십시오. 주님을 야유하고 조롱하고 비웃던 그들의 태도, 주님을 법정에 세우기 위해 유도질문을 하던 그들의 태도를 보십시오.

그리고 오늘날, 텔레비전에서 똑같은 일이 벌어지고 있는 것을 여러분은 듣지 못합니까? 참으로 가련하고 비열한 행동입니다! 이것은 지성이 아닙니다. 요셉의 형들이 품었던 비굴한 정신일 뿐입니다. 터무니없는 짓입니다. 하나님의 아들을 붙잡아 법정에 세우려 한 것입니다! 사탄의 앞잡이 노릇을 한 가련한 자들이었습니다!

요셉의 형들이 지성과 전혀 무관하게 행한 짓을 보십시오. 그들은 동생을 생면부지의 외국인들에게 팔아넘겼습니다. 기억하십시오. 그들은 이스라엘 사람들이었고, 자신들에게 얼마나 원대한 하나님의 계획과 약속과 언약이 있는지 아는 사람들이었습니다. 그들은 할례를 받았으며, 그 사실을 생각할 때마다 자신들이 누구이며 무엇을 위해 존재하는지 항상 기억해야 했습니다. 그러나 그들은 동생을 은 이십 개에 팔아넘겼습니다. 요셉은 애굽으로 팔려 가 말로 다 할 수 없는 고생을 당했습니다. 그가 팔려 간 집은 바로의 신하 보디발의 집이었습니다. 그런데 요셉에게 "하나님이 그와 함께 계셔서 그 모든 환난에서 건져 내"셨다고 스데반은 말합니다. 요셉이 얼마나 불쌍하게 된 것입니까! 마치 노예나 심지어 짐승이나 물건처럼 팔려 애굽으로 끌려가 고통과 수모를 당한 것입니다.

과연 요셉은 그리스도의 표상입니다. 종교 지도자들이 복되신 하나님의 아들에게 무슨 짓을 했습니까? 그들은 그분을 은 삼십 개에 로마인들에게, 이방인들에게 팔아넘겼습니다. 그분이 곤욕과 고통에 넘겨졌습니다. 그분에게 자신들이 생각할 수 있는 온갖 모욕을 퍼부었습니다. 그 거룩하신 이마에 가시 면류관을 씌웠습니다. 마지막에는 십자가의 고통에 넘겨주었고, 십자가 밑에서 조롱하고 욕하고 야유하며 "네가 만일 하나님의 아들이어든 자기를 구원하고 십자가에서 내려오라"고 외쳤습니다^{마 27:40}.

　　오늘날 세상도 주님을 똑같은 태도로 대합니다. 고통과 비참과 수치에 떨어져 있으면서도, 영광의 주님을 모욕하고 있습니다. 마음과 행동과 저주와 조소와 모독으로 주님을 다시 십자가에 못박고 있습니다. 눈먼 것입니다! 자신의 실상을 모르고, 주께서 어떤 분이신지 모르고, 자신이 정죄 아래 있다는 사실도 모릅니다. "그 정죄는 이것이니 빛이 세상에 왔으되 사람들이 자기 행위가 악하므로 빛보다 어둠을 더 사랑한 것이니라"^{요 3:19}. 만일 여러분이 그리스도인이 아니라면 그리스도를 모르기 때문에 배척하는 것입니다. 사람이 죽으면 반드시 하나님 앞에 서게 될 뿐 아니라, 하나님의 아들을 어떻게 대했는지 답변해야 하는 사실을 모르기 때문에 배척하는 것입니다. 하나님이 여러분을 얼마나 사랑하는지, 하나님의 아들이 여러분에게 어떠한 사랑을 베푸셨는지 여러분은 모릅니다. 하나님의 아들을 믿을 때 이 세상에서부터라도 어떠한 삶을 살 수 있는지 여러분은 모릅니다. 하나님의 아들이 자기 백성들을 위해 예비해 놓은 영광을 여러분은 모릅니다. 여러분을 기다리고 있는 지옥도 모릅니다. 정신의 눈도 멀고 마음의 눈도 멀었습니다.

　　그러나 요셉 이야기를 좀더 읽어 나가면 아주 놀라운 내용을 만나게 됩니다. 노예로 팔려 간 요셉이, 몇 년 후에는 형들을 자기 뜻대로 할 수 있는 높은 지위에 오르게 된 것입니다. 그의 꿈이 실현되었습니다. 형들이 요셉에게 가야만 하게 되었을 때, 그들은 거지처럼 구걸하러 가게 되었습니다. 요셉이 그런 상황을 원수 갚는 데 이용했습니까? 자신이 받은 대로 형들에게 갚아 주었습니까? 형들의 면담 요청을 거부하고 배척하고 돌려보냈습니까? "돌아가시오. 곡식은 딴 데 가서 알아보시오. 당신들이 나를 그렇게 대했으니 나도 당신들에게 곡식을 한 줌이라도 내줄 수 없소!" 이렇게 매정하게 말했습니까? 결코 그렇지 않았습니다! 형들이 자신에게 저지른 행동은 엄청난 것이었으나, 그는 양팔을 벌려 형들을 받아 주었으며 아무 조건 없이 용서했습니다. 형들의 필요를 채우고, 그들을 굶어 죽을 처지에서 구해 주었습니다.

참으로 훈훈하고 감동적인 장면입니다. 하지만 이것은, 하나님과 그분의 영원하신 아들이 행하신 일에 비하면 희미한 그림자에 지나지 않습니다. 이것이 성탄절 메시지입니다. "하나님이 세상을 이처럼 사랑하사." 하나님께서 당신을 반역하고 배척하고 당신의 율법에 침을 뱉고 낙원을 혼돈으로 전락시킨 세상을 사랑하신 것입니다. "하나님이 세상을 이처럼 사랑하사 독생자를 주셨으니 이는 그를 믿는 자마다 멸망하지 않고 영생을 얻게 하려 하심이라"요 3:16. "곧 우리가 원수 되었을 때에 그의 아들의 죽으심으로 말미암아 하나님과 화목하게 되었은즉"롬 5:10.

참으로 감사한 것은, 만일 여러분이 스스로 눈먼 것과 마음이 어둡고 악한 것과 죄인인 것과 아무 소망도 없는 것을 인정하고 하나님의 자비 앞에 엎드린다면, 하나님께서 여러분을 받으시되 영원한 사랑으로 여러분을 사랑하십니다. 이것을 선포할 수 있는 것은, 제가 설교자로 받은 특권입니다. 하나님께서 여러분에게 새 생명과 새 소망과 평안과 안전과, 여러분이 이 세상과 장차 올 세상에서 필요로 하는 모든 것을 주실 것입니다.

10

하나님이 저와 함께 계셔

여러 조상이 요셉을 시기하여 애굽에 팔았더니 하나님이 그와 함께 계셔 그 모든 환난에서 건져 내사 애굽 왕 바로 앞에서 은총과 지혜를 주시매 바로가 그를 애굽과 자기 온 집의 통치자로 세웠느니라.

사도행전 7:9-10

제가 여러분에게 전하고 있는 요셉 이야기는, 하나님께서 자기 백성을 구원하시는 방법을 보여주는 사례입니다. 과연 요셉이 여러 면에서 그리스도의 표상이었음을 우리는 앞에서 살펴보았습니다. 하나님은 언제나 동일한 계획을 가지고 일하십니다. 이것이 성경의 놀라운 점입니다. 물론 하나님이 행하신 일은 성경 외에도 도처에서 볼 수 있습니다. 자연에서 그것을 볼 수 있습니다. 행성을 비롯한 자연현상들을 과학적으로 연구할 수 있는 근거가 거기 있습니다. 사람들은 '자연법칙'을 말합니다. 마치 자신들이 그것을 창안해 낸 것처럼 말합니다. 그러나 자연법칙은 인간에게서 나오지 않았습니다. 다만 인간은 그런 법칙들이 존재하는 것을 발견했을 뿐입니다. 하나님은 일정한 패턴에 따라 일하십니다. 그 결과 우리는 구약성경의 이야기와 사건들에서, 하나님께서 사랑하시는 아들 안에서, 최종적으로 행하신 일의 표상과 암시와 예언과 그림자를 보게 됩니다.

요셉 이야기에는 큰 교훈이 담겨 있을 뿐 아니라, 그 하나하나가 모두다 흥미롭습니다. 이제 여러분과 함께 상고하고자 하는 말씀은 "하나님이 그와 함께 계셔"라는 구절입니다. 9절 말씀입니다. "여러 조상이 요셉을 시기하여 애굽에 팔았더니." 감사하게도 그들은 그런 짓을 했지만, 그것이 이야기의 끝이 아니었습니다. "하나님이 그와 함께 계셔 그 모든 환난에서 건져 내사 애굽 왕 바로 앞에서 은총과 지혜를 주시매 바로가 그를 애굽과 자기 온 집의 통치자로 세웠느니라."

이 말씀이 뜻하는 바가 무엇입니까? 물론 이 단락의 충분한 의미와 깊이를 알기 위해서는 창세기에 기록된 이야기를 알아야 합니다. 창세기 끝까지 이어지는 이야기를 다 읽어 보는 것이 매우 중요합니다. 그렇게 하면 얼마나 놀랍고 감동적인 이야기인지 알게 될 것입니다.

지난 시간에는 요셉의 형들이 동생을 미디안 상인들에게 팔아넘긴 데까지 살펴보았습니다. 그들은 이스마엘 상인들로, 마침 그리로 지나가고 있었습니다. 그들이 요셉을 애굽으로 데려가 애굽 궁정의 고위관리 보디발에게 팔았습니다. 보디발은 요셉이 범상치 않은 청년임을 알아보고는 그에게 집안의 모든 일을 맡겼습니다.

다음으로 보게 되는 것은 보디발의 아내 이야기입니다. 그 여인이 어떻게 요셉을 유혹하려 했고, 요셉이 그 유혹을 어떻게 뿌리쳤는지 기록됩니다. 보디발의 아내는 모멸감과 악의에 사로잡혀 사실과 다른 이야기를 퍼뜨렸습니다. 아무에게도 해를 끼치지 않고 사실상 악을 거부한 가련한 요셉은 보디발에게 붙잡혀 감옥에 던져졌습니다.

요셉은 옥살이를 했으나 그곳에서도 두각을 나타냈습니다. 전옥이 요셉의 비범한 면을 알아보고는 그에게 감옥의 일을 맡겼습니다. 그 후에 두 신하, 곧 빵 굽는 자와 술 맡은 자 이야기가 나옵니다. 두 사람이 각각 꿈을 꾸었는데, 꿈 내용이 몹시 마음에 걸리는데도 해석할 길이 없어 근심합니다. 그때에 요셉이 하나님의 능력에 힘입어 그들의 꿈을 해석해 주었습니다. 요셉의 해석대로 떡 굽는 관원장은 불쌍하게도 처형되었고, 술 맡은 관원장은 복직되었습니다. 요셉은 꿈을 해석해 주면서, 술 맡은 관원장에게 이렇게 부탁했습니다. "당신이 잘되시거든 나를 생각하고 내게 은혜를 베풀어서 내 사정을 바로에게 아뢰어 이 집에서 나를 건져 주소서. 나는 히브리 땅에서 끌려온 자요 여기서도 옥에 갇힐 일은 행하지 아니하였나이다"창 40:14-15. 술 맡은 관원은 자신이 복직되어 옥에서 나가게 되면 바로에게 말해 주겠다고 약속했습니다. 그러나 그는 약속을 까맣게 잊었습니다.

인간은 예나 지금이나 변한 게 없습니다. 그렇지 않습니까? 병에 걸리거나 옥에 갇히면 수없이 많은 약속을 합니다. 회복만 시켜 주시면 반드시 이 일을 하고 저 일을 하겠다고 다짐합니다. 그러나 상황이 좋아지면 다 잊어버립니다. 그렇지 않습니까? 제 앞에서 인간의 변화와 발전과 진화 이야기를 하지 마십시오! 세상은 이런 술 맡은 관원 같은 사람들로 가득 차 있습니다. 너나 할 것 없이 이기적이고, 자기

중심적이고, 남에게 받은 친절을 잊어버리고, 약속을 깨뜨립니다. 그래서 가련한 요셉은 2년을 더 지하감옥에서 고생해야 했습니다.

여러분도 아시는 것처럼 2년이 되었을 즈음에 바로가 두 가지 꿈을 꾸었습니다. 꿈이 범상치 않다는 것을 알았으나 해석할 길이 없었습니다. 박사들과 점성술사들을 불러 모아 해석하도록 했으나 아무도 그 뜻을 말하지 못했습니다. 그때 술 맡은 관원장이 감옥에서 겪었던 비범한 청년을 기억하고서 바로에게 그에 관해 말했습니다. 요셉은 예를 갖추어 바로를 알현하게 되었습니다. 바로가 꿈 내용을 들려주자 요셉은 이렇게 말했습니다. "[꿈 해석은] 내가 아니라 하나님께서 바로에게 편안한 대답을 하시리이다" 창 41:16. 요셉의 말대로 하나님께서 요셉을 통해 바로에게 그 의미를 알려 준 순간, 바로를 비롯한 모든 사람들이 그 말이 사실인 것을 금세 알 수 있었습니다. 더 나아가 요셉은 장차 가뭄이 닥치면 어떻게 해야 하는지 자세히 말해 주었고, 바로는 아주 현명하게도 모든 일을 요셉에게 맡겼습니다. 사도행전에 기록된 그대로입니다. "바로가 그를 애굽과 자기 온 집의 통치자로 세웠느니라."

이것이 우리의 관심을 끄는 대목입니다. 이 일련의 사건이 하나님께서 인간을 구원하시는 방식을 얼마나 완벽하게 예시해 주는지 여러분에게 설명하고자 합니다. 이 사건에서, 요셉이 복되신 우리 주님을 얼마나 여러 면에서 표상하고 있습니까! 이 사건이 애굽에서 발생했다는 사실을 기억하시기 바랍니다. 마태복음 2장에는, 주님이 아직 아기일 때 헤롯왕을 피해 부모의 품에 안겨 애굽으로 내려간 일이 기록되어 있습니다. 마태는 그 사건을 전하면서 선지자 호세아의 글을 인용합니다. "이는 주께서 선지자를 통하여 말씀하신 바 애굽으로부터 내 아들을 불렀다 함을 이루려 하심이라" 마 2:15; 호 11:1.

또 한 가지 흥미로운 점을 발견하게 됩니다. 스데반의 설교에는 이런 대목이 나옵니다. "하나님이 그와 함께 계셔 그 모든 환난에서 건져 내사 애굽 왕 바로 앞에서 은총과 지혜를 주시매." 그런데 복음서는 주 예수 그리스도에 관해 이렇게 기록합니다. "예수는 지혜와 키가 자라가며 하나님과 사람에게 더욱 사랑스러워 가시더라"눅 2:52. 이처럼 요셉은 놀라울 만큼 우리 주님의 표상입니다.

그러나 앞서 말씀드렸듯이, 제가 강조하고자 하는 대목은 "하나님이 그와 함께 계셔"라는 구절입니다. 여기에 위대한 구원 메시지에 관련된 중요한 점이 있습니다. 기독교 메시지는 하나님께서 인간의 역사 안으로 뚫고 들어오신다는 메시지입니다. 이것이 여기서 우리가 배우는 첫번째 큰 원리입니다. 여기 인간들이 있습니다. 요셉의 형들입니다. 이들이 시기심에 사로잡혀 요셉을 애굽으로 팔았습니다. 이것이 제가 지금까지 여러분에게 설명해 온 인류의 이야기입니다. 질투와 시기, 앙심과 원한, 대립과 투쟁, 전쟁과 소요와 혼란으로 얼룩져 온 것이 인류역사입니다. 여기서 우리는, 하나님께서 요셉과 함께 계셨다는 말씀을 대합니다. 세상은 단단한 각질에 쌓여 있는데, 하나님께서 그 안으로 뚫고 들어오신 것입니다.

그러므로 복음 곧 기독교 신앙의 메시지는, 인간 역사의 물줄기를 가로막습니다. 인간 역사를 뚫고 개입합니다. 아니, 더 좋은 표현이 있습니다. 복음은 하나님의 침입입니다. 하나님께서 인류역사와 세상의 사건들에 뚫고 들어오신 것입니다. 이 점을 분명히 깨닫지 못한다면 복음의 첫번째 원리조차 이해하지 못합니다. "[그러나] 하나님이 그와 함께 계셔." 흐름에 단절이 생겼습니다. 요셉이 학대를 당하고 팔려 애굽으로 끌려갔으니, 이제 평생을 노예로 살다가 죽겠구나 하고 생각하는 것이 당연합니다. 거기서 높은 지위에 오른다는 것은 상상할 수도 없는 일입니다. 그러나 세상의 이치에 돌연 단절이 생기더니 예상치 못한 일이 발생했습니다. 복음이란 그런 것입니다. 만일 여러분이 복음을 그런 식으로 듣지 못했다면 아예 듣지 않은 것이나 다름없습니다.

복음은 우주에서 가장 예기치 못할 갑작스러운 것입니다. 역사책을 꺼내 읽어 보십시오. 위대한 철학자들이 인간의 삶과 역사에 대해 써 놓은 글을 읽어 보십시오. 거기에는 연속성이 있습니다. 세상의 이치가 있습니다. 하지만 복음에는 그것과 사뭇 다른, 터를 흔들고 부수는 비상한 단절이 있습니다.

이것이 오늘날 우리에게 너무나 귀중한 교훈을 줍니다. 현대사회는 인간이 완전을 향해 발전하고 진화해 가는 과정에 있다고 믿는 이론과 가설에 매몰되어 있기 때문입니다. 그래서 사람들이 복음을 배척합니다. 찰스 다윈과 그가 1859년에 펴낸 『종의 기원』*On the Origin of the Species*을 자랑스럽게 여기는 것입니다. 사람들은 그것으로 복음이 끝장났다고 말합니다. 진화에 모든 대답이 있다고 말합니다. 인간이 원시의 점액물질로부터 서서히 진화해 오다가 인류가 등장하게 되었고, 장차 인류가 완전에 도달하게 될 것이라고 말합니다. 이런 가설을 세상이 대부분 믿고 따라가고 있습니다.

물론 사람들은 가끔 도약이 있다는 것도 믿으며, 혹시 도약까지는 아니더라도 빠른 발전이 있다고 믿습니다. 예를 들어, 때때로 보통 사람들이 생각하지 못하는 것을 꿰뚫어 보는 비범한 통찰력과 심오한 사상을 지닌 위인들이 등장합니다. 또한 비약적인 상승운동으로, 인간 사회가 거의 완전의 경지에 도달한 인상을 주기도 합니다. 다시 소강상태로 접어들었다가 또 다른 위대한 인물이 등장합니다. 그러므로 사람들은 인간 사회에 가장 필요한 것이, 현실을 깊이 성찰하고 앞날을 정확하게 예측해 현실 진단과 방향을 제시해 줄 선각자의 등장이라고 믿는 것입니다. 우리는 항상 꽉 막힌 현실을 뚫고 앞날을 내다보도록 하는 새로운 책, 신선한 통찰, 위대한 사상가, 현실에 정체되어 있는 우리에게 무언가 자극을 줄 만한 어떤 것을 기다립니다.

따라서 우리가 복음 곧 기독교 메시지에 대해 깨달아야 할 첫번째 원리는, 복음은 세상 소망과 기대의 정반대이며 그것에 대한 철저한 부정이라는 점입니다. 복음은 인간이 완전을 향해 발전하거나 진화할 만한 처지에 있지 않다고 잘라 말합니다. 유일한 소망은 철저한 단절과 개입에 있으며, 이 사건은 이미 발생했다고 선포합니다. "찬송하리로다. 주 이스라엘의 하나님이여, 그 백성을 돌보사 속량하시며"눅 1:68. 이것은 세상이 생각하고 알아 온 모든 것과 완전히 다른 것입니다. 철저한 단절입니다. 이것이 사도행전 본문에 분명히 기록된 복음 메시지의 본질입니다. "여러 조상이 요셉을 시기하여 애굽에 팔았더니 하나님이 그와 함께 계셔." 이야기가 이렇게 반전된 이유는 하나님이 행하신 일 때문입니다.

그것이 하나님께서 처음부터 인류를 대해 오신 방법입니다. 구약성경을 읽어 보면, 그것을 발견하게 될 것입니다. 구약 역사를 간단히 정리한다면, 하나님께서 이스라엘 자손들의 현실에 개입해 오신 역사입니다. 그들이 어떻게 늘 곁길로 갔는지, 하나님께서 어떻게 그들을 구원하시려고 일관되게 개입하셨는지, 구약성경이 여실히 보여줍니다.

성경은 하나님의 개입을 여러 방식으로 가르칩니다. 때로는 위대한 사람들을 일으키는 방식을 사용하기도 하셨습니다. 그러나 무엇보다도 하나님의 개입을 극명하게 보여준 사건은, 베들레헴에 아기가 태어난 일입니다. 첫번째 성탄절에 무슨 일이 발생했습니까? "말씀이 육신이 되어 우리 가운데 거하시매"요 1:14. 하나님의 아들이 영원에서 시간 안으로 들어오셨습니다. 두꺼운 각질을 뚫고 들어오셨습니다. 시간 안으로 들어오신 것이요, 인간 사회의 흐름 안으로 들어오신 것입니다. 그것은 유일무이한 사건이었습니다. 과거에도 없었고 장차에도 없을 사건이었습니다. 하나님께서 자기 아들을 "죄 있는 육신의 모양으로" 보내셨습니다롬 8:3.

위대한 부흥운동은 하나같이 하나님께서 교회의 삶 속으로, 세상의 삶 속으로 뚫고 들어오신 이야기입니다. 세상이 끝나는 날까지 그러한 일이 간헐적으로 일어날 것입니다. 기독교 교회조차도 역사 안에서는 완전한 상태로 발전해 가는 것이 아니라는 말을 듣습니다. 하물며 세상은 더 말할 나위가 없습니다. 인류역사의 종말이 모든 과정의 끝일까요? 그렇지 않습니다. 종말은 하나님께서 이처럼 인간사에 강력하게 개입해 오신 흐름 가운데 하나의 사건일 것입니다. 그것은 묵시적인 사건일 것이요, 더 크고 중요한 일의 촉매가 되는 사건일 것입니다. 하늘이 열리고 모든 사람이 주께서 "구름을 타고" 오시는 것을 볼 것입니다마 24:30. 우리 안으로 뚫고 들어오실 것이요, 모든 사람의 눈이 그분을 볼 것입니다계 1:7 참조.

거듭 말씀드리지만, 이것이 기독교 메시지의 본질입니다. 하나님께서 인간 역사에 개입하셨다는 것이 복음입니다. 만일 우리가 복음의 이 첫번째 원리를 이해하지 못한다면 더 진행할 수 없습니다. 이 원리를 이해하지 못하기 때문에 복음 전체를 오해하는 사람들이 생기는 것입니다. 이것은 하나의 과정이 아닙니다. 그리스도를 위대한 철학자나 사상가나 정치가의 범주에 놓아서는 안됩니다. 주님은 어느 범주에도 속하지 않으십니다. 그분은 유일무이하신 분입니다. 오직 홀로 계십니다. 위에서 강림하십니다.

복음의 두번째 원리는, 구원이 온전히 하나님께 달려 있다는 것입니다. 이 점은 길게 설명할 필요가 없습니다. 사람들에게서 나오는 것이 무엇인지, 우리는 앞에서 살펴보았습니다. 사람들은 요셉의 형들과 똑같습니다. 너나 할 것 없이 다 그렇습니다. "의인은 없나니 하나도 없으며"롬 3:10. "우리는 다 양 같아서 그릇 행하여 각기 제 길로 갔거늘"사 53:6. 사람들이 내놓는 행위가 어떤 것인지 우리는 살펴보았습니다. 인류의 역사가 인간 스스로는 구원할 수 없음을 단호히 입증합니다. 오늘날의 세상 상황이 그것을 입증합니다. 인류는 수십 세기를 지나오는 동안 스스로를 구원하기 위해 분주히 노력했습니다. 그래서 이룩해 낸 것이 이른바 문명입니다. 하지만 그렇게 해서 성공했습니까? 오늘날 상황을 보십시오. 세상 돌아가는 것을 바라보십시오. 인간은 스스로를 구원할 수 없습니다. 구원은 온전히 하나님께 속해 있습니다.

지금까지 우리는 요셉의 형들을 생각했습니다. 이제는 요셉 자신을 생각해 봅시다. 그에게는 힘도 능력도 없었습니다. 항상 패배하기만 했습니다. 소망이라고는 전혀 없는 나락에 떨어졌습니다. 지하감옥에 던져진 몸으로 어찌 해볼 도리가 없었습니다. 그러나 상황이 완전히 반전되었습니다. 왜 그랬습니까? 하나님께서 그와 함께 계셨기 때문입니다. 그것은 오직 하나님께 달린 일이었습니다! 기독교 신앙의 메시지는, 하나님이 전부이며 하나님께서 만물을 당신의 뜻대로 다스리신다는 것입니다.

요셉 이야기에서 가장 중요한 요소는, 하나님이 처음부터 그와 함께 계셨다는 사실입니다. 요셉 자신이 이것을 말했습니다. 창세기 40장부터 계속 읽어 보면, 요셉이 마침내 형들에게 자신의 신분을 밝히는 순간 형들이 어찌할 바를 모르는 모습을 보게 됩니다. 그들은 경악하고 낙담했습니다. 지난날 죽이고 싶을 정도로 미워서 마침내 돈 받고 팔아넘긴 동생이, 이제 위대한 인물이 되어 그들 앞에 서 있었던 것입니다.

그러나 요셉은 형들을 위로하고 안심시켰습니다. "당신들이 나를 이곳에 팔았다고 해서 근심하지 마소서. 한탄하지 마소서. 하나님이 생명을 구원하시려고 나를 당신들보다 먼저 보내셨나이다"창 45:5. 이 말을 풀어 말하면 사실 이런 것입니다. "어떤 의미에서, 형들이 나를 팔아넘긴 것이 아니라 하나님이 그렇게 하셨습니다. 하나님께서 형들의 생명을 구원하시려고 나를 이곳에 보내셨습니다."

인간들의 행위가 궁극적으로는 하나님의 행위입니다. 하나님이 그 배후에 계십니다. 요셉은 훗날 반복해서 이렇게 말합니다. "당신들은 나를 해하려 하였으나 하나님은 그것을 선으로 바꾸사 오늘과 같이 많은 백성의 생명을 구원하게 하시려 하셨나니"창 50:20. 이것이야말로 지극히 놀라운 일입니다. 여러분이 요셉 이야기를 이해할 수 있는 길은 한 가지뿐입니다. 그 일 전체를 계획하신 분이 하나님이심을 아는 것입니다. 가뭄이 다가오는 것을 애굽 사람들은 모르고 있을 때, 하나님은 미리 아셨습니다. 하나님은 몇 년 앞을, 몇 세기, 몇 천 년 앞을 내다보시는 분입니다. 처음부터 끝을 보십니다. 과연 하나님은 그러한 분이시며, 하나님의 계획이란 그런 것입니다! 그러므로 요셉이 형들에게 한 말은 이런 내용입니다. "근심하지 마세요. 너무 자책하지 마세요. 이젠 괜찮습니다. 내가 형들을 용서하고 말고 할 것이 없습니다. 형들은 스스로 한 일이 무엇인지 모릅니다. 하나님께서 그 배후에 계시면서 뜻을 이루어 오신 것입니다."

이것이 성경 전체를 흐르는 큰 원리 가운데 하나입니다. 이것은 주 예수 그리스도께서 이 세상에 계실 때, 그분에게 일어난 일과도 관련 있는 중요한 원리입니다. 그렇기 때문에 스데반이 이 이야기를 유대인 지도자들 앞에서 하고 있는 것입니다. 조상들이 요셉에게 행한 일을 묘사하면서, 그들이 예수께 행한 일이 무엇이었는지 보여주고 있는 것입니다. 하나님의 아들이 세상에 강림하신 이 위대한 이야기를 살펴보십시오. 이 일이 언제 계획된 줄 아십니까? 사도 바울에 따르면 "창세 전에" 계획되었습니다엡 1:4. 사도는 이렇게 말합니다. "오직 은밀한 가운데 있는 하나님의 지혜를 말하는 것으로서 곧 감추어졌던 것인데 하나님이 우리의 영광을 위하여 만세 전에 미리 정하신 것이라"고전 2:7.

하나님은 세상을 창조하시기 전부터 기록해 오신 책을 갖고 계십니다. 여러분의 이름도 "죽임을 당한 어린양의 생명책"계 13:8에 기록되어 있습니다. 우리는 너무나 눈이 멀어 진실을 보지 못합니다. 그저 겉으로 나타나는 사람들의 행동만 보고, 그 배후에서 움직이는 하나님의 역사를 보지 못합니다. 주님이 갈보리 언덕에서 십자가에 달려 죽으셨을 때 일어난 일이 바로 이것이라고, 사도 베드로가 외친 것을 여러분은 기억하십니까? 오순절에 사도는 군중을 향해 이렇게 말했습니다. "그가 하나님께서 정하신 뜻과 미리 아신 대로 내준 바 되었거늘 너희가 법 없는 자들의 손을 빌려 못박아 죽였으나"행 2:23. 그리스도의 죽으심은 우발적 사건이 아니었습니다. 그 일을 실제로 벌인 것은 사람들이었으나, 그의 죽으심은 하나님의 영원한 계획의 일부였습니다. 사람들은 하나님의 원대하고 영광스러운 목표를 이루는 데 근시안적이고 수동적인 도구일 뿐입니다.

제가 큰 특권으로 전하는 구원은 전적으로 하나님이 행하신 일입니다. 요셉이 자기 힘으로 무슨 일을 할 수 있었습니까? 사람이 과연 무슨 일을 할 수 있습니까? 이 상황에서 일을 행하시는 이는, 오직 하나님 한분이십니다. 이것이 많은 사람들이 좋아하는 요한복음 3:16의 의미입니다. "하나님이 세상을 이처럼 사랑하사 독생자를 주셨으니 이는 그를 믿는 자마다 멸망하지 않고 영생을 얻게 하려 하심이라." 여러분은 이제 이 말씀이 무엇을 말하고자 하는지 압니다. "하나님이 세상을 이처럼 사랑하사"-세상은 스스로를 구원할 수 없습니다-"독생자를 주셨으니." 사랑하는 아들을 세상에 보내셔서 십자가의 죽음까지 당하게 하신 것입니다.

이 교훈은 성경 곳곳에서 발견됩니다. 사도 바울은 이렇게 기록했습니다. "때가 차매 하나님이 그 아들을 보내사 여자에게서 나게 하시고 율법 아래에 나게 하신 것은 율법 아래에 있는 자들을 속량하시고 우리로 아들의 명분을 얻게 하려 하심이라"갈 4:4-5. 성경 전체의 이야기는, 하나님이 행하신 일에 대한 이야기입니다.

따라서 복음의 세번째 원리를 말할 수 있습니다. 세번째 원리는 논리상 두번째 원리에서 필연적으로 따라오는 것으로, 구원이 온전히 은혜로 말미암는다는 것입니다. 형들이 몹쓸 짓을 했는데도, 요셉은 형들과 온 가족과 애굽 전체를 구원하게 되었습니다. 여러분과 저의 구원도 우리의 어떠함을 넘어서서 임합니다. 우리가 한 것이라고는 구원에 반대한 것뿐입니다. 인류가 살아온 이야기를 읽어 보십시오. 그것을 성경 안에서 읽고, 세속 역사책에서 읽어 보십시오. 인간들이 하나님의 뜻을 방해하려고 얼마나 분주히 노력해 왔는지 알게 될 것입니다. 아담과 하와는 만일 하나님께 불순종하여 문제를 일으키지 않았다면 낙원에서 계속 살았을 것입니다.

사람들은 무질서와 혼란을 일으킵니다. 흔히 정부와 질서를 자랑하지만, 그것은 그들이 세운 것이 아닙니다. 정부와 질서는 혼돈에서 나온 것입니다. 요셉의 형들과 마찬가지로, 사람들은 문제를 만들고 어려움을 일으킵니다. 거듭 말씀드리지만, 사람들에게 구원이 임하는 이유는 한 가지뿐입니다. 하나님께서 은혜를 주시려고 작정하셨기 때문입니다. 하나님의 아들이 세상에 오신 이유는 인간의 아름다움이나 영광 때문이 아니었습니다. 천만에 말씀입니다!

우리 하나님의 지혜가 얼마나 크고 놀라운지요!
인간이 하나같이 죄를 짓고 수치에 떨어졌을 때
둘째 아담이 죄와 싸워 우리를 건지려고

세상에 강림하셨나이다.

—존 헨리 뉴먼John Henry Newman

"인간이 하나같이 죄를 짓고 수치에 떨어졌을 때." 이것이 실상입니다. 세상과 인간이 이처럼 수치스러웠습니다. 해산할 날이 가까워 배가 잔뜩 부른 가난한 여성이 베들레헴이라는 작은 마을에 들어갔을 때 여관의 방 하나 얻지 못했습니다. 그 불편한 몸을 보고도 아무도 방을 비워 주지 않았습니다. 첫아이를 낳기 위해 하는 수 없이 마구간으로 들어가야 했습니다. 이것이 세상입니다. 죄와 수치로 덮인 곳입니다! 구원은, 우리의 어떠함에도 불구하고 임한 것입니다! 온전히 하나님의 은혜로 말미암은 일입니다.

만일 여러분이 스스로 그리스도인으로 여기면서, 그리스도인이 되거나 구원을 얻는 일에 어떤 식으로든 여러분 자신의 의무가 있다고 느낀다면, 분명히 말씀드리지만 여러분은 구원을 받은 것이 아닙니다. 만일 여러분이 생명을 자랑하고 선행을 자랑하고 업적을 자랑하고 깨달음을 자랑하고 믿음을 자랑하고 그 밖의 어떤 것을 자랑한다면, 여러분은 복음을 부인하고 있는 것입니다. 구원은 오직 은혜로 말미암은 것입니다. "너희는 그 은혜에 의하여 믿음으로 말미암아 구원을 받았으니 이것은 너희에게서 난 것이 아니요 하나님의 선물이라"엡 2:8.

좀더 부연해 말씀드리고 싶은 것이 있습니다. 그것은 하나님의 방식이 우리에게 낯설며, 하나님의 구원의 길이 생소하다는 것입니다. 하나님은 항상 우리를 깜짝 놀라게 하십니다. 하나님께서 우리를 도우시고 우리를 구원하시는 방식은, 우리가 생각하거나 예상한 적이 없는 것입니다. 세상은 이런 일들을 전혀 엉뚱하게 생각하기 때문에, 복음이 눈에 들어오지 않고 행여 들어왔더라도 쉬이 잊는 것입니다. 이것은 뜻밖의 일이 아닙니다. 선지자 이사야가 이미 내다본 결과입니다. 하나님께서 선지자를 통해 이렇게 말씀하셨습니다. "이는 내 생각이 너희의 생각과 다르며 내 길은 너희의 길과 다름이니라. 여호와의 말씀이니라. 이는 하늘이 땅보다 높음같이 내 길은 너희의 길보다 높으며 내 생각은 너희의 생각보다 높음이니라"사 55:8-9. 이 말씀을 이해하지 못한다면, 거듭 말씀드리지만, 복음을 하나도 이해하지 못한 것입니다! 이것이 신비에 쌓인 하나님의 지혜입니다. 사도 바울은 고린도인들에게 이렇게 썼습니다.

> 그러나 우리가 온전한 자들 중에서는 지혜를 말하노니 이는 이 세상의 지혜가 아니요 또 이 세상에서 없어질 통치자들의 지혜도 아니요 오직 은밀한 가운데 있는 하나님의 지혜를 말하는 것으로서 곧 감추어졌던 것인데 하나님이 우리의 영광을 위하여 만세 전에 미리 정하신 것이라 고전 2:6-7.

이것이 구원 역사의 큰 출발점 가운데 하나입니다. 이것을 모른 채 이 큰 구원을 인간의 표준과 범주와 일반적인 사고 틀로 생각하려 한다면, 철저히 빗나가서 어디에도 도달하지 못할 것입니다. 구원의 도리는 인간의 생각과 전혀 다릅니다. 놀랍고 기이한 것입니다. 요셉 이야기를 보십시오. 그것은 우리의 생각에 맞지 않습니다. 그것은 하나님의 생각입니다.

그러므로 또 한 가지 드릴 말씀은 이것입니다. 하나님의 방식은 간접적이라는 것입니다. 물론 우리는 실제적인 사람들이라 일의 결과를 빨리 보고 싶어합니다. 그렇지 않습니까? 하지만 하나님은 그렇지 않으십니다. 꽃들을 보십시오. 하나님께서 꽃들이 어떻게 피어나게 하십니까? 밀과 보리를 생각해 보십시오. 하나님께서 곡식들이 하룻밤에 다 자라 금세 추수하도록 만드시지 않은 이유를 생각해 보십시오. 하나님은 그렇게 하실 능력이 있습니다. 그러나 하나님은 농부들 가운데 어떤 이에게는 흙을 갈아엎게 하시고, 어떤 이에게는 써레질을 하게 하시고, 어떤 이에게는 흙덩어리를 잘게 부수게 하시고, 어떤 이에게는 씨앗을 뿌리게 하시고, 어떤 이에게는 그 위에 흙을 덮고 밟게 하십니다. 온갖 과정의 일을 해야 곡식이 자라고 추수도 할 수 있게 하신 것입니다. 우리는 신속한 결과를 원합니다. 하지만 하나님은 그렇지 않으십니다. 요셉 이야기에 그 사실이 여실히 드러납니다. 이 이야기가 얼마나 오랜 세월을 두고 진행됩니까? 하나님은 친히 하실 일을 처음부터 아셨습니다. 그러나 일이 마무리되고 사람들이 가뭄에서 구원받게 될 때까지 불의하고 뒤틀린 일들이 일어나도록, 그냥 두신 채 오랫동안 기다리십니다.

하나님의 구원 방식은 직선 코스가 아니라 곡선 코스입니다. 이 점은 이스라엘 자손들을 애굽에서 구출해 내셔서 가나안 땅으로 인도하실 때 다시 한번 확인됩니다. 그들을 지름길로 인도하지 않으시고 광야를 지나 둘러가게 하신 것입니다. 하나님께서 행하신 방식이 늘 그러했습니다. 그것은 구약성경뿐 아니라 신약성경에서도 보게 됩니다. 하나님은 오늘날도 그러한 방식으로 일하시건만, 사람들은 이해하지 못한 채 매사 흑백으로 가리고 그 자리에서 결판나기를 원합니다. 그러나 하나님의 방식은 우리의 방식과 다릅니다.

좀더 구체적으로 말씀드리겠습니다. 여러분은 하나님께서 허락하시는 것이, 혹은 하나님께서 계획하신 것이 이상하게 지체된다고 생각해 본 적이 있습니까? 사도행전 7:6에는 이렇게 기록되어 있습니다. "하나님이 [아브라함에게] 또 이같이 말씀하시되 그 후손이 다른 땅에서 나그네가 되리니 그 땅 사람들이 종으로 삼아 사백 년 동안을 괴롭게 하리라 하시고." 오늘날 우리의 관점인 20세기의 상식과 실제적인 사고방식에 비추어 보면, 이 말씀은 터무니없게 보입니다. 하나님께서 이 사람 아브라함을 부르셔서 그에게 이 땅을 주시겠다 약속하시고, 이 땅이 그와 그의 후손들에게 영구히 속할 것이라고 말씀하십니다. 그러고는 이어서 그의 후손들이 사백 년 동안 자신들의 땅을 떠나 애굽이라 불리는 곳으로 가게 될 것이고, 그곳에서 종살이를 하게 될 것이라고 말씀하시는 것입니다! 이것이 하나님이 쓰시는 전형적인 방식입니다.

혹은 이렇게도 설명할 수 있겠습니다. 하나님은 세상을 완전하게 지으시고, 남자와 여자도 완전하게 지으신 후에 그들을 낙원에서 살게 하십니다. 그러나 그들이 하나님을 배반하고 죄를 짓고 타락하여 스스로 혼돈을 초래합니다. 그런데 하나님께서는 세상을 창조하시기 전에 이미 세상을 구원하기로 작정하셨습니다.

그러므로 사람들은 반문합니다. "그렇다면 왜 하나님은 사태를 즉시 바로잡지 않으십니까? 인간이 타락했으면, 왜 그 즉시 구원하지 않으십니까? 베들레헴에 아기가 태어나기 전에, 무엇 때문에 무려 4천 년의 세월이 흐르도록 내버려두십니까?"

이러한 지체와 연기가 우리에게 낯설고 쉽게 이해되지 않지만, 그것이 하나님의 방식입니다. 창세기 41장 서두에는 이렇게 적혀 있습니다. "만 이 년 후에……."

사람들은 묻습니다. "하나님은 어째서 요셉을 감옥에서 2년이나 썩도록 방치해 두셨습니까? 하나님은 요셉이 결국 풀려날 것을 아시지 않았습니까?"

하나님께서 왜 이러한 지연을 허용하시는 것일까요? 어려운 문제이기는 하나, 여러분에게 답변을 드릴 수 있다고 생각합니다. 우리는 어리석을 뿐 아니라 대책도 없이 자신을 신뢰하는 자들입니다. 스스로의 힘으로 구원할 수 있다고 자신합니다. 그런데 만일 하나님이 인간을 즉각 구원하겠다고 하시면, 인간은 하나님을 막아서면서 이렇게 말할 것입니다. "저희에게 한번만 기회를 주시면 저희 힘으로 구원하겠습니다. 굳이 아들을 세상에 보내실 필요가 없습니다. 저희에게 시간만 주시면 모든 것을 바로잡아 놓겠습니다."

"그런가? 그러면 시간을 주겠다." 하나님께서 말씀하십니다.

그후 4천 년이라는 시간을 주셨습니다. 하나님이 낙원에서 여인의 후손이 뱀의 머리를 상하게 할 것이라고 약속하신 후에, 실제 여인의 후손이 태어나기까지 4천 년의 세월을 허락하신 것은, 바로 그 이유 때문입니다. 지체하신 것입니다!

그러나 그것이 전부가 아닙니다. 하나님의 일하시는 방식은 참으로 미약하기 짝이 없습니다. 일을 이루시기 위해 쓰시는 수단들도 미약합니다. 요셉을 보십시오. 그는 여러 면에서 야곱의 아들들 가운데서도 가장 미약한 아들이었던 것으로 보입니다. 다른 아들들은 강한 사내들이었지만, 요셉은 항상 꿈 이야기나 하고 생각에 젖어 지냈으며 아버지가 늘 그의 방패막이가 되어 주었습니다. 그러던 차에 형들에게 붙잡혀 구덩이에 떨어졌습니다. 떨어지기 전에 버티고 서서 형들을 제압할 힘도 용기도 없었습니다. 여러분 같으면 하나님이 힘센 사람을 보내 형들을 쓰러뜨리고 모두 달아매 주면 좋겠다고 생각했을 것입니다. 하지만 요셉은 그런 생각조차 하지 못했습니다. 그는 약골이었습니다.

다윗 역시 아버지 이새의 아들들 가운데 가장 약한 아들이었습니다. 하나님이 일하시는 방식은 대체로 이렇습니다. 이스라엘 민족은 모두 합쳐 봐야 다른 민족들에 비하면 아주 작은 민족에 불과했습니다. 이스라엘과 바벨론 혹은 앗수르와 애굽을 비교해 보면, 과연 한 줌도 되지 않는다는 것을 알게 됩니다.

다음으로 하나님의 아들을 보십시오. 여러분이라면 하나님이 어떻게 하시기를 기대했겠습니까? 세상에서 가장 웅장하고 화려한 궁전에서 위대한 왕의 후손으로 태어나 세상 모든 나라들에서 보낸 사절들에게 축하를 받을 것을 기대했겠지요. 그러나 전혀 그렇지 않았습니다! 마구간에서 의지할 데 없는 아기로 태어나셨습니다. 위대한 정치가도 아니요 위대한 철학자도 아니요, 그저 평범한 목수가 되셨습니다. 이것이 세상 사람들의 비위를 거스릅니다. 그렇지 않습니까? 그러나 이것이 하나님의 방식이었습니다!

이보다 훨씬 더 흥미로운 것이 있습니다. 여러분은 하나님의 계획과 하나님의 목적이 형편없이 어긋나고 철저히 무산되고, 원수들이 내내 승리하는 것처럼 보일 때가 많다는 것을 의식해 본 적이 있습니까? 요셉을 보십시오. 그에게는 비범한 무엇이 있었고, 그랬기에 그러한 꿈도 꾸었던 것입니다. 그런데 모든 일이 잘못되어 가는 것만 같고, 가는 곳마다 벽에 부딪쳤습니다. 형들의 손에 팔렸고, 하필이면 보디발의 집에 들어가게 되었고, 감옥에 던져졌습니다. 풀려날 소망이 보이는 듯했는데, 술 맡은 관원장이 그에 관한 모든 일을 까맣게 잊고 말았습니다. 이것이 하나님의 계획의 일부였을까요? 이것이 하나님의 일하시는 방식이었을까요? 당시 요셉의 입장에서 볼 때, 이제는 하나님의 계획이 절망적으로 어긋났고 모든 일이 틀어진 것만 같았을 것입니다.

많은 사람들이 복음을 믿지 않는 이유가 바로 이런 점 때문입니다. 하지만 이것 역시 하나님의 원대한 계획과 목적의 일부분입니다. 우리 주께서 친히 당하신 일들을 보십시오. 사람들이 주님을 어떻게 대했습니까? 주님을 죽이려고 어떤 음모를 꾸몄습니까? 결국 그들의 뜻이 성취되어 주님이 법정에 서지 않았습니까? 하나님의 아들이 법정에 서서 유죄판결을 받으셨습니다. 그리고 십자가에 달리셨습니다. 하나님의 원수들이 승리하여 개가를 불렀습니다. 하나님의 계획이 완전히 무산되고 말았습니다. 하나님이 실패했고, 이제는 다 틀리게 되었습니다.

우리 주님이 죽으셨습니다. 사람들이 주님의 시신을 십자가에서 끌어내려 무덤에 장사지냈습니다. 무덤 입구에 돌을 굴려 봉인했습니다. 요셉의 경우도 그랬듯이, 하나님 아들의 경우는 하나님께서 훨씬 더 패하신 것처럼 보였습니다.

그러나 감사하게도, 저는 마지막 원리를 여러분에게 말씀드리면서 설교를 마치려고 합니다. 그것은 하나님의 방식이 결국에는 승리한다는 원리입니다. 낯설고 이해되지 않는 일이 지난 후에, 결국 하나님의 은혜가 승리를 거둡니다. "여러 조상이 요셉을 시기하여 애굽에 팔았더니 하나님이 그와 함께 계셔 그 모든 환난에서 건져 내사 애굽 왕 바로 앞에서 은총과 지혜를 주시매 바로가 그를 애굽과 자기 온 집의 통치자로 세웠느니라." "[그러나] 하나님이 그와 함께 계셔."

하나님은 사람들에게 많은 일을 하도록 허용하십니다. 현대세계에서도 참으로 많은 행동을 허용하시므로, 어리석고 생각이 짧고 무지한 사람들이 "아, 기독교는 끝났다! 너희의 하나님이 어디 있느냐? 하나님은 없다" 하고 말합니다. 자신들이 승리했다고 생각합니다. 하지만 여러분, 재앙이 여러분을 덮치기 전에 역사에서 교훈을 배울 줄 알아야 합니다. "하나님이 그와 함께 계셔." 이 말씀이 기독교가 간직한 큰 비밀입니다. 요셉의 경우 그것이 자명해집니다. 다시 한번 요셉 이야기를 읽어 보십시오. 철저히 절망의 나락에 떨어진 것 같을 때에도, 하나님은 언제나 그와 함께 계셨음을 발견하게 될 것입니다. 사람들이 기이한 꿈을 꾸었을 때 아무도 그 뜻을 몰랐으나, 오직 요셉만 해석할 수 있었습니다. 하나님은 미리 알고 계셨고, 하나님 앞에서는 그 끝이 분명했습니다. 비록 시간의 지체를 허용하셨으나, 끝은 확실하고 분명했습니다. 정하신 때에 계획하신 일을 다 이루셨습니다.

이 원리를 우리 복되신 주님의 경우에 비추어 보십시오. 주님은 무력한 아기로 태어나셨습니다. 동방에서 박사들이 와 헤롯을 면담했습니다. 헤롯은 이 일이 자신의 권력을 위태롭게 할 수 있다는 것을 알았습니다. 이 복된 분을 죽이기 위해 베들레헴 지경에 사는 두 살 이하의 사내아기들을 다 죽이라는 명령을 내렸습니다.

하나님은 마리아의 남편 요셉에게, 꿈을 통해 아기를 애굽으로 피신시키라고 일러 주셨습니다. 헤롯이 죽자 하나님은 그 가족에게 돌아오라고 이르셨고, 요셉 부부는 아기를 데리고 돌아왔습니다. 하지만 헤롯의 악한 아들이 예루살렘 왕이 된 사실을 알고는, 유대 땅 남부에서 사는 것이 위험하다고 판단했습니다. 그러자 하나님께서 다시 개입하셨습니다. "꿈에 지시하심을 받아 갈릴리 지방으로 떠나가 나사렛이란 동네에 가서 사니"마 2:22-23.

이렇게 하나님은 아기를 보호하고 구원하셨습니다. 그 아기가 자라 이 땅에서 사는 동안, 내내 그와 함께 계셨습니다. 하나님의 아들이 하신 말씀을 들어 보십시오. "너희가 듣는 말은 내 말이 아니요 나를 보내신 아버지의 말씀이니라"요 14:24. 우리 주님은 "내가 하는 일을 보라. 그것은 나의 일이 아니요 아버지께서 내게 주신 일이다" 하고 말씀하십니다. "내가 아무것도 스스로 할 수 없노라.······ 나는 나의 뜻대로 하려 하지 않고 나를 보내신 이의 뜻대로 하려 하므로"요 5:30. "하나님이 그와 함께 계[신]" 까닭입니다.

이야기의 끝으로 가보겠습니다. 요한복음 16장에서, 주님은 제자들을 돌아보며 말씀하십니다. "보라, 너희가 다 각각 제 곳으로 흩어지고 나를 혼자 둘 때가 오나니 벌써 왔도다." 실제로 가장 가까이서 가르친 제자들조차 주님을 버리고 도망할 것을 주님은 미리 아셨습니다. 하지만 계속해서 이렇게 말씀하십니다. "그러나 내가 혼자 있는 것이 아니라 아버지께서 나와 함께 계시느니라"요 16:32. 하나님께서 끝까지 주님과 함께 계셨습니다!

"하지만 그렇게 쉽게 단정할 수 있을까요?" 어떤 사람이 반문합니다. "주님이 십자가에서 부르짖은 말씀을 잊었습니까? 여러분이 믿는 이 예수가 십자가에서 죽음의 고통을 못 이겨 '나의 하나님, 나의 하나님, 어찌하여 나를 버리셨나이까' 하고 부르짖은 사실을 잊었습니까? 하나님이 과연 예수와 함께 계셨습니까? 여러분은 이것을 설명할 수 있습니까?"

그렇습니다, 설명할 수 있습니다. 그것은 아주 잠시 동안의 일이었습니다. 우리 주님은 과연 버림을 받으셨습니다. 주께서 아버지의 얼굴을 잃어버린 두렵고 피하고 싶은 순간이 있었습니다. 그 일이 왜 일어났습니까? 왜 아버지께서 고개를 돌리셨습니까? 그것은 우리 주님께서 여러분의 죄와 저의 죄를 짊어지고 계셨기 때문입니다. 하나님이 주님 안에서 여러분과 저의 죄의 형벌을 집행하고 계셨습니다. 그러나 그것은 아주 잠깐이었습니다. 주님은 곧이어 "다 이루었다" 하시고요 19:30, "아버지, 내 영혼을 아버지 손에 부탁하나이다" 말씀하셨습니다눅 23:46. 하나님이 주님과 함께 계셨던 것입니다.

"하지만 예수께서 죽으신 것은 어떻게 된 일입니까?" 사람들은 말합니다. "장사되시지 않았습니까? 무덤과 돌은 다 무엇이며, 군병들이 무덤을 지켰다는 것이 다 무엇입니까?"

여러분은 대답을 알고 있습니다. 그렇지 않습니까? 사흗날 아침에 하나님께서 주님을 죽은 자 가운데서 일으키셨습니다. 무덤 문을 막고 있던 돌이 굴러갔습니다. 주님이 무덤에서 나오셔서, 택하신 증인들에게 부활하신 몸을 보이시고 하실 일을 행하셨습니다. 하나님이 끝까지 그와 함께 계셨던 것입니다. 하나님이 주님을 권능으로 살리셨습니다. 주님은 "성결의 영으로는 죽은 자들 가운데서 부활하사 능력으로 하나님의 아들로 선포되셨"습니다롬 1:4. 사도 바울은 로마서 1:16에서 "내가 복음을 부끄러워하지 아니하노니" 하고 말합니다. 그 이유가 무엇입니까? "이 복음은 모든 믿는 자에게 구원을 주시는 하나님의 능력이 [되기]" 때문입니다.

모든 것이 주님을 가로막고 있는 것처럼 보였고, 완전히 실패한 것처럼 보였습니다. 그러나 주께서 십자가에 죽으시면서 "통치자들과 권세들을" 벗겨 만천하에 그 수치가 드러나게 하시고, "십자가로 그들을 이기셨"습니다골 2:15. 곧이어 나타난 부활의 영광 가운데서도 그리하셨습니다.

그것은 이 시대에도 여전히 하나님의 프로그램입니다. 우리는 악한 시대에 살고 있습니다. 이 나라에서 그리스도인이라고 할 수 있는 사람이 극소수로 전락했습니다. 원수가 내내 이기는 것처럼 보입니다. 사방에서 똑똑한 사람들이 기독교 신앙을 멸시하고 조소하고 모독합니다. 하나님과 하나님의 경륜과 그리스도가 실패한 것처럼 보입니다. 그러나 섣불리 중대한 착오를 범하지 마십시오. "하나님이 그와 함께 계셔." 하나님께서 지금도 여전히 다스리고 계십니다. 그분은 전능하신 하나님이십니다.

기독교 교회의 역사를 되짚어 보면, 전에도 교회가 존폐의 기로에 선 듯한 때가 여러 번 있었습니다. 세상 사람들은 하나님이 실패하신 것처럼 생각하고, 이제는 교회가 끝장났다고 확신했습니다. 그러나 그때마다 하나님은 위대한 신앙의 인물을 일으키셔서, 강력한 부흥과 영적 각성이 일어나게 하셨습니다.

우리에게 다시 한번 그런 부흥과 각성이 일어날 수 있습니까? 저는 잘 모릅니다. 하지만 이것만은 장담합니다. 장차 악인들이 지금보다 더욱 악해지고, 전쟁에 전쟁이 꼬리를 물고 일어나고, 전쟁의 소문이 들리고, 전염병이 창궐하고, 온 세계가 전에는 결코 없었던 극악한 방법으로 하나님을 대적할 날이 틀림없이 올 것입니다. 그때에 홀연히 하늘에서 징조가 나타나, 영광의 주시요 왕의 왕이시요 주의 주이신 인자가 거룩한 천사들을 거느리고 하늘 구름을 타고 재림하실 것입니다. 그때에 주께서 세상을 공의로 심판하시고 모든 원수를 멸하시고, 의와 평화의 영광스러운 나라를 세우실 것입니다.

> 햇빛을 받는 곳마다 주 예수 왕이 되시고
> 이 세상 끝날 때까지 그 나라 왕성하리라.
> −아이작 와츠

하나님께서 그와 함께 계십니다! 영원히 그리하실 것입니다! 모든 권세가 주께 위임될 것이며, 주께서 모든 원수를 발등상 삼으실 때까지 다스리실 것입니다. 그 나라는 완전한 나라가 될 것이고, 주께서 그 나라를 아버지께 드릴 것이며, 하나님께서 영원히 만유 가운데 만유가 되실 것입니다.

구원자와 통치자

여러 조상이 요셉을 시기하여 애굽에 팔았더니 하나님이 그와 함께 계셔 그 모든 환난에서 건져 내사 애굽 왕 바로 앞에서 은총과 지혜를 주시매 바로가 그를 애굽과 자기 온 집의 통치자로 세웠느니라. 그때에 애굽과 가나안 온 땅에 흉년이 들어 큰 환난이 있을새 우리 조상들이 양식이 없는지라. 야곱이 애굽에 곡식 있다는 말을 듣고 먼저 우리 조상들을 보내고 또 재차 보내매 요셉이 자기 형제들에게 알려지게 되고 또 요셉의 친족이 바로에게 드러나게 되니라. 요셉이 사람을 보내어 그의 아버지 야곱과 온 친족 일흔다섯 사람을 청하였더니 야곱이 애굽으로 내려가 자기와 우리 조상들이 거기서 죽고.

사도행전 7:9-15

요셉 이야기를 더 상고하고자 합니다. 이 안에 큰 보화가 있기 때문입니다. 오늘은 요셉을 통해 나타난 원리들 가운데 지난 시간에 말씀드리지 못한 몇 가지를 더 말씀드리고, 요셉이 이스라엘 자손들을 구원하는 데 수행한 역할을 살펴보겠습니다.

지난 시간에 이어 여러분에게 말씀드리고자 하는 원리는, 특히 10절에 강조되어 나타납니다. "바로가 그를 애굽과 자기 온 집의 통치자로 세웠느니라." 바로가 두 가지 꿈을 꾸었으나 아무도 그 뜻을 해석하지 못하는 중에, 요셉이 바로 앞에 섰던 일을 여러분은 기억하실 것입니다. 요셉은 꿈 해석이 자신에게서 나오는 것이 아니라 하나님이 깨닫게 해주셔야 한다고 분명히 밝혔습니다. 그러고는 바로에게 꿈을 해석해 주고, 앞으로 할 일을 일러 주었습니다. 그 결과 요셉은 통치자의 지위에 올라 애굽을 다스리게 되었고, 풍년이 들 때 곡식을 비축해 둠으로써 흉년이 다가올 때를 철저히 대비했습니다.

이야기는 거기서 계속 진행됩니다. 이 이야기는 여러분이 직접 읽을 수 있습니다. 직접 읽어 보실 것을 다시 한번 권하는 이유는, 그만큼 놀라운 이야기이기 때문입니다. 가뭄이 찾아오자 야곱과 그의 가족은 식량 부족으로 고통을 겪기 시작했습니다. 손쓸 도리가 없었습니다. 그때 소식이 들려왔습니다. "야곱이 애굽에 곡식 있다는 말을 듣고 먼저 우리 조상들을 보내고"12절.

결국 요셉의 형들이 애굽으로 가게 되었고, 요셉을 찾아가게 되었습니다. 형들은 요셉을 알아보지 못했으나, 요셉은 형들을 알아보고 곡식을 넉넉히 주었습니다. 여기서부터 감동적인 장면이 전개됩니다. 요셉은 형들을 도우면서도 한동안 형들을 우롱했습니다. 마침내 형들 앞에 자신의 정체를 밝히게 되었고, 연로한 야곱이 온 가족과 재산을 정리해 애굽으로 내려가게 되었습니다. "일흔다섯 사람"이 애굽으로 내려가, 그곳에서 존경과 풍족한 재물을 얻었습니다.

이것은 참으로 놀라운 이야기입니다. 이 이야기가 주는 교훈이 무엇입니까? 이 모든 이야기가 우리와 무슨 관계가 있습니까? 산헤드린 공회원들도 같은 의문을 품었을 것입니다. 그 대답은, 이 모든 것 또한 하나님이 당신의 아들 안에서 우리를 위해 행하신 일의 완전한 표상이었다는 사실입니다. 창세기 기록을 보면, 바로가 통치권의 상징인 인장반지를 빼서 요셉의 손가락에 끼워 준 것을 알 수 있습니다. 요셉은 애굽에서 두번째 높은 지위에 올랐고, 모든 사람이 그에게 절하고 그의 권위에 복종하게 되었습니다. 이와 병행되는 사례를 여러분은 알고 있습니다. 첫번째 큰 원리는, 하나님께서 주 예수 그리스도를 우주의 통치자와 구원자로 세우시고 권세를 부여하셨다는 것입니다.

이것은 사도들이 전한 복음에서 대단히 중요한 내용이었습니다. 앞서 살펴보았던 것처럼, 베드로가 먼저 이 산헤드린 법정에 서서 다음과 같이 선언한 바 있습니다. "사람보다 하나님께 순종하는 것이 마땅하니라. 너희가 나무에 달아 죽인 예수를 우리 조상의 하나님이 살리시고 이스라엘에게 회개함과 죄사함을 주시려고 그를 오른손으로 높이사 임금과 구주로 삼으셨느니라"행 5:29-31. 마찬가지로, 스데반도 산헤드린 공회원들에게 요셉 이야기를 자세히 상기시킬 때 분명한 의도를 가지고 그렇게 했습니다. 그들은 요셉의 역사를 매우 자랑스럽게 간직하고 있었으나, 그 역사가 주는 교훈에서는 완전히 빗나가 있었습니다. 그 역사를 순전히 민족주의 관점에서 바라봄으로써, 정작 가장 중요한 영적 의미를 놓치고 있었던 것입니다. 이 점을 스데반은 꿰뚫어 보았고, 우리 역시 그러해야 합니다.

그리스도의 지상권至上權은 신약성경에서 여러 가지 방식으로 진술됩니다. 사도 바울은 골로새인들에게 이렇게 편지합니다. "아버지께서는 모든 충만으로 예수 안에 거하게 하시고"골 1:19. 과연 신약성경 저자들은 앞다퉈 그리스도를 높이고 그분과 세상의 관계를 설명합니다. 우리는 세상을 온통 혼잡하게 하고 전쟁과 혼란과 증오로 몰아넣는 권력자들을 향해 "잠잠하라! 복음의 말씀을 들으라!" 하고 외쳐야 합니다. 그들이 들으려고 하기 전에 우리가 먼저 외쳐야 합니다.

교회는 이 세상이 처한 현실에 대답할 수 있는 유일한 메시지를 갖고 있습니다. 세상이 안고 있는 문제를 정치인들이 이해합니까? 물론 그들은 이해하지 못합니다! 그들에게는 문제의식조차 없습니다. 왜 그렇습니까? 그들은 오직 인간적 기준으로만 생각하기 때문입니다. 그들은 죄의 문제를 이해하지 못할뿐더러, 악의 문제도 이해하지 못합니다. 겉으로 부각된 현실만 바라볼 뿐 문제의 뿌리를 보지 못합니다. 그 뿌리는 오직 성경에서만 볼 수 있습니다. 그러므로 우리는 세상에 대해, 잠잠할 것과 복음의 말씀을 들을 것을 외쳐야 합니다.

복음의 말씀이 무엇입니까? 그것은 하나님께서 이 세상의 통치권을 당신의 아들이신 주 예수 그리스도께 부여하셨다는 것입니다. 그러므로 성경은 하나님께서 그리스도를 주와 구주로 세우셨다고 말씀하며, 그리스도를 가리켜 "다스리는 자"마 2:6라고 하는 것입니다. 이 사실을 이해하지 못하면 신약성경에서 보게 되는 복음 메시지의 시작조차 이해할 수 없습니다. 복음은 하나님께서 세상을 창조하시고 우주를 지으셨다고 가르칩니다. 사도 바울이 골로새서에서 설명하듯이, 하나님은 우주를 당신의 아들에게 선물로 주셨습니다.

> 그는 보이지 아니하는 하나님의 형상이시요 모든 피조물보다 먼저 나신 이시니 만물이 그에게서 창조되되 하늘과 땅에서 보이는 것들과 보이지 않는 것들과 혹은 왕권들이나 주권들이나 통치자들이나 권세들이나 만물이 다 그로 말미암고 그를 위하여 창조되었고골 1:15-16.

그러나 세상은 죄와 불순종으로 말미암아 잘못된 길로 나갔습니다. 창세기 3장이 선언하는 메시지를 이해하지 못하고서는 세상을 이해할 길이 없습니다. 세상이 이 지경이 된 원인은 거기서만 발견할 수 있습니다. 그와 동시에 여자의 후손이 뱀의 머리를 상하게 할 것이라는 예언 안에서, 우리는 장차 이 세상을 구원하실 분-여자에게서 태어날 하나님의 아들-에 관한 암시를 발견할 수 있습니다.

세상은 하나님 아들의 것이며, 하나님의 아들이 세상 구원의 책임을 떠맡고 계십니다. 주께서 땅에 계실 때 자신에 관해 일관되게 하신 말씀이 그것입니다. 지상 사역을 마치실 무렵, 대제사장으로 기도드릴 때 그는 이렇게 아뢰었습니다. "아버지여, 때가 이르렀사오니 아들을 영화롭게 하사 아들로 아버지를 영화롭게 하옵소서. 아버지께서 아들에게 주신 모든 사람에게 영생을 주게 하시려고 만민을 다스리는 권세를 아들에게 주셨음이로소이다"요 17:1-2. 또한 6절에서 이렇게 아뢰었습니다. "세상 중에서 내게 주신 사람들에게 내가 아버지의 이름을 나타내었나이다." 그리스도인들은 하나님께서 아들에게 주신 사랑의 선물입니다. 하나님께서 이들을 당신의 아들에게 주신 목적은, 그들을 구원하여 새로운 의와 평화와 영광의 나라를 세우시도록 하려는 것이었습니다. 시편 2편에 기록된 "내가 이방 나라를 네 유업으로 주리니"8절라는 말씀이 그 뜻입니다. 유대인들만 주시겠다는 것이 아니라 이방인들도 주시겠다는 것입니다.

신약성경이 그리는 큰 그림은, 하나님의 아들이 온 세상을 다스릴 권세를 부여받으셨다는 것과, 모든 민족과 나라들 가운데서 한 백성이 부름받고 구원받고 이 악한 세상에서 구별됨으로써, 하나님의 사랑하시는 아들의 나라로 들어가고 있다는 것입니다. 하나님의 아들이 통치자와 구원자로 세움을 입으셨으며, 그분이 이 모든 백성을 구원하실 것입니다.

이 교훈은 구약성경에서도 발견할 수 있습니다. 구약성경에는 '언약의 사자'로 묘사된 분이 나옵니다. 그분이 구약성경에서도 일관되게 중요한 위치를 차지합니다. 십수 세기 동안 많은 학자들이 이 주제를 연구해 오면서 한결같이 내리는 결론은, 이분이 바로 주 예수 그리스도시며 그리스도가 세상에 강생하기 전에도 신현神顯 곧 하나님이 인간의 모습으로 나타나시는 방식으로 세상에 나타나셨다는 것입니다.

왜 우리 주님이 세상 일에 개입하십니까? 세상이 주님의 것이기 때문입니다. 우리를 구원하시는 모든 일이 주의 손에 맡겨졌습니다. 오래전 과거의 신학자들은 창세 전에 성부와 성자와 성령께서 세상과 그 구원에 관한 문제로 큰 논의를 했다고 말합니다. 나는 이 말이 성경적으로 상당히 근거가 있다고 생각합니다. 논의의 결론은 이 문제를 성자 하나님께 위임한다는 것이었고, 성자께서 이 과업을 맡으시고 "내가 여기 있나이다. 나를 보내소서" 하고 말씀하셨습니다. 이로써 주께서 권위와 능력을 받으셨습니다. 통치자가 되신 것입니다. 구주가 되기에 필요한 모든 것을 받으셨습니다. 따라서 스데반이 설교 후반에서 말한 광야 교회, 곧 구약 교회와 함께 계셨던 이가 주님이셨습니다.

그러나 이 모든 것은 구약의 그림자일 뿐입니다. 그후에 한 아기가 태어나 장성하여 어른이 되었고, 그가 공적 사역을 시작했습니다. 하나님께서 그에 대해 하늘에서 두 번 말씀하셨습니다. "이는 내 사랑하는 아들이요 내 기뻐하는 자라"마 3:17; 17:5. 그분을 통치자로 세우신 것입니다. 마치 바로가 요셉을 높은 지위에 세우면서 반지를 끼워 주고 모든 사람에게 그를 존경하고 복종하며 그의 명령대로 하라고 선포했던 것처럼, 하나님께서 당신의 아들에 대해 선포하신 것입니다, 후에 변화산에서 다시 말씀하실 때 "너희는 그의 말을 들으라"고 하셨습니다마 17:5; 막 9:7. 하나님께서 온 우주를 향해 아들의 음성을 들으라고 명령하셨습니다. 아들을 이러한 위치에 세우셨습니다.

뿐만 아니라, 하나님은 당신의 아들에게 이 모든 과업들을 수행할 권능을 주셨습니다. 그 직분에 필요한 능력과 깨달음을 주셨습니다. 기적을 행할 권능을 주셨습니다. 그러므로 우리 주님은 땅에서 일하실 때 항상 이 점을 강조하셨습니다. "내가 너희에게 이르는 말은 스스로 하는 것이 아니라 아버지께서 내 안에 계셔서 그의 일을 하시는 것이라. 내가 아버지 안에 거하고 아버지께서 내 안에 계심을 믿으라. 그렇지 못하겠거든 행하는 그 일로 말미암아 나를 믿으라"요 14:10-11. 하나님께서 아들이 살아계시는 동안 능력을 주셨을 뿐 아니라, 죽으실 때는 더 큰 능력을 주셨습니다. 사망조차 주님을 이기지 못했습니다. 사망이 주님을 붙잡아 둘 수 없었던 것입니다. 사도 베드로는 이렇게 말합니다. "하나님께서 그를 사망의 고통에서 풀어 살리셨으니 이는 그가 사망에 매여 있을 수 없었음이라.……이는……주의 거룩한 자로 썩음을 당하지 않게 하실 것임이로다"행 2:24, 27. 그것은 불가능한 일이었습니다. 하나님께서 아들 안에 능력을 부어 주셨기 때문입니다.

그리하여 죽은 자 가운데서 부활하신 주님은 제자들에게 나타나셨고, 그들을 보내 복음을 전하게 하셨습니다. 제자들은 한 줌에 불과한 사람들이었고 사회적으로도 중요하지 않았습니다. 하지만 그것이 주님께는 문제가 되지 않았습니다. "하늘과 땅의 모든 권세를 내게 주셨으니 그러므로 너희는 가서 모든 민족을 제자로 삼아 아버지와 아들과 성령의 이름으로 세례를 베풀고 내가 너희에게 분부한 모든 것을 가르쳐 지키게 하라. 볼지어다, 내가 세상 끝 날까지 너희와 항상 함께 있으리라"마 28:18-20.

신약성경 저자들은 앞다퉈 우리 주님의 부활의 권능을 선포합니다. 사도 바울은 에베소서에서 이렇게 가르칩니다. "그의 능력이 그리스도 안에서 역사하사 죽은 자들 가운데서 다시 살리시고 하늘에서 자기의 오른편에 앉히사 모든 통치와 권세와 능력과 주권과 이 세상뿐 아니라 오는 세상에 일컫는 모든 이름 위에 뛰어나게 하시고"엡 1:20-21. 그리스도께서 만유 위에 계신 것입니다.

우리 주님은 세상을 심판할 권세도 받으셨다고 친히 말씀하셨습니다. 하나님께서 세상의 심판자이시나 그 권세를 아들에게 위임하셨습니다. "아버지께서 자기 속에 생명이 있음같이 아들에게도 생명을 주어 그 속에 있게 하셨고"요 5:26. 바로가 자신의 권위와 권세를 요셉에게 위임했던 것처럼, 아버지께서 삼위일체 제2위 하나님이신 아들에게 권위와 권세를 위임하셨습니다. 아들이 자신을 낮추심으로 아버지께서 그에게 권위와 권세를 주신 것입니다. 우리 주님은 계속해서 이렇게 말씀하십니다. "또 인자됨으로 말미암아 심판하는 권한을 주셨느니라"요 5:27. 이것은 엄청난 선언입니다. 이 선언이야말로, 이 세상의 모든 문제와 구원이 주 예수 그리스도께 위임되었음을 입증하는 궁극적인 증거입니다.

　사도 바울은 아테네에서 복음을 전할 때 이 점을 지적했습니다. "알지 못하던 시대에는 하나님이 간과하셨거니와 이제는 어디든지 사람에게 다 명하사 회개하라 하셨으니 이는 정하신 사람으로 하여금 천하를 공의로 심판할 날을 작정하시고 이에 그를 죽은 자 가운데서 다시 살리신 것으로 모든 사람에게 믿을 만한 증거를 주셨음이니라 하니라"행 17:30-31. 수치와 실패와 죄에 깊이 빠져 있는 이 세상이 하나님의 아들에게 위임되었습니다. 이것이 대림절과 성탄절이 지니는 의미입니다. 주님, 오직 주님만이 우리를 구원하실 수 있습니다.

　애굽의 어떤 사람도, 점성술사나 그 누구든 자신들 앞에 다가오고 있던 문제를 깨닫지 못했습니다. 오직 한 사람, 하나님의 사람 요셉만 그것을 깨달았습니다. 요셉 자신이 신중하게 밝힌 대로, 하나님께서 깨닫게 하신 것이었습니다. 성탄절 메시지도 그런 것입니다. 이 세상에는 하나님의 아들이신 나사렛 예수 외에는 아무 소망도 없습니다. 오직 예수님만 우리의 진정한 필요를 채워 줄 수 있고 또한 실제로 그렇게 하셨습니다. 그 목적을 위해 세움을 받았고, 아버지께 온전히 순종하는 삶을 사심으로 자신의 사명을 완수했습니다. 아버지를 한번도 거역하신 적이 없고, 죄를 범하신 적도 없고, 그릇 행하신 적도 없습니다. "거룩하고 악이 없고 더러움이 없"는 분이셨습니다히 7:26. 사역을 다 마칠 즈음에는 자신을 고소하는 자들에게 책잡을 것이 있는지를 말씀하셨습니다. 아무 잘못을 행한 일이 없는 줄을 친히 아셨던 것입니다. 원수들이 주님을 고소했으나 그것은 위증을 토대로 한 거짓 고소였습니다. 주님은 십자가에 달리신 순간에도 오직 주님만 홀로 하실 수 있는 일을 하셨습니다. 그렇게 고난을 당하신 후에 부활과 승천의 영광에 이르셨고, 이제 하나님 우편에 앉아 우리를 위해 간구하고 계십니다히 7:25 참조.

　이제 요셉 이야기가 어떻게 우리 주님의 생애와 죽음의 그림자와 표상이었는지를 충분히 이해하셨을 줄 압니다. 요셉은 자신의 능력과 깨달음과 통찰력, 앞날을 준비할 수 있는 능력 때문에 애굽의 통치자로 임명되었습니다. 바로는 애굽 전역에 조서를 내려 이렇게 명령했습니다. "들으라, 내가 이 사람을 나라의 제2인자로 임명하노라. 너희는 그의 병거가 오는 것을 보면 엎드려 예를 표하라." 그런데 사도 바울도 우리 주님에 관하여 같은 말을 합니다.

그는 근본 하나님의 본체시나 하나님과 동등됨을 취할 것으로 여기지 아니하시고 오히려 자기를 비워 종의 형체를 가지사 사람들과 같이 되셨고 사람의 모양으로 나타나사 자기를 낮추시고 죽기까지 복종하셨으니 곧 십자가에 죽으심이라. 이러므로 하나님이 그를 지극히 높여 모든 이름 위에 뛰어난 이름을 주사 하늘에 있는 자들과 땅에 있는 자들과 땅 아래에 있는 자들로 모든 무릎을 예수의 이름에 꿇게 하시고 모든 입으로 예수 그리스도를 주라 시인하여 하나님 아버지께 영광을 돌리게 하셨느니라 빌 2:6-11.

그러므로 스데반이 산헤드린 앞에서 행한 이 설교에, 우리 주님이 주와 통치자로 임명되셨다는 첫번째 큰 원리가 담겨 있는 것입니다.

다음 두번째 원리로, 주께서 우리의 앞날을 완벽하게 준비해 놓으신 사실을 생각해 보겠습니다. 이것은 분명한 사실입니다. 그렇지 않습니까? 요셉은 다가오는 가뭄을 대비했습니다. 앞날을 정확하게 예측했습니다. 앞날을 대비하기 위해 무엇이 필요한지 정확히 파악하고 만전을 기했습니다. 요셉의 이러한 태도에 복음이 얼마나 충만하게 담겨 있는 것입니까! 주 예수 그리스도는 더욱 그리하셨습니다. 그리스도가 세상에 오신 이유가 무엇입니까? 세상의 실상을 아셨기 때문에 오셨습니다. 인간이 스스로 해결할 수 없는 영적 가뭄과 죽음에 처해 있는 현실을 아셨기 때문에 오셨습니다. 과연 주님은 우리에게 절실하게 필요한 것을 온전히 공급해 주셨습니다.

바로 이것이 성경 교훈의 독특함입니다. 주간지들에 실리는 영악한 기사들을 읽어 보십시오. 기자와 논설위원들이 세상에 무엇이 필요한지 정말 알고 있습니까? 그들에게는 아무런 개념도 없습니다. 여기에 문제의 원인이 있습니다. 개인이든 집단이든 인간에게 정말로 필요한 것을 알려 주는 것은 성경 외에는 아무것도 없습니다. 오직 하나님만 세상의 필요를 아시는 까닭에, 삼위일체 하나님 사이에 영원한 논의가 있었던 것입니다. 하나님은 세상의 필요를 "창세 전에" 이미 아셨습니다엡 1:4. 하나님의 아들은 영원부터 인간에게 필요한 것을 아셨습니다.

그후에 우리 주께서 세상에 오셨습니다. 아기로 태어나셨고, 자라나 소년이 되셨고, 장성하여 어른이 되셨습니다. 몇 년 동안인지 정확히 알지 못하지만, 서른의 나이가 될 때까지 목수로 일하셨습니다. 그동안 주님께 무슨 일이 있었습니까? 주님은 평범한 삶을 살고 계셨습니다. 인생이 무엇인지 친숙하게 아셨습니다. 인생의 기쁨과 슬픔, 고통과 문제를 함께 겪으셨습니다. "모든 일에 우리와 똑같이 시험을 받으신 이로되 죄는 없으"셨습니다히 4:15. 어떤 의미에서는 영원부터 모든 것을 아셨으나, 히브리서 기자가 확신을 가지고 진술하는 것은 "그가 아들이시면서도 받으신 고난으로 순종함을 배워서 온전하게 되셨"다는 것입니다히 5:8. 순종을 통해 배우신 것입니다.

오직 하나님으로만 계셨다면 우리 주님은 고난당하는 것이 무엇이며, "죄인들이 이같이 자기에게 거역한 일을 참으신"히 12:3 것이 무엇인지, 죄를 직접 대면하여 본다는 것이 무엇인지 알지 못하셨을 것입니다. 참으로 놀라운 사실은, 하나님의 거룩하신 아들이 이 술에 취하고 불륜에 물들고 악취가 나는 세상에 오셔서 친히 사셨다는 것입니다. 세상 속에서 사셨고, 세상이 어떻게 흘러가는지 다 아셨고, 그 안에서 되어 가는 일을 겪으셨습니다. 주님은 '슬픔의 사람'a man of sorrows이라 불리셨습니다. "간고를 많이 겪었으며 질고를 아는 자"사 53:3였습니다. 어느 찬송가 저자의 표현이 그렇게도 적절할 수 없습니다.

> 마음을 찢는 모든 고통과 상심에
> 슬픔의 사람, 우리 주님이 함께 계십니다.
>
> —브루스 M. Bruce

제가 여러분에게 얼마나 고귀한 메시지를 전하는 특권을 받은 것입니까! 여러분에게는 문제가 있습니다. 염려와 근심이 있습니다. 양심의 가책이 있습니다. 행복하지 않습니다. 어깨가 굽어 있습니다. 주저앉아 있습니다. 하지만 여러분의 처지가 어떻든 문제가 되지 않습니다. 주께서 여러분과 여러분의 모든 것을 다 아십니다. 요셉이 애굽에서 사람들의 필요를 파악할 수 있었던 것처럼, 하나님의 아들은 우리 처지와 필요를 잘 알고 계십니다. 그것을 위해 완전한 대비책을 가지고 계십니다.

우리에게 필요한 것이 무엇입니까? 우리에게는 용서가 필요합니다. 우리 모두가 하나님께 범죄했습니다. 우리 모두가 하나님의 거룩하신 율법을 범했으며, 우리 모두가 죄책罪責을 짊어지고 있습니다. "의인은 없나니 하나도 없으며"롬 3:10. 그러나 용서만으로는 안되고 더 필요한 것이 있습니다. 의義가 있어야 합니다. 우리는 하나님께 범죄했기 때문에, 하나님을 알지 못하며 하나님께 가까이 나아갈 수 없습니다. 여러분이 좋아하는 것을 행해 보십시오. 절대로 하나님을 만날 수 없습니다. "이 세상이 자기 지혜로 하나님을 알지 못하므로"고전 1:21. 세상은 하나님을 찾기 위해 열심히 노력했습니다. 철학자들이 나서서 최선을 다했습니다. 하지만 실패했습니다. 그것은 그들이 유한한 존재이기 때문이기도 하지만, 더 나아가 죄인들이기 때문입니다. 사람들이 하나님의 임재 앞에 서서, 하나님의 얼굴을 뵙고 하나님과 사귈 능력이 없습니다.

사람들에게는 새로운 본성이 필요합니다. 이것이 인류 전체가 안고 있는 근본적인 문제입니다. 세상이 필요로 하는 것은, 머리로 얻는 지식이 아니라 새로운 마음입니다. 문제는 마음에 있습니다. 주님은 말씀하십니다. "마음에서 나오는 것은 악한 생각과 살인과 간음과 음란과 도둑질과 거짓 증언과 비방이니"마 15:19. 교육제도로는 마음을 씻어 낼 수 없습니다. 오랜 세월 동안 교육활동이 끊이지 않았으나 인류는 여전히 죄 가운데 있습니다. 도덕체계와 윤리강령도 있어 왔고, 나름대로 유토피아를 위한 청사진도 모색되었습니다. 지식도 부족함이 없고 교육도 부족함이 없습니다. 그런데 세상이 어찌하여 이 지경이 되었습니까? 왜 이 기쁜 대림절 기간에 많은 사람이 술을 찾습니까?¹ 왜 술 마실 일을 생각하며 들뜹니까? 왜 술에 잔뜩 취해 짐승보다 못하게 되어 귀가하는 것을, 있을 수 있는 우스운 일로 여깁니까?

대답은 한 가지뿐입니다. 사람들의 마음이 악해서 그렇습니다. 모두가 새로운 마음, 정결한 마음이 필요합니다. 새로운 본성이 생겨야 합니다. 주님이 이렇게 말씀하셨습니다 "그 정죄는 이것이니 곧 빛이 세상에 왔으되 사람들이 자기 행위가 악하므로 빛보다 어둠을 더 사랑한 것이니라"요 3:19.

우리 주님은 이것을 아시나, 다른 사람은 아무도 모릅니다. 철학자들도 모릅니다. 그들은 주님의 이 교훈을 싫어합니다. 바리새인들도 이 교훈을 달가워하지 않았습니다. 자기들에게 필요한 것은 교육뿐이라고 생각했습니다. 주께서 그들에게 거듭나야 한다고 말씀하셨을 때 그들은 주님을 혐오했습니다. 이것이 그들이 주님을 십자가에 못박은 이유 중 하나였습니다. 그러나 주님은 "거듭나야 하겠다"고 분명히 말씀하셨습니다요 3:7. 다른 아무 방법으로도 안됩니다. 개혁과 향상, 이 정도로는 아무 소용이 없습니다. 새롭게 창조되어야 하고, 새로운 피조물이 되어야 합니다.

참으로 다른 방법은 없는 것입니까? 답을 얻을 수 있는 곳은 복음밖에 없습니다. 점성술가와 지식인과 예언자들은 아무런 도움도 주지 못합니다. 그들 자신도 아는 것이 없습니다. 여러분에게는 능력과 도움이 필요합니다. 설령 여러분에게 새로운 본성이 부여됐다 하더라도, 여전히 세상과 육신과 마귀와 그것들이 현대사회에서 발휘하는 능력과 맞서 싸워야 할 일이 남아 있습니다. 그들이 우리를 노려보며 고함을 지르고 유혹하고 기만하고 있습니다. 그들은 사방에서 우리에게 접근합니다. 신문과 텔레비전과 라디오와 책을 통해, 기사와 광고를 통해 우리에게 다가와서 우리를 주저앉히려 합니다. 하지만 우리

---

1 이 설교는 1966년 12월 18일 주일에 전해졌다.

는 너무나 무능력하고 취약합니다.

우리 주님은 다른 누구도 알지 못하는 방식으로 우리의 필요를 아십니다. 그러므로 주님만이 주실 수 있는 도움, 곧 "때를 따라 돕는 은혜"를 바라며 기도해야 합니다. 기도할 때 주님은 성령의 능력을 부어 주셔서 시험을 이기게 하시고, 죄의 오염에서 우리를 깨끗게 씻어 주십니다. 주님이 우리와 늘 함께 계시므로, 혹시 시험을 당하더라도 애니 셔우드Annie Sherwood와 같은 심정으로 기도해야 합니다.

매순간 주님이 필요하오니
주여, 늘 곁에 계시옵소서.

주님이 우리 곁에 계셔 하나님께 기도할 힘을 주실 것입니다. 주님은 대제사장이십니다. 하늘에 오르셔서, 지금은 하나님 우편에 앉아 계십니다. 그러므로 담대히 은혜의 보좌 앞으로 나아가십시오. 주께서 길을 열어 놓으셨습니다. 궁극적으로 두려움 없이 죽음에 맞설 수 있는 힘이 필요합니다. 우리가 죽음을 이길 수 있음을 알고 죽음 저 건너편으로 뚫고 나갈 수 있는 능력이 필요합니다. 우리 육신은 죽음과 썩음에서 건짐을 받아야 합니다. 주께서 심지어 우리 육신의 죽음과 썩음에서라도 우리를 건져 주시겠다고 약속하십니다. 사도 바울이 교훈하듯이, 주님은 전능하신 하나님이시기 때문입니다. "그는 만물을 자기에게 복종하게 하실 수 있는 자의 역사로 우리의 낮은 몸을 자기 영광의 몸의 형체와 같이 변하게 하시리라"빌 3:21. 이것이 우리가 인류의 구성원으로서 가장 필요한 큰 것들입니다. 이것이 요셉의 이야기가 희미하게 전하고 성탄절이 밝히 전해 주는 놀랍고 설레는 메시지입니다. 이것 때문에 제가 이 강단에 서 있는 것입니다. 하나님의 아들이 우리의 온전한 구주가 되시기에 충분하다는 사실을 여러분에게 전하려는 것입니다. 찬송가에는 이렇게 고백되어 있습니다.

큰 죄에 빠진 날 위해

주 보혈 흘려주시고
또 나를 오라 하시니
주께로 거저 갑니다.
— 샬롯 엘리엇Charlotte Elliott

이 모든 것이 주님 안에 있습니다. 다른 찬송가 저자는 이렇게 노래합니다.

양심의 가책에 주저앉지도 말고
자격 갖추기를 꿈꾸지도 마세요.
주께서 요구하시는 자격은
주님을 간절히 원하는 마음뿐.
주께서 이것을 주시니,
성령의 돋는 햇빛입니다.
— 조셉 하트Joseph Hart

그리스도인에게는 언제든 궁핍하고 모자라는 것이 없습니다. 주님이 이미 모든 것을 완벽하게 마련해 놓으셨습니다.

 요셉은 자기 아버지와 형제들과 가족의 필요를 채워 주었을 뿐 아니라, 애굽 사람들의 필요까지도 채워 주었습니다. 온 세상이 그리스도의 오심으로 유익을 얻었다고 말하는 것이 복음의 중요한 부분입니다. 그리스도께서 오신 이후로 세상은 이전과 같지 않습니다. 여전히 악합니다. 그러나 그리스도께서 오시지 않았다면 어떻게 되었을까, 생각만 해도 끔찍합니다. 영국을 비롯한 다른 나라들의 위대한 역사 시기는, 한결같이 신앙부흥과 각성에 이어서 온 시기들이었습니다. 그러므로 두번째 큰 원리는, 권세 있는 통치자로 세움을 입은 인물이 완전하고도 충만한 구원을 가져다주었다는 것입니다.

 여기서 마지막 세번째 원리를 유추하게 됩니다. 그것은 매우 실제적인 것입니다. 주께서 은혜를 베푸셔서, 여러분에게 쉽고 단순하고 분명하게 전할 수 있게 해주시기를 원합니다. 이 메시지는 이천 년 동안 전파되었음에도 세상은 그때나 지금이나 여전합니다. 그렇다면 하나님의 아들이 우리를 위해 가져다주신 이 큰 구원을 과연 언제 어떻게 받을 수 있습니까? 이 대답도 요셉과 형들의 이야기에 실려 있습니다. 그것을 간단하게 말씀드리겠습니다.

형들이 언제 이러한 만족을 얻었습니까? 자신들의 필요를 깨달았을 때였습니다. 다시 말해 가뭄이 들었을 때였습니다. "그때에 애굽과 가나안 온 땅에 흉년이 들어 큰 환난이 있을새 우리 조상들이 양식이 없는지라"행 7:11. 이 목적을 위해 요셉이 애굽으로 팔려 간 것입니다. 그 사건은 주 예수 그리스도의 사역에 대한 완전한 비유입니다. 이 큰 구원은 그것을 간절히 필요로 할 때에야 비로소 받습니다.

세상이 그리스도께 관심이 없는 이유는, 그분의 필요를 절실히 느끼지 않기 때문입니다. 세상 사람들은 인간이 세상에 태어나서 그저 먹고 마시고 돈 벌고 이런저런 낙을 누리다가 결국 개와 다름없이 죽는 것이라고 생각합니다. 그것이 인생의 끝인 줄로 압니다. 그래서 그리스도께로 돌이키지 않는 것입니다. 그들을 그리스도께 나오도록 하기 위해, 좋은 말로 권유하고 잡아끌기도 하고 여흥과 문화활동도 제공하고 온갖 전도방법을 다 동원해도 별로 효과가 없는 것은, 그들이 그리스도를 필요로 하지 않기 때문입니다. 세상 사람들은 때로 자신들이 그리스도를 안다고 생각하지만, 실제로는 알지 못합니다.

여러분은 구원의 문제에서 선택자일 수 없습니다. 우리 주께서 친히 이렇게 말씀하셨습니다. "건강한 자에게는 의사가 쓸데없고 병든 자에게라야 쓸데 있느니라. 나는 의인을 부르러 온 것이 아니요 죄인을 부르러 왔노라"막 2:17. 세상은 스스로 건강한 줄 알고 있습니다. 암세포가 퍼져 가장 중요한 부분까지 잠식하고 있는 줄 깨닫지 못합니다. 그래서 그리스도께로 돌이키지 않는 것입니다. 대림절과 성탄절을 앞두고도 일상을 벗어나 실컷 즐길 구상밖에 하지 않는 것입니다.

원래 그렇습니다. 야곱의 아들들도 가뭄을 견디다 못해 어쩔 수 없게 되었을 때, 아무런 도움도 소망도 없고 살길이 다 끊겼을 때에야 애굽으로 내려가서, 거기서 요셉을 만나게 되었습니다. 죽음과 종말에 부딪쳤습니다. 그것이 애굽으로 향하도록 그들의 등을 떠밀었습니다.

어느 시대나 동일합니다. 이것을 탕자의 비유만큼 완벽하게 보여 주는 것이 없습니다. 탕자는 주머니가 두둑한 동안에는 아버지를 생각하지 않았습니다. 그가 불현듯 자신의 처지를 깨닫고 집으로 발길을 돌린 것은 들판에서 돼지를 치고 있는 자신의 모습을 발견했을 때, 돼지나 먹는 쥐엄 열매로 배를 채우고자 하되 그것마저 주는 자가 없는 자신의 처지를 발견했을 때였습니다.

여러분은 그리스도인입니까? 만일 아니라면, 그 이유는 자신의 처지와 필요를 깨닫지 못하기 때문입니다. 여러분은 자신이 죄로 죽어 있음을 깨닫지 못하고, 하나님의 진노 아래 있음을 깨닫지 못하고, 현 상태로 죽는다면 지옥으로 가서 영원한 비참함에 떨어진다는 것을 깨닫지 못하고 있습니다. 이 현실을 안다면 당장 일어나 탕자가 아버지께로 달려가듯, 야곱의 아들들이 애굽으로 내려가듯, 그리스도께로 갈 것입니다.

다음으로, 우리가 그리스도께 나아갈 때는 탄원자로 가서 그분 발 아래 엎드려 간절히 자비를 구해야 합니다. 요셉의 형들, 그 거만하고 고집 세고 이기적인 사람들이 동생 앞에서 무릎을 꿇고 겸손한 태도를 취해야 했습니다. 식량을 구걸하러 간 거지들이었으니까요. 그렇게 하는 것이야말로 하나님의 아들이 베푸신 이 큰 구원을 알 수 있는 유일한 길입니다. 자신의 지식을 앞세워 그리스도를 낮춰 보고 비판하면, 지금까지 겪어 온 비참한 실패를 앞으로도 계속하게 될 것입니다. "무덤에 내려갈 용기를 주는 한 줌 소망도 없이" 죽음을 맞이하게 될 것입니다. 주께서 주시는 복을 받는 길은 한 가지뿐입니다. 그것은 주님을 우러러, 다음 찬송가에 표현된 심정으로 자비와 긍휼을 간절히 구하는 것입니다.

주께 드릴 것 없어

주의 십자가만 붙듭니다.
―오거스터스 탑레이디 Augustus Toplady

이 모든 내용이 요셉의 이야기에 담겨 있습니다.

그러나 가장 놀랍고 기이한 사실이 남아 있습니다. 그것을 말씀드리고 오늘 설교를 마치겠습니다. 스데반은 이렇게 말합니다. "또 재차 보내매 요셉이 자기 형제들에게 알려지게 되고 또 요셉의 친족이 바로에게 드러나게 되니라"행 7:13. 형들이 처음 찾아왔을 때 요셉은 금세 알아보았으나, 형들은 요셉을 알아보지 못했습니다. 그럼에도 불구하고 요셉은 형들에게 일정 분량의 양식을 줌으로써, 그들의 필요를 채워 주고 그들을 임박한 죽음에서 건져 주었습니다. 하지만 형들은 그가 누구인지 알지 못한 채 양식을 가지고 돌아갔습니다.

이것은 이 큰 구원과 관련된 큰 원리입니다. 여러분은 누가복음 24장에서 두 제자가 주님의 죽으심을 겪고 예루살렘에서 엠마오로 내려가던 이야기를 기억할 것입니다. 두 제자가 크게 낙심한 채 서로 말을 주고받으며 길을 가고 있을 때, 낯선 사람이 다가와 그들과 동행했습니다. 두 사람은 그가 누구인지 알지 못했으나 그는 두 사람을 알았습니다. 그가 말을 건넸습니다. "너희가 길 가면서 서로 주고받고 하는 이야기가 무엇이냐"눅 24:17.

"오, 혹시 나사렛 예수에 관해 들어 보았습니까?" 그들이 말했습니다. "우리는 그가 하나님의 백성인 우리를 구속할 분이라고 기대했습니다. 그러나 사람들이 그를 붙잡아 죽였습니다."

그러자 주님이 두 제자에게 말씀으로 깨우쳐 주기 시작했습니다. 그들은 여전히 그가 누구신지 몰랐으나 마음이 뜨거워지는 것을 느꼈습니다. 그를 집으로 모시고는 함께 앉아 식사를 했습니다. 그때 주께서 떡을 가져다 떼시자 갑자기 그들의 눈이 열렸습니다. 그들이 주님을 알아본 순간, 주님은 그들의 시야에서 사라지셨습니다. 그후에 이런 말씀이 이어집니다. "길에서 우리에게 말씀하시고 우리에게 성경을 풀어 주실 때에 우리 속에서 마음이 뜨겁지 아니하더냐"눅 24:32. 그분이 누구신지 몰랐으나 어떤 것을 느꼈던 것입니다.

이것은 나머지 제자들에게도 마찬가지였습니다. 베드로는 어느 날 밤 큰 슬픔과 낙심에 잠겨 "나는 물고기 잡으러 가노라" 하고 말했습니다.요 21:3. 제자들 가운데 여섯 명이 그를 따라갔습니다.

밤새 그물을 던졌으나 한 마리도 잡지 못하고 새벽을 맞았습니다. 그때 제자들은 바닷가에 누군가 서 있는 것을 보았습니다. 처음에는 누군지 알아보지 못했습니다. 그가 그물을 배 오른편에 던지라고 말했습니다. 그 말씀을 따라 그물을 던졌더니 고기가 많아 그물을 들 수 없을 정도가 되었습니다. 그제서야 제자들은 주님을 알아보았습니다. "주님이시라!" 하고 요한이 말했습니다. 그런 후에도 주께서 제자들에게 자신을 충분히 알리셨습니다. 부활하신 후부터 승천하시는 날까지 40일 동안을 이렇게 제자들에게 나타나셨습니다.

그후, 다소의 사울이라 불린 사람 이야기를 기억하십니까? 그는 유대인이자 바리새인이요, 신앙인이요 유능한 사람이요 능력 있는 교사였습니다. 그는 나사렛 예수에 대해 들었으나 그를 몹시 싫어했습니다. 신성모독자로 간주했습니다. 사울은 "없이하소서, 없이하소서, 그를 십자가에 못박게 하소서" 하고 외치던 무리 가운데 하나였습니다. 그러던 어느 날 정오쯤이었습니다. 다메섹으로 가던 길에 하늘에서 "해보다 더 밝은 빛"이 그에게 비추었습니다행 26:13. 사울은 길바닥에 엎드려졌습니다. 누구인지 도무지 알 수 없었기에 "주님, 누구시니이까?" 하고 물었습니다. 그때 하늘에서 음성이 들려왔습니다. "나는 네가 박해하는 예수라"15절.

사울은 우리 주님을 알지 못했으나 주님은 그를 알고 계셨습니다. 이름을 바울로 고친 그는, 훗날 갈라디아서에 이렇게 썼습니다. "내 어머니의 태로부터 나를 택정하시고 그의 은혜로 나를 부르신 이가 그의 아들을 이방에 전하기 위하여 그를 내 속에 나타내시기를 기뻐하셨을 때에"1:15-16. "나를 사랑하사 나를 위하여 자기 자신을 버리신 하나님의 아들"이라 고백합니다2:20. 로마서에는 이렇게 썼습니다. "곧 우리가 원수되었을 때에 그의 아들의 죽으심으로 말미암아 하나님과 화목하게 되었은즉"5:10.

주 예수 내가 알기 전 날 먼저 사랑했네.
그 크신 사랑 나타나 내 영혼 거듭났네.
　－제임스 그리들리 스몰 James Gridlay Small

　주께서 태초부터 나를 아셨고, 나의 이름 내 작은 이름을 세상의 기초가 놓이기 전에 어린양의 생명책에 기록해 놓으셨다는 이것이, 주님 구원의 영광스러운 면입니다. 내가 주님을 알기 전에, 내가 주님을 오해하던 그때에도 주님은 나를 아셨습니다.
　요셉은 형들이 자신을 알아보지 못할 때에 형들을 알아보았습니다. 형들이 요셉을 알아보지 못하던 동안 일시적인 도움밖에 받지 못했으나, 요셉이 자신을 충분히 알린 다음부터는 풍족한 도움을 받았습니다. 그제서야 연로한 야곱이 아무 두려움 없이 내려왔고, 온 가족이 애굽의 가장 비옥한 지역을 거처로 받게 되었습니다. 요셉이 형들에게 자신을 알린 후에 온 식구가 말할 수 없이 큰 번성과 행복을 누리게 된 것입니다.
　이것이 변함없는 복음 메시지의 본질입니다. 우리가 아직 주님을 모를 때에도 우리 주님은 우리에게 많은 복을 주십니다. 만일 여러분이 그리스도인이라면 지나온 과거를 한번 되돌아보십시오. 여러분이 그리스도를 모르고 지낼 때에도 주께서 복주신 것을 알게 될 것입니다. 지금은 알지만, 그때에는 전혀 몰랐습니다. 오직 여러분이 주님을 알게 될 때, 주께서 당신 자신을 여러분에게 나타내실 때, 성령께서 여러분을 밝히셔서 하나님의 아들이신 구주 예수를 보게 하실 때, 주의 죽으심의 의미와 부활의 영광을 깨닫게 하실 때, 그러므로 주께서 지금 하고 계신 일을 알게 될 때, 그때에야 비로소 베일이 걷히고 하나님 자녀의 영광스러운 자유를 누리기 시작하게 됩니다.
　요셉의 형들 이야기는 다음과 같은 점에서도 참됩니다. 요셉이 형들에게 자신을 알리자, 형들은 과거에 그를 잔인하게 대한 일이 생각나 수치와 당혹에 휩싸였습니다. 그러나 요셉의 사랑이 그 모든 것을 덮어 주었으므로, 형들은 기쁨과 감격을 누릴 수 있었습니다.

마찬가지입니다. 하나님의 아들을 만났다고 말은 하지만, 자신의 죄와 수치와 자신의 악함과 절망적인 상태를 여전히 깨닫지 못한다면, 여러분은 아직 주님을 만나지 못한 것입니다. 죄를 깨닫기 전, 회개하고 자신의 죄를 부끄럽게 생각하기 전에는 그분을 구주로 믿을 수 없습니다. 그러나 죄를 깨닫고 부끄럽게 여김으로 회개하고 주님 앞에 나가면, 주님은 여러분의 죄를 십자가의 수치와 죽음으로 나아가게 한 그 놀라운 사랑으로 덮어 주십니다.

설교자로서 제가 주님께 받은 권위로 그분 말씀을 여러분에게 전합니다. 만일 여러분이 주님 앞에 엎드려 자비를 구하면, 그분은 "내게 오는 자는 내가 결코 내쫓지 아니하리라"요 6:37 약속하셨습니다. 주님 앞에 나아가십시오. 가뭄이 들었을 때, 전염병이 창궐할 때, 심히 곤궁하게 되었을 때, 절망의 나락에 떨어졌을 때, 희망이 모두 사라졌을 때, 주님께 힘껏 달려가십시오. 지금 여러분의 모습 그대로 달려가십시오. 지난날 아무리 주님을 부인하고, 아무리 주님을 배척하고, 아무리 주님을 모독하고, 심지어 주님을 팔아넘겼다 할지라도, 그대로 나가십시오. 문제가 되지 않습니다. 주님은 그렇게 나오는 자를 내쫓지 않고 받아 주십니다.

12

일흔다섯 사람

요셉이 사람을 보내어 그의 아버지 야곱과 온 친족 일흔다섯 사람을 청하였더니.

사도행전 7:14

혹시 "이 구절이 성탄절과 무슨 상관이 있습니까?" 하고 묻는 분이 있다면, 저는 어떤 심정으로 그렇게 묻는지 정확히 짚을 수 있습니다. 질문을 탓하려는 것이 아니라, 제대로 답변하는 것이 저의 목적이고 바람입니다.[1] 이렇게 시작하면 좋겠습니다. 지난 시간에는 요셉이 애굽 왕 바로의 꿈을 해석함으로써, 애굽에서 가장 높은 신하의 지위에 올랐다는 말씀을 드렸습니다. "바로가 그를 애굽과 자기 온 집의 통치자로 세웠느니라"행 7:10.

그다음에 가뭄이 들기 시작하여, 야곱과 그의 가족이 살고 있던 가나안 땅까지 영향이 미친 것을 살펴보았습니다. 야곱은 애굽에 곡식 있다는 말을 듣고 아들들을 보내 곡식을 사오도록 했습니다. 애굽에서 형들을 만난 요셉은, 자신의 신분을 밝히고 형들을 아버지 야곱에게 보내면서 이렇게 전합니다. "아버지, 제가 보내드리는 곡식 받는 것으로 만족하지 마시고 부디 이곳 애굽으로 내려와서 함께 사시기 바랍니다. 아버지를 위해 거처를 마련해 놓겠습니다."

결국 야곱과 그의 모든 식구가 애굽으로 내려갔고, 요셉은 식구들을 위해 애굽 온 땅에서 가장 좋은 지역을 골라 거처를 마련해 주었습니다.

"하지만 그게 성탄절과 무슨 관계가 있단 말입니까?" 여전히 의문이 남는 분이 있을 것입니다.

저는 오히려 이렇게 묻고 싶습니다. 스데반은 산헤드린 앞에서 변호하는 연설을 하면서, 왜 굳이 "일흔다섯 사람"을 언급했을까요? 여러분은 어떻게 생각하십니까? 요셉의 소식을 받은 야곱이 모든 가족

12 일흔다섯 사람

---

1 이 설교는 1966년 성탄절에 전해졌다.

을 데리고 애굽으로 갔다고 하면 되지 않았을까요? 스데반은 복음을 전했다는 죄목으로 목숨이 걸린 재판을 받고 있는 중이었습니다. 이 같은 세세한 내용이 복음과 무슨 관계가 있었을까요?

지금 제가 이 구체적인 사실과 성탄절의 관계를 입증하면서 생각하고 있는 원리를 스데반은 염두에 두고 있었을 듯합니다. 그 관계는 이렇습니다. 두 경우 모두 이론이 아니라 역사요 사실입니다. 야곱이 애굽에 내려갈 때 모두 일흔다섯 사람이 내려갔다, 이것은 역사책에서 대하게 되는 사실입니다. 이런 이유에서 저는 성탄절에 관한 설교를 중시합니다. 우리가 다루고 있는 것이 역사적 사실들임을 한시도 잊어서는 안됩니다.

오늘날 기독교 교회에는 거대한 운동이 벌어지고 있습니다. '거대한'이란 말은 다만 규모가 크다는 뜻에서 붙인 것입니다. 복음의 사실들을 믿지 못하겠으므로 복음을 인정할 수 없다는 운동입니다. 유럽 대륙에서 벌어지고 있는 가장 유명한 신학운동은 불트만이라는 사람과 관련된 것입니다. 그는 만일 현대인들에게 이 복음을 믿게 하려면, 먼저 모든 '사실들'을 벗겨 내야 한다고 주장합니다. 복음은 단지 이상과 관념을 가르쳐 놓은 것이라고 불트만은 말합니다. 그는 이러한 접근법을 가리켜 '복음의 비신화화'라 부릅니다. 그러나 이 주장에는 새로운 것이 없습니다. 벌써 오래전부터 신학자들이 사실들을 벗겨 내면서, 기독교 메시지를 선의와 격려와 형제애와 우정과 행복 따위에 관한 모호하고 감상적인 메시지로 만들어 놓았기 때문입니다.

그런데 오늘 읽은 본문에, 복음을 '비신화화'하려는 모든 시도가 거짓임을 한번에 밝혀 놓은 대답이 제시되어 있습니다. 우리는 인생에 관한 이론이나 견해를 다루는 것이 아니라, 사실들을 다루고 있습니다. 그러나 그보다 훨씬 더 중요한 것은, 우리가 다루는 역사가 평범한 역사가 아니라는 점입니다. 매우 특별한 역사입니다. 구체적 사실들이 대단히 중요한 이유가 거기에 있습니다. 이것은 하나님께서 시작하고 이끌어 가시는 역사입니다.

역사에 두 유형이 있음을 아는 것이 중요합니다. 첫째, 하나님이 허용하시는 역사가 있습니다. 하나님은 인간들이 여러 가지 일을 하며 살도록 허용하십니다. 둘째, 하나님이 친히 지어 가시는 역사가 있습니다. 이것이 우리가 이 성탄절에 다루고 있는 역사입니다.

두번째 유형의 역사에는, 우리가 유념해야 할 또 한 가지 중요한 요소가 있습니다. 하나님이 지어 가시는 역사는, 많은 경우 친히 예고해 놓으신 역사라는 점입니다. 스데반이 본문에서 다루고 있는 사건을 예로 들어 보겠습니다. 그 사건이 있기 오래전, 하나님께서 아브라함에게 야곱의 가족이 애굽으로 내려가 살게 될 것이라고 말씀하셨습니다. 스데반은 그 대목을 이렇게 전합니다. "하나님이 또 이같이 말씀하시되 그 후손이 다른 땅에서 나그네가 되니 그 땅 사람들이 종으로 삼아 사백 년 동안을 괴롭게 하리라 하시고"행 7:6.

하나님의 예고는, 당연히 베들레헴에서 아기가 태어난 사건에서 가장 두드러집니다. 어떤 일이 발생했는데, 그것이 수세기 전에 이미 예고된 일이었다는 것입니다. 하나님께서 선지자라 불리는 특정인들에게 미리 알리신 것을 그들이 기록으로 남겼고, 그후 수세기가 지나 실제로 이루어진 일입니다.

우리는 매우 특별한 역사를 다루고 있기 때문에, 구체적인 사실들이 모두 중요한 의미를 가집니다. 따라서 단어 하나하나에 각별한 주의를 기울이는 것이 마땅합니다. 스데반이 "일흔다섯 사람"이라는 숫자를 언급한 것은 그런 이유 때문입니다. 어떤 해박한 주석가들은 일흔다섯이라는 숫자로 인해 곤란을 겪습니다. 이 숫자가 구약성경이 동일 사건을 다루면서 표기한 숫자와 과연 일치하는가, 그들은 의문을 제기합니다. 두 본문의 숫자가 일치한다는 것을 아주 간단히 입증할 수 있지만, 여기서는 그런 문제로 여러분을 피곤하게 하고 싶지 않습니다. 제가 확실히 해두고 싶은 것은, 사람들이 이런 구체적인 내용을 관심 있게 고려하는 것이 마땅하다는 것입니다. 우리는 성경이 사람들에 의해서만 기록된 평범한 책이 아니라, 성령의 감동을 받은 사람들이 기록한 특별한 책이라고 주장합니다. 성경은 무오하며 유일하게 영감된 책이라고 주장합니다. 그런 까닭에, 자구字句 하나조차 중요한 의미를 갖습니다. 복음을 들었으면 과연 그러한가, 성경을 자세히 깊이 묵상하는 것이 당연한 일입니다.

좀 다른 방식으로 설명해 드리겠습니다. 혹시 여러분은 마태복음 1장과 누가복음 3장의 족보가 무엇 때문에 성경에 기록되었는지 궁금했던 적이 없습니까? 왜 신약성경이 다음과 같은 문장으로 시작해야 합니까? "아브라함과 다윗의 자손 예수 그리스도의 계보라. 아브라함이 이삭을 낳고 이삭은 야곱을 낳고 야곱은 유다와 그의 형제들을 낳고." 이런 생각이 들 수 있습니다. '나는 이런 족보에 관심이 없다. 무엇 때문에 마태와 누가는 주의 족보를 거슬러 올라간 것일까? 내게 필요한 것은 메시지다. 이런 따분하리만큼 자세한 내용들은 눈에 들어오지 않는다. 대체 족보가 무슨 의미가 있단 말인가? 이것이 나와 무슨 관계가 있단 말인가?'

다시 한번 말씀드리지만, 이것은 대단히 중요한 문제입니다. 복음서에 실린 족보는, 이것이 하나님의 역사라는 사실을 입증합니다. 성경이 신적으로 영감되었다는 증거이며, 하나님께서 베들레헴의 구유에서 태어나신 나사렛 예수의 생애를 통해 이룰 원대한 계획을 갖고 계셨다는 증거입니다. 족보가 성경에 실린 목적은, 하나님께서 장구한 세월의 흐름 속에서 하신 약속들이 문자적으로 성취되었음을 입증해 보이기 위한 것입니다. 만일 이 아기 예수가 아브라함과 이삭과 야곱의 후손이 아니거나 유다와 다윗의 후손이 아니라면, 우리가 믿는 복음 전체와 우리가 품고 있는 구원의 확신 자체가 위태롭게 됩니다. 따라서 족보의 세부 내용들은 중요합니다. 성경에 기록된 모든 세부 내용들이 마찬가지입니다. 모두가 하나님의 원대한 계획과 목적의 일부분입니다.

구약성경에는 우리 주님에 관한 예언이 아주 많이 포함되어 있습니다. 태어날 장소까지도 예고되었습니다. 이사야 53장을 비롯한 여러 장에 주께서 기적을 행하실 일이 예언되었습니다.

혹자는 "대체 그것이 뭐가 중요하다는 겁니까?" 하고 묻습니다.

실제로 중요합니다. 주께서 친히 그것을 중요하게 여기셨습니다.

그리스도보다 먼저 와서 그분의 길을 예비한 세례 요한은, 감옥에 갇혀 크게 낙심한 상태에서 이 예수가 과연 자신이 기대해 온 메시아가 맞는지 의심이 생겼습니다. 제자 두 사람을 보내 물어보도록 했습니다. "오실 그이가 당신이오니이까, 우리가 다른 이를 기다리오리이까." 그러자 주님이 대답하셨습니다.

> 너희가 가서 듣고 보는 것을 요한에게 알리되 맹인이 보며 못 걷는 사람이 걸으며 나병환자가 깨끗함을 받으며 못 듣는 자가 들으며 죽은 자가 살아나며 가난한 자에게 복음이 전파된다 하라. 누구든지 나로 말미암아 실족하지 아니하는 자는 복이 있도다^{마 11:3-6}.

주께서 세례 요한에게 하신 말씀은 이런 뜻입니다. "가서 요한에게 선 시사들의 글을 다시 읽고 메시아의 특성이 무엇인지 살펴보라고 하라. 그런 후에, 내가 행하고 있는 일을 본 그대로 전하라. 그러면 내가 선지자들의 예언을 성취하는 자임을 알게 될 것이다."

주님의 생애 내내 구약성경에 기록된 예언이 성취되는 것을 우리는 봅니다. 구체적인 예를 들어 보겠습니다. 주님은 은 삼십 개에 팔리셨습니다. 스물아홉 개도 아니고 서른한 개도 아닌, 서른 개에 팔리신 것입니다. 이사야 53장과 여러 다른 구절들에 주의 죽으심의 방법이 구체적으로 예언되어 있고, 부활 또한 예언되어 있습니다.

지금 제가 말씀드리는 것은, 주께서 엠마오로 가던 두 제자에게 하신 말씀과 같습니다. 지난 시간에 살펴보았듯이, 두 사람은 몹시 낙심한 채 슬픈 표정을 짓고 있었습니다. 그리스도인임에도 마음에 활기라고는 하나도 없었습니다. "우리는 그분이 이스라엘 나라를 회복하실 것이라고 생각하고 기대했지만, 그분은 죽고 말았습니다. 그분의 시신이 지금 무덤에 들어가 있습니다."

그때 주님이 말씀하셨습니다. "미련하고 선지자들이 말한 모든 것을 마음에 더디 믿는 자들이여, 그리스도가 이런 고난을 받고 자기의 영광에 들어가야 할 것이 아니냐."

그런 다음 누가는 이렇게 기록합니다. "이에 모세와 모든 선지자의 글로 시작하여 모든 성경에 쓴 바 자기에 관한 것을 자세히 설명하시니라"눅 24:27.

두 제자는 성경을 몰랐던 것입니다. 모세와 시편과 선지자 등 구약성경의 모든 책에 기록된 상세한 교훈을 친숙히 알지 못했습니다. 주님이 그것을 하나씩 가르쳐 주셔야 했습니다. 주님의 말씀대로, 십자가와 부활 사건은 구약성경에 이미 예언되었던 것입니다. 선지자들은 장차 주님이 이 땅에 오셔서 죽으실 일과 장사지낸 바 될 일과 다시 살아나실 일을 예언했습니다. 베드로는 이렇게 요약합니다. "자기 속에 계신 그리스도의 영이 그 받으실 고난과 후에 받으실 영광을 미리 증언하여 누구를 또는 어떠한 때를 지시하시는지 상고하니라"벧전 1:11.

이것이 스데반이 그토록 의미를 두고 구체적인 숫자를 제시한 의도이며, 저 역시 이 성탄절 저녁에 같은 일을 하고 있습니다. 우리는 하나님이 계획하고 예고하신 역사를 다루고 있습니다. 세부 내용 하나하나가 모두 중요합니다.

본문에서 발견하는 또 한 가지 큰 원리는, 하나님께서 이 세상과 세상의 죄와 세상의 고통 문제를 다루실 때 그리고 구원의 일로 우리를 다루실 때, 견지하는 중요한 방침이 선택과 유기遺棄라는 것입니다. 이것은 지극히 중요한 주제입니다. 세상에는 낯선 역사입니다. 그러나 구약성경의 흐름에서 읽게 되는 것이 이것입니다. 구유에 뉘이신 아기를 보십시오. 족보를 읽어 보십시오. 선택과 유기의 과정이 어떻게 흘러왔는지 확인할 수 있을 것입니다. 아주 놀라운 일입니다. 이스라엘 민족의 조상 아브라함에게는 어떤 의미에서 이스마엘이라는 아들이 있었으나, 그리스도의 계보가 그를 통해 흘러오지 않았습니다. 그리스도의 조상은 이삭이었습니다. 이스마엘은 버림을 받았고 이삭은 선택을 받은 것입니다. "이삭에게서 나는 자라야 네 씨라 부를 것임이니라"창 21:12.

그후에 이삭의 쌍둥이 아들 야곱과 에서에게도 같은 일이 발생했습니다. 에서는 버림을 받았고 야곱은 선택을 받았습니다. 이것이 하나님의 방식입니다. 이러한 역사는 그후로도 계속되었습니다. 야곱은 아들이 열둘이었는데, 하나님의 뜻을 이루기 위해 선택받은 아들은 유다였습니다. 이 모든 내용이 성경에 구체적으로 다뤄집니다. 성경을 펴서 직접 읽어 보십시오. 그런데 유다가 죄를 범했습니다. 족보에 베레스와 세라의 이름이 나옵니다. 우리는 이 점을 이해하지 못합니다. 하나님께서 죄도 사용하시는가 생각합니다. 그러나 하나님은 죄를 사용하시는 법이 없습니다. 오히려 만사를 주관하시는 가운데 당신의 뜻이 이루어지도록 하십니다. 행하시는 일을 친히 아셨으며, 그 방향을 일관되게 유지하셨습니다.

유다 이후 몇 대를 더 내려가면 이새라는 사람이 등장합니다. 그에게는 아들이 여럿 있었습니다. 저마다 용모가 준수하고 풍채가 좋고 키도 훤칠했으나 그들은 선택을 받지 못했습니다. 그들 가운데 가장 어리고 작았던 다윗이 선택을 받았습니다. 결국 그의 후손들 가운데 베들레헴에서 태어난 이 아기가 나온 것입니다.

제가 이렇게 길게 말씀드리는 이유는, 성경의 세부 내용들이 중요함을 강조하려는 것입니다. 성경의 세부 내용들은 성경이 하나님의 역사일 뿐 아니라, 하나님이 창세 전에 작정하고 계획하신 것을 구체적으로 실행해 가고 계심을 보여줍니다. 그 가운데서도 여러분의 마음에 가장 분명하게 각인시키고 싶은 것은, 하나님이 일하시는 독특한 방식입니다. 하나님의 백성이 애굽으로 내려갈 때 그들의 수는 고작 일흔다섯이었습니다. 하나님께서 일하고 생각하시는 방식은 우리와 크게 다릅니다. 우리는 항상 수가 많아야 하고 규모가 커야 한다고 생각합니다. 여러분과 제가 속한 세대는 수의 논리에 휘둘려 있습니다. 뭐든지 크게 벌여야 하고, 규모를 키워야 합니다. 이것이 교회가 따라야 할 방식이며, 이것이 성공할 수 있는 유일한 길이라고 생각합니다. 그러나 이것은 복음의 원리 자체를 부정하는 것입니다.

복음의 원리란 이런 것입니다. 하나님께서 하시는 일의 처음 시작은 항상 적다는 인상을 줍니다. 본문에서도 그것을 확인할 수 있습니다. 불과 일흔다섯 명으로 시작하신 것입니다. 하나님은 이미 예전부터 이렇게 일하셨습니다. 홍수가 나서 온 세상이 물로 멸망당할 때 몇 사람이 구원받았습니까? 고작 여덟 명이었습니다! 인류 전체를 통틀어 여덟 명만 구원받은 것입니다. 이 여덟 명을 시작으로 하나님은 놀라운 일을 행하셨습니다. 여덟 명 가운데 노아의 아들이 세 명이었고, 그중 한 아들만 하나님의 목적을 이룰 자로 선택되었습니다. 그가 바로 셈이었습니다. 여기서도 하나님께서 선택과 유기의 방식을 사용하시는 것을 확인하게 됩니다.

본문에서 스데반이 언급하는 유대인들, 곧 이스라엘 민족의 거대한 역사를 생각해 봐도 그 출발은 단 한 사람으로 이루어졌습니다. 이 민족, 곧 하나님의 백성 가운데서 메시아가 나실 것입니다. 그런데 하나님은 어떻게 시작하셨습니까? 그 역사의 시작이 어떠했습니까? 하나님은 메소보다미아 갈대아 우르에서 이교도로 살고 있던 아브람을 택하셨습니다. 모든 역사가 이 한 사람으로부터 시작했습니다. 그것이 하나님의 방식입니다.

여러분은 아브라함과 이삭 이야기를 기억하실 것입니다. 외아들 이삭, 하나님께 시험을 받은 이 소년 하나에 아브라함의 모든 것이 걸려 있었습니다! 같은 원리를 야곱에게서도 보게 됩니다. 야곱은 형의 진노가 두려워 도망치다가 당일 밤에 길에서 돌베개를 베고 잤습니다. 하나님의 모든 계획이 그렇게 경황없이 도망치던 한 사람에게 달려 있었습니다. 또한 우리가 살펴보고 있는 요셉 이야기에서도 애굽으로 내려간 하나님의 백성이 고작 일흔다섯 명이라는 말을 듣습니다.

이러한 기사를 세속 역사와 비교할 때, 그리고 이것을 세상이 판단하는 민족의 중요도와 규모와 비교할 때, 하나님께서 일하시는 방식은 어리석게 보입니다. 그렇지 않습니까? 일흔다섯 사람이라는 이 적은 무리가 하나님의 민족이요 하나님의 백성이요 유대인들이었습니다. 민족이라는 이름을 붙이기도 어색하지 않습니까! 이 민족을 역사 무대에 등장했던 강하고 중요하고 위대한 민족들과 비교해 보십시오. 바벨론과 애굽, 그리고 그 왕조들을 생각해 보십시오. 바사, 메대, 중국의 위대한 문화와 거대한 인구를 생각해 보십시오. 이 모든 민족이 바벨론 왕 느부갓네살이 꾼 꿈에 묘사되어 있습니다. 금과 은과 놋과 쇠가 나타났고, 다음으로 돌이 나타났습니다단 2:31-45. 이것이 하나님의 방식입니다.

이 원리가 구약성경 전체를 관통하며 흐릅니다. 모세는 아주 여러 번 홀로 서야만 했습니다. 그후의 이스라엘 역사를 살펴보면, 그들이 소수의 남은 자들로 전락해야 했던 것도 발견하게 됩니다. 이스라엘이 바벨론에 포로로 끌려가기 전에도 이런 사례가 여러 번 있었으나, 바벨론에 끌려갈 때는 사실상 민족 전체가 끌려갔으며 그 민족 가운데 예루살렘과 고토로 돌아온 사람은 극소수에 불과했습니다. 모든 것이 다 잘못되어 가는 듯했으나, 하나님은 친히 행하고 계신 일을 잘 알고 있었습니다. 남은 자들을 남겨 두셨다가 그들을 통해 혈통이 순수하게 보존되도록 이스라엘로 돌아가게 하신 것입니다.

그후에 마침내 가장 현저한 한 예를 만나게 됩니다. 하나님께서 일하실 때는 작고 미미하게 시작하신다는 원리가, 베들레헴에서 탄생하신 아기 안에서 밝히 나타난 것입니다. 스스로 아무것도 할 수 없는 갓난아기여서 곁에서 처음부터 끝까지 보살펴야 했습니다. 주께서 갓난아기로 구유에 누워 계셨습니다. 사도 바울은 성육신을 다음과 같이 묘사합니다. "그 안에는 신성의 모든 충만이 육체로 거하시고"골 2:9. 하나님의 모든 영광스런 목적이 구유에 누운 이 아기에게 달려 있었습니다.

물론 세상은 이 사실을 이해하지 못합니다. 이것은 세상이 움직이는 방식이 아닙니다. 그럴지라도 하나님은 어김없이 이 방식을 사용하십니다. 하나님은 항상 작고 미미한 데서 일을 시작하셨고, 지금도 여전히 그렇게 하신다는 사실이 우리에게 큰 위로와 격려가 됩니다. 기독교 교회의 역사가 무엇입니까? 교회는 처음에 열두 사람으로만 구성되었습니다. 열두 사도입니다. 이 작은 무리의 손에 아무도 상상할 수 없는 거대한 사역이 쥐어졌던 것입니다! 그들이 어떤 사람들이었는지 면면을 보십시오. 그들은 주로 어부들이었습니다. 그런데도 하나님은 교회의 앞날을 그들의 손에 맡겼습니다. 기독교 교회가 잘못된 길로 벗어난 때가 언제였습니까? 교세와 재력과 세상적 권위와 권력에 한눈팔아 교황 같은 사람들을 세우고 그들을 의지할 때가 아니었습니까? 그것은 교회의 정신에 크게 모순됩니다. 그것은 기독교가 아닙니다. 세상에 알려지지 않은 미미한 열두 사람을 데리고 시작하는 것, 이것이 하나님의 일하시는 방식입니다.

오순절의 대사건이 발생하기 직전에 120명밖에 되지 않는 제자들이 다락방에 모였습니다. 하지만 그들이 어떠한 무리였습니까! 그후 교회는 바른 가르침에서 벗어났고 이단들이 갈수록 세력을 더해 갔습니다. 그러다가 마침내, 아타나시우스라는 한 사람이 진리를 위해 전체 교회에 홀로 대항할 수밖에 없는 지경까지 갔습니다. 아타나시우스는 세상을 역류한 사람입니다. 홀로 온 세상과 대항해 싸운 사람입니다. 모든 사람들이 그를 반대하고 비난했습니다. 그 시대에는 교회가 사실상 한 사람으로 줄어든 것과 다름없었습니다. 그는 두 발로 굳게 섰으나 홀로 섰습니다.

그후 하나님은, 암흑 같은 중세에도 소수의 사람들을 통해 일하셨습니다. 로마 교회가 복음을 우스갯거리로 만들고 있는 동안, 참된 복음이 한 줌밖에 되지 않는 사람들에 의해 보존되었습니다. 유럽 각지에 흩어져 믿음을 지키며 살던 발도파 Waldensians, 공동생활 형제회 Brethren of the Common Life 같은 공동체가 그들이었습니다. 그들은 가정에서 혹은 산의 동굴에서 모였습니다. 그들에게는 웅장하고 화려한 대성당이 없었습니다. 대성당은 고사하고 번듯한 건물조차 쉽지 않았습니다. 그러나 그들은 순수한 복음을 지니고 있었고, 거기에 주님의 임재가 있었습니다.

그러다가 마르틴 루터라는 신앙의 거인을 만나게 됩니다. 그는 15세기 유럽의 모든 교회와 사회 관습과 통념에 대립해 홀로 서서 싸웠습니다. "제가 여기 서 있습니다. 저는 달리 행동할 수 없습니다. 하나님, 저를 도와주옵소서. 아멘." 그는 이렇게 고백했습니다. 한 사람이 온 교회와 교회 권위와 조직과 권력에 도전했습니다. 그에게는 복음 메시지가 있었습니다. 그는 하나님의 사람이었습니다.

같은 이야기가 그후에도 계속 진행됩니다. 청교도들은 숫자도 적고 세상과 권력에게 경멸과 쫓김을 당했으나, 그들은 복음 메시지를 보존했습니다. 18세기의 복음주의자들, 다양한 명칭을 지닌 감리교 집단들, 17세기의 스코틀랜드 서약파가 모두 그러했습니다. 항상 하나님께서 일하신 방식은 이러했습니다. 이것이 지금 제가 여러분에게 강조하고 있는 원리입니다. 일흔다섯 사람이었으나, 그들은 하나님의 백성들이었습니다.

이 주제로 마지막 말씀을 드리고자 합니다. 우리가 숫자에 마음을 쓸 것이 아니라, 하나님께서 적은 무리로 무슨 일을 하실 수 있는지 거기에 마음을 써야 한다는 것입니다. 불과 일흔다섯 사람밖에 되지 않았으나, 하나님께서 그들을 들어 쓰셔서 무슨 일을 행하셨는지 성경을 읽고 확인해 보십시오. 느부갓네살이 꾼 꿈에 분명히 제시된 동일한 원리를 확인해 보십시오. 세상의 힘과 권력, 세상의 왕조와 인간의 나라들을 상징하는 거대한 신상이 우뚝 서 있고 손대지 않은 작은 뜨인 돌이 있습니다. 그 돌이 신상을 쓰러뜨려 가루로 만든 후에, 점점 자라서 태산을 이루어 온 세상에 가득하게 됩니다단 2:34-35 참조. 크기가 작은 것을 볼 것이 아니라, 하나님께서 그것을 통해 무슨 일을 하실 수 있는지 생각해야 하는 것입니다.

이것이 여러분에게 말씀드리고자 하는 마지막 원리와 이어집니다. 오늘 상고한 모든 내용에서 배울 수 있는 교훈이기도 합니다. 즉, 이 큰 원리를 깨닫고 세상을 본받지 않아야 하는 것입니다. 오늘날 교회는 남은 자의 처지로 줄어든 반면에, 세상의 많은 사람들이 교회 바깥에 처해 있습니다. 이런 형편일지라도, 교회는 세상을 크게 여겨서 세상의 눈치를 보는 잘못을 범하지 말아야 합니다. 굉장한 볼거리를 만들어 세상 사람들을 교회로 끌어들일 궁리를 하지 말아야 합니다. 하나님은 작은 것을 통해 일하시며, 미련한 자들을 통해 "지혜롭고 슬기 있는 자들"을 당혹스럽게 하시고, 세상 지혜를 필요 없게 하신다는 사실을 깨달아야 합니다.

달리 말하면, 영적 영역인 교회에서는 하나님과 바른 관계를 맺는 것만큼 큰일이 없다는 사실을 알아야 합니다. 스스로에게 물어야 할 질문은, 내 주위에 얼마나 많은 사람들이 있는가가 아니라 내가 과연 하나님과 화목한 관계에 있는가 하는 것입니다. 그것이 문제입니다. 그 점에 대해서는 이미 요셉 이야기에서 살펴보았습니다. "여러 조상이 요셉을 시기하여 애굽에 팔았더니." 그것으로 끝난 줄 알았습니다. "[그러나] 하나님이 그와 함께 계셔." 문제는 형들이 요셉에게 등을 돌리고 그를 팔아넘긴 것도, 모든 사람이 그를 버린 것도 아니었습니다. 참으로 중요한 것은, 하나님께서 그와 함께 계셨다는 사실입니다. 그것이 우리에게도 언제나 중요합니다.

우리는 이 교훈을 깨닫는 데 상당히 더딥니다. 그렇지 않습니까? 모세 같은 이도 이 점에서는 몹시 주저하고 비틀거렸습니다. 그가 미디안 땅으로 도망하여 사십 년을 양치기로 지내던 어느 날, 하나님께서 불붙은 떨기나무에서 모세를 부르셔서 그를 애굽으로 보내 그 백성을 구원하기 원한다고 말씀하셨습니다.

당혹스러운 말씀이었습니다. 목자인 그에게는 아무것도 없었습니다. 모세는 크게 고사하면서 이렇게 아뢰었습니다. "저는 그 일을 할 수 없습니다. 제가 누구기에 바로를 찾아가겠습니까? 그에게 무슨 말을 할 수 있겠습니까? 저는 그저 양치기일 뿐입니다. 제 한목숨 살리고 도망쳐 온 몸입니다. 게다가 저는 말주변도 없습니다. 제가 어찌 백성을 구원할 수 있겠습니까? 바로의 힘과 권력 앞에서 뭐라고 말할 수 있겠습니까? 이스라엘 자손들에게 뭐라고 말할 수 있겠습니까?"

하나님께서 대답하셨습니다. "너는 이스라엘 자손에게 이같이 이르기를 스스로 있는 자가 나를 너희에게 보내셨다 하라"출 3:14.

"스스로 있는 자!"I AM 참으로 중요한 것은, 하나님이 보내신다는 사실입니다. 모세가 사람으로 그 일을 하기에 연약하다는 사실이 중요한 것이 아니라, 하나님께서 그를 보내신다는 사실이 중요했습니다. 하나님이 함께 계시면 한 사람이 다수입니다.

모세와 이스라엘 자손이 홍해에 가로막혔을 때도 마찬가지였습니다. 뒤에서는 바로의 군대가 추격해 오는데 앞에는 홍해의 물결이 가로막고 있었습니다. 도대체 어떻게 해야 할까요? 모세가 땅에 엎드리자 하나님이 그에게 말씀하셨습니다. "너는 어찌하여 내게 부르짖느냐. 이스라엘 자손에게 명령하여 앞으로 나아가게 하고"출 14:15. 또다시 당혹스럽기 그지없는 상황에 부딪혔습니다. 모세가 누구이기에 그런 상황에서 이스라엘 자손에게 홍해로 전진하라고 명령한단 말입니까? 그러나 그 명령에는 하나님이 계셨습니다. 결국 바다가 갈라졌고, 이스라엘 자손은 마른 땅의 바다를 건넜습니다.

그후 모세가 정탐꾼들을 이스라엘 백성이 들어가고자 하는 땅으로 보낼 때도 원리는 동일했습니다. 정탐꾼들이 사색이 되어 돌아와 그곳은 거인들이 사는 땅이라고 말했습니다. 그들에 비하면 이스라엘 백성은 메뚜기와 같다, 이제는 앉아서 죽는 일만 남았다고 탄식했습니다민 13:33 참조. 그러나 그것은 세상적이고 인간적인 생각이었습니다. 신자라면 이런 상황에서도 자신들이 하나님의 백성이며, 하나님은 수가 적을지라도 하실 일을 모두 행하신다는 것을 깨달아야 합니다.

놀라운 사례가 더 있습니다. 기드온 이야기를 기억하십니까? 그는 나가서 이스라엘 자손을 괴롭히고 있는 자들을 싸워 물리치라는 명령을 받고 병력을 소집했습니다. 3만 2천 명이 모였습니다. 그러나 하나님은 그들이 너무 많다고 하셨습니다삿 7:2 참조. 그들을 돌려보내라고 말씀하시므로, 결국 기드온은 숫자를 3백 명으로 크게 줄였습니다. 3만 2천 명에 3백 명을 더 보태도 부족한데, 하나님은 정반대로 명령하신 것입니다. 그런데 그 3백 명이 적군을 섬멸하고 그들을 부끄럽게 했습니다. 하나님이 그들과 함께 계셨던 것입니다. 이것이 하나님께서 일하시는 방식입니다.

그러나 이 원리를 가장 뚜렷하게 입증한 인물은 아마도 사울의 아들 요나단일 것입니다. 하루는 요나단이 자기의 병기 든 자에게 자신을 따라오라고 말했습니다. 이스라엘에 대항해 진을 치고 있던 적의 대규모 군대를 단 둘이서 치러 나선 것입니다. 병기든 자는 의심하고 주저했을지 모르나 요나단은 "여호와의 구원은 사람이 많고 적음에 달리지 아니하였느니라" 하고 말했습니다삼상 14:6. 요나단과 그의 병기든 자는 하나님의 손에 들려 적군을 치고 그들에게 큰 모욕을 주었습니다.

더 나아가, 이 원리는 다음과 같은 정도까지 이르게 됩니다. 하나님이 크게 사랑하신 이스라엘의 위대한 왕 다윗이 한번은 생애에 큰 오점을 남길 일을 했습니다. 자신의 영토와 군대와 백성을 생각하며 스스로 자랑스러운 마음이 생겼을 때, 마귀가 그를 시험하여 인구조사를 하도록 충동했습니다. 주변 민족들처럼 인구조사를 통해 자신의 위세를 가늠해 보고 자랑하도록 시험한 것입니다. 그러나 하나님께서는 백성의 수를 헤아린 죄에 대해 다윗을 호되게 징계하셨습니다. 하나님은 그런 동기로 자기 백성의 수를 헤아리는 것을 방치하지 않으셨습니다. 그것은 하나님께 속한 일이요, 하나님께서는 적은 무리로부터 일을 시작하시기 때문입니다.

이처럼 일흔다섯 사람에게서, 특히 구유에 누이신 아기에게서 배울 수 있는 교훈은, 영적 영역에 있는 교회에서는 수와 규모가 문제가 되지 않는다는 사실입니다. 거듭 말씀드리지만, 중요한 것은 오직 한 가지입니다. 그것은 우리가 하나님께 충성을 다하고 그분 계명에 순종하는 것입니다.

오늘 설교를 마치면서 한 가지 질문을 드리겠습니다. 여러분은 과연 하나님께서 무엇 때문에 이런 방식으로 일하신다고 봅니까? 왜 이런 적은 수로 일하시며, 왜 이런 아기를 통해 일하실까요?

대답은 아주 간단합니다. 하나님이 그렇게 하시는 이유는, 우리를 겸손하게 하시려는 것입니다. 만일 우리가 스스로의 힘과 지혜로 큰 싸움에서 이긴다면, 우리는 자기 힘으로 이겼다고 말할 것입니다. 그러나 우리는 이긴 적도 없고 앞으로도 이길 수 없습니다. 하나님께서 이런 방식으로 일하시는 이유는, 우리로 하나님을 의지하도록 하려는 것입니다. 그것만이 아닙니다. 하나님께서 당신의 영광과 권세를 나타내시려는 뜻도 거기에 있습니다. 하나님은 "내 영광을 다른 자에게 주지 아니하리라"고 말씀하셨습니다 사 48:11. 하나님은 세상을 부끄럽게 만드는 방식으로 일하십니다. 하나님의 아들인 세상의 구주께서 구유에 무력한 아기로 누워 있도록 하신 것입니다.

"실없는 소리 말라!"고 세상은 일축합니다. 그러나 실없는 소리가 아닙니다. 그것이 하나님의 방식입니다. 성경을 읽고 교회의 역사를 읽으면 하나님께 모든 공로와 영광을 돌리지 않을 수 없습니다. 인간에게는 실패와 실수밖에 볼 것이 없습니다. 하나님께서 인간을 그렇게 낮추신 것입니다. 지금도 그렇게 하고 계신다고 저는 믿습니다. 우리가 무릎을 꿇고 우리의 무능함을 인정할 때까지 하나님은 우리를 낮추실 것이며, 우리가 무릎을 꿇을 때에야 비로소 남아 있는 소수의 무리를 통해 일하실 것입니다. 그것이 하나님께서 이런 방식으로 일하시는 이유입니다.

말씀을 마치기 전에 여러분에게 더 말씀드릴 것이 있습니다. 참으로 중요한 것은, 하나님께서 이 적은 수를 사용하셔서 어떤 일을 하실 수 있는지 깨닫는 것입니다. 기억하시겠지만, 하나님은 이삭이 태어나기도 전에 아브라함에게 언약을 말씀하셨습니다. "네 아내 사라가 네게 아들을 낳으리니"창 17:19. 그리고 그 아들에게서 민족이 일어날 것이라고 약속하셨습니다. 그 민족이 얼마나 크게 될까요? 하나님은 아브라함에게 말씀하셨습니다. "밤하늘의 별들을 헤아려 보고 바닷가의 모래를 헤아려 보라!" 과연 아무도 헤아릴 수 없는 큰 민족이 일어날 것이었습니다.

그것이 하나님께서 하실 수 있는 일입니다. 우리가 살고 있는 이 악한 시대에 하나님은 기독교 교회 안에서 그 일을 하고 계십니다. 이 나라에서는 교회가 남은 자입니다. 인구의 10퍼센트만이 그리스도인이라고 밝히고 있으며, 그 가운데서 절반만 정기적으로 교회 예배에 출석합니다. 사랑하는 여러분, 여러분은 오늘 성탄절 밤에 교회에 와서 예배를 드림으로 아주 예외적인 일을 하고 있는 것입니다. 우리 그리스도인들은 이 현대세계에서 극소수로 전락했을 뿐 아니라 실체를 알아보기 힘든 미미한 집단이 되었고, 한 줌밖에 안되는 남은 자들이 되었습니다. 그나마 우리 가운데 소망과 믿음을 잃고 있는 사람들이 적지 않습니다. 거듭 말씀드리지만, "일흔다섯 사람"이라는 이 위대한 원리를 깨우쳐야 합니다. 이 적은 수를 가지고도 하나님께서 어떤 일을 행하실 수 있는지 깨달으십시오!

앞으로 세상이 어떻게 진행될지 여러분은 아십니다. 저는 여러분에게 말씀드릴 수 있습니다. 앞날의 그림이 요한계시록에 제시되어 있습니다. 용기를 잃었습니까? 자포자기에 빠져 있습니까? 기독교 교회가 곧 끝날 것 같은 느낌이 듭니까? 하나님의 대의가 실패로 끝난 것 같습니까? 대답은 이것입니다. 하나님께서 작고 미미한 방식으로 시작하시지만, 그 시작으로부터, 갓난아기로부터, "손대지 않은" 돌로부터, 하나님은 당신의 뜻을 성취하십니다. 계시록의 말씀을 들어 보십시오.

이 일 후에 내가 보니 각 나라와 족속과 백성과 방언에서 아무도 능히 셀 수 없는 큰 무리가 나와 흰옷을 입고 손에 종려가지를 들고 보좌 앞과 어린양 앞에 서서 큰 소리로 외쳐 이르되 구원하심이 보좌에 앉으신 우리 하나님과 어린양에게 있도다 하니 모든 천사가 보좌와 장로들과 네 생물의 주위에 서 있다가 보좌 앞에 엎드려 얼굴을 대고 하나님께 경배하여 이르되 아멘 찬송과 영광과 지혜와 감사와 존귀와 권능과 힘이 우리 하나님께 세세토록 있을지어다 아멘 하더라. 장로 중 하나가 응답하여 나에게 이르되 이 흰옷 입은 자들이 누구며 또 어디서 왔느냐 내가 말하기를 내 주여, 당신이 아시나이다 하니 그가 나에게 이르되 이는 큰 환난에서 나오는 자들인데 어린양의 피에 그 옷을 씻어 희게 하였느니라. 그러므로 그들이 하나님의 보좌 앞에 있고 또 그의 성전에서 밤낮 하나님을 섬기매 보좌에 앉으신 이가 그들 위에 장막을 치시리니 그들이 다시는 주리지도 아니하며 목마르지도 아니하고 해나 아무 뜨거운 기운에 상하지도 아니하리니 이는 보좌 가운데에 계신 어린양이 그들의 목자가 되사 생명수 샘으로 인도하시고 하나님께서 그들의 눈에서 모든 눈물을 씻어 주실 것임이라 계 7:9-17.

한 줌밖에 안되는 미미한 남은 자들이 "각 나라와 족속과 백성과 방언에서 아무도 능히 셀 수 없는 큰 무리"가 되어 있는 것입니다. 그것이 역사의 끝입니다. 돌이 온 우주를 가득 채울 것입니다. 우리가 부르는 찬송과 같습니다.

> 햇빛을 받는 곳마다 주 예수 왕이 되시고
> 이 세상 끝날 때까지 그 나라 왕성하리라.
> ―아이작 와츠

사랑하는 여러분, 오늘은 성탄주일입니다. 한해를 보내는 마지막 주일이기도 합니다. 여러분과 제가 확인해야 할 한 가지가 있습니다. 그것은 우리가 과연 그 무리에 속해 있느냐 하는 것입니다. 수와 규모에 마음을 빼앗기지 마십시오. 여러분이 품어야 할 의문은, 과연 여러분이 그 무리에 속해 있는가 하는 것입니다. 그들은 소수이고 경멸을 당하고 비웃음거리가 되고 손가락질을 당하지만, 그들은 하나님의 자녀들입니다. 이것이 참으로 중요한 문제입니다. 설교를 마치면서, 이곳에서 또 한해의 사역을 마감하면서 여러분에게 한 가지 질문을 드려도 되겠습니까? 여러분은 하나님의 백성 가운데 한 사람입니까?

> 시온성과 같은 교회 그의 영광 한없다.
> 허락하신 말씀대로 주가 친히 세웠다.
> 반석 위에 세운 교회 흔들 자가 누구랴.
> 모든 원수 에워싸도 아무 근심 없도다.
>
> 주의 은혜 내가 받아 시온 백성 되는 때
> 세상 사람 비방해도 주를 찬송하리라.
> 세상 헛된 모든 영광 아침 안개 같으나
> 주의 자녀 받을 복은 영원무궁하도다.
> ―존 뉴턴 John Newton

주께서 승리하실 것입니다! 오늘 무슨 일이 일어난다 해도 주께서 여전히 다스리고 계십니다. 우리를 떠나지도 않으실 것이고 버리지도 않으실 것이며, 우리가 오늘 주님과 함께 고난받으면 장차 우리도 주님과 함께 다스리게 될 것입니다. 여러분이 은혜로 이 적은 무리에 속해 있는지, 스스로 돌아보시기 바랍니다.

13

역사를 아는 것의 중요성

하나님이 아브라함에게 약속하신 때가 가까우매 이스라엘 백성이 애굽에서 번성하여 많아졌더니 요셉을 알지 못하는 새 임금이 애굽 왕위에 오르매 그가 우리 족속에게 교활한 방법을 써서 조상들을 괴롭게 하여 그 어린아이들을 내버려 살지 못하게 하려 할새 그때에 모세가 났는데.

사도행전 7:17-20

연설을 조금이라도 아는 사람이라면 연설을 앞두고 요지와 목적, 주제, 방향을 미리 정해 놓는 것이 중요하다는 것을 잘 압니다. 스데반이 아무 준비 없이 일어나서 생각나는 대로 말한 것이 아닙니다. 그는 유대인 지도자들 앞에서 자신과 다른 사람들이 전하는 이 나사렛 예수가, 다름 아닌 하나님의 모든 약속을 성취하신 분이요 아브라함과 이삭과 야곱과 그후로 모세와 다윗 등 모든 조상들이 오시기를 대망한 분임을 입증해 보이기를 원했습니다. 동시에 이 예수를 배척하는 것이, 지난 세월 동안 이스라엘 민족이 자행해 온 죄악을 답습하는 것일 뿐이라는 사실도 깨우쳐 주고 싶었습니다.

스데반의 위대한 연설은 그 이면에 확고한 계획이 있었던 것입니다. 그가 그 계획을 어떻게 이행해 가는지 지금 우리는 살펴보고 있는 중입니다. 그는 아브라함으로부터 시작해, 유대인 지도자들이 얼마나 큰 잘못을 범했는지 아주 간단하게 입증했습니다. 그들은 아브라함을 자랑하고 추앙했으나, 행동으로는 아브라함과 정반대의 길을 걷고 있다는 것을 지적했습니다. 그런 다음 스데반은 요셉의 경우를 취해 같은 주장을 했습니다. 요셉은 그리스도의 표상이었습니다. 요셉의 형들이 그를 학대했던 것처럼, 산헤드린은 더 위대한 요셉인 세상의 구주를 배척했습니다.

이제 우리는 스데반이 세번째 경우로 취한 모세에게 이릅니다. 모세는 의도적으로 취한 사례입니다. 산헤드린 공회원들이 다른 조상보다 모세를 특별히 자랑했기 때문입니다. 모세는 여러 면에서 구약시대의 스승과 지도자들 가운데 가장 위대한 인물로 서 있습니다. 요한은 복음서 서문에서 이렇게 기록합니다. "율법은 모세로 말미암아 주어진 것이요 은혜와 진리는 예수 그리스도로 말미암아 온 것이라"요

1:17. 모세는 이스라엘 백성을 애굽에서 이끌어 내 가나안으로 인도한 지도자였고 율법 전달자였으며, 하나님 앞에서 백성을 대표한 자였습니다. 그런데 그가 세상을 떠날 즈음에 다음과 같은 예언을 남겼습니다. "네 하나님 여호와께서 너희 가운데 네 형제 중에서 너를 위하여 나와 같은 선지자 하나를 일으키시리니 너희는 그의 말을 들을지니라"신 18:15. 그 이후로 이스라엘 백성은 모세와 같은 선지자를 대망했습니다.

그러므로 스데반에게는 모세에 이어 취할 사례가 특별히 중요했습니다. 그가 취한 사례는 나사렛 예수였습니다. 유대 민족의 종교·정치 지도자인 산헤드린 공회원들이 이미 배척하고 십자가에 못박아 죽인 예수였습니다. 어떻게든 그의 교훈을 지금도 뿌리 뽑으려고 하던 차였습니다. 그런데 이 예수가 장차 오실 그 선지자였다는 것입니다. 제가 이 자리에서 그분을 다시 화두로 꺼내는 이유는, 오늘날 우리에게도 그분이 각별히 중요하기 때문입니다.

스데반이 전하는 내용은 단순한 고대 역사가 아닙니다. 물론 고대 역사가 맞지만, 현대적인 방식으로 여전히 우리에게 말하고 있습니다. 오늘날 세상은 산헤드린이 했던 것과 똑같은 일을 하고 있습니다. 복음 메시지를 배척하는 사람은 예외 없이 산헤드린 공회원들이 섰던 위치에 서 있습니다. 만일 여러분이 그리스도인이 아니라면, 산헤드린 공회원들의 생각이 왜 잘못된 것이었는지 입증해 보임으로써, 여러분의 생각 또한 잘못된 것임을 입증하고자 합니다.

이러한 내용이 17-20절에 아주 평이하게 제시됩니다. 모세 이야기의 서론에 해당하는 이 부분은 이렇게 시작합니다. "하나님이 아브라함에게 약속하신 때가 가까우매." 그러고는 어떤 사건이 발생했는지 말해 나갑니다. 얼핏 보면 이 대목은 단순히 도입부처럼 보이므로 얼른 건너뛰어 본론의 드라마틱한 이야기로 들어가기 십상입니다. 모세가 어떻게 조그만 갈대상자에 뉘여 강물에 띄어졌으며 어떻게 바로의 딸의 눈에 띄어 구출되었는지, 그 뒤에 기다리고 있는 흥미진진한 이야기에 미리 마음이 가기 쉽습니다.

그러나 성경에는 '단순한 도입부'라는 것이 없습니다. 성경에 기록된 것은 모두 큰 의미를 지닙니다. 그저 무심코 기록하고 지나간 것처럼 보이는 구절들도 주의해서 살펴보면 깊은 의미와 심오한 도리가 가득한데, 이것이 오늘 우리가 살펴보는 진술에도 해당됩니다. 그러므로 모세 이야기의 이 '단순한 도입부'에 간직되어 있는 교훈을 여러분에게 보여드리고자 합니다. 오늘은 모세에 관해 많이 다루지 않고 다만 그가 등장한 배경, 곧 모세가 태어난 시대 배경에 관해서 말씀드리겠습니다. 여러분에게 긴히 말씀드리고 싶은 것이 이 배경입니다.

모세 이야기의 전말을 잘 모르시는 분은 나중에 출애굽기 처음 여러 장을 읽어 보시기 바랍니다. 단순히 이야기와 문학에 관심 있는 분이라도 모세가 태어난 이야기와 그후에 이어지는 놀라운 이야기를 반드시 읽어 보실 것을 권합니다. 장담컨대, 문학의 관점에서만 보더라도 현대의 문학작품 가운데 이만한 것이 없습니다! 이스라엘 자손이 애굽에 내려가게 된 경위에 대해서는 지난 시간에 살펴보았습니다. 온 땅에 가뭄이 들어 양식을 얻지 못하게 되었을 때 이스라엘 자손이 애굽에 곡식이 있다는 말을 듣고 애굽으로 내려갔습니다. 그곳에는 야곱의 아들 요셉이 하나님의 지혜에 힘입어 가뭄을 예언하고 대비책까지 마련함으로써 통치자의 지위에 올라 있었습니다. 그의 배려로 이스라엘 자손은 애굽의 좋은 땅을 차지하고 살게 되었습니다. 그러나 세월이 많이 흘러 "요셉을 알지 못하는" 새로운 왕이 즉위했는데, 그가 이스라엘 자손을 학대하기 시작했습니다. 아예 민족의 씨를 말려 버릴 작정이었습니다. 그 상황에서 모세가 태어났습니다. 이것이 나중에 우리가 살펴보게 될 위대한 역사의 시작입니다.

어떤 이는 "그것이 오늘날 우리와 무슨 상관입니까?" 하고 묻습니다.

그것을 설명드리겠습니다. 오늘날 우리가 개인과 사회 차원에서 안고 있는 문제는, 모두 "요셉을 알지 못하는" 왕 이야기에 나타나는 요인들 때문에 생긴 것입니다. 이 왕 안에, 그의 행위 안에 있던 문제가 죄인인 모든 사람들, 복음을 배척하고 하나님을 대적하는 모든 사람들의 본질적인 문제임을 여러분은 알게 될 것입니다.

이 왕에게 무엇이 문제였습니까? 오늘날 인간 사회에 무엇이 문제입니까? 도대체 고통에 신음하는 현대세계의 문제가 무엇입니까? 단지 베트남 전쟁을 생각하고서 드리는 말씀이 아닙니다. 베트남 전쟁이 참으로 악하고 문명에 대한 수치이기는 하지만, 제가 생각하는 것은, 다른 나라가 아니라 이 나라의 삶 가운데 발생하는 모든 일들입니다. 개인들로 놓고 보면 지혜와 능력이 없는 것도 아니요 다 유능하고 똑똑한 사람들인데, 어쩌다가 우리 사회가 이 지경이 되었습니까? 저는 이 질문에 쉽게 대답할 수 있습니다. 이 왕의 태도에 이미 예표되어 있습니다.

좀더 구체적으로 말씀드리면, 세상이 안고 있는 궁극적인 문제는 하나님께서 역사에 두신 목적을 모르는 데 있습니다. 그것이 저의 첫번째 전제입니다. 우리는 이른바 '시대의 문제'나 '역사의 문제'가 지대한 관심을 끄는 시대에 살고 있습니다. 이것은 일견 올바른 삶의 태도입니다. 그것보다 더 중요한 것이 무엇이겠습니까? 많은 사건들을 겪으면서 그런 생각이 절로 듭니다. 이제 우리는 새해를 맞이했습니다.[1] 평소에 생각하며 살아가는 분이라면, 하던 일을 멈추고 다음과 같이 생각하지 않을 수 없을 것입니다. "자, 1966년이 끝나고 이제 1967년과 1968년이 올 것이다. 그런데 그것이 다 무슨 의미인가? 우리가 이런 식으로 연도를 구분하며 살아가는 의미가 무엇인가? 이 숫자들의 의미가 무엇인가? 역사란 무엇인가? 역사에 과연 목적이 있는 것인가?"

20세기를 살면서 이런 의미에 관한 질문을 던진다는 것은 불가피한 일입니다. 지난 세기에는 모든 사람이 진보와 발전을 철석같이 믿었으나―당시 사람들은 그것을 '진화'라고 불렀고 요즘 사람들도 그렇게 부릅니다―20세기가 진행되면서 뭔가 잘못되었다고 사람들이 의식하게 된 것입니다. 지난 세기에는 진보가 끝없이 지속될 것처럼 보였으나, 이제는 그렇게 생각하는 사람이 없습니다. 이처럼 우리가 처

---

[1] 이 설교는 1967년 1월 8일에 전해졌다.

한 상황 때문에, 역사와 시간에 대한 총체적인 질문이 첨예하게 제기되고 있습니다. 그러나 이 세대는 역사를 크게 오해하고 있습니다. 어떻게 오해하고 있습니까? 그것을 알려 드리는 것이 오늘 설교의 중요한 주제입니다.

현대인들은 역사를 철저히 오해하기 때문에 역사로부터 배워야 할 것을 배우지 못합니다. 저는 헤겔Hegel의 이 말을 종종 인용했습니다. "역사는, 역사가 우리에게 아무것도 가르치지 않는다는 것을 가르친다." 이것이 큰 문제입니다. 사람들이 역사의 교훈만 제대로 배웠어도 지난 세대가 저지른 과오를 되풀이하지 않을 수 있을 것입니다. 그러나 역사로부터 교훈을 배우지 못하는 까닭에, 당연히 현실을 잘못 진단할 수밖에 없습니다. 그것이 요셉을 알지 못한 애굽의 새 왕이 안고 있던 심각한 문제였습니다.

인간 사회가 지니고 있는 큰 폐단은, 역사를 단순히 사건의 흐름으로 간주하는 것입니다. 이런 사건이 발생하고 저런 사건이 발생한다, 그 정도로 역사를 이해합니다. 사건의 흐름에서 정형定型을 찾아보려고 하는 사람들도 더러 있지만, 대부분은 역사에 정형이나 목적 같은 것이 없다고 말합니다. 그들에게 세월이란 그저 왔다가 가버리는 것에 불과합니다. 그렇게 왔다가 가는 동일한 주기가 언제까지나 반복된다고 생각합니다.

이 주제를 심도 있게 다룬 글을 읽고 싶다면 전도서를 읽어 보십시오. 만물에는 아무런 의미도 없다고 그 책에 분명히 적혀 있습니다. "이미 있던 것이 후에 다시 있겠고 이미 한 일을 후에 다시 할지라. 해 아래에는 새것이 없나니"전 1:9. 강물은 산에서 흘러내려 바다로 흘러갑니다. 그러나 그후 증발하여 구름이 되어 다시 산으로 가고, 다시 비로 내려 강을 이루고는 바다로 흘러갑니다. 돌고 또 돕니다.

이것이 인간이 안고 있는 비참함의 본질이지만, 여러분과 제가 속한 이 세대만큼 이 비참함이 극명하게 나타난 때도 없습니다. 우리가 역사에 대해 크게 오해하고 있는 것이 무엇입니까? 이 말은 물론 그리스도인이 아닌 자연인들을 염두에 두고 하는 것입니다. 대답이 본문에 아주 분명하게 나와 있다고 저는 생각합니다. 첫째는, 저마다 자신들이 속해 있는 시대와 지역이라는 좁은 울타리에 갇혀 있는 것입니다. 역사 전체를 놓고 바라보지 못합니다. 자신의 눈앞 현실에만 몰두해 있습니다.

인간 사회가 늘 이런 경향을 띤 상태로 이어져 온 점을 부인할 수 없지만, 이 시대는 정도가 특히 심합니다. 저는 이것이 현대가 안고 있는 문제의 핵심이라고 믿습니다. 현대인들은 오직 자신들이 어떻게 되는 것만 중요하고, 과거에 발생한 일에는 사실상 아무런 가치도 두지 않습니다. 현대의 과학적 발견들을 지나치게 자부하는 나머지 과거를 송두리째 무시합니다. 과거로부터 진지하게 배울 것이 없다고 생각합니다. 지나간 시대는 모두가 무지하고 어둡고 오류 속에서 지냈을 뿐, 우리만 지혜 있다고 생각합니다. 현대인은 날 때부터 지혜롭게 태어나는 줄로 생각합니다. 물론 그렇게 생각하고 말하는 이들은, 자신들이 하는 말이 성경의 가장 오래된 책인 욥기에 완벽하게 언급되어 있다는 사실을 모를 것입니다. "욥이 대답하여 이르되 너희만 참으로 백성이로구나. 너희가 죽으면 지혜도 죽겠구나"욥 12:1-2.

과거를 이렇게 무시하는 것은 심각한 오류입니다. "요셉을 알지 못하는 새 임금이 애굽 왕위에 오르매." 그는 틀림없이 요셉에 관해 들었을 것입니다. 이 구절은 바로가 요셉에 관한 정보를 몰랐다는 뜻이 아니라, 요셉에 관한 이야기의 본질을 몰랐다는 뜻입니다. 요셉이 누구인지는 틀림없이 알고 있었을 것입니다. 그런 사실조차 모른 채 애굽의 왕이 되었을 리 없습니다. 그러나 그는 그것을 중요하게 여기지 않았습니다. 알려고 하지도 않고 무시해 버렸습니다. "그게 우리와 무슨 상관이 있는가? 과거에 일어난 일은 다 그게 그것이다. 중요한 것은 현재다." 아마도 그렇게 말했을 것입니다. 거듭 말씀드립니다만, 크게 보아 이것이 현대인들이 지니고 있는 견해입니다. 우리는 우리 전에 살았던 사람들과 우리 전에 있었던 일들을 모두 무시하는 경향이 있습니다.

이 점은 굳이 자세히 설명하지 않아도 됩니다. 여러분 모두가 이런 식의 사고방식에 익숙해 있기 때문입니다. 여러분은 나이 든 이들을 가리킬 때 사용하는 다양한 표현을 알고 있습니다. 여러분 표현에 따르면, 우리 노인들은 "구세대"요 "고지식한 인간들"입니다. 시대에 뒤진 사람들입니다. 반면에 현대인들은 "신세대"요 "생각이 트인 인간들"입니다. 그러나 그런 생각을 가진 현대인들을 보십시오. 자기 자신이 살고 있는 현재만 바라봅니다. 애굽의 새 왕과 다를 바 없습니다. 그것은 매우 편협한 역사관입니다.

성경을 배움으로써 얻는 큰 유익의 하나는, 자기와 관련된 역사만 중요하다는 편협한 생각을 씻어 버리게 되는 것입니다. 우리는 아주 오래된 세계에 살고 있습니다. 장차 우리 뒤에도 장구한 역사가 펼쳐질 것입니다. 그러므로 복음을 믿지 않는 사람도 성경에서 지혜를 얻어야 합니다. 이 지혜가 여러분의 많은 문제들을 해결해 줄 것입니다. 여러분은 스스로 생각하는 것만큼 현대적이지 않습니다. 과거에도 여러분과 똑같은 말을 한 사람들이 있었습니다. 성경이 그런 사람들에 대해 알려 줍니다. 역사의 한 시점에 서서, 과거로부터 흘러오는 물줄기와 미래로 흘러가는 물줄기를 바라본다는 것은 대단한 일입니다. 그 시각에는 크고 원대한 것이 있습니다. 이것은 '나의' 인생과 우리 시대 외에는 눈길을 주지 않는 편협한 역사관과는 크게 대조됩니다.

편협한 역사관을 지닌 사람들이 범하는 또 하나의 오류가 있습니다. 그것은 애굽의 새 왕의 경우에 분명하게 나타납니다. 그들은 과거를 무시하면서, 동시에 미래에 대해서도 눈을 감습니다. 역사의 종말에 대해서는 아예 관심이 없습니다. 오로지 눈앞의 사건, 즉각적인 결과, 찰나적인 쾌락에 관심이 있습니다. 앞으로 일어날 일에 대해서는 생각하지 않습니다. 이것이 현대인들의 실상입니다. 심지어 그들은 앞날을 대비하기 위한 저축마저 경시합니다. 되도록 많이 소비하자! 지금 이 순간을 즐기자! 미래는 그때 가서 해결하면 된다! 이것이 현대인들에게서 두드러지는 특징입니다.

그러나 이것이 얼마나 잘못된 생각입니까! "요셉을 알지 못하는" 이 새 왕은 자신의 영토를 둘러보았습니다. 이런저런 사업 구상을 했으나 혹시 발생할지도 모를 일을 예측하지도 않았습니다. 코앞의 현실을 고려하지도 않았고 앞을 내다보며 장차 발생할 일을 대비하지도 않았습니다.

물론 삶은 오늘을 기준으로 바라봐야 합니다. 하지만 거기서 멈춰서 내년이면 지금보다 한해 더 늙어 간다는 사실을 생각하지 않는다면, 그것은 잘하는 것이 아닙니다. 계속해서 한 살 두 살 먹다 보면 비록 지금은 젊고 건강하더라도 얼마 후에는 늙고 약해지는 날이 올 것입니다. 그렇게 왕성하던 건강과 활력과 능력이 빠져나가고 힘없는 노인이 되는 날이 반드시 올 것입니다. 물론 이것은 늙을 때까지 살아남아야 성립되는 말입니다. 그 전에 죽을 수도 있습니다. 그것은 아무도 모르는 일입니다. 그러나 이 엄연한 사실을 세상은 인정하기를 거부합니다. 이런 생각을 병적이고 염세적인 것으로 간주합니다. 참으로 편협하고 짧은 인생관 아닙니까!

미래를 내다보지 않고 사는 것은 큰 잘못입니다. 미래는 반드시 다가옵니다. 움직일 수 없는 사실입니다. 그런데도 애굽의 새 왕-그리고 그리스도인이 아닌 현대인들-은 역사를 거두절미하고 자신들이 살고 있는 현세에만 집착합니다. 이것이 어떤 의미에서는 실존주의 철학의 전모라고 할 수 있습니다. 그러나 이것은 틀린 생각입니다. 현대세계는 '창조세계 전체를 좌우하는, 하나의 심원한 신적 사건'에 대해 철저히 무지한 듯합니다. 이러한 무지가 결국 인생에 대해 왜곡된 견해와 판단을 낳습니다. 이것이 두번째 오류입니다.

본문에는 세번째 오류도 아주 명백하게 나타나 있습니다. 아마 이것이 가장 중요하고도 치명적인 오류일 것입니다. 그것은 역사를 오로지 인간 활동의 무대나 영역으로만 이해하고, 하나님께서 행하시는 일은 바라보지 못하는 오류입니다. 애굽의 새 왕은 자신과 자신의 계획만 생각하고 있었습니다. 애굽 전역을 둘러보니 낯선 민족이 큰 규모를 이루어 살고 있었습니다. 그들은 애굽에 속하지 않은 이질적인 분자들이었습니다. 더욱이 그 인구가 갈수록 증가하자, 바로는 그들 존재가 자기 왕국에 위협이 된다고 느꼈습니다. '저들이 성가신 존재들이 되었구나. 제거해 버리자. 말살해 버리자.' 그렇게 생각했습니다.

바로는 그 노예들이 어떤 사람들인지 알지 못했습니다. 그들에 대해 아무것도 이해하지 못했고, 아예 관심도 없었습니다. 요셉에 관해서도 알지 못했으며, 그의 이야기를 듣고 싶은 마음도 없었습니다. 오히려 자기 앞에 있는 시급한 현안을 처리하는 데 골몰했습니다. 생각이 자기 자신과 자신의 능력, 자신의 권력, 그리고 구상해 놓은 사업에 완전히 갇혀 있었습니다. 그러다가 마침내 재앙이 그와 그의 권력과 그의 모든 군대에게 닥쳤습니다. 그는 정당한 의문들을 품거나 제기하지도 않았습니다. "저 사람들이 어디서 왔는가? 어떤 경위를 거쳐 현재의 상태에 이르게 되었는가?" 하고 묻지 않았습니다. 오로지 인간의 활동, 인간의 능력, 인간의 가능성에만 몰입되었습니다. 가장 중요하고도 큰 요인을 도외시했고, 하나님을 제쳐 놓았습니다. 역사 안에서, 심지어 가까운 과거에서 하나님을 전혀 바라보지 못했습니다.

그런데 이것이 모든 오류들 가운데 가장 크고 심각한 오류입니다. 왜입니까? 만일 이 세상에 무엇보다 분명한 것이 있다면, 그것은 하나님이 역사 안에서 일하신다는 사실이기 때문입니다. "하나님이 아브라함에게 약속하신 때가 가까우매"행 7:17. 하나님은 이런 분이십니다. 역사 안에서 일하시는 하나님, 이 하나님을 현대인들이 잊고 있는 것입니다. 하나님의 이러한 개입을 배제하고서 역사를 이해할 수 없습니다. 역사를 이해하려고 할 때 가장 중요하게 고려해야 할 사항은, 하나님께서 이 세상을 위한 계획과 목적을 갖고 계시다는 점입니다.

하나님의 계획은 사도행전 7장 서두에 기록되어 있습니다. "하나님이 또 이같이 말씀하시되 그 후손"-곧 아브라함의 후손-"이 다른 땅에서 나그네가 되리니 그 땅 사람들이 종으로 삼아 사백 년 동안을 괴롭게 하리라 하시고"6절. 하나님께서 이 모든 말씀을 아브라함에게 하셨습니다. 아브라함은 이삭의 아버지였고, 이삭은 야곱의 아버지였고, 야곱은 애굽으로 내려간 족장들의 아버지였으며, 족장들과 그의 자손들이 애굽에서 사백 년을 살았습니다.

그런데 우리가 파악해야 할 중요한 사실이 있습니다. 하나님께서 아브라함에게 이런 앞날의 사건들을 모두 말씀하실 수 있었다는 것입니다. 어떻게 이런 일이 가능했습니까? 미래까지도 주관하시는 하나님이시기 때문에 가능했습니다. 하나님은 계획을 갖고 계셨습니다. 아브라함은 한 민족의 조상이 될 것이었습니다. 그렇게 작정하신 분은 하나님이셨습니다. 그것은 하나님이 세우신 원대한 구속 계획의 일부였습니다. 세계사는 이 방향으로 계속해서 진행되지만, 복음 메시지를 믿지 않는 사람들은 역사에서 인간의 행위밖에 보지 못합니다. 그러나 역사를 좀더 깊이 성찰하는 순간 또 다른 요인이 있음을 발견하게 됩니다. 그것은 하나님께서 인간 역사에 개입하시고 역사를 지어 가신다는 것입니다. 이러한 중요한 교훈이 아브라함과 족장들, 야곱, 그리고 우리가 모세에 관해 살펴보고자 하는 모든 이야기에 담겨 있습니다.

때가 정해졌습니다. "약속하신 때가 가까우매." 하나님은 어느 때에 무슨 일을 하실 것을 정해 놓으셨습니다. 정하신 때가 되자 한 치의 오차도 없이 그 일을 이루시기 위해 개입하셨습니다. 때가 정해져 있었던 것입니다. 이스라엘 자손은 일정 기간 동안 애굽에서 종살이하도록 되어 있었고, 하나님의 정하신 때가 되면 어떤 일이 발생해 애굽에서 구출되도록 되어 있었습니다. 하나님은 그 모든 것을 아셨고, 미리 아브라함에게 알려 주셨습니다.

성경의 위대한 메시지는, 하나님이 이 세상을 위한 계획과 목적을 갖고 계시며, 이 세상이 인간의 손안에 있지 않다는 것입니다. 새로 즉위한 이 어리석은 애굽 왕은 앞날이 자신의 손안에 있다고 생각했습니다. 그는 하나님의 백성을 이해하지 못했을뿐더러, 이 성가신 작은 민족이 실제로 어떤 민족인지도 알지 못했습니다. 얼마든지 자신의 권력으로 말살할 수 있다고 생각했습니다. 하지만 자신이 하려고 하는 일이 무엇인지 전혀 알지 못했습니다. 하나님의 백성을 단순히 보통 남자와 여자들로 보았습니다. 그들의 배후에 계신 하나님을 바라보지 못했습니다. 그것이 그가 안고 있던 문제였습니다. 그를 덮친 재앙은 전적으로 그의 이러한 오류와 잘못 때문이었습니다. 이것은 또한 오늘날 우리가 안고 있는 문제이기도 합니다.

우리는 과학의 힘으로 중력을 극복한 것과, 인간을 지구 밖 우주 공간으로 보낼 수 있게 된 것을 크게 자랑합니다. "인간이 하지 못할 일이란 없다"고 말합니다. 그러는 동안 내내 하나님을 잊고 살며, 우리 자신의 역사를 이해하지 못합니다. 하나님을 모르고 오직 인간의 활동만 바라보다가 이렇게 된 것입니다.

인간이 실패한 것을 보지 못합니까? 무엇이 잘못된 것입니까? 이 다른 요소, 이 다른 요인이 눈에 보이지 않습니까? 하나님이 계신 것입니다! 인간 구속을 위한 하나님의 원대한 계획과 목적이 엄연히 존재하는 것입니다. 이 사실이 눈에 보이기 시작하는 순간, 시인과 더불어 이렇게 고백할 마음이 생깁니다.

> 우리의 왜소하고 유한한 제도들
> 제 날 누리다가 사라집니다.
> 주님의 분절된 빛들일 뿐,
> 주님은 그것들보다 크시나이다.
> ―알프레드 테니슨 Alfred Lord Tennyson

13 역사를 아는 것의 중요성

우리의 왜소한 제도와 체제들! 그것들에 우리는 얼마나 흥분합니까! 우리의 정치를 생각해 보십시오! 이런 것들이 무익하다고 말하는 것이 아닙니다. 인간 사회에는 정부와 법과 질서가 있어야 합니다. 그러나 우리가 그것들에 얼마나 열광하고 흥분하고 희망을 걸고 있습니까! 정치만이 아니라, 우리의 하찮은 철학체계에도 철석같이 매달립니다. 이런 것들은 한번 왔다가 지나갑니다. 대중음악과 마찬가지로 철학에도 유행이 있습니다. 가장 높은 위치를 정하는 사상이 있지만 오래가지 못합니다!

하나님은 우리 사회의 제도와 체계들보다 크신 분임을 사람들은 알지 못합니다. 사람들을 드높일 뿐, 그들이 아무리 실패를 했어도 역사를 바라보는 잣대는 출생과 결혼과 죽음과 전쟁 같은 인간의 행위들이 전부입니다. "역사란 그런 것이다" 하고 말합니다. 물론 그것도 역사입니다. 하지만 그것은 역사에서 가장 중요하지 않은 부분에 불과합니다. 정작 중요한 역사는 성경에 실린 역사입니다. 만물을 창조하시고 존재하게 하신 하나님께서 여전히 만물을 주관하시고 만물이 도달할 목적지를 두고 계십니다. 이것이 바로 시간입니다. "하나님이 아브라함에게 약속하신 때가 가까우매."

이 첫번째 원리를 분명히 아시겠습니까? 역사를 이해하는 것이 얼마나 중요합니까! 역사 안에서 발생한 일이 무엇인지 이해하고, 시간의 의미와 시간 안에서 발생하고 있는 일의 의미를 이해한다는 것은 지극히 중요합니다. 왜 역사를 이해해야 합니까? 현대사회를 괴롭히는 많은 문제들이, 역사를 모르거나 제대로 이해하지 못해 생긴 것들이기 때문입니다.

그러나 이것보다 훨씬 더 중요한 원리가 있습니다. 그것은 인간이 역사 면면에 흐르는 하나님의 계획을 이해하지 못할 뿐 아니라, 미련하게도 그 계획을 거부하고 배척하고 있는 것입니다. "요셉을 알지 못하는 새 임금이 애굽 왕위에 오르매 그가 우리 족속에게 교활한 방법을 써서 조상들을 괴롭게 하여 그 어린아이들을 내버려 살지 못하게 하려 할새." 이 왕은 하나님의 백성을 말살하는 일에 착수했습니다. 하나님의 계획을 가로막아 섰습니다. 물론 그 사실을 깨닫지 못했고, 자신이 얼마나 두려운 짓을 자행하는지도 모른 채 맹목 가운데 저항하려고 한 것입니다.

세상은 처음부터 이런 일을 해왔고, 오늘날도 변함없이 시도하고 있습니다. 하나님께서 그 아들을 이 세상에 보내셨을 때 결국 세상은 그를 십자가에 못박았습니다. 하나님이 가장 큰 일을 행하셨을 때 세상이 한 일이 바로 그것이었습니다. 사람들은 하나님의 아들을 인정하지 않았습니다. 그저 단순한 사람이나 협잡꾼 정도로 간주해 그를 죽였습니다. "없이하소서, 그를 십자가에 못박게 하소서." 그들은 외쳤습니다.요 19:15. 성가신 존재니 없애 버리라는 것입니다.

기독교 교회도 처음부터 박해를 받았습니다. 교회는 지금도 여전히 무시당하고 있습니다. 손가락질과 냉소와 경멸을 당하고 있습니다. 오늘날 사람들은 어떻게든 교회를 없애 버리려고 합니다. 물리적인 박해보다는 조소와 경멸을 사용합니다. 방법은 다르지만 예나 지금이나 속마음은 동일합니다.

세상이 왜 이처럼 행동할까요? 사람들이 왜 하나님의 뜻을 배척하는 것일까요? 첫번째 가능한 대답은, 그들이 하나님을 모르기 때문입니다. 하나님에 대해 무지합니다. 그분을 알려고 하지도 않습니다. "요셉을 알지 못하는 새 임금이 애굽 왕위에 오르매." 맞습니다. 이 진술을 잘 분석해 봐야 합니다. 이 왕의 문제는 단지 요셉이 행한 일을 모르고 그에게 감사하지 않은 데 있었을 뿐 아니라, 요셉의 배후를 두른 비밀을 몰랐으며 굳이 알려고 하지 않은 데도 그 원인이 있었습니다. "알지 못하는"이라는 구절은 이런 식으로 해석해야 합니다.

요셉이 과연 어떤 인물이고 무슨 일을 했습니까? 새 왕은 분명히, 요셉이란 인물이 큰 가뭄을 미리 예언하고 대비해 애굽 사람들을 아사의 위기에서 구했다는 말을 적어도 한번쯤은 들었을 것입니다. 그러나 그 말을 들었으면 "요셉이 그런 대단한 일을 할 수 있었던 비결이 무엇인가?"라는 의문을 당연히 품었어야 했습니다. 그런데 새 왕은 작심하고서 그런 의문을 마음에서 지워 버렸습니다. 만일 그런 의문을 품었다면 요셉 자신이 당시의 바로에게 한 말을 어떻게든 알아냈을 텐데 말입니다. "이 꿈을 해석할 수 있었던 것은 저의 능력이 아닙니다. 저는 보통 사람에 불과합니다. 하늘에 계신 하나님께서 제게 이 깨달음을 주셨습니다. 하나님이 꿈의 내용을 알게 하셨고 해석을 주셨습니다. 제가 아니라 제가 섬기는 하나님이 하셨습니다. 하나님이 아니시면 저는 아무 일도 할 수 없습니다."

요셉은 그러한 사람이었습니다. 배후에 하나님이 계시는 사람이었던 것입니다! 그러나 새 왕은 그 사실에 무지했습니다. 오늘날 세상이 이렇게 된 것은, 새 왕과 같이 여전히 하나님에 대해 무지하기 때문입니다. 세상은 우주와 창조만물을 바라보면서, 그 안에서 자연법칙과 사건들밖에 식별하지 못합니다. 비극은 이것입니다. 세상이 이 모든 것을 창조하신 하나님, 만유 위에 계시며 지혜와 지식과 권능이 무한하신 창조주 하나님을 볼 줄 모르는 데 있습니다.

"어리석은 자는 그의 마음에 이르기를 하나님이 없다 하는도다"시 14:1. 어리석은 자는 하나님의 권능에 대해 무지합니다. 하나님을 모르기에 꽃 한 송이조차 설명하지 못합니다. "이것은 방금 작용한 힘들이 빚어낸 우연한 결과다." 이런 말밖에 하지 못합니다. 만물을 창조하시고 유지하시는 위대한 정신, 위대한 권능을 볼 줄 모릅니다. 그러므로 감히 하나님을 무시하고 공공연히 도전하려고 하는 것입니다.

세상은 하나님의 존재에 대해 무지할 뿐 아니라, 하나님이 행하신 일에 대해서도 무지합니다. "요셉을 알지 못하는 새 임금이 애굽 왕위에 오르매." 요셉은 애굽의 구원자였습니다. 가뭄에 뒤따를 참혹한 죽음에서 애굽을 건져 낸 인물이었습니다. 그 나라 역사상 가장 위대한 은인이었습니다. 그러나 이 왕은 그 사실에 대해 전혀 알지 못했고, 알려고 하지도 않았습니다. "이 백성은 성가신 존재다. 제거해야겠다. 요셉이 대체 누구란 말인가? 그가 누구든 무슨 상관인가? 그것은 다 과거사일 뿐이다." 이런 식으로 자기 민족에게 큰 복을 가져다준 하나님의 사람 요셉의 위대한 업적을 간단히 무시해 버렸습니다.

이런 태도가 여전히 세상의 큰 문제입니다. 오순절에 사도들이 일어나 "하나님의 큰일"을 전했으나, 세상은 오늘날까지도 그 일이 무엇인지 전혀 모르고 있습니다. 음속의 장벽을 깨고 대기권 밖에서 탐사 활동을 벌이는 것에는 전 인류가 흥분하며 관심을 갖습니다. 그러나 "하나님의 큰일"에 대해서는 인류가 대체 무엇을 알고 있습니까?

역사를 되짚어 보고 성경 역사를 읽으면서, 하나님이 역사 안에서 행하신 심판들을 살펴보십시오. 세속 역사를 다룬 책들을 읽어 보십시오. 이스라엘이라는 작은 민족을 공격한 민족과 왕조들이, 결국 어떻게 기적적인 방법으로 좌절하고 패망했는지 보십시오. 이것은 엄연한 역사입니다. 하지만 세상은 과거를 일축해 버리고 하나님이 행하신 일을 알려고 하지 않습니다. 무엇보다도 세상이 하나님께 죄를 범해 진노를 받을 수밖에 없음에도 불구하고, "하나님이 세상을 이처럼 사랑하사 독생자를 주셨으니 이는 그를 믿는 자마다 멸망하지 않고 영생을 얻게 하려 하심이라"는 사실을 알지 못합니다.요 3:16.

역사상 가장 중요한 사건은, 하나님께서 우리를 위해 이루신 구속救贖사건입니다. 정치인들이 우리를 구원할 수 있습니까? 철학자들이 구원할 수 있습니까? 구원하지 못합니다. 그들은 진작에 실패했습니다. 오늘날도 실패하고 있습니다. 오늘날 세상에 남아 있는 희망은 단 하나뿐입니다. 하나님의 아들, 나사렛 예수 안에 있는 소망이 그것입니다. 예수께서 역사 전체의 물길을 바꿔 놓으셨습니다. 세상이 그분에 관한 사실들을 조금이라도 알고 있습니까? 그분을 설명할 수 있습니까? 올해는 1966년이 아니라 1967년입니다. 왜 그렇습니까? 예수 때문입니다. 그분이 역사의 중심에 서 계십니다. 1966년이나 1967년이라는 연도는 예수로부터 얼마나 멀리 왔는지를 표시합니다. 예수는 역사에 지극히 심오한 방식으로 영향을 끼치신 분입니다. 세상의 정치인들이 다 모여 지혜를 내놓아도 그분의 먼발치에도 다가설 수 없습니다. 선각자와 현자들을 다 모아 놓아도, 예수님은 그들이 도달할 수 없는 높은 곳에 우뚝 서 계십니다. 그분은 역사의 주인이십니다.

세상은 이것을 모릅니다. 하나님께서 자기 아들을 이 세상에 보내신 사실에 무지합니다. 그 아들이 구유에서 가난하게 태어나신 사실, 자기부인과 가난과 고난의 삶을 사신 사실, 우리 죄를 담당하시기 위해 갈보리 언덕에서 십자가를 지신 사실, 우리 죄를 사하시고 우리를 하나님과 화목하게 하시며 우리에게 새 생명을 주시기 위해 자기 목숨을 버리신 사실도 모릅니다. 세상은 하나님의 아들이 사망과 무덤을 정복하신 사실도 모르고, 영광스럽게 부활하심으로 하나님 우편에 오르신 사실도 모릅니다. 아는 것이 아무것도 없습니다. "요셉을 알지 못하는 새 임금이 애굽 왕위에 오르매."

슬프게도 그것은, 단순히 무지의 문제가 아닙니다. 무지보다 더 악한 것이 있는데, 그것은 은혜를 잊어버리는 것입니다. 이 왕을 보십시오. 요셉이 아니었다면 그가 왕의 지위에 오르는 일도 없었을 것입니다. 요셉이 없었다면 아마도 애굽은 멸망했을 것입니다. 하나님께서 요셉에게 지혜와 능력을 주셨으므로 애굽이 멸망을 면했습니다. 그러나 이 엄청난 사실을 이 사람은 간단히 부정해 버렸습니다. "요셉이 누구냐? 진작에 죽은 사람이다! 나는 현실에만 관심이 있을 뿐이다." 심한 배은망덕이 아닐 수 없습니다!

세상은 예나 지금이나 변한 것이 없습니다. 죄를 범한 사람들은 은혜를 모르는 자들입니다. 하나님의 인자하심을 잊고 무시합니다. 이것이 죄의 가장 가증스러운 면이 아닌가, 저는 종종 생각합니다. 인간 삶에서 은혜를 저버리는 것만큼 비열한 행위가 있습니까? 그런 행위는 개인들에게서도 볼 수 있고, 국가들에게서도 볼 수 있습니다. 어떤 나라가 다른 나라의 도움으로 위기에서 구출되었는데, 20년이 채 지나기도 전에 자신을 도와준 나라를 공격합니다. 제가 어떤 나라를 가리키는지 구체적으로 말하지 않아도 여러분은 다 아실 것입니다. 여러분과 제가 속한 이 나라가 어떤 의미에서는 다른 나라의 생명을 구해 주었는데, 그 나라는 그 사실을 잊어버렸습니다. 감사할 줄을 모릅니다. 그러면서 "정치에는 감사라는 게 없다"고 말합니다. 공적인 삶에는 감사라는 것이 없다는 것입니다. 도와준 것도 따지고 보면 자신을 위해 한 것이 아니냐는 것입니다. 다른 사람이 자신을 위해 해준 일을 잊습니다. 생명을 구해 준 일, 직위를 잃지 않도록 지켜 준 일, 나라를 구해 준 일, 그런 일들에 매정하게 눈을 감아 버립니다. "20년 전에 일어난 일에는 관심이 없다. 인생이란 다 그런 거지!" "요셉을 알지 못하는 새 임금이 애굽 왕위에 오르매."

그러나 배은망덕은 죄입니다. 그것이 가장 저급한 죄가 되는 경우는, 하나님께서 세상을 이처럼 사랑하신 사실에 비추어 볼 때입니다. 하나님이 이 일을 해주셨건만, 세상은 그것을 비웃고 조롱하고 놀리고 경멸합니다. 인간들이 얼마나 두려운 죄를 짓고 있는 것입니까! 그들은 사랑을 베푸신 하나님의 얼굴에 침을 뱉습니다. 그분은 인간들의 죄와 수치에도 불구하고, 그들을 찾아오셔서 용서와 새 생명과 필요한 모든 것을 내미셨습니다. 역사에 나타난 하나님의 뜻과 계획을 인간들이 무시하고 업신여기는 것이 얼마나 두려운 죄입니까!

이상의 내용이 마지막 원리로 이어집니다. 인류가 안고 있는 최종적인 문제는, 하나님께서 역사 가운데 이루어 가시는 목적을 모른다는 사실입니다. 애굽의 새 왕은 요셉을 몰랐고 굳이 알려고 하지 않았기 때문에, 하나님의 백성을 학대함으로 그들의 하나님을 업신여겼습니다. 아예 작심하고 그 일을 감행함으로써 하나님과 대립했습니다. 불행하게도 이 사람은 하나님이 역사 가운데 이루어 가시는 목적을 몰랐던 것입니다. "하나님이 아브라함에게 약속하신 때가 가까우매 이스라엘 백성이 애굽에서 번성하여 많아졌더니⋯⋯그때에 모세가 났는데."

그렇다면 하나님의 목적이 어떤 성격을 띠고 있습니까? 첫째, 하나님의 목적은 절대 확실하며 가차 없습니다! "하나님이 아브라함에게 약속하신 때가 가까우매." 여러분은 그렇게 된 것이 눈에 보이지 않습니까? 상황을 여기까지 주관해 오신 분이 하나님이십니다. 애굽에 고만고만한 왕과 신하들이 있었고 그들의 계획과 구도와 활동이 있었지만, 하나님이 정하신 "때"가 점점 가까워지자 그것은 아무도 막을 수 없었습니다. 하나님의 계획과 목적에는 모든 것이 세세하게 정해져 있습니다.

물론 세상은 자신의 지혜로 현실을 바라보고는 그런 말을 비웃습니다. "하나님의 목적이라고요? 세상을 한번 둘러보고 교회를 바라보세요. 여러분이 하나님의 백성이라고 주장하는데, 여러분의 처지가 어떤 줄 아세요? 모든 사람이 여러분을 욕하고 비웃고 있습니다. 기독교는 이제 수명을 다한 거예요. 살펴보면 알겠지만, 기독교에 무슨 능력이 있단 말입니까? 기독교는 이제 아무 일도 할 수 없어요."

그것이 세상이 교회를 향해 던지는 말입니다. 그때마다 세상은 이렇게 말해 왔습니다. "이스라엘 자손이 애굽에서 이미 사백 년이나 살았는데, 이런 판국에 하나님의 목적을 말하는 게 무슨 의미가 있단 말입니까? 하나님이 아브라함에게 가나안 땅을 약속하셨다고 백날 말해 봐야 오늘날 그게 무슨 소용이 있단 말이오? 터무니없는 말일 뿐입니다!" 이런 말로 하나님의 목적을 멸시해 버립니다.

인간은 역사의 교훈을 배워야 합니다! 되돌아볼 줄도 알아야 하고 내다볼 줄도 알아야 합니다. 성경을 읽어 보십시오. 하나님이 주관해 오시는 역사는 정해진 목적지를 향해 어김없이 움직이고 있습니다. 하나님의 계획은 절대 확실하며 아무도 거역할 수 없습니다. "하나님이 아브라함에게 약속하신 때가 가까우매." 친히 정해 놓으신 때가 다가오고 있었던 것입니다. 그러므로 현재의 피상적인 현상들에 현혹되어서는 안됩니다.

> 하나님의 맷돌은 아주 천천히 돌지만
> 지극히 작은 것도 어김없이 갈고 지나간다.
> —폰 로가우 F. von Logau

다른 것은 모르더라도 이것만은 명심하십시오. 여러분 역시 하나님의 계획에 포함되어 있습니다. 하나님의 목적이 하나씩 실현되고 있습니다. 여러분이 그것을 어찌할 수 없습니다. 여러분은 그 안에 들어 있으며, 거기서 빠져나갈 수 없습니다. "하나님이 아브라함에게 약속하신 때가 가까우매." 하나님께서 정해 두신 목적지를 향해 세월이 꾸준히 흐르고 있습니다. 그것이 하나님의 목적이 지니는 큰 특징의 하나입니다.

그러나 더 놀라운 것이 있습니다. 하나님의 목적은 자기 백성을 구원하고 복을 끼치려는 데 있습니다. 이스라엘 자손이 애굽에서 박해받으며 고생하고 있었으나, 하나님은 일찍이 아브라함에게 이렇게 약속하셨습니다.

> 하나님이 또 이같이 말씀하시되 그 후손이 다른 땅에서 나그네가 되리니 그 땅 사람들이 종으로 삼아 사백 년 동안을 괴롭게 하리라 하시고 또 이르시되 종 삼는 나라를 내가 심판하리니 그후에 그들이 나와서 이곳에서 나를 섬기리라 6-7절.

이것이 구원자 모세의 위대한 이야기입니다. 노예로 전락한 이스라엘 자손이 간역자들에게 채찍을 맞아 가며 밀짚도 없이 벽돌을 만들어야 했습니다. 그야말로 도와줄 이도, 기댈 곳도, 어떤 소망도 없는 비참한 처지였습니다. 그러나 하나님이 개입하셨습니다. 자기 백성을 구원하여 복주시려고 일어나셨습니다. 그들을 애굽에서 가나안으로, 속박에서 자유로, 신음에 눌리던 애굽 땅에서 "젖과 꿀이 흐르는" 땅으로 인도하셨습니다. 이것이 복음이 제시하는 복입니다. 세상은 이것을 알지 못합니다. 과거의 애굽 왕과 조금도 다를 것이 없습니다. 그는 하나님이 이스라엘 백성을 애굽에서 이끌어 내셔서, 아브라함에게 약속하신 복의 땅으로 들어가게 하려고 계획하신 것을 몰랐던 것입니다.

그러므로 그리스도인으로 사는 삶이 얼마나 복된 것입니까! 복음을 믿고 그것에 자신을 굴복시키면 과거의 모든 죄가 도말된다는 것을 여러분은 아십니까? 1966년, 1965년, 1964년, 또는 그 이전에 행했던 일이 몹시 후회되고 부끄럽습니까? 그것은 여러분의 힘으로 어찌할 수 없습니다. 죄가 책에 고스란히 적혀 있습니다. 그러나 복음을 믿으면 그것이 다 소멸됩니다. 하나님께서 여러분이 지은 모든 죄를 당신의 망각의 바다에 던져 넣으실 것입니다. 여러분을 용서하시고 한없이 사랑해 주실 것입니다. 여러분을 바라보시면서, 하나님은 이제 당신의 은혜로 아무 공로 없이 의로운 자가 되었다고 선언해 주실 것입니다. 여러분이 받아야 할 형벌을 하나님의 아들이 친히 담당하셨고, 바로 이 일을 위해 그분이 세상에 오셨습니다. 이제는 죄의 기록이 깨끗하게 되었다고 보장해 주실 것입니다.

이제부터는 새로운 생명, 새로운 출발, 새로운 본성, 새로운 관점, 새로운 활력을 갖게 될 것입니다. 여러분 앞에는 형언할 수 없는 영광이 기다리고 있을 것입니다. 그 영광이 임할 때 여러분은 하나님 아들의 모양과 형상으로 변화될 것이며, 하나님 앞에서 영원한 영광 가운데 영생을 누릴 것입니다. 이것이 하나님의 계획과 목적입니다. 하나님의 백성, 하나님께 속하여 하나님을 믿는 사람들, 세상이 어떻게 대하든 하나님의 이름으로 즐거워하는 사람들에게 그 복을 주실 것입니다. 이것이 하나님이 정하신 목적의 일면입니다.

그러나 또 다른 면이 있습니다. 그것이 무엇인지 쉽게 예상할 수 있지 않습니까? 하나님께서 원수들을 벌하시기로 작정해 두고 계신 것입니다. "또 이르시되 종 삼는 나라를 내가 심판하리니"행 7:7. 실제로 그 일이 발생했습니다. 이스라엘 백성이 애굽에서 구원받을 때, 바로와 그의 군대가 많은 병거를 몰고 그들을 추격했습니다. 이스라엘 백성에게는 병거도 말도 무기도 없었습니다. 그들은 훈련되지 않은 오합지졸이었습니다. 그러나 하나님께서 당신의 종 모세를 통해 그들을 인도하고 계셨습니다. 바로가 마침내 군대를 끌고 홍해까지 접근해 왔습니다. 그때 갑자기 바다가 갈라지면서 이스라엘 백성이 그리로 건너갔습니다. 바로와 그의 군대도 따라 건너왔으나, 바다가 다시 합쳐지면서 그들을 삼키고 궤멸시켰습니다. 하나님의 심판이었습니다.

이것은 역사입니다. 지난 두 번에 걸친 세계대전도 분명히 역사의 한 부분이고, 역사의 사실들입니다. 하나님은 자기 백성에게 복을 주시고 원수들에게는 심판을 선포하십니다. 고대세계의 가장 위대한 왕조의 하나로 손꼽히던 왕조에서 일어난 바로가, 자기 방식대로 새로운 일을 도모하려고 했으나 결국에는 철저히 실패와 망신과 심판을 당하고 말았습니다.

이것이 주께서 제게 맡기신 복음의 중요한 일면입니다. 인생은 거대하고 진지합니다. 두 가지 가능성이 우리 각 사람 앞에 놓여 있습니다. 역사가 우리에게 가르치는 큰 교훈은, 하나님께서 목적을 가지고 일하신다는 것입니다. 누가 이것을 의식하고 삽니까? 여러분의 인생이 이 목적에 속해 있다는 것과 이 목적대로 진행된다는 것을 알고 있습니까? 그저 눈앞의 주어진 현실에 매몰되어 살지 마십시오. 인류역사에서 현대사회만큼 왜소하고 편협한 시대는 없었습니다. 역사를 크고 넓게 바라보십시오. 뒤를 돌아보고, 앞을 바라보고, 하나님의 눈, 영원의 눈 아래 있는 모든 것을 바라보십시오. 어렵지 않게 지극히 중요한 교훈을 얻게 될 것입니다. 우리 각자가 이 세상을 살아갈 때 오직 하나

중요한 것이 있다면, 그것은 바로 하나님과 맺고 있는 관계입니다.

우리는 저마다 두 부류의 사람들 가운데 한쪽에 속해 살고 있습니다. 하나님의 백성에게 속해 있든 바로 곧 요셉을 알지 못하는 애굽 왕의 백성에게 속해 있든, 둘 중 하나입니다. 중간지대란 없습니다. 하나님 편에 속해 있지 않으면 하나님을 대적하고 있는 것입니다.

그러므로 역사에서 교훈을 얻어야 합니다. 하나님을 무시하는 것은 스스로 재앙을 불러들이는 짓입니다. 과연 여러분은 누구입니까? 세상은 무엇이고 인류는 무엇이고 우주는 무엇이며 하나님이 거하시는 하늘은 무엇입니까? 여러분은 어느 편에 속해 있습니까? 나중에 살펴보겠지만, 모세도 그 큰 두 갈래 길에 선 적이 있습니다. 애굽에서 영화를 누릴 수 있는 길이 한쪽으로 나 있고, 하나님의 백성에 속하는 길이 다른 한쪽에 나 있었습니다. 하지만 모세는 머뭇거리지 않았습니다. 그는 "도리어 하나님의 백성과 함께 고난받기를 잠시 죄악의 낙을 누리는 것보다 더 좋아"했습니다.히 11:25. 그것이 전부입니다. "바로"와 같은 새 왕은 잠시 승리를 거두는 듯하나 잠시일 뿐이고 끝은 파멸입니다. 주님은 이렇게 경고하십니다. "좁은 문으로 들어가라. 멸망으로 인도하는 문은 크고 그 길이 넓어 그리로 들어가는 자가 많고 생명으로 인도하는 문은 좁고 길이 협착하여 찾는 자가 적음이라"마 7:13-14.

사랑하는 성도 여러분, 여러분은 교훈을 배웠습니까? 구약성경에는 이러한 기도가 나옵니다. "우리에게 우리 날 계수計數함을 가르치사 지혜로운 마음을 얻게 하소서"시 90:12. 마음을 얻었습니까? 참으로 중요한 문제는 이것입니다. 여러분이 하나님의 계획과 목적 안에 들어 있는 것임을 깨달았습니까?

하나님께서 우리 눈을 열어 주셔서, 역사에서 교훈을 얻지 못하고 하나님을 떠나는 어리석음을 범하지 않도록, 전심으로 하나님의 사랑과 자비와 긍휼만을 의지할 수 있도록 인도해 주시기를 기도합니다. 그렇게 나오는 자들을 하나님은 거절하지 않으십니다. 복음을 믿지 않던 사람도, 바로 이 순간에 복음을 믿고 하나님 나라의 백성이 될 수가 있습니다.

14

인본주의의 실패

하나님이 아브라함에게 약속하신 때가 가까우매 이스라엘 백성이 애굽에서 번성하여 많아졌더니 요셉을 알지 못하는 새 임금이 애굽 왕위에 오르매 그가 우리 족속에게 교활한 방법을 써서 조상들을 괴롭게 하여 그 어린아이들을 내버려 살지 못하게 하려 할새.

사도행전 7:17-19

유대인의 대법원인 산헤드린이 스데반을 신성모독 죄로 재판한 이유는, 그가 나사렛 예수를 하나님의 아들과 세상의 구주로 전했기 때문이었습니다. 스데반은 우리 주님을 전하면서, 모세 율법과 모세 자신을 부정한다고 해석할 만한 진술을 했습니다. 더 나아가 산헤드린은, 그가 성전과 성전 예배와 의식을 부정한다고 생각했습니다. 사실 어떤 의미에서 초대 그리스도인들은 바로 그러한 일을 하고 있었습니다. 그들은 그리스도께서 율법과 모든 구약 의식을 성취했다고 말했습니다. 구약의 표상과 그림자들이 그리스도 안에서 모두 성취되었으므로, 성전과 번제를 비롯한 모든 제사가 더 이상 필요치 않다고 했습니다.

스데반은 산헤드린 앞에서 행한 긴 설교를 통해, 그들이 자신들의 역사를 오해했음을 입증해 나갔습니다. 그들은 역사만 오해했을 뿐 아니라 율법의 목적과 성전의 기능도 오해했고, 무엇보다 나사렛 예수와 그분의 의미를 전혀 깨닫지 못했습니다. 눈이 멀어 보지 못했고 "항상 성령을 거스"려 행동했습니다.^{행 7:51}.

스데반은 이런 점들을 입증해 가면서, 유대인의 장구한 역사에 등장했던 유명 인물과 사건들을 징검다리처럼 놓아 가며 제시했습니다. 먼저 아브라함을 언급했고, 그다음에 요셉을, 그리고 모세를 언급했습니다. 지금까지 우리는 스데반의 설교를 상고해 오면서 서론부터 모세 이야기까지 살펴보았고, 산헤드린이 자신들의 역사와 그 역사 안에 흘러온 하나님의 목적을 어떻게 오해했는지 환기시키는 것을 살펴보았습니다.

우리가 지난 시간까지 공부해 오면서 거기에 도달했으나, 그것은 서론에 지나지 않습니다. 오늘 말씀에서 스데반은 복음의 몇 가지 현저한 특성을 말하는 동시에, 사람들이 왜 복음을 배척했는지 이유를 들춰냅니다. 저는 그 맥락과 연관해 복음을 배척하는 사례를 한 가지 더 말씀드리고자 합니다. 이것은 특히 우리 시대에 해당되는 예입니다. 오늘날 자신들이 인본주의자humanist라는 근거에서 기독교를 배척하고 조소하는 사람들이 있습니다. 그들은 인본주의를 이 유서 깊은 복음 위에 두고, 복음과 대립시킵니다.

불행하게도, 복음은 자타가 공인하는 인본주의자들에 의해서만 비방당하는 것이 아닙니다. 자칭 그리스도인이라 하면서도 복음의 가장 영광스러운 특징들을 벗겨 냄으로써, 사실상 인본주의자임을 드러내는 사람들에 의해서도 복음은 비방당합니다. 그들은 여전히 몇몇 기독교적 용어와 표현을 고수하지만, 기독교의 본질적인 내용은 모두 배척합니다.

저는 스데반이 모세 이야기를 진술해 가는 방식을 통해 이른바 '인본주의'라는 이름 아래 모인 사람들을 어떻게 다루는지를 보여주고 싶습니다. 기독교 복음을 배척하는 인본주의적 태도의 특징이 무엇입니까? 그것을 다음 세 가지 방식으로 설명할 수 있을 것입니다.

인본주의의 첫번째 특징은, 초자연을 부인하고 배척하는 것입니다. 호모 사피엔스가 모든 것의 중심에 자리잡고 있으며, 그 정신과 능력이 모든 것을 판단하고 결정합니다. 이성적으로 이해되지 않으면 배척해 버립니다. 인간 마음에 호소하고 와닿는 것만 참된 것으로 여깁니다. 인간 정신이 모든 것을 주관하며 판단하는 요인과 척도입니다. 따라서 초자연적인 것은 자동적으로 배제됩니다.

인본주의를 특징짓는 두번째 성격은, 기독교를 포함한 모든 종교를 인간이 고안해 낸 것으로 간주하는 것입니다. 인본주의자들은 다소 아량을 과시해, 과거에 종교가 필요한 시절이 있었을 것이라고 인정합니다. 사람들이 미개한 수준을 벗어나지 못하던 시기에는 종교생활이 어느 정도 가치가 있었다고 말합니다. 그러나 위대한 발견들이 이루어지고 학문과 과학이 발전함에 따라 인간의 생각도 변하지 않을 수 없고, 이제는 인간이 어른이 되어야 한다고 말합니다. 크게 장성해 성년기에 이르렀으므로, 2천 년 전 아니 백 년 전에는 적합했을지 모르나 방대한 과학지식을 지닌 오늘날의 현대인에게는 종교가 맞지 않는다는 것입니다. 낡은 관념들은 더 이상 답습하지 말아야 한다고 주장합니다. 인간이 자신의 삶과 상황과 환경 따위를 설명하려는 시도로 종교를 만들었다는 것입니다. 하지만 이제는 그런 것들을 투명하게 바로 바라볼 수 있게 되어 과거와 다르게 생각할 수 있게 되었고, 관습과 제도를 현실에 맞게 고칠 수 있게 되었다고 주장합니다.

인본주의의 세번째 특징은-물론 이것은 처음 두 가지 특징의 논리적 귀결이기도 합니다-인간 스스로의 힘으로 개인과 사회를 구원할 수 있다고 믿는 것입니다. 세상을 구원하되 인간 스스로의 힘으로 구원할 수 있다는 것입니다. 이때 필요한 것은 지식과 정보를 얻는 것이고, 의지력으로 그것을 현실에 적용하는 것이라고 주장합니다.

이처럼 인본주의자들은 기독교를 배척합니다. 이것은 마치 산헤드린 공회가, 자기들 가운데 사셨고 그의 죽음을 자기들 눈으로 지켜본 그리스도와 그의 복음을 배척했던 것과 같습니다. 산헤드린 공회가 그리스도와 복음을 배척하고 오순절과 그후에 일어난 현상들 전체를 부정했던 것처럼, 현대인들도 그것을 부정하고 배척합니다. 그런데 온갖 유형의 인본주의와 그 주장에 대해, 모세가 이스라엘 자손들 가운데 태어났다는 사실 하나만으로도 그들의 논리를 반박할 수 있습니다. 그 점을 설명하고자 합니다.

첫째, 스데반이 모세에 관해 진술하는 내용은 아브라함과 요셉에 관해 진술한 내용과 마찬가지로 역사입니다. 실제 사건이며, 사실임을 환기시켜 줍니다. 기독교 신앙은 다른 사상이나 교훈과 달리, 사실 위에 견고히 서 있습니다. 정직한 사람이라면, 기독교가 인간이 고안해 냈거나 과거 특정인들이 마음에 품었던 특정한 관념의 표현일 뿐이라고 말할 근거나 권리가 없습니다. 분명히 말씀드리지만, 성경은 무엇보다 사실을 기록한 책입니다.

인본주의자들은 성경에 대해 모순된 태도를 드러냅니다. 때로는 구약성경에 포함된 모든 역사서를 비판합니다. 좋습니다. 이해할 수 있는 비판입니다. 하지만 그 과정에서 그들은, 구약성경이 역사라는 사실을 무의식중에 인정합니다. 구약성경은 역사책이며, 사실들이 절대적으로 중요합니다. 우리는 구체적인 어떤 민족을 다루고 있습니다. 그들은 이스라엘이라고 부르는 민족이며, 그들 역사가 우리의 관심사입니다. 그들이 어떻게 아브라함을 통해 존재하게 되었는지, 어떻게 애굽으로 내려가 살게 되고 그곳에서 빠져나오게 되었는지, 가나안 땅에 이르는 동안 어떤 일을 겪었으며 결국 어떻게 그 땅에 들어갈 수 있었는지, 우리는 관심을 가지고 살펴봅니다. 물론 산헤드린도 이 역사를 알고 있었습니다. 약속의 땅에서 살고 있었으니 말입니다. 문제는 자신들의 역사를 올바로 이해하지 못했다는 데 있습니다. 그러나 스데반의 설교를 읽어 가노라면, 거기서 다뤄진 것이 실제 역사 사실들임을 수시로 상기하면서 역사의 중요성을 거듭 생각하게 됩니다. 나사렛 예수도 실제 역사적 인물이셨습니다.

오늘날, 기독교가 여러 철학들 가운데 하나거나 하나의 인생관이라고 주장하는 견해가 다시 유행하는 현상이 이상할 뿐입니다. 왜냐하면 그런 유행과 달리 고고학은 갈수록 기독교의 역사적 진정성을 확증해 주고 있기 때문입니다. 50년 전에는 사람들이 주관적 판단에 따라 이것저것이 틀렸다고 주장했지만, 오늘날에는 고고학 발굴에 힘입어 갈수록 성경에 진술된 사실들이 옳다는 것이 밝혀지고 있습니다.

이것이 중요한 이유는, 기독교가 단순히 철학이 아니기 때문입니다. 복음 메시지의 본질은, 창세 이래 가장 크고 중요한 일이 역사 과정에 진행돼 오고 있을 뿐 아니라, 그 일을 하나님이 먼저 시작하시고 주관하고 계시다는 사실입니다. 이것이 우리가 인본주의자들에게 제시하는 첫번째 답변입니다. "하나님이 아브라함에게 약속하신 때가 가까우매"-"그때에 모세가 났는데." 모두 역사의 사실입니다. 아기가 태어났으며 부모가 그에게 모세라는 이름을 지어 주었습니다. 구체적인 역사요 사건입니다. 이론이 아닙니다. 그러므로 기독교가 토대로 삼고 있는 사실들을 부정하는 방식으로 기독교를 대하는 태도는, 기독교 복음 자체를 통째로 부정하는 것입니다. 기독교는 사실 위에 확고히 서 있습니다. 사실이 없다면, 복음이란 존재하지도 않고 상상에 불과할 뿐입니다.

두번째는, 오늘 말씀에 분명하게 나타나는 것처럼 역사의 큰 사건들을 인본주의 관점으로는 설명할 길이 없다는 것입니다. 제가 말씀드리려는 것은 유대인들의 역사입니다. 여러분이 기독교를 어떻게 바라보는가, 여기서 그것이 중요한 문제는 아닙니다. 여러분 앞에는 유대인과 유대 민족, 그리고 인본주의만으로는 절대 설명할 수 없는 역사적 현상이 놓여 있습니다. 유대 민족의 역사를 읽어 보십시오. 그것을 인간의 통념으로 설명할 수 있습니까? 유대 민족이 누군가의 탁월한 사상이나 훌륭한 개념 때문에 존재하게 되었습니까? 구약성경에 기록된 그들의 인내와 존속과 역사를, 인간의 기준으로 설명할 수 있습니까? 불가능합니다. 참으로 감사하게도, 성경은 너무나 솔직한 책입니다. 하나님의 백성들이라고 해서 훌륭하게 윤색하지 않습니다. 그들에 관해 사실 그대로 전합니다.

성경은 오늘날의 신문들보다 훨씬 더 진실합니다. 성경은 좋은 것과 나쁜 것을 걸러내지 않고 발생한 그대로를 전합니다. 이스라엘 백성의 역사는, 그들이 오직 한 가지 이유 때문에 존재했음을 알리는 데 그 본질이 있습니다. 그것은 그들이 아무 자격 없었으나 하나님의 백성이 되었다는 사실입니다. 그들은 역사를, 하나님을 거역하는 데 대부분 허비했습니다. 주변 민족들이 숭배하는 신을 닥치는 대로 받아들였습니다. 언제나 우상 곧 거짓 신들을 숭배했으며, 이스라엘의 하나님께 등을 돌렸습니다. 이 일을 끊임없이 반복했습니다. 그 역사가 구약성경에 고스란히 기록되어 있습니다. 그러므로 하나님이 역사하셨다는 전제가 없다면, 유대 민족을 이해할 길이 없습니다.

이스라엘 백성이 전쟁에서 승리한 사례들도 분명한 역사 사건입니다. 이것은 고고학 발굴의 결과뿐 아니라 세속 역사서들을 보더라도 확인할 수 있는 사실입니다. 소수의 이스라엘 백성이 앗수르나 갈대아 혹은 다른 나라의 대군을 물리친 유명한 사례들이 있습니다. 그것을 어떻게 설명해야 합니까? 이것 역시 한 가지 설명밖에 없는데,

그것은 인본주의 이론이 아닙니다. 인본주의 이론으로는 그 역사를 설명하지 못합니다.

그러나 본문에서 스데반이 진술하는 것처럼, 이것은 이스라엘 자손 전체뿐 아니라 각 개인에게도 적용됩니다. 이스라엘 백성 개개인의 인생사에 일어난 사건들도 오직 한 가지 방식으로만 설명할 수 있습니다. 그것은 그들이 하나님과 맺은 관계입니다. 우리는 그것을 아브라함과 요셉의 경우에서 살펴보았고, 모세의 경우에서도 다시 확인했습니다. 이스라엘의 성군^{聖君}인 다윗의 경우도 마찬가지입니다. 그는 죄의 밑바닥까지 떨어졌고 심히 사악한 행위를 저질렀으나, 그럼에도 불구하고 위대한 인물이요 위대한 지도자로 우뚝 서 있는 이유가 무엇입니까? 오직 하나님의 사람이었기 때문입니다. 다윗이 골리앗 앞에 섰던 일을 생각해 보십시오! 계란으로 바위를 치는 격이었습니다. 그런데도 이겼습니다. 인본주의는 그 승리를 설명할 수 없습니다. 이런 일이 있게 하신 분은 하나님이시며, 이스라엘의 역사가 진행되는 동안 하나님이 내내 그들 곁에서 일하고 계셨습니다.

또한 신약시대에 이르러 기독교가 시작되는 시기에 이르면, 하나님을 배제하고는 도저히 설명할 수 없는 것이 훨씬 더 명백해집니다. 만일 여러분이 복음을 배척한다면 나사렛 예수를 여러분이 직접 설명해야 합니다. 여러분이 신봉하는 철학자 가운데 한 사람을 내세워 설명해야 합니다. 예수에 관한 유일한 대답은, 예수께서 태어나시기 팔백 년 전에 선지자 이사야가 제시해 놓았습니다. 그는 "마른 땅에서 나온 뿌리" 같다고 했습니다^{사 53:2}. 여러분은 예수를 설명할 수 없습니다. 진화론이나 세속 역사로는 그분을 설명할 길이 없습니다. 예수 그리스도는 하나의 엄연한 사건입니다. 그분이 "나타나셔서" 인간의 이성과 지혜를 당혹스럽게 만듭니다. 오늘날도 여전히 우리 앞을 가로막고 서십니다. 기적과 초자연과 신성을 배제하고 개인들로 놓고 보면 예수 그리스도를 설명할 수 없습니다. 그의 탄생과 성장, 열두 살 나이의 이해력, 권세 있는 가르침을 염두에 두고 말하는 것입니다. 그가 목수였다는 사실을 잊어서는 안됩니다. 여러분은 그를 어떻게 설명하겠습니까? 과연 설명할 수 있습니까? 인본주의는 이 점에서 입을 다물 수밖에 없습니다.

그렇다면 여러분은 기독교 교회의 현상을 어떻게 설명하겠습니까? 현대에 이르기까지 십수 세기가 흘러오는 동안, 많은 사람들이 교회를 말살하려고 무던히도 애를 썼습니다. 그러나 교회가 여전히 존립하고 있는 이유는 단 하나입니다. 교회는 교인들이 생각하고 행동한 바가 훌륭해서 존립하고 있는 것이 아닙니다. 오히려 그들의 생각과 행동에 한계와 죄성이 있음에도 불구하고 존립하고 있습니다. 이것은 하나님께서 하시는 일입니다.

교회에 속한 위대한 인물들 가운데 한 사람을 생각해 보겠습니다. 사도행전에 다소의 사울이 등장합니다. 이 강인하고 열정적인 거목을 보십시오. 여러분은 그를 어떻게 설명하겠습니까? 인본주의의 관점에서 그를 설명할 수 있습니까? 어림없는 생각입니다. 유일한 설명은 자신에 대해 그 스스로가 설명하는 수밖에 없습니다.

그 이후로 등장한 많은 신앙의 위인들도 마찬가지입니다. 어거스틴, 토마스 아퀴나스, 루터, 칼빈을 생각해 보십시오. 유능한 하나님의 사람들이었습니다. 인간의 기준으로는 이들을 설명할 길이 없습니다. 몇 사람만 거론한 것은, 이들이 잘 알려진 사람들이기 때문입니다. 감사하게도, 인간의 기준으로 설명할 수 없기로는 이런 거목들뿐만이 아닙니다. 이름이 알려지지 않은 허다한 사람들이, 이들과 같은 경험을 하며 동일한 증언을 합니다. 이 모든 것은, 역사에서 가장 위대하고 중요한 사실과 사건들이, 스데반이 산헤드린 공회 앞에 제시하던 기준으로만 설명할 수 있음을 입증하는 증거일 뿐입니다.

앞서 말씀드린 대로, 하나님이 항상 개입하시지 않았다면 이미 오래전에 인간들은 기독교 교회를 무너뜨렸을 것입니다. 인간은 항상 곁길로 나갑니다. 늘 어리석을 뿐 아니라 손대는 것마다 타락시킵니다. 이런 세상에서 교회가 존립할 수 있었던 유일한 비결이 무엇입니까? 하나님께서 '부흥'을 통해 끊임없이 개입하신 데 있습니다. 부흥이 임하면 죽어가는 교회가 살아나고, 능력이 충만해지고, 사명을 새롭게 각성하고, 또 다른 힘찬 개혁의 시기를 보냅니다.

영국 역사만 하더라도, 하나님께서 끊임없이 교회를 부흥시킨 사실을 제외하고는 설명할 길이 없습니다. 우리는 달리 설명할 수 없는 구체적인 사건들과 마주 서 있습니다. 사람들은 그것을 심리학 같은 기준으로 설명해 보려고 하지만, 그들의 논리적 허점을 찾아내기란 어렵지 않습니다. 부흥이 시작되면 그 현상을 심리학의 잣대로 설명하기는 비교적 쉽습니다. 그러나 대체 무엇이 부흥을 일으킵니까? 불신자들은 결코 그것을 설명할 수 없습니다. 할 말이 없어 입을 다물 뿐입니다.

세번째로 여러분께 말씀드리려는 요지는, 인본주의자들은 눈앞에서 벌어지는 구체적인 현실이 자신들의 이론을 송두리째 뒤엎고 있음을 보지 못하고 있는 점입니다. 그들이 주장하는 것은 현실과 동떨어진 공상적 인본주의입니다. 오늘날과 같은 시대에, 순진하게도 인간의 가능성을 신뢰하는 것입니다! 인본주의자들이 현대에 끼친 남다른 공헌이 있다면, 그것은 인본주의와 간혹 '선량한 이교'라 불리는 것의 철저한 파산과 실패를 입증하는 것뿐입니다.

이 주제를 잘 다뤄 놓은 책이 있습니다. 옥스퍼드 대학교 교수인 유명한 고전 인문학자의 딸 로잘린드 머리Rosalind Murray가 전쟁중에 쓴 『선량한 이교도의 실패』The Good Pagan's Failure라는 책입니다. 현대역사가 주는 가장 큰 교훈이 있다면, 그것은 인간이 철저히 실패했고 사회가 무너져 내리고 있으며 가치가 붕괴되고 있다는 것입니다. 그러나 이 현상은 인류가 지식과 진보와 과학과 발전을 내세우면서, 갈수록 기독교를 비웃고 거기서 등을 돌리고 있는 세기말의 현상임을 유념하십시오. 인류는 복음의 가르침을 팽개쳐 버렸습니다. 세상을 자기들을 위한 세상, 경이로운 세상, 종교라는 몽매夢昧에서 벗어나는 세상, 마약과도 같은 이 '인민의 아편'에서 구출되는 세상을 만들자는 것입니다. 계속해서 전진해 가자고 충동합니다. 그런데 그들이 어디로 전진하고 있는지 아십니까? 그들은 정글을 향해 빠른 속도로 달려가고 있습니다.

이것이 인본주의에 대한 표면적인 대답입니다. 오늘 말씀에서 스데반이 언급한 사실들이 분명한 대답이 됩니다. 그러나 의문이 생깁니다. 과연 무엇이 인류를 사로잡아 이 비참한 오류와 실패로 끌고 가는 것입니까? 무엇이 인류로 하여금 자신들의 유일한 소망인 이 영광스러운 복음을 배척하고서, 인간의 본성과 인본주의를 신뢰하게 만드는 것입니까?

그 대답 또한 스데반의 설교에 명확하게 담겨 있습니다. 이 말씀에서 현대의 비극적 사실과 현상의 원인을 보게 됩니다. 무엇보다도 그 원인은, 우리를 막고 서 있는 문제의 깊이를 깨닫지 못하는 데 있습니다. 이것이 이스라엘 백성이 애굽의 종살이에서 건짐을 받은 이야기에 제시됩니다.

하나님이 아브라함에게 약속하신 때가 가까우매 이스라엘 백성이 애굽에서 번성하여 많아졌더니 요셉을 알지 못하는 새 임금이 애굽 왕위에 오르매 그가 우리 족속에게 교활한 방법을 써서 조상들을 괴롭게 하여 그 어린아이들을 내버려 살지 못하게 하려 할새.

출애굽기 전체를 읽어 보면, 그 놀라운 이야기를 자세히 접할 수 있습니다. 그 내용을 요약하면 이런 것입니다. "요셉을 알지 못하는" 전제군주이자 독재자인 새 왕은 이스라엘 백성들을 압제하기 시작했습니다. 그의 의도는 그들을 말살하려는 데 있었습니다. 이스라엘 백성이 그에게 위협적인 세력이 되어 있었으므로 그들을 제거하려고 작심한 것입니다.

이스라엘 백성이 완전히 노예 상태로 전락했다는 것이 이야기에 뚜렷이 부각됩니다. 그들에게는 군대도 무기도 없었습니다. 적정량의 밀짚을 공급받지 못한 채 벽돌을 만들어야 했고, 간역자들에게 채찍질을 당해야 했습니다.

그런데 성경이 거듭 가르치는 것은, 이스라엘 자손이 애굽의 종살이에서 건짐을 받은 사건이 하나님의 아들이 세상에 오셔서 이루신 큰 구원의 표상이었다는 점입니다. 우리 주께서 그 사건을 예로 드셨으며, 만대의 교회가 그 교훈을 대대로 가르쳐 왔습니다. 따라서 이것은 우리도 힘써 가르쳐야 할 것임이 분명해집니다.

오늘 말씀에는 우리가 반드시 배워야 할 큰 교훈이 있습니다. 사람들이 왜 기독교를 배척하고 인본주의를 신뢰합니까? 첫번째 대답은 이것입니다. 거듭 말씀드리지만, 그들의 생각이 너무 피상적이어서 자신들의 문제를 깊이 바라본 적이 없기 때문입니다. 인본주의자들이 안고 있는 궁극적인 문제는 현실과 너무 동떨어져 있다는 것입니다. 오늘날과 같은 시대에, 사람들이 낙관론을 품고 "우리에게 맡기라. 그러면 우리의 지혜와 역량으로 문제를 해결하겠다!" 말하는 것은 비극입니다. 불행하게도 그들은, 자신들 앞에 닥쳐 있는 문제의 본질을 한번도 제대로 꿰뚫어 본 적이 없습니다. 이스라엘 백성들이 노예로 전락했다는 이 이야기를 진지하게 생각한다면, 그것이 우리 시대의 비참하고 철저한 노예 상태의 동일한 표상이요 비유임을 알게 될 것입니다.

세상이 왜 이 지경으로 되어 버렸습니까? 학교는 몇 배나 더 설립되었고 책은 과거와 비교할 수 없이 많이 쏟아져 나오고 문화활동은 해마다 크게 증가하는데, 세상 현실은 갈수록 나빠지고 있습니다. 이번 세기에 들어서 세계대전이 이미 두 번이나 발발했습니다. 강대국들은 세상을 단번에 날려 버릴 가공할 무기들을 만지작거리며 제3차 세계대전의 가능성을 운운하고 있습니다. 인간들에게 대체 무슨 문제가 있는 것입니까? 왜 이렇게 된 것입니까? 단순히 상황을 약간 조정하거나 조금만 더 힘써 가르치면 해결되는 것입니까? 슬프게도, 성경에 눈을 감아 버린 인간들의 생각은 너무나 피상적입니다. 그런 미봉책으로는 해결할 수 없을 만큼 문제는 깊고 심각합니다.

그렇다면 무엇이 문제입니까? 성경은 현대의 문제가 궁극적으로 악의 문제, 마귀와 관계된 문제라고 말합니다. 사도 바울은 이렇게 썼습니다. "우리의 씨름은 혈과 육을 상대하는 것이 아니요 통치자들과 권세들과 이 어둠의 세상 주관자들과 하늘에 있는 악의 영들을 상대함이라"엡 6:12. 우리 문제가 인간들의 "혈과 육"에 의해 일어난 것이 아나라, 보이지 않는 세력들에 의해 일어난 것이라고 사도는 말합니다. 다른 곳에서 사도는 이렇게 말합니다. "그는 허물과 죄로 죽었던 너희를 살리셨도다. 그때에 너희는 그 가운데서 행하여 이 세상 풍조를 따르고 공중의 권세 잡은 자를 따랐으니 곧 지금 불순종의 아들들 가운데서 역사하는 영이라"엡 2:1-2.

오늘날 인본주의자인 '현대인'은 누가 이런 말을 하면 당장 멋쩍해하면서 비웃을 것이 뻔합니다. "오늘날과 같은 대명천지에 아직도 마귀를 믿는단 말이오? 아직도 악령들을 믿는 거요?"

물론입니다! 그것의 실체를 믿지 않고는 세상을 이해할 길이 없습니다. 마귀를 떼어 놓고는 인간의 비극, 인간의 문제를 설명할 길이 없습니다. 이른바 문명의 온갖 노력에도 불구하고, 세상은 정반대로 치닫고 있습니다. 왜 그렇습니까? 세상이 알지 못하는 또 다른 세력, 인간보다 더 강력한 세력인 마귀의 권세, 지옥의 권세가 있기 때문입니다.

우리 주께서 이렇게 가르치셨습니다. "강한 자가 무장을 하고 자기 집을 지킬 때에는 그 소유가 안전하되"눅 11:21. 여기서 "강한 자"는 마귀를 가리킵니다. 그는 한때 광명의 천사였으나 하나님을 반역했습니다. 우주의 통치권을 하나님과 나누려 하고 심지어 하나님에게서 통치권을 빼앗으려 한 자입니다. 그가 광야에서 그리스도에게 다가가 시험하여 넘어뜨리려 한 자입니다. "네가 만일 하나님의 아들이어든"눅 4:3. 그는 그리스도를 넘어뜨릴 수 있다는 자신감으로 거만하게 시험했습니다. 물론 실패했습니다. 하지만 그 권세가 얼마나 대단한 것입니까! 성경은 우리 주께서 마귀의 시험에 몹시 기진하신 까닭에 천사들이 와서 수종들었다고 전합니다. 악의 세력, 마귀의 세력은 하나님의 아들을 기진하게 만들 정도로 강력한 것입니다! 세상에는 악의 영역이 엄연히 존재합니다. 그것이 "통치자들과 권세들"이요, "이 어둠의 세상 주관자들"입니다. 그것이 사람들의 마음을 조종하고, 악을 조직화하고, 그것을 선동하고, 우리의 온갖 노력에도 불구하고 끊임없이 자행하도록 합니다.

현대세계는 이것을 현실로 입증하고 있습니다. 현대의 문제가 지니고 있는 마귀적 본성을 본 적이 없는 사람들은, 아무리 철학자처럼 굴어도 순진하고 피상적인 수준을 넘지 못합니다. 여러분은 인간의 기준으로는 도저히 히틀러의 정체를 설명할 수 없습니다. 절대 불가능합니다. 그에게는 인간성을 벗어난 또 다른 요소, 마귀적인 요소가 있었습니다. 이것을 직시하지 못하는 데 현대세계의 비극이 있습니다. 인본주의자들은 이 점에서 줄줄이 실패합니다. 문제 자체를 이해하지 못하는데 어떻게 해답을 내놓겠습니까? 치료는 고사하고 진단조차 못합니다. 그들이 그처럼 어이없는 실패로 끝나는 것이 조금도 이상하지 않습니다.

그러나 덧붙여 생각할 것은, 우리 안에 죄의 세력이 도사리고 있다는 사실입니다. 사람들이 안고 있는 문제는, 사실을 충분히 알지 못하는 데 있지 않습니다. 오히려 잘못 알고 있는 데 문제가 있는 것입니다. 죄는 소극적인 세력이 아닙니다. 적극적인 세력이며 엄연한 힘입니다.

죄는 사람을 노예로 만드는 특성이 있습니다. 여러분도 이 말을 부정하지 못할 것입니다. 혹시 부정하더라도 쉽게 입증해 드릴 수 있습니다. 잘못인 줄 알면서 계속해서 왜 반복됩니까? 만일 자유롭다면 왜 멈추지 못합니까? 사람이 왜 완전하지 못합니까? 대답은 하나뿐입니다. 사람이 죄의 노예이기 때문입니다. 성경의 교훈은 죄가 사람을 노예로 만든다는 것입니다. 성경은 '죄의 영역', '사탄의 영역'에 관해 말합니다. 죄가 우리를 움켜쥐고 있다고 말합니다. 이것이 인류의 역사이기도 합니다. 이것은 전기나 자서전에서도 볼 수 있고, 셰익스피어의 비극 작품에서도 볼 수 있습니다. 이 악하고 섬뜩한 세력이 사람들을 지배하면서, 그들의 성찰과 노력을 비웃으며 무릎 꿇게 합니다.

죄의 영역과 사탄의 영역에 관해 알지 못하면, 인생을 이해할 수 없고 역사도 이해할 수 없고 여러분 자신도 이해할 수 없습니다. 하지만 그것을 이해하는 순간, 현대세계를 아무 어려움 없이 설명할 수 있게 됩니다. 사탄의 세력은 하나님의 권능에 늘 미치지 못하기 때문입니다. 그러나 인본주의자들은 이 사실을 알지 못합니다.

바로의 태도에서 잘 나타나는 것처럼, 죄의 세력은 우리를 넘어뜨리는 데 목적이 있습니다. 영혼 파멸을 겨냥하고 있는 세력입니다. 죄의 욕구는 인간을 짐승보다 못하게 만듭니다. 그 목적은 사망에게 삼킨 바 되도록 하는 데 있습니다. 죄가 처음부터 한 일이 이것입니다. 만일 죄와 악이 없었거나 만일 사탄이 없었다면, 사망도 없었을 것입니다. 죄는 항상 죽음을 초래합니다. 영적 죽음, 도덕적 죽음, 육체적 죽음이 죄에서 비롯됩니다. 죄는 언제나 인간에게 가장 훌륭한 것을 파괴합니다. 그래서 바로는 모든 사내아이를 죽이라는 명령을 내려 이스라엘 백성을 말살하려 한 것입니다.

죄는, 인간 본성에서 가장 훌륭하고 생명력이 왕성하고 영광스러운 부분을 파괴하려고 노립니다. 죄는, 우리를 무력한 노예 상태로 떨어뜨립니다. 하나님을 무시하고 모욕하고 스스로 신의 위치에 오르도록 부추김으로써, 하나님의 진노 아래 들어가게 합니다.

두번째로, 인본주의는 인간이 죄에 예속됨으로써 철저히 무력하게 된 현실을 알지 못합니다. 실제로 이것이야말로 인간이 알아야 할 가장 시급하고 중요한 문제가 아닙니까? 이스라엘 백성들은 무력하여 자신들의 상황에 조금도 손을 쓸 수 없었습니다. 바로에게는 막강한 기병대와 병거가 있었지만 그들에게는 아무것도 없었습니다. 장정들을 규합해 봐야 소용이 없었고, 그나마 허용되지 않았습니다. 그저 모진 학대 아래 신음하며 지낼 수밖에 없었습니다. 그런데 성경은 그것이 죄와 타락의 결과로 인류가 처하게 된 상태라고 가르칩니다. 인간은 노예가 되었을 뿐 아니라 철저히 무력하게 되었습니다.

그런데도 인본주의는 인간이 스스로 구원할 수 있다고 가르칩니다. 인간의 지식과 인간의 지혜와 인간의 의지력만 확고하면 된다고 주장합니다. "정작 인간에게 장애가 되는 것은 종교다. 인간은 종교에서 해방되어야 자신을 구원하고 세계를 구원할 수 있다"고 말합니다.

얼마나 심각한 오류입니까! 얼마나 큰 비극입니까! 말은 그럴듯하지만, 그들은 자신을 구원하지 못합니다. 일반적인 특정 문제들에 대해서는 전문가처럼 말을 하지만, 결국 '인간의 삶이란 대체 무엇인가?'라는 근본적 질문에 부딪치고 맙니다. 세계의 큰 문제들에 대해 이런저런 의견을 내놓기는 쉽습니다. 나 자신의 문제를 해결하는 것보다 세계의 문제들에 대해 해결책을 제시하기가 훨씬 쉽습니다. 정치인이나 수상이나 외교부에, 내일 아침 로마에서는 무슨 말을 해야 하고 다른 나라들에 대해서는 어떤 조치를 취해야 하는지, 편지 쓰거나 신문에 글을 기고하는 것은 간단한 일입니다. 그렇지 않습니까?

인본주의자들은 주일마다 신문에 그럴듯한 글을 기고합니다. 꼭 주일에 그런 글을 싣습니다! 지식인들은 그런 글을 읽으면서 글에 실린 세계의 엄청난 문제들을 한가로이 논합니다. 벌써 오랫동안 그렇게 해왔습니다. 그러나 그들의 글에는 온통 허위와 가식과 위선뿐입니다. 거듭 말씀드리지만, 참으로 중요한 질문은 이것입니다. "여러분 개인의 삶이 어떻게 되어 갑니까? 여러분 인본주의자들은 마음의 평안과 안정을 누리고 있습니까? 죽음을 진실하게 맞이할 수 있습니까? 낫지 않는 영혼의 상처를 고칠 수 있습니까? 인생을 선하고 청결하고 단정하고 순수하게 가꿔 갈 수 있습니까? 사람을 쉽게 무너뜨리고 주저앉게 하는 죄를 이길 수 있습니까?"

대답은, 인간에게 그럴 능력이 없다는 것입니다. 아무도 그렇게 한 적도 없고 할 수도 없습니다. 인본주의자들은 일반론에는 능한데, 구체적이고 실제적인 문제들 앞에서는 무능합니다. 인본주의의 한계가 여기서 적나라하게 드러납니다. 인본주의자들은 스스로 구원할 수 없습니다. 그러므로 다른 사람에게 구원의 손길을 내민다는 것은 말이 되지 않습니다. 만일 복음을 버리고 인본주의 사상을 받아들이려면, 먼저 인간이 지성과 지적 능력을 갖고 있다는 것, 철학적 논거들을 따르고 이성적 판단을 내릴 수 있다는 것, 그런 다음에 인간이 그것을 실천할 수 있다는 것이 전제되어야 합니다. 그러나 대부분 사람들은 그렇게 할 만한 지성도 지적 능력도 없습니다. 똑똑하지 않습니다. 철학 교과서를 읽어 내지 못합니다. 철학의 큰 논지들을 따라잡지도 못합니다. 혹시 그렇게 할 수 있다 해도 실천하지는 못합니다. 이처럼 인본주의는 자체 기준으로 판단하더라도 인간을 도울 수 없습니다.

제가 인본주의에 던지는 도전은 "인생길에서 좌초한 사람에게 인본주의가 줄 수 있는 것이 무엇입니까?" 하는 것입니다. 인본주의자들은 인간이 스스로 구원할 수 있고, 인간에게 필요한 것은 지성과 지적 능력뿐이라고 말합니다. 그러나 저는 고도의 지식인들 가운데 인생을 망쳐 버린 사람들을 알고 있습니다. 이 나라의 명문 대학교를 졸업하고도 죄의 노예가 되어, 거기서 벗어날 수만 있다면 무슨 일이라도 할 뜻을 보이는 사람들도 알고 있습니다. 그러나 그들은 거기서 벗어날 수 없습니다.

이 능숙한 논리와 교훈이 보통 사람들에게 주는 것이 대체 무엇입니까? 인생이 실패했다고 느끼는 사람들, 이런 고도의 이론과 사상을 접할 시간도 지적 능력도 없는 사람들, 스스로 구원해 보려고 노력하지만 할 수 없는 사람들에게, 도대체 인본주의가 주는 것이 무엇입니까? 인본주의의 속을 열고 들여다보면 텅 비어 있습니다. 아무것도 없습니다. 인본주의자들은 이렇게 말합니다. "물론 그렇습니다. 우리 교훈을 받아들이지 않는다면, 우리와 합류해 윤리적인 사회와 인본주의적인 사회에 동참하지 않는다면, 사회 현실을 더 낫게 만드는 작업에 함께하지 않는다면, 우리는 당신에게 줄 것이 아무것도 없습니다."

인본주의자들은 여러분에게 권할 수 있을 뿐입니다. 자신들도 하지 못하는 일을 여러분에게 하라고 떠미는 것입니다. 인본주의의 최종적 실패는 인간을 무능력과 절망과 예속에 방치하는 것으로 나타납니다. 애굽에서 예속된 채 종살이하는 사람들에게는, 근사한 조언도 무용지물이 됩니다.

문제는, 인본주의자들이 인간이 처해 있는 실상을 모른다는 데 있습니다. 인간의 정신이 어두워지고 의지가 예속되어 무기력해진 까닭에, 인간에게 아무런 소망이 없는 것을 그들은 모릅니다. 인본주의자들은 인간의 심리를 깊이 성찰해 놓은 로마서 7장을 읽어 보지 못한 모양입니다. 사도 바울은 7장에서 여러분에 대해 이렇게 씁니다. "내 속 곧 내 육신에 선한 것이 거하지 아니하는 줄을 아노니 원함은 내게 있으나 선을 행하는 것은 없노라"롬 7:18. 인본주의자는 내게 무엇을 조언해 줄 수는 있습니다. 그러나 어떻게 해야 그대로 할 수 있습니까? 그는 스스로 무엇을 행해야 할지 알 수는 있지만, 과연 그것을 행할 수 있습니까? 당연히 행할 수 없습니다.

사도 바울의 말은 이런 뜻입니다. "내 정신과 내 속사람으로는 하나님의 율법이 선함을 인정하지만, 내 육신에 또 다른 법이 있어 나를 죄와 사망의 법으로 끌어내리는 것을 발견한다"22-23절 참조.

"내가 원하는 바 선은 행하지 아니하고 도리어 원하지 아니하는 바 악을 행하는도다"19절.

"오호라, 나는 곤고한 사람이로다"24절.

인본주의자들은 사고방식이 매우 피상적이기 때문에 그런 것을 느끼지 못합니다. 따라서 문제가 얼마나 뿌리 깊은지 알지 못합니다. 항상 자신들은 배제해 놓은 채 이론적인 방법으로만 말합니다. 정작 자신들이 안고 있는 문제와 자신들이 실패한 사실을 똑바로 인식하지 못합니다.

죄에 빠져 있는 인간은 소망이 없습니다. 그는 오거스터스 탑레이디와 같은 심정으로 말하는 자리에 나아가야 한다는 것을 알지 못합니다.

> 내가 공을 세우나 은혜 갚지 못하네.
> 쉬임없이 힘쓰고 눈물 근심 많으나
> 구속 못할 죄인을 예수 홀로 속하네.

어떤 의미에서 이것은 훌륭한 사람들의 이야기입니다. 그들은 자신의 한계를 벗어나 더 크고 높고 고상한 어떤 힘을 이해하기 위해, 이 같은 내면의 투쟁과 노력을 기울인 사람들입니다. 그러나 한 사람도 예외 없이 실패했으며, 한목소리로 탑레이디와 같은 심정을 토로했습니다.

우리는 애굽과 같은 속박과 감금과 노예 상태에서 속수무책으로 지내고 있습니다. 이것이 모든 개인과 인류 전체가 처해 있는 상황입니다. 스데반이 간단히 진술하는 것처럼, 애굽의 절망 상태에 인간 모두가 처해 있는 것입니다.

그러나 이야기가 그것으로 끝나지 않습니다. 그렇지 않습니까? "그때에 모세가 났는데." 어느 때입니까? "하나님이 아브라함에게 약속하신 때가 가까우매." 여기서 상황이 완전히 반전됩니다. 왜 그렇습니까? 인간의 어떤 생각이나 말이나 행동 때문이 아니라, 하나님께서 친히 일을 시작하셨기 때문입니다. 이것이 기독교의 메시지입니다. 개인과 세상의 유일한 소망은 하나님께서 친히 개입하시는 데 있습니다. 하나님의 구원에 우리의 소망이 있습니다. 이것이 기독교입니다. 기독교 메시지는 선한 조언이나 권고가 아니요, 하나님께서 친히 "그 백성을 돌보사 속량하"셨다는 선언이요 선포입니다.[눅 1:68 참조]

구원은 전적으로 하나님이 하시는 일입니다. 철저히 하나님께로부터 옵니다. 예측할 수 없습니다. 사도 바울은 이렇게 고백합니다. "우리가 아직 연약할 때에 기약대로 그리스도께서 경건하지 않은 자를 위하여 죽으셨도다"[롬 5:6].

사랑하는 여러분, 하나님의 이 크신 사랑 앞에 온 세상이 모두 일어나 "할렐루야! 하나님을 찬양하라!" 하고 외쳐야 마땅한데, 그렇지 않는 것이 이상합니다. 이 세상과는 대조적으로, 하나님의 사랑을 노래한 위대한 찬송이 있습니다.

> 사도들이 영화로운 무리와 함께 있어
> 불멸의 찬송 크게 부르니,
> 선지자들이 듣고 기쁨에 겨워
> 할렐루야를 사방에 외칩니다.

찬송은 계속 이어집니다.

> 시험과 박해를 이긴 순교자들이 찬송으로 함께
> 외쳐 가로되……

그들이 무엇을 외칩니까?

> 전능하신 은혜의 하나님,
> 온 땅에 편만한 주님의 교회가
> 주님의 영광을 인정하고 높이 찬송합니다.
> —암브로시우스 Ambrose

"전능하신 은혜의 하나님!" 바로 이것입니다. 하나님께서 일어나 개입하시고 일하지 않으셨다면, 이스라엘 백성은 애굽에서 역사를 마감하고 말았을 것입니다. 하나님께서 모세가 태어나도록 하시고, 그를 통해 많은 일을 하셨습니다. 하나님이 그 일을 '정하신 때에' 하셨습니다. "하나님이 아브라함에게 약속하신 때가 가까우매……그때에 모세가 났는데." 하나님이 일어나신 것입니다! 하나님이 친히 일하기 시작하신 것입니다!

하나님은 우리의 어떠한 형편과 처지—우리의 참람함, 우리의 교만과 허영, 우리의 미련한 자만심과 헛된 지성주의—에도 불구하고 일하십니다. 우리가 아무 자격이 없고 오히려 지옥 형벌을 받을 수밖에 없음에도 하나님은 우리를 위해 일어나십니다. 하나님의 마음을 움직이는 것은 한 가지밖에 없습니다. 그것은 하나님 자신의 영원한 사랑과 자비와 긍휼입니다.

우리 주님은 탕자의 비유로 하나님의 자비를 단번에 묘사해 놓으셨습니다. 형편없는 누더기 행색으로 돌아오는 아들을 보고, 아버지는 달려가 그를 끌어안습니다. 우리가 구원과 사죄를 받을 수 있는 것은 모두 하나님의 사랑 때문입니다. 하나님께서 이미 창세 전에 은혜와 구속을 베푸시기로 작정하고 계획하신 것입니다.

오늘 여러분의 마음에 남겨 두고 싶은 것이 바로 이것입니다. 모든 것이 하나님의 능력에 달려 있습니다. 이스라엘 백성에게는 아무런 힘도 없었습니다. 그들은 아무도 보호해 줄 이 없이, 철저히 예속되어 살아간 노예들이었습니다. 그러나 그들은 애굽에서 나와 가나안으로 들어갔습니다. 이 큰 사건을 무엇으로 설명할 수 있습니까? 하나님의 능력 때문이었습니다! "대저 하나님의 모든 말씀은 능하지 못하심이 없느니라"눅 1:37. 하나님께서 기적으로 이 백성을 바로의 손아귀와 노예의 속박과 멍에에서 건져 내 해방시키시고, 그들을 약속의 땅인 새로운 땅으로 들어가게 하셨습니다.

바로 이것이 기독교 신앙의 메시지입니다. 사도 바울은 말합니다. "내가 복음을 부끄러워하지 아니하노니." 왜 복음을 부끄러워하지 않았을까요? 사도의 대답을 들어 보십시오. "이 복음은 모든 믿는 자에게 구원을 주시는 하나님의 능력이 됨이라"롬 1:16.

사도의 말은 이런 뜻입니다. "나는 언제든 복음을 전할 준비가 되어 있습니다. 나는 노예에게도, 군인에게도, 그 누구에게도 복음을 전할 준비가 되어 있습니다. 황제에게도 거리낄 것이 없습니다."-내가 복음을 부끄러워하지 아니하노니-"왜 부끄러워하지 않습니까? 내가 사도로 부르심을 받은 것은, 인간의 이론을 전하기 위함도 아니고 여러분에게 보다 나은 삶을 살도록 권하고 격려하기 위함도 아닙니다. 나는 모든 믿는 자에게 구원을 주시는 하나님의 능력인 복음을 전합니다."

이것이 하나님의 능력인 것입니다! "그리스도는 하나님의 능력이요 하나님의 지혜니라"고전 1:24. 하나님은 아들을 갈보리 십자가에 내주셨습니다. 그에게 여러분의 모든 죄를 담당시키시고 그 안에서 여러분의 형벌을 대속하게 하셨습니다. 전능하신 하나님의 능력으로 죽음에서 그를 다시 살리시고, 여러분과 저를 위해 구원의 길을 열어 놓으셨습니다. 그것은 저의 능력이나 깨달음에서 온 것이 아니라, 오직 하나님의 지혜와 능력에서 온 것입니다.

이것이 진리이므로 하나님께 감사를 드리지 않을 수 없습니다. 인본주의자들은 우리 모두를 비난합니다. 하지만 그들은 스스로 구원할 수 없습니다. 아무리 위대한 사상가라 하더라도 모두 실패자들입니다. 내게 줄 것이 아무것도 없습니다. 설령 제가 그들의 심오한 철학을 이해하지 못하거나 초인적 의지력을 발휘하지 못한다 해도, 제 문제는 다 해결되었습니다. 설령 제가 죄의 종이라고 해도, 그들은 저를 그냥 지나쳐 갈 수밖에 없습니다. 인본주의자들은 런던의 대도시 문제, 거기서 자행되는 악과 부도덕의 문제를 직시해야 합니다. 마약과 섹스의 노예가 된 사람들, 그 밖의 것들에 노예가 된 이들을 외면하지 말아야 합니다. 인본주의자들이 그들에게 줄 수 있는 것이 무엇입니까? 아무것도 없습니다!

혹시 이 자리에 스스로 인본주의자를 자처하는 이들이 있다면-틀림없이 있을 것입니다-참으로 감사하게도, 그들에게 하고 싶은 말이 있습니다. 귀담아들어 보시기 바랍니다. 저는 여러분에게 스스로 구원하라고 당부하는 것이 아닙니다. 이것은 여러분도 잘 알 것입니다. 제가 당부하는 것은, 하나님께서 여러분을 구원하실 수 있다는 것과, 그리스도께서 하나님의 능력이시라는 사실입니다. 교회의 기록은 하나님께서 은혜로 거두신 승리의 역사이며, 그 은혜의 경이로움으로 이루어진 역사입니다.

우리에게 복음을 주신 하나님께 감사합시다. 이 복음은, 믿는 우리를 구원에 이르게 하시는 하나님의 능력입니다.

15

초자연적인 복음

하나님이 아브라함에게 약속하신 때가 가까우매 이스라엘 백성이 애굽에서 번성하여 많아졌더니 요셉을 알지 못하는 새 임금이 애굽 왕위에 오르매 그가 우리 족속에게 교활한 방법을 써서 조상들을 괴롭게 하여 그 어린아이들을 내버려 살지 못하게 하려 할새 그때에 모세가 났는데 하나님 보시기에 아름다운지라. 그의 아버지의 집에서 석 달 동안 길리더니.

사도행전 7:17-20

지난 시간에 우리는 인본주의의 몇몇 중대한 오류와 함께, 기독교 복음이 단순한 이론이나 종교가 아니라 역사임을 살펴보았습니다. 더 나아가 인본주의자들이 안고 있는 진정한 문제가, 자신들이 직면하고 있는 문제의 본질을 이해하지 못한다는 데 기인한다는 것도 살펴보았습니다. 그들은 눈에 보이지 않으나 분명히 인간 세계를 지배하고 있는 죄악 세력을 이해하지 못합니다. 자신의 무능함을 알지 못하기 때문에 하나님께서 하신 일을 모를뿐더러 관심도 없습니다. 오직 하나님만이 인간을 구원할 수 있고 구원의 길을 내실 수 있다는 사실도 모릅니다.

그러나 논의를 여기서 멈춰서는 안됩니다. 왜냐하면 스데반이 모세의 이야기를 하는 시작 부분에 또 한 가지 요소가 뚜렷이 나타나기 때문입니다. 오늘 말씀에는 하나님께서 구원하신다는 내용뿐 아니라, 어떤 방식으로 구원하시는가 하는 내용도 나옵니다. 하나님께서 어떤 방법으로 구원하십니까? 대답은 아주 간단합니다. 초자연적이고 기적적인 방법으로 구원하신다는 것입니다. 이렇게 말하면 인본주의적 사고방식에 젖어 있는 현대인들이 몹시 싫어한다는 것을 저는 알고 있습니다. 그들은 초자연을 비웃고 외면합니다. 인간의 이성적 판단 너머에는 아무것도 없다고 말합니다. 인간이 볼 수 있고 측정할 수 있고 조종할 수 있는 것 너머에는 아무것도 없다고 말합니다. 모든 것이 인간 이성의 판단 앞에 놓여야 한다고 생각합니다. 인간이 모든 것을 내려다보고 판단하는 최고 재판관이라고 생각합니다. 눈을 들어 하늘을 바라봄으로 초자연적 능력을 깨달으라고 말하면, 몰상식할 뿐 아니라 인간의 지성 특히 과학지식을 지닌 인간을 모독하는 행위라고 몰아붙입니다.

현대인들에게는 더 이상 초자연과 기적을 받아들이라고 요구할 수 없다고 말합니다. 초자연과 기적을 과학 또는 심리학의 잣대로 바라보면, 망상이나 전설 정도로 설명해 버립니다. 또는 못 배운 사람들이 보이지 않는 어떤 대상, 인간 너머에 있는 어떤 대상에 도움을 구하기 위해 고안해 낸 것으로 폄하해 버립니다. 종교란 인류 발전과정의 유아기에 나타난 현상이므로, 초자연과 기적을 주장하는 복음을 현대인이 거들떠볼 이유가 없다고 말합니다.

인본주의자들의 이런 주장은 조금도 이상한 현상이 아닙니다. 어떤 의미에서는 쉽게 예상할 수 있는 반응입니다. 그러나 놀라우면서도 비극적인 것은, 기독교 교회가 인본주의자들과 똑같이 말하는 미련한 태도를 취하고 있다는 사실입니다. 그 구실이란 이런 것입니다. 현대인들에게 다가가 복음을 전하거나 교회가 복음으로 현대사회를 정복하려면, 인본주의자와 과학자와 사상가가 이해하고 받아들일 수 있는 방법으로 복음을 전해야 한다는 것입니다.

교회가 그러한 구실을 앞세워, 언제든 기적과 초자연을 배제할 태세를 취하고 있습니다. 지난 시간에도 말씀드렸듯이, 오늘날 유럽에서 가장 인기 있는 종교운동은 '복음의 비신화화'입니다. 이 학설을 가르치는 불트만이 중심에 서 있는 운동입니다. 불트만은 학문과 과학으로 훈련된 현대인들에게 복음을 믿게 하려면 초자연과 기적이라는 걸림돌을 제거해야 한다고 말합니다. 어차피 초자연과 기적은 복음의 본질이 아니라는 것입니다. 초자연과 기적은, 기독교 고유의 진리와 교훈의 알맹이에 곁가지로 붙어 온 1세기의 판타지요 전설일 뿐이라고 합니다. 그러므로 아예 도려내야 한다는 것입니다! 초자연과 기적은 도려내고, 본질적인 것과 현대인들이 기꺼이 믿을 만한 것만 전하라는 것입니다.

이러한 주장은 큰 비극이 아닐 수 없습니다. 왜 그렇습니까? 첫째, 교회가 불트만의 주장대로 시행한다고 해도 인본주의자들은 여전히 복음을 쳐다보지 않을 것입니다. 오히려 웃음거리가 되고 말 것입니다. 기독교 교회가 현대인들의 비위를 맞추기 위해 복음을 손질하고 가지를 쳐내고 변경하고 수정하는 것입니다. 하지만 그렇게 한다고 해서 사람들이 복음을 받아들일 리 없습니다. 오히려 그들은 교회를 향해 이렇게 말할 것입니다. "잘한 겁니다. 이제야 비로소 우리가 늘 말해 오던 것을 알아듣기 시작했군요. 우리 생각에 많이 근접했어요. 마침내 교회가 오랜 세월 동안 오류를 범해 왔음을 솔직하게 인정한 것으로 받아들이겠습니다. 복음이란 건 애초에 존재하지도 않았으니까요." 인본주의자들은, 불트만 같은 자가 자신의 구미에 맞게 재단해서 전하는 것이 결코 복음이 아니며 오히려 자신들이 오래전부터 주장해 온 견해임을 알아볼 지적 능력이 있습니다. 저는 불트만의 주장을 조금도 염두에 두고 있지 않습니다. 오히려 제 판단에는, 복음을 삭감하려는 현대 교회의 경향을 교회 밖의 사람들이 적절히 비판하는 것처럼 보입니다.

두번째로, 복음 메시지의 초자연과 기적 요소를 부정하는 것은 복음의 본질적인 부분을 부정하는 것입니다. 아니, 그보다 더 심각한 결과를 초래합니다. 복음에서 이러한 요소들을 도려낸다면 아무것도 남지 않게 됩니다. 여러분에게 그것을 입증해 드리고 싶습니다. 복음이 초자연적이고 기적적인 것이 아니라면, 현대사회의 개인이나 세상 전체가 아무 소망도 없게 됩니다. 분명히 말씀드리지만, 복음은 초자연적이고 기적적이고 신적입니다.

더욱이 기적과 초자연을 부정하는 것이 현대성의 보증일 수 없습니다. 그런 유형의 반대는 실로 낡은 것입니다. 산헤드린에는 사두개파가 있었는데, 그들은 이런 요소들을 믿지 않았습니다. 예를 들어, 부활의 사실뿐 아니라 그 가능성조차 믿지 않았습니다. 사도 바울은 헬라인들이 복음을 미련한 것으로 여겼다고 말합니다. 현대의 인본주의자들 역시, 기독교 바울 이전 시대와 1세기에 살던 헬라인들의 희미한 모사模寫에 지나지 않습니다. 시편 14:1은 말합니다. "어리석은 자는 그의 마음에 이르기를 하나님이 없다 하는도다." 무신론은 새로운 것이 아닙니다. 사람들은 언제나 초자연을 부정해 왔습니다. 그러한 부정은 인간의 죄만큼이나 오래되었고, 인간이 하나님을 반역한 것만큼이나 오래되었습니다.

　이 점을 분명히 했으므로, 이제 사람을 구원하는 복음이 무엇인지 생각해 보기로 하겠습니다. 사도 바울의 말을 인용하면 이렇습니다. "내가 복음을 부끄러워하지 아니하노니"-왜 그렇습니까?-"이 복음은 모든 믿는 자에게 구원을 주시는 하나님의 능력이 됨이라"롬 1:16. 저는 하나님의 능력을 전하기 위해 이 자리에 섰습니다. 그것을 제외하면 전할 메시지가 저에게는 없습니다. 지금 하나님께서 개입하지 않으시고, 하나님께서 일하지 않으시고, 하나님께서 구원하지 않으신다면, 저는 전할 말이 없습니다. 당장에 강단에서 내려가 다시는 이 자리에 서지 말아야 합니다. 그러나 제가 전하는 메시지는, 하나님께서 일하고 계신다는 것과, 하나님께서 만유의 주시라는 것과, 복음이 하나님께서 인간을 구원하시기 위해 내신 길이라는 것입니다.

　이제 이러한 내용을 자세히 설명해 드리겠습니다. 이 부분은 스데반의 설교에 충분히 나타나 있을 뿐 아니라, 오늘 읽은 본문의 모세 이야기 서론에도 잘 나타나 있습니다. 그것을 세 가지 원리로 설명하겠습니다. 첫째 원리는, 하나님이 내신 구원의 길에는 능력이 있다는 것입니다. 하나님은 전능하신 하나님이십니다. 물론 이것이 성경의 큰 메시지입니다. 성경을 읽으면서 어떻게 이것을 못 보고 지나칠 수 있겠습니까? 성경을 읽으면서 어떻게 도덕과 윤리적 교훈만 보고 하나님이 행하신 일은 느끼지 못할 수 있겠습니까? 성경이 처음부터 끝까지 말하는 것이 이것입니다. 성경은 이렇게 시작합니다. "태초에 하나님이 천지를 창조하시니라." "하나님의 영은 수면 위에 운행하시니라"창 1:1-2. 하나님의 영이 세상을 덮으셨습니다. 바로 이것입니다. 이것이 성경 전체 메시지의 기조基調입니다.

　대홍수 이야기나 소돔과 고모라가 심판을 받는 이야기 등 창세기를 읽어 나가다 보면, 하나님이 개입하시는 것을 자주 보게 됩니다. 또한 그것은 오늘날 런던 같은 대도시의 이야기에서도 보게 됩니다. 하나님이 개입하셔서 심판하십니다. 내내 하나님께서 이야기를 주도해 갑니다. 그러다가 모세 이야기에 이르게 되는데, 이스라엘 백성이 홍해 앞에서 존망의 위기에 처해 있습니다. 애굽에서 빠져나온 그들 앞에 홍해가 가로막고 있습니다. 뒤에서는 바로의 군대가 추격해 오고 있습니다. 그것으로 이야기가 끝났습니까? 절대 아닙니다. 하나님이 개입하셨습니다!

저는 이 땅에 살면서 제2차 세계대전 당시 프랑스가 항복한 후에 맞이한 참담한 주일을 결코 잊지 못할 것입니다. 이 자리에 앉아 계신 분들 중에는 당시 우리가 느꼈던 위기감과 두려움을 기억하는 분들이 계실 것입니다. 그날 아침에 저는 출애굽기 14장을 본문으로 설교했습니다. 여러분도 아시는 것처럼, 출애굽기 14장에는 오늘 읽은 말씀에 언급된 사건이 자세히 기록되어 있습니다. 이스라엘 백성의 운명이 끝장날 것 같은 큰 위기가 닥쳐왔습니다. 그 장을 읽으면서 굳이 설교하지 않아도 되겠다는 느낌이 들었습니다. 본문이 모든 것을 다 말해 주고 있었습니다. 이스라엘 백성이 공포에 휩싸여 있을 때 하나님이 모세에게 말씀하셨습니다. "너는 어찌하여 내게 부르짖느냐. 이스라엘 자손에게 명령하여 앞으로 나아가게 하고"출 14:15. 그들은 말씀대로 행했습니다.

이것이 출애굽 역사의 전형적인 특성입니다. 스데반의 연설 가운데 이 작은 단락에는 하나님의 초자연적인 역사가 마음을 사로잡는 방식으로 소개되어 있습니다. 이 단락에는 하나님께는 불가능한 것이 없다는 사실과, 만유의 주이신 하나님께서 일단 작정하고 일을 시작하시면 아무도 막을 수 없다는 사실이 입증되어 있습니다. "하나님이 아브라함에게 약속하신 때가 가까우매 이스라엘 백성이 애굽에서 번성하여 많아졌더니 요셉을 알지 못하는 새 임금이 애굽 왕위에 오르매." 스데반이 왜 굳이 이 말을 했을까요? 매우 흥미로운 문제입니다. 흠정역은 "약속하신 때가 가까웠을 때"But when the time of the promise drew nigh라고 되어 있습니다. 원문의 뉘앙스를 충분히 살리지 못했습니다. 다른 번역 성경들은 "약속하신 때가 가까워짐에 따라"But as the time of the promise drew nigh라고 옮깁니다. 이것도 썩 훌륭한 번역이 아닙니다. 이것은 저의 사견이 아닙니다. 원어사전을 확인할 수 있는 이들은 금세 알 수 있는 문제입니다. 심지어 복음주의권 밖의 권위자들도 다음과 같이 옮겨야 정확하다는 데 동의합니다. "[그러나] 하나님이 아브라함에게 약속하신 때가 **가까워진 만큼 비례하여**in proportion as 이스라엘 백성이 애굽에서 번성하여 많아졌더니."

이야기는 하나님께서 자기 백성을 구원하기로 작정하신 날부터 오랜 세월이 흐른 뒤의 어느 시점에서 시작합니다. 그 시점이 되니, 날수는 줄어들고 이스라엘 백성의 수는 많아져 있었습니다. 하나님이 약속하신 때가 가까워진 만큼 비례하여, 애굽 땅에서 이스라엘 백성의 수가 기하급수적으로 증가해 있었습니다. 이 현상의 의미가 무엇일까요? 대답은 한 가지뿐입니다. 하나님이 그렇게 하신 것입니다. 때가 가까워지자, 하나님이 이스라엘 백성을 번성하게 하여 많아지게 하신 것입니다. 앞서 번역에 대해 언급한 것을 생각하며 아주 흥미로운 것은, 영감을 받아 기록한 시편 105편의 시인도 동일한 사실을 말하고 있습니다. 시인은 "이에 이스라엘이 애굽에 들어감이여, 야곱이 함의 땅에 나그네가 되었도다" 하고 말한 다음, 이어서 "여호와께서 자기의 백성을 크게 번성하게 하사 그의 대적들보다 강하게 하셨으며"시 105:23-24 하고 고백합니다. 하나님께서 이렇게 하신 것입니다.

시편 105편 전체는 하나님과 그분이 행하신 일을 찬송하는 내용입니다. "여호와께 감사하고 그의 이름을 불러 아뢰며 그가 하는 일을 만민 중에 알게 할지어다"1절. 이어 시인은 하나님께서 행하신 역사를 자세히 열거하다가 이렇게 씁니다. "여호와께서 자기의 백성을 크게 번성하게 하사 그의 대적들보다 강하게 하셨으며." 스데반도 "하나님이 아브라함에게 약속하신 때가 가까우매 이스라엘 백성이 애굽에서 번성하여 많아졌더니" 하고 말합니다. 이스라엘 백성이 하나님에 의해 번성하고 많아진 것입니다.

우연이 아니었습니다. 어쩌다가 그렇게 된 현상이 아니었습니다. 기적이었습니다. 하나님께는 태의 열매를 주실 능력이 있습니다. 하나님은 여인이 자녀를 낳지 못하게 하실 수도, 낳게 하실 수도 있습니다. 이런 사례는 성경에 거듭 나타납니다. 아브라함과 사라의 아들 이삭이 태어난 것이 그 뚜렷한 증거입니다. 아브라함은 아흔아홉 살이고 사라는 아흔 살이었으나, 둘에게는 자녀가 없었습니다. 그러나 하나님이 하고자 하시면 아흔 살 여인의 태도 여실 수 있습니다. 목적하는 모든 일을 하실 수 있습니다. 전능하신 하나님이십니다. 이처럼 이스라엘 백성이 번성하여 많아지므로 바로와 그의 왕조에게 위협이 되었습니다. 이것이 첫번째 원리입니다.

두번째 원리는 이것입니다. "요셉을 알지 못하는 새 임금이 애굽 왕위에 오르매 그가 우리 족속에게 교활한 방법을 써서 조상들을 괴롭게 하여 그 어린아이들을 내버려 살지 못하게 하려 할새." 무엇이 이 새 왕이 이렇게 행동하도록 만들었습니까? 대답은 동일합니다. 하나님이 그렇게 하신 것입니다. 시편 105편으로 다시 돌아가, 이번에는 25절을 읽어 보겠습니다. "또 그 대적들의 마음이 변하게 하여 그의 백성을 미워하게 하시며 그의 종들에게 교활하게 행하게 하셨도다." 하나님이 왕의 마음을 변하게 하셔서 당신의 백성을 미워하게 만드신 것입니다. 왕들의 마음이 하나님의 손에 있다는 것이 성경의 주장입니다.

자주 말씀드렸지만, 성경에서 제게 범상치 않게 다가오는 구절 가운데 하나는 구약성경 에스더에 있습니다. 학자들은 이 책이 매우 의심스럽다고 말하기를 좋아합니다. 그들 중 더러는 이 책에 하나님의 이름이 언급되지 않았으므로 정경正經에 실려서는 안된다고 말합니다. 단순히 단어와 언어학의 관점에서 보면 일리 있는 말입니다. 그러나 에스더를 읽으면서 하나님이 행하신 일을 바라보지 못한다면 눈이 먼 것입니다.

에스더 6장의 첫 절을 들어 보십시오. "그날 밤에"-모르드개와 모든 유대인들에게 위기가 닥친 밤을 가리킵니다-"왕이 잠이 오지 아니하므로 명령하여 역대 일기를 가져다가 자기 앞에서 읽히더니." 신하들이 실록實錄을 가져다가 왕 앞에서 읽게 되었는데, 이것이 이야기 전체의 중심입니다. 결국 모르드개의 공로가 밝혀졌고, 그 결과 그와 모든 이스라엘 자손이 자유를 얻게 되었습니다. 그러나 이 일이 어떻게 일어났는지 아십니까? 왕이 잠이 오지 않아 뒤척이고 있었습니다. 그에게 무슨 일이 있었습니까? 왜 불면에 시달렸을까요? 과식했을까요? 아니면 그날 몹시 언짢은 일이 있었을까요? 그런 것이 아니었습니다. 하나님께서 그렇게 하셨습니다. 하나님은 파리 떼를 주관하시는 것같이 왕들도 주관하십니다. 애굽 사람들에게 이를 보내 괴롭게 하셨습니다. 하나님의 손에서 벗어난 것은 아무것도 없습니다. 왕들의 마음도 하나님 손에 있습니다. 그들의 생각과 은밀한 상상조차 하나님의 손에 있습니다.

다니엘이 벨사살이라는 전제군주에게 어떻게 교훈으로 깨우쳐 주었는지 여러분은 기억하실 것입니다. 다니엘은 그 왕에게 "폐하는 지금 하나님의 성전에서 가져온 그릇들을 더럽히고 계십니다. 지금 하시는 일이 무엇인지 모르는 체하고 계시는 것입니다" 하고 환기시킵니다. 그런 후에 "왕의 호흡을 주장하시고 왕의 모든 길을 작정하시는 하나님" 앞에 영광을 돌리지 않는 것을 책망했습니다단 5:23. 하나님은 그러한 분입니다. 시대와 정세와 왕과 권력자와 왕조가 모두 하나님 아래 있습니다. 구약성경을 읽어 보면, 하나님께서 인간과 나라와 만물을 주장하시는 것을 보게 됩니다. 만물이 하나님의 손에 있습니다.

그러므로 우리가 살펴봐야 할 다음 대목은 이 구절입니다. "그때에 모세가 났는데." 적시適時에 모세가 태어난 것입니다. 이것 역시 우연이 아니었습니다. 하나님께서 작정하신 대로 일을 시작하신 것입니다. 하나님은 그때를 아셨고, 적시에 그 부부에게 모세라 불릴 아기를 주셨습니다. 성경을 읽어 보면, 하나님이 이러한 방식으로 일하신다는 것을 알게 됩니다. 때를 작정하시고, 그때가 차면 일하시는 것입니다. 언제나 그러합니다.

더 나아가 오늘 말씀은, 그렇게 태어난 아기가 하나님 보시기에 아름다웠다고 말합니다. 스데반은 긴 분량의 역사를 간추려 진술해야만 할 상황이었습니다. 왜 이런 세세한 것까지 다 언급하고 갔을까요? 그것조차 우연이 아니었음을 알았기 때문입니다. 모세가 하나님 앞에서 아름다웠던 이유가 오직 한 가지뿐이었음을 스데반은 알았던 것입니다. 아이가 아름다웠기에 바로의 딸이 버려진 이 젖먹이를 보았을 때 그 아름다움에 마음이 끌렸습니다. "이 아기를 데려다가 아들로 삼아야겠다, 참으로 아름답고 준수한 아이로구나" 생각했을 것입니다. 하나님은 모세의 용모가 여인의 마음을 움직일 줄 아셨던 것입니다.

그런데 더욱 놀라운 것은, 바로의 딸이 그때에 맞게 물가로 나왔다는 점입니다. 이것 역시 우연이 아닙니다. 그렇지 않습니까? 스데반이 내내 힘주어 말하는 것은 이 모든 일을 행하신 이가 하나님이시라는 것과, 하나님께서 구속과 구원의 큰 계획과 목적을 이루시기 위해, 사실과 사람과 역사와 모든 것을 주장하신다는 것입니다.

그러므로 스데반이 언급한 모세 이야기의 도입부가, 하나님의 전능하심과 하나님의 기적적이고 초자연적인 권능을 전제하고 있음을 여러분은 알 수 있을 것입니다. 저는 과학과 의학을 비롯해 인간이 여러 분야에서 이룩한 발견과 발명의 위대함과 경이로움을 폄하할 마음이 조금도 없습니다. 다만 인간이 절망적인 곤경에 처해 있는 것을 바라볼 때, 인간 스스로 할 수 있는 일이 아무것도 없다는 생각을 하지 않을 수 없습니다. 인간은 무기력합니다. 그러나 "하나님의 모든 말씀은 능하지 못하심이 없[습니다]"눅 1:37. 이것이 복음 메시지의 심장이요 중심입니다. 인류에게는 오직 하나의 소망만 있을 뿐입니다. 하나님께서 기적적이고 초자연적인 방법으로 개입하고 일하시는 것만이 인류의 유일한 소망입니다.

이 진리를 온전하게 이해할 수 있는 것은, 물론 나사렛 예수에 관한 이야기입니다. 인본주의자들과 많은 교회들이 안고 있는 비극이 무엇입니까? 예수를 말하면서도 그분에 관한 이야기의 중심되는 지점에서 시작하지 않는 데 있습니다. 그들은 산상수훈과 더불어 시작합니다. 교사로서의 예수에 관심이 있습니다. 그들은 "우리는 많은 어려움에 직면해 있고 문제가 산적해 있어요. 예수의 윤리와 교훈이 훌륭한 것 같으니 거기서부터 시작합시다" 하고 말합니다. 그러나 정작 예수 안에 있는 영광은 놓치고 맙니다. 그분이 누구인지도 모릅니다.

처음으로 돌아가 생각하면 될 텐데도 말입니다! 마태복음 5장부터 시작하는 것이 아니라 1장부터 시작해야 합니다. 다른 복음서들도 1장부터 시작해 복음의 핵심을 붙들어야 합니다.

누가복음 1장의 주님 탄생을 보십시오. 그것은 초자연적인 기적이었습니다. 마리아라는 젊은 여인이 천사장의 방문을 받습니다. 평소와 다름없이 일상의 일을 하고 있는데, 홀연히 천사장이 나타나 "은혜를 받은 자여, 평안할지어다" 하고 말합니다. 그런 다음 앞으로 될 일을 일러 주고, 장차 아들을 낳을 것이며 그가 큰 인물이 될 것이라고 말합니다. "그가 큰 자가 되고 지극히 높으신 이의 아들이라 일컬어질 것이요 주 하나님께서 그 조상 다윗의 왕위를 그에게 주시리니 영원히 야곱의 집을 왕으로 다스리실 것이며 그 나라가 무궁하리라."

마리아가 응답합니다. "나는 남자를 알지 못하니 어찌 이 일이 있으리이까." 그 말은 사실 이런 뜻이었습니다. "지금 무슨 말씀을 하시는지요? 제가 처녀인 줄을 알지 못하십니까? 저는 결혼한 여자가 아닙니다. 남자를 알지 못합니다. 조금 전에 하신 말씀은 저와 상관이 없습니다. 저는 아이를 낳을 수 없습니다."

그러자 천사가 말합니다. "성령이 네게 임하시고 지극히 높으신 이의 능력이 너를 덮으시리니 이러므로 나실 바 거룩한 이는 하나님의 아들이라 일컬어지리라.……대저 하나님의 모든 말씀은 능하지 못하심이 없느니라"눅 1:28-37.

하나님 아들의 탄생은 기적이요 초자연적인 일이었습니다. 저는 학자들이 이 말에 어떻게 대응할지 잘 압니다. 그들은 이 사실을 이해하지 못합니다. "말도 안되는 소리다!" 하고 말합니다. 이 일을 설명해 보려고 오랜 세월 노력했으나, 결과는 아무것도 없습니다. 앞으로도 없을 것입니다. 그 일을 하신 분은 하나님이십니다. 그 아기는 보통 아기가 아니라 육신이 되신 하나님이셨습니다. 그 아기에 관해 말씀 드릴 것은 한 가지뿐입니다. 사도 바울은 그 아기가 태어나신 일을 생각하고서 "크도다. 경건의 비밀이여" 하고 말했습니다딤전 3:16. 인간의 지혜와 통찰은 하나님 아들의 탄생을 이해하기에 적합하지 않습니다.

시도조차 부적절합니다. 그것은 하나님이 직접 기적적으로 일하신 결과였습니다.

하나님이 행하시는 일에는 한계가 없습니다. 하나님은 정상적으로, 간접적인 방법으로, 사람들이 '자연법칙'이라고 부르는 것을 통해-자연법칙 또한 하나님이 자연 안에서 다스리시는 결과이지만-일하기로 정하셨습니다. 그러나 자연법칙을 넘어서서 어떤 일을 해야겠다고 판단하실 때는 더 높은 경지에서 일하십니다. 이것이 기적의 의미입니다. 그러므로, 기적이란 개념 자체를 지워 버려야 한다고 생각한 매튜 아놀드Matthew Arnold는 미련한 짓을 한 셈입니다. 그는 "기적은 발생할 수 없다. 따라서 기적은 발생한 적이 없다"고 말했습니다. 과연 그것은 미련한 생각입니다. **하나님이 계시므로** 기적은 얼마든지 발생할 수 있습니다.

우리 구원의 근거는, 하나님께서 독생자를 "죄 있는 육신의 모양으로"롬 8:3 세상에 보내신 사실에 있습니다. 인간 아버지 없이 동정녀에게 태어나신 그는, 성령으로 말미암아 마리아의 몸에 잉태되셨습니다. 어떤 방법으로 그것이 가능합니까? 저는 모릅니다. 도저히 이해할 수 없습니다. 그것은 기적이었습니다. 제가 아는 전부는, 그것을 다른 방법으로는 설명할 수 없다는 것입니다. 이것 외에 만족할 만한 설명이 없습니다. 그는 사람이신 동시에 하나님이십니다. 신인神人으로서, 한 위격Person에 두 본성을 지니십니다. 하나님께는 능치 못한 일이 없기 때문입니다. 이스라엘 백성을 애굽에서 번성하게 하시고 많게 하신 하나님께서, 마리아에게 임하셔서 이 '거룩한 일'을 행하셨습니다. 그가 하나님의 아들이신 나사렛 예수입니다.

더 나아가 복음서들을 읽어 보면, 예수의 영광과 권세가 어떻게 나타났는지 알게 됩니다. 다시 말씀드리지만, 제가 이것을 믿지 못한다면 이 자리에 서지 않았을 것입니다. 이것을 믿지 못하면서 강단에 선다는 것은 웃음거리요 헛된 일입니다. 그저 개인적인 견해를 전한 후에, 그것으로 무엇을 해보라고 권하는 정도일 것입니다. 여러분은 그렇게 할 수 없습니다. 저도 그렇게 할 수 없습니다. 만일 제가 그런 견해를 전하는 것이라면, 천하에 미련한 일이요 시간과 에너지를 낭비하는 것입니다. 그러나 제가 이 자리에서 여러분에게 전하는 것은, 하나님께서 어떤 일을 하시며 하나님의 아들이 어떤 일을 하실 수 있는가 하는 것입니다.

> 내 죄의 권세 깨뜨려 그 결박 푸시고
> 이 추한 맘을 피로써 곧 정케 하셨네.
> —찰스 웨슬리Charles Wesley

하나님과 하나님의 아들에게 능치 못할 일이 없으심을 아는 우리는, 자연인에게는 터무니없는 궤변으로 들릴 이 위대한 찬송을 드릴 수 있습니다. 이 가사를 들어 보십시오.

> 너희 귀머거리들아, 들으라.

귀먹은 사람에게 들으라고 요구하는 것입니다! 그를 놀리는 것이 아닙니까? 그를 데리고 장난치는 것이 아닙니까? 그를 더 비참하게 만드는 것이 아닙니까? 그럼에도 서서 귀먹은 사람에게 "들으라! 경청하라!" 하고 외치는 것입니다. 당연히 그가 들을 수 없다는 것을 여러분은 압니다. 그러나 그리스도의 이름으로 그에게 말할 때, 그로 하여금 듣게 할 만한 능력이 우리 말에 있음을 압니다.

> 너희 벙어리들아, 너희의 풀린 혀로
> 주를 찬양하라.

벙어리는 말할 수 없습니다. 그 혀를 사용해 하나님의 아들을 찬양하라고 말해 봐야 무슨 소용이 있습니까? 하려고 해도 할 수 없습니다. 그러나 그리스도의 이름으로 명하면 할 수 있게 됩니다.

> 너희 맹인들은 너희 구주가 오시는 것을 보고,
> 너희 저는 자들은 기뻐 뛸지어다.

발을 구르고, 수사슴처럼 뛰라고 하십시오. 그러면 그렇게 됩니다. 우리가 기적적이고 초자연적인 복음을 지니고 있기 때문입니다.

우리는 인간의 능력을 전하는 것이 아닙니다. 그것을 전해 봐야 아무 소용이 없습니다. 인간은 예외 없이 실패했습니다. 우리는 신적 인물, 곧 육신으로 오신 하나님의 아들을 전합니다. 하나님의 아들이 육신으로 계실 때 어떠하셨는지 보십시오. 위의 찬송 가사와 같은 일을 행하지 않으셨습니까? 주님은 저는 자를 고치셨고, 눈먼 자를 보게 하셨고, 한편 손 마른 사람에게 "네 손을 내밀라" 하심으로 즉시 손이 펴지게 하셨습니다.^{막 3:1-5 참조}.

주님은 죽은 자를 살리실 수 있는 분입니다. 주님이 무덤 앞에 다가가셨습니다. 친구 나사로가 죽은 지 나흘이나 되어 그 안에 누워 있었습니다. 그의 누이 마르다가 "주여, 죽은 지가 나흘이 되었으매 벌써 냄새가 나나이다" 하고 말했습니다. 이미 육신이 썩어 해체과정에 들어갔습니다. 그러나 우리 주님은 그 자리에 그대로 서 계신 채 "나사로야, 나오라" 말씀하셨습니다. 그러자 나사로가 무덤 밖으로 나왔습니다.^{요 11:39, 43-44}. 이것은 하나님이 일하신 결과였습니다. 불가능한 일이 발생했습니다. 초자연적인 일이었습니다. 기적이었습니다. 이것이 복음의 본질입니다. 만일 이것이 사실이 아니라면, 세상은 한줄기 소망도 없이 저주와 멸망에 처해 있는 것입니다.

그러나 복음은 참됩니다. 폭풍과 거센 풍랑을 향해 "잠잠하라!" 외치신 주님은 사방을 고요하게 하실 수 있는 분입니다. 이 초자연적이고 기적적인 복음으로 인하여 하나님께 감사해야 합니다. 이것이 하나님께서 구원하시는 방식이요, 이것이 구원에 이르게 하는 하나님의 능력입니다.

하나님의 권능은, 우리 주님의 탄생과 그분의 기이한 생애에서만 찾을 수 있는 것이 아닙니다. 하나님의 권능은, 부활의 능력과 영광에서 가장 찬연하게 드러납니다. 바리새인과 서기관들, 사두개인과 헤롯당, 로마 관리들, 이들 모두가 공모하여 주님을 대적했습니다. 유죄 판결을 받아 죽임을 당하게 했습니다. 그의 시신을 끌어내려 무덤에 넣고 돌로 입구를 막아 봉했습니다. 그러고는 군인들을 배치해 지키도록 했습니다. 주님은 무덤에 들어가셨고 상황이 종료되었습니다.

그러나 그것이 끝이 아니었습니다. 주님은 죽음의 끈을 끊어 버리셨습니다. 죽음을 이기시고 무덤에서 일어나셨습니다. 만일 부활이 사실이 아니라면, 복음도 없고 세상 누구에게도 소망이 없습니다. 만일 죽음과 지옥과 무덤보다 복음에 더 강한 권능이 없다면, 아무 소용이 없습니다. 복음에는 그것들보다 더 강한 권능이 있습니다. "사망아, 너의 승리가 어디 있느냐. 사망아, 네가 쏘는 것이 어디 있느냐. 사망이 쏘는 것은 죄요 죄의 권능은 율법이라. 우리 주 예수 그리스도로 말미암아 우리에게 승리를 주시는 하나님께 감사하노니"고전 15:55-57. 주께서 모든 것을 이기셨습니다. 죽음보다 더 강한 권능으로 이기셨습니다. "맨 나중에 멸망받을 원수는 사망이니라"고전 15:26. 부활은 주께서 죽음을 정복하셨다는 절대적 증거입니다.

그후 오순절의 위대한 사건에 이르게 됩니다. 여기서도 초자연적이고 기적적이고 신적인 면이 나타납니다. 사도라 불리는 단순하고 평범하며 제도교육을 받지 못한 사람들이 있습니다. 이들은 우리 주님이 재판받으실 때 자기 혼자 살아남으려고 뿔뿔이 도망쳤던 사람들입니다. 비천하고 무지하고 어리석은 사람들이었습니다. 주님의 가르침을 이해하지 못했고, 주께서 자신의 죽음에 대해 미리 하신 말씀도 깨닫지 못했던 사람들입니다. 그런데 오순절에 이들에게 놀라운 현상이 나타났습니다. 저마다 방언을 하면서, 다른 각종 언어와 방언으로 하나님이 행하신 큰일을 모든 사람들이 듣고 이해할 수 있도록 말하기 시작한 것입니다.

어떤 이들은 이 사람들이 술에 취했다고 말했습니다. 사실 우리 그리스도인들이 다른 사람들에게 미쳤다는 인상을 주지 못하면 미약한 상태에 있는 셈입니다. 그리스도인들은 한 사람 한 사람이 기적입니다. 초자연적이고 신적인 사람들입니다. 세상이 이해하지 못하고 미쳤다고 생각하는 어떤 일을 하나님은 그들 안에서 행하셨던 것입니다. 세상이 미쳤다고 여기는 그것이 기독교입니다. 오늘날 마치 복음인 것처럼 제시되는 거짓 철학은, 복음의 본질을 부정하는 또 다른 사례일 뿐입니다. 그것은 전혀 복음이 아닙니다. 기독교의 용어를 조금 가져다 사용하는 인본주의일 뿐입니다.

기독교의 첫 오순절은 초자연적이고 기적적인 위대한 날이었습니다. 그날 베드로가-어부 베드로입니다-설교할 때 3천 명이나 되는 사람들이 회심했습니다. 비결이 무엇입니까? 웅변이었습니까? 학식이었습니까? 물론 아닙니다. 오직 성령의 능력이었습니다. 베드로가 성령에 충만했던 것입니다. 베드로 자신이 기적이었습니다. 그의 설교를 듣고 있던 사람들은 마음이 찔렸습니다. 심한 양심의 가책에 괴로워했습니다. 견디다 못해 "형제들아, 우리가 어찌할꼬" 하고 외쳤습니다.^{행 2:37} 이것이 베드로가 한 일입니까? 아닙니다. 하나님께서 하신 일입니다. 베드로 안에 계시던 하나님의 성령께서 그를 도구와 통로로 사용하시어 이 큰일을 행하신 것입니다. 사도들은 변화했고, 이 사람들도 변화했습니다.

그런 다음 사도들이 어떻게 행했는지 보십시오. 사도행전을 펼쳐 우리가 이미 상고한 처음 여섯 장을 다시 한번 읽어 보십시오. 베드로와 요한이, 어느 날 오후 기도시간에 기도하기 위해 성전으로 올라가던 중이었습니다. 그때 나면서 못 걷게 된 가난한 사람이 말을 걸어왔습니다. 그는 날마다 사람들이 성전 미문 앞에 데려다 놓으면 거기 앉아 구걸하던 사람이었습니다. 그가 사도들에게 구걸했으나 사도들에게는 줄 것이 없었습니다. 그러나 베드로와 요한은 그를 주목하면서 "우리를 보라"고 말했습니다. 그는 무엇을 주려는가 기대하고 사도들을 바라보았습니다.

그때 베드로가 말했습니다. "은과 금은 내게 없거니와 내게 있는 이것을 네게 주노니 나사렛 예수 그리스도의 이름으로 일어나 걸으라." 베드로가 손을 내밀어 그 사람의 손을 잡아 일으키자, 그 사람은 벌떡 일어나 두 발로 서서 걸었습니다. 그러고는 사도를 바라보았습니다. 날 때부터 불구자로 당시의 의술을 다 동원해도 나을 수 없었던 사람이, 걷기도 하고 뛰기도 하며 하나님을 찬양하면서 성전으로 들어갔습니다.

그가 성전 미문 앞에서 구걸하던 앉은뱅이인 것을 알아본 사람들은 크게 놀랐습니다. 베드로가 이 일을 했다면, 필시 무슨 마술의 힘으로 했을 것이라고 입을 모았습니다. 그러나 베드로는 이렇게 말합니다. "이스라엘 사람들아,……우리 개인의 권능과 경건으로 이 사람을 걷게 한 것처럼 왜 우리를 주목하느냐"-자신들이 한 일이 아니고 그리스도께서 하신 일이라는 뜻입니다-"그 이름을 믿으므로 그 이름이 너희가 보고 아는 이 사람을 성하게 하였나니"행 3:1-16.

이것이 기독교입니다. 기독교는 초자연적이고 기적적인 능력입니다. 우리는 사도행전 4장에서, 또 다른 사례도 살펴보았습니다. 베드로와 요한이 다시 재판을 받는 자리에서, 복음을 계속 전하고 다니면 죽음을 면치 못하리라는 협박을 받았습니다. 두 사도는 풀려나와 동류에게 돌아가서 자신들이 당한 모든 일을 전했습니다. 그 말을 들은 교회는 즉시 기도하기 시작했습니다. 누가는 이렇게 기록합니다. "그들이 듣고 한마음으로 하나님께 소리를 높여 이르되 대주재여, 천지와 바다와 그 가운데 만물을 지은 이시요." 그들은 하나님의 영광스러운 권능을 고백한 후에 "주여, 하나님의 권능과 뜻대로 이루려고 예정하신 그것을 행하려고 이 성에 모였나이다. 이제도 그들의 위협함을 굽어보시옵고" 하고 아뢰었습니다. 이렇게 능력을 구하는 것이 기도입니다. 주께서 어떻게 응답하셨는지 여러분은 기억하십니까? "빌기를 다하매 모인 곳이 진동하더니"행 4:23-31. 집이 흔들렸습니다. 하나님은 이런 분이십니다. 사랑하는 여러분, 이것이 초자연적이고 기적적인 복음입니다. 이것이 하나님께서 친히 행하신 일입니다. 그분은 살아계시는 하나님이시요, 행동하시는 하나님이십니다. 그분은 추상적 개념도 아니고 철학적 개념도 아닙니다. 만물이 하나님 권능의 손 아래 있으며, 만물이 그의 영광의 증거입니다.

또한 5장에서 아나니아와 삽비라, 두 사람을 보게 됩니다. 그들은 거짓말을 했습니다. 마음에 품은 뜻을 이루기 위해 거짓말을 했으나, 그들이 미처 깨닫지 못한 것을 베드로가 그들에게 일러 주었습니다. 그들은 사람에게 거짓말을 한 것이 아니라 하나님께 거짓말을 한 것입니다. 그 말을 듣고 두 사람 다 쓰러져 죽었습니다. 여러분은 이 이야기를 좋아하지 않을 것입니다. 저 역시 좋아한다고 말할 수는 없으나, 이 자리에서는 좋은 것만 말할 수 없습니다. 다만 생명을 주시는 하나님께서, 또한 생명을 도로 거둬 가실 수도 있음을 말씀드릴 뿐입니다. 아나니아와 삽비라의 죽음은 법적인 처벌이었습니다. 저는 여러분이 그것을 다 이해할 것을 기대하지 않습니다. 여러분에게 얼마나 큰 한계가 있고 저 자신에게도 얼마나 큰 한계가 있는지 잘 알고 있습니다. 그런데 저 자신이 이해할 수 있거나 여러분이 이해할 수 있는 것만을 전한다면, 그것은 복음이 아닐 것입니다. 저는 영원하시고 무궁하신 하나님을 전하고 있습니다.

> 영원한 빛이시여,
> 영혼이 얼마나 순결해야 하는지요.
> 감찰하시는 당신의 눈에 포착될 때
> 순결한 영혼이라야, 움츠리지 않는 고요한 기쁨으로
> 죽지 않고 살아 당신을 바라볼 수 있나이다.
> ―토마스 비니 Thomas Binney

저는 이 하나님을 전하고 있습니다.

> 썩지 아니하시고 보이지 아니하시고 홀로 지혜로우신 하나님,
> 우리 눈 닿지 못할 빛 가운데 거하시며
> 지극히 복되시고 지극히 영화로우시고 옛적부터 계신
> 전능한 승리자시니, 당신의 큰 이름을 우리가 찬양하나이다.
> ―월터 차머즈 스미스 Walter Chalmers Smith

제가 전하는 하나님은 이런 분이십니다. 불가능한 일이 전혀 없는 하나님, 한번 작정하시면 이스라엘 백성의 수까지도 많게 하실 수 있는 하나님, 왕과 백성들의 마음을 돌려 그들을 대적하게 하실 수 있고, 아기를 낳게 하실 수 있고, 바로의 딸의 마음을 감화시키사 그 아기를 구하여 양자로 삼도록 하실 수 있는 하나님이십니다.

사도행전이라는 이 놀라운 책을 계속 읽어가다 보면, 이 책이 기적들로 이루어진 책임을 발견하게 됩니다. 사도들은 모든 상황이 자신들에게 불리하게 조성되었을 때 감옥에서 빠져나왔습니다. 그러나 그것은 큰일이 아니었습니다. 하나님께서는 그 일이 아무것도 아닙니다. 하나님은 별과 혜성과 성운을 마치 구슬 다루듯 다루십니다. 그분은 만유의 주이십니다. 만물을 창조하셨습니다. 그 만물을 붙들고 계십니다. 하나님의 통제 범위에서 벗어나 있는 것은 아무것도 없습니다. 왕과 제후와 남자와 여자와 왕조와 각 시대와 모든 것이 하나님 아래 있습니다. 이것이 복음의 메시지입니다.

사랑하는 여러분, 이것이 바로 여러분과 제가 복음의 출발 단계에서 이해해야 할 교훈입니다. 우리 모두에게 유일한 소망은, 하나님께서 우리를 구원하시기 위해, 주 예수 그리스도 안에서, 단번에 그리고 영원히 지속될 일을 행하셨다는 사실에 있습니다. 하나님께서는 능치 못할 일이 없습니다. 그러므로 복음을 전한다는 것은 참으로 놀라운 일입니다. 저는 도덕 개혁을 전하지 않습니다. 제가 이 자리에 서 있는 목적은, 여러분에게 보다 나은 삶을 살도록 호소하려는 것이 아닙니다. 여러분은 그 일을 할 수 없습니다. 여러분 가운데 대다수는 어리석고 의지력이 약해서, 새해에 굳은 결심을 해도 몇 주도 못 가 주저앉고 맙니다. 시간을 낭비하지 마십시오. 여러분 스스로 결심해도 지킬 수 없습니다. 종이에 기록해 두거나 표명할 가치도 없습니다. 여러분에게는 그것을 지킬 능력이 없습니다. 참으로 감사하게도, 그렇게 하는 것이 복음이 아닙니다. 제가 이 자리에서 말씀드리려는 것은 이것입니다. 하나님께서 여러분을 구원하실 수 있고, 하나님께서 여러분을 변화시키실 수 있다는 사실입니다. 아무리 분투하고 의지력을 발휘해도, 여러분 스스로는 절대 할 수 없습니다. 당연히 실패하게 되어 있습니다. 복음은 여러분을 향해 이렇게 말합니다.

내 죄의 권세 깨뜨려 그 결박 푸시고
이 추한 맘을 피로써 곧 정케 하셨네.
—찰스 웨슬리

이것이 복음입니다. 저는 자가 수사슴처럼 뛰고, 눈먼 자가 보며, 죽은 자가 살아납니다.

여러분의 유일한 소망은, 하나님의 행하심과 말씀에 있습니다. 하나님은 여러분을 새로 창조하실 수 있다고 말씀하십니다. 여러분을 거듭나게 하실 수 있다고 말씀하십니다. 여러분에게 새로운 마음을 주시고 새로운 출발을 하게 하실 수 있다고 말씀하십니다. 사도 바울이 고린도후서 4:6에 기록한 위대한 교훈을 귀담아들으십시오. "어두운 데에 빛이 비치라 말씀하셨던 그 하나님께서 예수 그리스도의 얼굴에 있는 하나님의 영광을 아는 빛을 우리 마음에 비추셨느니라."

사도의 말을 다시 들어 보십시오. "그는 허물과 죄로 죽었던 너희를 살리셨도다"엡 2:1. 하나님은 여러분에게 생명을 주실 수 있습니다. 죽은 자를 살리실 수 있습니다. 없던 것을 있게 하실 수 있습니다. 그분은 전능하신 창조주이십니다.

우리의 복되신 주님도 이스라엘의 훌륭한 스승 니고데모에게 "사람이 거듭나지 아니하면 하나님의 나라를 볼 수 없느니라" 하고 말씀하셨습니다. 니고데모는 이해가 되지 않아 물어보았습니다. "사람이 늙으면 어떻게 날 수 있사옵나이까. 두 번째 모태에 들어갔다가 날 수 있사옵나이까."

우리 주님은 그에게 놀라운 대답을 해주셨습니다. "육으로 난 것은 육이요 영으로 난 것은 영이니 내가 네게 거듭나야 하겠다 하는 말을 놀랍게 여기지 말라. 바람이 임의로 불매 네가 그 소리는 들어도 어디서 와서 어디로 가는지 알지 못하나니 성령으로 난 사람도 다 그러하니라"요 3:4-8.

여러분은 주님의 말씀을 다 이해할 수 없습니다. 그것은 기적입니다. 바람의 운행과 그 신비로움을 이해할 수 없습니다. 다만, 그 효과만 보고 느낄 뿐입니다. 하나님은 이러한 분이십니다. 창조주 하나님께서 친히 여러분을 주목하시고, 새로이 창조해 주시고, 새 생명을 주시고, 새 본성을 주시고, 새 마음을 주십니다. 이것이 복음입니다.

16

하나님의 지혜

하나님이 아브라함에게 약속하신 때가 가까우매 이스라엘 백성이 애굽에서 번성하여 많아졌더니 요셉을 알지 못하는 새 임금이 애굽 왕위에 오르매 그가 우리 족속에게 교활한 방법을 써서 조상들을 괴롭게 하여 그 어린아이들을 내버려 살지 못하게 하려 할새 그때에 모세가 났는데 하나님 보시기에 아름다운지라. 그의 아버지의 집에서 석 달 동안 길리더니.

사도행전 7:17-20

지난 시간까지 우리는, 복음이 "모든 믿는 자에게 구원을 주시는 하나님의 능력"이 됨을 집중해서 살펴보았습니다. 오늘은 복음의 또 다른 면을 여러분에게 말씀드리고자 합니다. 사도 바울은 고린도인들에게 쓴 편지에서, 복음이 하나님의 능력일 뿐 아니라 하나님의 지혜이기도 하다고 말합니다. 사도는 그 두 가지를 반복해서 강조합니다. "우리는 십자가에 못박힌 그리스도를 전하니 유대인에게는 거리끼는 것이요 이방인에게는 미련한 것이로되 오직 부르심을 받은 자들에게는 유대인이나 헬라인이나 그리스도는 하나님의 능력이요 하나님의 지혜니라"고전 1:23-24. 그러므로 모세 이야기에서, 복음과 그 방식의 두번째 면인 "하나님의 지혜"가 어떻게 분명하게 나타났는지 여러분에게 말씀드리고자 합니다. 여러분에게 복음을 전하는 것을 저의 큰 특권으로 여기도록 하는 것이 바로 이 두번째 면입니다.

우리는 심각한 문제를 안고 있는 세상에 살고 있습니다. 정치인과 철학자와 사회학자와 교육학자들을 싸잡아 비난하려는 것이 아닙니다. 그들 모두가 세상을 좀더 낫게 만들기 위해 최선을 다하고 있습니다. 그러나 우리가 분명히 알아야 할 것은, 그들의 온갖 노력에도 불구하고 세상이 조금도 나아지지 않고 있다는 사실입니다. 우리를 에워싸고 있는 이 비관적인 상황에서, 여러분에게 하나님의 지혜를 말씀드리는 것이 저의 임무입니다.

복음의 이 두번째 면인 하나님의 지혜 역시, 인본주의자를 비롯한 사람들에게 비웃음을 당하고 있는 줄 저는 잘 압니다. 앞서 말씀드린 것처럼, 그들은 그렇게 하는 것이 매우 현대적이라고 생각합니다. "이처럼 과학과 지식이 발달한 현대사회에서 아직도 구시대의 복음을 믿는단 말인가! 아직도 그런 것을 믿고 살다니 얼마나 큰 낭비이고 얼마나 안쓰러운 일인가!" 그러나 이 말은 이미 천구백 년 전에 헬라인들이 했던 말입니다! 그들은 부지런히 지혜를 추구하노라 하면서 하나님의 지혜를 배척했습니다! 그 점에서 철저히 어리석음을 드러냈습니다.

이제 제가 고린도인들을 가르친 사도의 말씀으로 여러분에게 밝히 보이고자 하는 것은 이것입니다. 하나님께서 세상 사람들이 미련하다고 여기는 이 복음을 사용하셔서, 인간의 지혜를 바라보는 모든 자들의 미련함을 드러내신다는 것입니다. 사도는 이렇게 말합니다.

> 기록된 바 내가 지혜 있는 자들의 지혜를 멸하고 총명한 자들의 총명을 폐하리라.

그런 다음 사도는 질문을 던집니다.

> 지혜 있는 자가 어디 있느냐. 선비가 어디 있느냐. 이 세대에 변론가가 어디 있느냐.

있다면 나와서 들어 보라고 말합니다.

> 하나님께서 이 세상의 지혜를 미련하게 하신 것이 아니냐. 하나님의 지혜에 있어서는 이 세상이 자기 지혜로 하나님을 알지 못하므로 하나님께서 전도의 미련한 것으로 믿는 자들을 구원하시기를 기뻐하셨도다 고전 1:19-21.

하나님께서 복음으로 하신 일이 바로 이것입니다. 그런 다음 사도는, 하나님께서 인간의 지혜를 미련하게 만들고 그것을 내던져 버리도록 할, 한 가지 방법을 택하셨다고 말합니다.

> 형제들아, 너희를 부르심을 보라. 육체를 따라 지혜로운 자가 많

지 아니하며 능한 자가 많지 아니하며 문벌 좋은 자가 많지 아니하도다. 그러나 하나님께서 세상의 미련한 것들을 택하사 지혜 있는 자들을 부끄럽게 하려 하시고 세상의 약한 것들을 택하사 강한 것들을 부끄럽게 하려 하시며 하나님께서 세상의 천한 것들과 멸시받는 것들과 없는 것들을 택하사 있는 것들을 폐하려 하시나니 이는 아무 육체도 하나님 앞에서 자랑하지 못하게 하려 하심이라. 너희는 하나님으로부터 나서 그리스도 예수 안에 있고 예수는 하나님으로부터 나와서 우리에게 지혜와 의로움과 거룩함과 구원함이 되셨으니 고전 1:26-30.

이 말씀을 오늘의 언어로 옮겨 봅시다. 복음이 이 세상의 지혜를 미련하고 전혀 쓸모없는 것으로 드러내는 방법은 이러합니다. 현대인들이 스스로 신뢰하고 자부하는데도 불구하고, 복음은 그들이 여전히 비참하고 실패에 떨어져 있음을 드러내 보여주고 있습니다. 신문들은 그런 것을 말하지 않습니다. 현대인을 추켜세우고 스스로 대견하게 생각하도록 하는 내용 일색입니다. 사람들은 신문에 실린 학구적인 분석기사들을 읽으면서, 마치 자신이 지적으로 세련되며 많은 것을 알고 있는 것처럼 생각합니다. 이런 기사들은 독자를 띄워 줍니다. 만일 그렇게 하지 못하면 신문이 팔리지 않을 테니까요. 온 세상이 현대인들을 추켜세우고, 대단하다고 말하고, 위대한 업적들을 칭송합니다.

그러나 복음은 여러분의 실패에 대해 말하며, 실패한 것조차 모르고 있는 현실을 들춰냅니다. 오늘날처럼 사람들이 자화자찬하는 것만큼 정신 나간 짓이 또 있을까요? 눈이 멀어 앞을 내다보지 못하기 때문에 그렇습니다. 세상은 처참하게 실패하고도 그것을 알지 못합니다. 자신의 지혜를 자랑하며, 실패한 것은 바라보지 못합니다.

둘째로, 세상은 실패 원인이 잘못 생각한 데 있음을 인식하지 못합니다. 과거의 사람들—특히 신앙인들—은 미신적이었고, 이성적으로 생각할 틈도 없이 '인민의 아편'에 의존한 감상주의자들이었다고 생각합니다. 이에 반해 현대인은, 자신들을 이성적으로 생각하는 합리주의자라고 여깁니다! 그것이 문제입니다. 그들의 생각을 좀더 자세히 알려면 '합리주의자 언론협회'Rationalist Press Association 같은 단체들을 조회해 보면 됩니다. 그들은 인본주의자들이며, 인간에게는 스스로 생각을 헤쳐 나갈 능력이 있다고 믿습니다. 그러나 사람들이 인생에서 실패하는 주된 이유가, 스스로 생각을 잘못했기 때문임을 인식하지 못합니다. 사람은 생각하는 만큼 존재하며 행동하게 마련인 것입니다.

그러므로 복음의 첫번째 과제는, 합리주의자와 인본주의자에게 진리를 전함으로써 그것을 깊이 생각하도록 하는 것입니다. 복음은 사람들이 다 들어 익히 아는 말에 그치지 않습니다. 제가 여러분에게 전하고자 노력하는 것처럼, 복음은 인생과 역사와 만물에 대한 총체적인 견해를 가지고 있습니다.

셋째, 어리석은 인본주의자들은 자기 확신에 사로잡힌 채 인간의 이성과 판단을 신뢰합니다. 자신들이 무한하신 하나님의 영역을 이해할 수 있다고 생각할 정도로 미련한 상태에 떨어져 있습니다. 자신들이 하나님의 영역을 두루 살펴 영원하고 무한하신 하나님을 분석하고 해부하고 이해할 수 있을 뿐 아니라, 토마스 칼라일Thomas Carlyle이 '무한한 것들과 광대한 것들'이라 부른 것을 분석할 수 있다고 생각합니다.

이것은 단순히 거만한 정도를 넘어서서 애처롭고 비극적인 태도입니다. 자기 한목숨도 어쩌지 못하고 자기 자신이 누구인지도 알지 못하는 그들입니다. 땅에 붙은 작은 인생이, 우주는 고사하고 하나님의 정신을 이해한다고 주장할 뿐 아니라, 이성으로 충분히 이해하기 전에는 아무것도 믿지 않겠다고 말하는 것은 심히 애처로운 일입니다. 그들은 신적이고 기적적이고 초자연적인 복음, 자신들을 구원할 수 있는 복음을 받아들이지 않기 때문에, 가련한 죄인으로 비참한 패배자로 남아 있는 것입니다. 이것이 그들이 안고 있는 문제입니다. 현대인들, 이 인본주의자들은 세상에 들어온 소식 가운데 가장 영광스럽고 놀라운 소식인 복음을 받아들이지 않습니다. 그들은 하나님의 아들 나사렛 예수 안에 나타난 하나님의 '지혜와 사랑과 능력'을 전하는 복음을 냉정하게 치워 버립니다.

그러나 세상이 아무리 냉정하게 치워 버린다고 해도, 그것은 여전히 하나님의 지혜입니다. 우리가 그것을 어떻게 알 수 있습니까? 복음이 스스로 하나님의 지혜임을 어떻게 드러냅니까? 하나님의 지혜인 복음이 구원에 어떻게 나타납니까? 오늘 말씀으로 돌아가 보겠습니다. 거기에 답이 있기 때문입니다. 여러분께 말씀드리고자 하는 첫번째는, 하나님이 인간을 구원하시는 방식에 신비스럽고 예측할 수 없는 면이 있다는 것입니다. 하나님이 일하시는 방식에는 인간이 이해할 수 없는 면이 있습니다. 그 앞에서 우리 인간은 항상 놀라 입을 다물지 못합니다. 사도 바울이 고린도인들에게 쓴 대로, 하나님은 모든 가치와 질서를 뒤바꿔 놓습니다. 지혜 있는 자들을 낮추시고 무지한 사람들을 높이십니다. "있는 것들"을 아무것도 아닌 것으로 만드시고, 없는 것들을 의미 있게 만드십니다. 모든 것을 거꾸로 놓으십니다. 사도행전 뒷부분에 사람들이 그리스도인들을 가리켜 "천하를 어지럽게 하던 이 사람들"이라고 했습니다행 17:6. 기독교가 하는 일이란 바로 그것입니다. 세상을 뒤집어 놓습니다. 교회 밖에서 배워 알고 있던 것이 교회 안에 들어오면 완전히 뒤바뀝니다. 복음은 언제나 깜짝 놀라게 하는 것입니다. 예기치 못한 것이고, 비범한 것이며, 완전히 신비스러운 것입니다.

복음의 이러한 면을 볼 수 있게 하는 첫번째 요인은, 하나님이 일하시는 '간접적인 방법' 때문입니다. 물론 우리는, 직접적인 행동을 좋아하는 20세기의 융통성 없는 실제적인 사람들입니다! 그러나 하나님은 이렇게 일하시는 법이 없습니다. 언제나 간접적인 방법을 사용하십니다. 언제나 인간의 예상과 정반대로 일하시므로, 사람들은 하나님이 행하시는 방식을 이해하지 못합니다. 그 방식을 좋아하지 않습니다. 그것은 눈앞의 현실 위주로 짜여 있는 그들의 계획과 체제에 맞지 않습니다. 하나님께서 이스라엘 백성을 애굽에 내려가 살게 하신 것도 간접적인 방법으로 이루어졌습니다. 그들을 애굽에서 이끌어 내신 방법 또한 아무도 예상할 수 없는 비범한 것이었습니다. 우리들 생각에는, 단번의 큰 능력으로 이스라엘 백성을 쉽게 이끌어 내셔도 될 것 같습니다. 그러나 하나님은 모세의 긴 이야기와 더불어, 결코 단순하거나 짧지 않은 과정을 거쳐 그들을 구원하셨습니다. 출애굽의 역사를 읽어 보면, 하나님께서 간접적으로 일하신 방식을 여실히 확인할 수 있습니다.

두번째로, 오늘 말씀에서 우리는 하나님께서 이스라엘 자손을 학대한 애굽의 바로왕, 그 악한 전제군주를 들어 쓰신 것을 발견하게 됩니다. 시편 105편은 바로가 그렇게 행동하도록 하신 분이 하나님이셨다고 말합니다. 이것은 똑똑한 세상 사람들이 세상의 지혜로 이해할 수 없는 대목입니다. 하나님께서 이 악한 자를 들어 쓰셔서 당신이 뜻하신 목적을 이루신 것입니다. 이것이 우리를 놀라게 합니다. "하나님께서 그런 악인을 쓰실 리 없다"고 사람들은 말하지만, 하나님은 그런 자를 쓰셨습니다!

성경을 읽어 보면, 하나님께서 당신의 뜻을 이루시기 위해 숱한 낯선 사람들을 쓰신 예들을 보게 됩니다. 상식대로라면 하나님께서 야곱이 아닌 에서를 선택하시는 것이 순리였습니다. 그러나 우리의 상식은 미련하여 완전히 빗나갑니다. 하나님이 택하여 쓰신 사람은 야곱이었습니다.

그다음에 보게 되는 또 다른 면은-아마 이것이 훨씬 더 주목할 만한 점일 것입니다-이스라엘 자손이 심한 학대와 고통을 당해야 했던 사실입니다. 애굽인과 바로가 이스라엘 자손을 얼마나 학대했습니까. 아기가 태어나면 내버려 살지 못하게 할 정도였습니다.행 7:19. 그러나 스데반이 앞에서 언급했고 여기서 다시 언급하는 것은, 애굽인들에게 그런 행동을 하도록 하신 분이 하나님이셨다는 사실입니다. 하나님은 바로로 하여금 이스라엘 자손에게 마음을 강퍅하게 가지도록 하셨던 것처럼, 애굽인의 마음도 강퍅하게 하셨습니다. 이스라엘 자손을 극심한 궁지에 몰아넣어 거의 절망 직전에 이르게 하셨습니다. 그들의 역사가 이렇게 끝나는 것처럼 보였습니다. 말살의 위기가 그들에게 닥쳤습니다. 상황을 몰아가신 분이 하나님이셨습니다.

지금 우리가 다루고 있는 것은, 우리 수준으로 도저히 따라잡을 수 없는 지혜입니다. 우리에게는 하나님의 행동이 무모하고 어리석게 보입니다. 하나님은 우리의 기대와는 정반대의 일을 하고 계셨습니다. 그렇게 파국으로 치닫는 듯하다가, 예상치 못한 하나님의 개입으로 구원이 임합니다. "그때에 모세가 났는데."

이 모든 것이 신비입니다. 아무도 예측하거나 헤아릴 수 없는 하나님의 마음과 지혜입니다. 그분의 길은 그 누구도 이해할 수 없습니다. 이것이 성경의 큰 주제입니다. 만일 이것을 깨닫지 못한다면 복음이 믿어지지 않는 것을 의아하게 생각해서는 안됩니다. 하나님은 원수들을 놀라게 하실 뿐 아니라, 당신의 백성들조차 놀라게 하십니다. 이사야는 장차 다가올 환난을 내다보았습니다. 그때 하나님께서 당신의 계획을 계시하시며 장차 될 일을 알리시자, 이사야는 탄복합니다. 어찌 탄복하지 않을 수 있었을까요! "구원자 이스라엘의 하나님이여, 진실로 주는 스스로 숨어 계시는 하나님이시니이다"사 45:15. "하나님, 저희가 하나님을 이해하기란 얼마나 어려운가요!" 하고 아뢰는 것입니다. 욥의 말과 같습니다. "[그가] 측량할 수 없는 큰일을, 셀 수 없는 기이한 일을 행하시느니라"욥 9:10. 우리에게는 이해할 능력이 없습니다!

하나님은 이사야에게 이렇게 대답하십니다. "내 생각이 너희의 생각과 다르며 내 길은 너희의 길과 다름이니라. 여호와의 말씀이니라. 이는 하늘이 땅보다 높음같이 내 길은 너희의 길보다 높으며 내 생각은 너희의 생각보다 높음이니라"사 55:8-9. 그럼에도 무지와 실패 가운데 있는 인간들은 하나님을 알려고 하며, 하나님은 그들을 당황하게 하셔서 미궁에 빠뜨리십니다.

이 원리는 구약과 신약성경 곳곳에서 우리를 가르칩니다. 바로 이것 때문에 사람들이 믿음에 이르지 못하고 걸려 넘어집니다. 신약성경에서 한 예를 들어 보겠습니다. 우리 주께서 하신 말씀입니다. "한 알의 밀이 땅에 떨어져 죽지 아니하면 한 알 그대로 있고 죽으면 많은 열매를 맺느니라"요 12:24. 하나님은 인간이 예상하고 기대하는 것과 정반대로 일하시는 듯합니다. 여러분은 열매나 곡식을 원하면 무엇을 합니까? 씨앗을 가지고 밭에 나가 뿌리고 흙으로 덮은 다음, 겉으로 드러나거나 올라오지 못하도록 단단히 밟아 줍니다. 거기서 "많은 열매"가 나옵니다. 우리가 다루고 있는 원리가 바로 이것입니다. 물론 이것은 비유일 뿐입니다. 이스라엘 자손이 구원을 얻은 이야기도 마찬가지입니다. 그것은 하나님께서 독생자 우리 주와 구주 예수 그리스도 안에서 행하신 큰 구원을 예표한 희미한 표상입니다.

이러한 이유 때문에 사람들은 복음을 배척합니다. 모든 점에서 자신들이 기대하는 것과 너무나 다르기 때문입니다. 사람들은 적어도 구주라면 위대한 인물이어야 한다고 기대합니다. 어찌 보면 우리 모두는 영웅숭배자들입니다. 세상의 구주가 되려면 위엄과 의전儀典으로 둘러싸인 왕궁에서 위대한 왕으로 태어나야 합니다. 아니면 적어도 알렉산더보다 더 위대한 인물이거나, 우주에 버티고 선 강한 인물이어야 한다고 생각합니다. 혹은 위대한 철인哲人이어야 한다고 생각합니다. 팔레스타인 같은 작은 땅, 유대인 같은 작은 민족 출신의 구주를, 사람들은 절대로 기대하지 않습니다. 그러므로 나사렛 예수가 구주라고 하면 그럴 리가 없다, 그것은 아니라고 말합니다. 사람들은 위대한 구원의 말, 위대한 진리에 대한 해석, 위대한 철학 논증을 원합니다. 그것을 기대하는 만큼 복음을 배척합니다.

하나님께서는 이 세상 지혜를 항상 미련한 것으로 만드십니다. 구원자로 오셨을 때, 그는 무력한 아기로 나셨습니다. 동정녀인 무명의 처녀에게서 가난한 하층민으로 나셨습니다. 그에게는 인간 아버지가 없었습니다-큰 신비가 그의 탄생 자체를 감싸고 있습니다-물론 제가 말씀드리고자 하는 것은 낮은 신분으로 태어나셨다는 말입니다. 구유에서 나셨습니다. 이보다 더 비천한 출생을 생각할 수 있습니까? 위엄도 의전도 없었습니다! 마구간에서 태어나 구유에 누이셨습니다.

그런 다음, 구주께서 어떤 생애를 보내셨습니까? 목수로 일하셨습니다. 좋은 학교에 들어가 배우신 적도 없고, 그리스의 명문 대학교에 유학해 정식 수업을 받으신 적도 없습니다. 그런 것과는 거리가 아주 멀었습니다. 목수이셨으니 말입니다! 가난한 사람들 틈에 섞여 사시면서 친히 손으로 일하여 생계를 유지했습니다. 이것이 역사입니다.

사역을 시작하셨으나, 여전히 사람들이 이해할 수 없는 일을 하셨습니다. 사람들이 예상하고 기대한 것과 항상 정반대로 행하셨습니다. 그러므로 사람들은 구주께 이렇게 말했습니다. "만일 왕이라면 왜 그 사실을 선언하지 않는 거요? 왜 예루살렘으로 올라가지 않는 거요? 예루살렘에 올라가 권좌를 차지하고 군대를 모으고 왕이라고 밝힌 후에, 왜 우리를 로마의 멍에에서 구원하지 않는 거요? 어서 속히 올라가시오!"요 7:1-6 참조. 그러나 주님은 그렇게 하시지 않았습니다. 갈릴리에서 시간을 보냈고, 허다한 무리보다는 가난한 사람들 앞에서 전도하셨습니다. "가난한 자에게 복음이 전파된다"마 11:5는 사실을 자랑스러워하시는 듯했습니다.

이처럼 복음서들에 기록된 기사를 읽어 보면, 세상이 하나님께 기대하는 것과 정반대의 일들을 발견하게 됩니다. 복음 이야기는 강렬한 고통과 욕설과 박해와 조소와 경멸로 끝납니다. 그 모든 것이 구주에게 퍼부어졌습니다. 원수들은 구주를 조소하고 침 뱉고 마침내 붙잡아다가 심문한 뒤 사형을 언도했습니다. 사도 바울이 고린도인들에게 쓴 대로입니다. "이 지혜는 이 세대의 통치자들이 한 사람도 알지 못하였나니 만일 알았더라면 영광의 주를 십자가에 못박지 아니하였으리라"고전 2:8.

원수들은 구주에게 사형을 언도한 후 데려다가 십자가에 못박았고, 십자가에 달리신 구주께서 너무나 약한 모습으로 죽으셨습니다. 그럼에도 불구하고, 이분이 구주시고, 이분이 해방자시며, 이분이 히브리 시인들과 선지자들이 예언하고 찬송한 권능의 구원자이십니다. 우리 앞에 그려진 모든 그림은 원수들이 내내 승리하는 내용입니다. 바로와 애굽 사람들이 이스라엘 자손을 학대하고 마침내 민족 자체를 말살하려고 했던 것처럼, 마귀와 그 무리와 세상 역시도 하나가 되어 하나님의 그리스도를 반대했습니다. 결국 그리스도께서 죽으시고, 장사지낸 바 되시고, 무덤에 누이시고, 무덤이 돌로 봉인되었습니다. 원수가 승리하고 하나님께서 패하셨습니다!

그러나 우리는, 원수가 승리한 것이 아님을 잘 알고 있습니다. 원수가 승리했다면, 오늘 우리가 이렇게 복음을 상고하고 있지 못할 것입니다. 이것이 하나님께서 세상의 지혜로운 자들을 당혹스럽게 만드는, 간접적으로 일하시는 방법입니다. 우리는 이것이 부활의 승리와 영광의 전주곡에 지나지 않음을 압니다. 이것이 옛날 이스라엘 자손의 이야기에서는 싹의 형태로 나타났지만, 신약 복음서에 기록된 하나님 아들의 이야기에서는 완성된 형태로 나타납니다.

참으로 우리 마음을 사로잡는 사실은, 하나님께서 이후에도 같은 방법으로 일하셨다는 것입니다. 여러분은 하나님의 아들이 세상을 떠나실 때, 자신의 대의와 복음과 그 나라를 친히 제자로 택하신 열두 사람의 손에 맡겼다는 것만큼 터무니없는 일을 상상할 수 있습니까? 그들이 누구였습니까? 어부들이었습니다! 보통 사람들이었습니다! 여러분은 산헤드린이 베드로와 요한을 체포했을 때 그들이 "본래 학문 없는 범인"으로 알았던 것을 기억하실 것입니다.^{행 4:13 참조}

이처럼 하나님의 아들이, 자신의 복음과 교회를 "학문 없는 범인"들의 손에 맡기셨습니다. 여러분 같으면 절대로 그런 사람들에게 맡기지 않습니다! 그들은 이름도 배움도 권위도 없었습니다. 돈도 없고 군대도 없고 아무것도 없었습니다! 그런 자들에게 그토록 중대한 일을 맡기다니 정신 나간 짓임에 틀림없습니다. 그러나 그것이 하나님의 방법입니다. 바울은 "전도의 미련한 것"에 대해 말합니다. "하나님의 지혜에 있어서는 이 세상이 자기 지혜로 하나님을 알지 못하므로 하나님께서 전도의 미련한 것"—어떤 사람들은 '전도되는 내용의 미련함'으로 번역해야 한다고 주장하지만 둘 다 같은 의미입니다—"으로 믿는 자들을 구원하시기를 기뻐하셨도다"^{고전 1:21}. 이것이 하나님의 방법입니다. 세상을 부끄럽게 하시는 것입니다. "너희 헬라 철학을 다 동원해도 문제를 해결할 수 없으나, 이 사람들은 해결할 수 있다. 이들은 답을 가지고 있다. 이들은 하나님의 능력이 인간의 삶 속에서 약동할 수 있고, 인간을 죄와 악에서 구원할 수 있고, 새롭게 할 수 있고, 새 마음과 새 정신을 줄 수 있고, 새사람으로 만들 수 있음을 보여 줄 수 있다"고 말씀하시는 것입니다. 헬라인들이 하려고 했으나 하지 못한 일을 기독교는 해냈고, 오늘날도 여전히 해내고 있습니다. 하나 님은 이 세상의 지혜를 미련하게 만드십니다. 그러므로 무지하고 어리석고 약한 자들을 택하셔서, 그들로 박해와 시련을 당하도록 허용하십니다. 사도행전에서 우리는, 복음의 원수들이 초대교회를 대한 것이 바로와 애굽 사람들이 종노릇하던 이스라엘 자손을 대했던 것과 똑같은 것을 봅니다. 원수들은 바로와 애굽 사람들의 행동을 그대로 답습했습니다. 겉으로 봐서는 하나님께서 교회가 말살되도록 내버려두시는 것 같았으나, 언제나 그러하셨듯이 결정적 순간에 하나님은 구원의 손길을 내미셨습니다. 이것이 복음 전체의 요지입니다.

주 하나님 크신 능력 참 신기하도다.
바다와 폭풍 가운데 주 운행하시네.
—윌리엄 쿠퍼

만일 신비로움과 경이로움으로 출발하지 않는다면 결코 복음을 믿지 못하게 됩니다. 근거가 희박한 감각으로 주님을 판단하려 해서는 안 됩니다. 우리는 유한하고, 성향이 항상 죄를 향하며, 영원하신 하나님의 마음을 전혀 이해할 수 없다는 것을 알고 인정해야 합니다.

이처럼 하나님의 방법에 놀라고 신비스러운 마음을 품는 것이 첫 번째 원리입니다. 두번째 원리는, 하나님의 길과 하나님의 방법이 지혜롭다는 것을 아는 것입니다. 바로와 애굽 사람들을 사용하셔서 자기 백성에게 고난당하도록 허용하시는 이런 간접적인 방법이, 과연 지혜롭다는 것을 아는 것입니다. 이것이 과연 옳음을 우리가 변호할 수 있습니까? 우리가 그 이유를 설명할 수 있습니까? 우리가 신정론神正論 곧 악의 존재도 하나님의 섭리에 포함된다는 견해를 주장할 수 있습니까? 하나님은 저를 포함한 어느 누구의 변호도 필요치 않으십니다. 다만 저는 하나님께서 어떻게 이러한 비범한 방법으로 당신의 지혜를 나타내시는지, 그것을 여러분에게 설명하려는 것입니다.

이 점에서도 인본주의자, 곧 인간의 지혜만 의존하는 자연인은 철저히 눈이 멀었음을 드러냅니다. 하나님께서 왜 이런 방식으로 행동하실까요? 대답은 간단합니다. 그것은 이렇게 하셔야만 인간들을 구원하실 수 있기 때문입니다. 이 점을 구체적으로 설명하고자 합니다. 우선 애굽에서 노예가 된 이스라엘 자손 이야기를 생각해 보십시오. 이 백성을 어떻게 해야 구원해 낼 수 있었을까요? 이들은 하나님의 백성이고, 하나님은 이들의 조상 아브라함에게 가나안 땅을 영원히 기업으로 주시겠다고 약속하셨는데, 이들은 여전히 애굽에 있습니다. 자연히 큰 의문이 생겼습니다. "어떻게 해야 이들이 자기들 땅으로 돌아갈 수 있을까?"

이 엄청난 질문에는 두 가지 요소가 담겨 있습니다. 첫째는, 이스라엘 자손 스스로가 가나안으로 돌아가고 싶어하지 않았다는 것입니다. 그들은 요셉 때 애굽에 내려왔고, 요셉이 애굽의 높은 지위에 오른 것 때문에 그 나라에서 가장 좋은 땅을 받아 번성해 왔습니다. 다들 그 땅에서 잘살아 왔을 뿐 아니라, 만일 그대로 내버려둔다면 대대로 애굽 땅에 눌러앉기 십상이었습니다. 그것이 첫번째 문제였습니다. 그들은 하나님의 백성이었으나, 번영이 그 사실을 망각하게 했습니다.

질문에 함축된 두번째 요소는, 물론 바로의 막강한 권세와 힘이었습니다. 그 문제를 어떻게 다루어야 했을까요? 어떻게 해야 이스라엘 자손이 바로의 방해를 뚫고 자기들 땅인 가나안으로 돌아갈 수 있었을까요? 여러분은 정치인들에게 언제라도 조언할 준비가 되어 있을 만큼 워낙 똑똑하고, 설교자의 본업이 정치인들에게 할 일을 일러주는 것이라고 생각하는 분들이므로, 그 문제를 어떻게 하면 풀 수 있었는지 오히려 제게 가르쳐 줄 수 있지 않습니까?

제가 여러분에게 말씀드리는 것은, 답이 한 가지뿐이었다는 것입니다. 하나님께서 먼저 이 백성에게 무슨 일을 하시는 것이었습니다. 이 백성의 상황을 몹시 불행하게 만들어, 한시 바삐 그 나라를 빠져나가고 싶게 만드셔야 했습니다. 만일 하나님께서 상황을 그냥 내버려 두셨다면 이스라엘 자손은 손가락 하나 까닥하지 않았을 것이고, 바로에게 반기를 들 생각조차 하지 않았을 것입니다. 그러므로 하나님은 그들이 애굽에서 빠져나가기를 갈망하도록 의도적으로 상황을 조성하셨습니다.

이것은 우리에게 큰 교훈을 가르쳐 주는 비유입니다. 그렇지 않습니까? 이것이 이 세상에 사는 우리 모두의 문제입니다. 우리는 안주하고 싶어합니다. 한 세상 평온하게 살다 가고 싶어합니다. 이러한 우리의 심리를 아시는 하나님께서 우리를 흔들어 깨우시고, 때로는 어려운 환경에 몰아넣으심으로 거기서 나오도록 하십니다. 하나님은 이스라엘 자손을 데리고 나오셔야 했는데, 그러기 위해서는 먼저 그들을 고통스러운 상황에 집어넣으심으로, 그들이 고통과 공포에 떠밀려 제발 밖으로 나가게 해달라고 부르짖도록 하셔야 했습니다.

그와 동시에 하나님은 바로에게도 어떤 일을 행하셔야 했습니다. 바로는 이스라엘 자손을 계속 노예로 붙잡아 두고 싶어했습니다. 공짜로 부려먹을 수 있는 아주 요긴한 존재들이었습니다. 이왕에 그들을 규제하면서 재산을 몰수했으니, 계속해서 노예들로 부려먹기에 안성맞춤이었을 것입니다. 하나님은 바로의 마음을 강퍅하게 하셔서 그들을 억압하게 하시고, 그들을 말살하려는 생각을 갖게 하셨습니다. 이스라엘 자손이 결국 애굽의 종살이에서 벗어날 수 있었던 경위는 바로 이런 것입니다. 하나님께서 그들을 변화시키고 바로도 변화시키셔서, 결국 그들도 나가고 싶어할 뿐 아니라 바로도 그들을 내보내고 싶도록 만드셨습니다. 여기에서 하나님의 놀라운 지혜를 보게 됩니다.

그러나 출애굽은 구약적 표상일 뿐입니다. 이 사건은 훗날 발생하게 될 크고 위대한 사건을 가리키고 있습니다. 신약성경에서 그 위대한 사건을 바라보십시오. 사람이 어떻게 해야 구원을 얻습니까? 우리가 어떻게 해야 세상과 육신과 마귀의 노예 상태에서 건짐을 받게 됩니까? 우리가 어떻게 해야 하나님과 화목하여 사귐을 갖고, 복음에 따르는 복을 누릴 수 있습니까? 그것을 여러분에게 말씀드리고자 합니다.

먼저 역사를 간략히 되짚어 봐야 합니다. 구약성경 전체가 뜻하는 바가 무엇입니까? 세상이 스스로 구원할 수 없음을 하나님께서 세상 앞에 보여주신 것이 구약성경 전체의 의미입니다. 하나님께서 그 기나긴 세월이 흐르도록 허락하신 목적은 헬라인들이 한번 세상을 구해 볼 기회를 갖도록 하심이었고, 앗수르인과 갈대아인과 로마인들에게도 그런 기회를 주시려는 것이었습니다. 모두가 충분한 기회를 얻었습니다. 하지만 아무도 성공하지 못했습니다! 하나님께서 그들에게 시간을 주셨습니다. 매우 간접적으로 일하시는 것처럼 보였고, 작정하신 계획을 잊으신 것처럼 보였습니다. 그러나 그것이 아니라, 그들에게 실패를 맛볼 기회를 주시려는 것이었습니다.

유대인들에게는 율법을 주셨습니다. 하나님께서 그 백성을 구원하시기 위해 먼저 하셔야 할 일이 있었는데, 그것은 율법을 주시는 일이었습니다. 하나님께서 이스라엘 자손에게 율법을 주신 목적은, 그들 스스로 자신들 앞에 놓인 의무를 수행할 수 없음을 깨닫게 하시려는 것이었습니다. 사람들은 "선량하게 살면서 도덕적으로 1파운드 중 20실링 정도 남에게 베풀면 잘 사는 것이다" 생각합니다. 그러나 틀린 생각입니다. 하나님의 율법은 다음과 같은 것을 요구합니다. "네 마음을 다하고 목숨을 다하고 뜻을 다하여 주 너의 하나님을 사랑하라 하셨으니 이것이 크고 첫째 되는 계명이요 둘째도 그와 같으니 네 이웃을 네 자신같이 사랑하라"마 22:37-39. 하나님께서 왜 이런 율법을 주셨습니까? 우리로 하여금 자포자기해 주저앉도록 하시기 위함이었습니다! 우리 앞에 놓인 과제가 그런 것일진대, 똑똑한 것과 인본주의와 과학이 대체 무슨 소용이 있습니까? 그런 율법은 처음부터 지킬 수 없습니다. 불가능합니다.

하나님께서는 이러한 율법으로 우리를 심하게 압박하심으로 결국 우리의 실패, 우리의 죄, 우리의 부족, 우리의 비참한 상태, 우리의 철저한 무능력을 드러내십니다. 우리가 하나님의 진노 아래 있음을 보여주십니다.

하나님께서 우리에게 율법을 주신 것은 우리를 가련하게 만드시려는 뜻도 있습니다. 왜 사람들이 그리스도인이 되지 않습니까? 그리스도가 필요한 줄을 모르기 때문이요, 율법으로 말미암는 양심의 가책도 모르기 때문입니다. 이스라엘 자손처럼 이 세상에 정착하여 먹고 마시고 춤추고 쾌락에 몰두합니다. "아, 살 만한 세상이야!" 하고 말합니다. 어쩔 수 없는 지경에 몰리기 전까지는 하나님께로 돌아서지 않습니다. 그들은 어느 주일 오후, 타이타닉호의 첫 항해에 몸을 싣고 대서양을 건너던 사람들과 같습니다. 모두가 재즈 밴드에 맞춰 춤추고 마시며 즐기다가 배가 빙산을 들이받아 심한 굉음과 함께 공포가 임하고 나서야, 악단이 재즈를 중단하고 자동적으로 '내 주를 가까이 하려 함은' 찬송가를 연주하기 시작했습니다. 가련하고 비열한 겁쟁이들입니다!

이처럼 우리는 극히 어려운 상황에 빠지거나, 율법 앞에서 두려움에 휩싸이거나, 죄책감에 시달리거나, 양심의 가책에 동요하거나, 죽음과 무덤의 공포에 사로잡혀 어쩔 수 없는 형편이 되어서야 결국 하나님께로 돌아섭니다. 하나님께서 이런 상황들을 허락하시는 것은 우리를 환난에 집어넣으셔서 죄를 깨닫게 하시고, 철저히 주저앉게 하시고, 죄와 사탄의 비참한 노예 상태에 있게 된 것을 깨닫게 하시기 위해서입니다. 우리는 율법을 좋아하지 않습니다. 정직히 말해, 우리는 율법을 미워할 뿐 아니라 하나님과 그분의 공의를 미워합니다. 우리의 현실이 그러한 줄을 저는 압니다. 그러나 만일 하나님의 율법이 없다면, 우리는 저주와 멸망으로 떨어지고 말 것입니다. 하나님은 거룩하신 분입니다. 자신은 속속들이 부패한 자임을 아는 사람만이 그리스도 안에 있는 구원을 알게 될 것입니다.

그러한 상태에서 하나님께서는 우리에게 온전한 구원을 주십니다. 그것은 주 예수 그리스도 안에 있는 구원입니다. 우리 주께서 왜 그러한 방식으로 세상에 오셨습니까? 그 이유는 인간의 대표가 되셔야 했고, 인간 가운데 하나가 되셔야 했기 때문입니다. 주님은 하나님의 영원한 아들이심에도 불구하고 여인에게서 나셨고, 율법 아래 나셨습니다. 율법 아래 사셔야 했던 것은 율법 아래 있는 우리를 구속하러 오셨기 때문입니다. 만일 인간이 되지 않으셨다면 우리는 "그건 공평하지 않아!" 하고 말할 것입니다. 주님은 인간이 되셨습니다! 그토록 낮아지신 이유는, 그렇게 하심으로 지극히 낮은 자라도 구원하시기 위함이었습니다. 우리를 지극히 높은 곳으로 끌어올리시기 위해 가장 낮은 곳으로 내려오신 것입니다.

그뿐 아니라 유혹과 시험도 친히 받으셨습니다. "[그분은] 모든 일에 우리와 똑같이 시험을 받으신 이로되"히 4:15. 이것이 위대하다는 인본주의 철학자들에게 최종적인 유죄 선고가 됩니다. 그들의 말을 알아들을 수 있는 사람들은 아주 선별된 소수입니다. 그들이 톰이나 딕, 해리 같은 동네 아저씨들에게 무슨 할 말이 있습니까? 길에서 마주치는 보통 사람들은 그들의 철학을 이해하지 못합니다. 그들이 텔레비전 프로그램에 출연해 떠드는 유식한 이야기를 들으며 "무슨 말을 하는지 통 알아들을 수 없군!" 하고는, 텔레비전을 꺼버리고 마실 것을 찾거나 원초적인 일에 눈을 돌립니다. 저는 그것을 이해할 수 있습니다. 인본주의에는 구원이 없기 때문입니다. 그러나 아주 낮게 오신 분이 계십니다. 그는 가난하고 제도교육도 받아 보지 못한 목수였으나, 그럼에도 그는 하나님이셨고 모든 지식과 지혜가 충만했습니다.

그런 분이 왜 십자가를 지셨는가, 하고 말할 분이 계실 것입니다. 십자가란 실패의 증거가 아닙니까? 우리 주의 원수들이 승리한 것이 아닙니까? 만일 그렇게 생각한다면, 그것은 무지와 좁은 안목을 드러내는 것입니다. 사도 베드로는 오순절에 행한 설교에서 그 문제를 단번에 명쾌하게 다루었습니다. "그가 하나님께서 정하신 뜻과 미리 아신 대로 내준 바 되었거늘 너희가 법 없는 자들의 손을 빌려 못박아 죽였으나"행 2:23. 그들은 주님을 무너뜨렸다고 생각했습니다. 하지만 그들은 자신들이 하나님께서 쓰신 도구였다는 사실을 알지 못했습니다.

여러분은 하나님께서 악인들을 쓰셔서 당신의 아들을 죽이게 하신 일을 모릅니까? 옛적에 바로와 애굽인들을 쓰셔서 이스라엘 자손을 모질게 다루도록 하셨던 것과 같이, 하나님은 본디오 빌라도와 헤롯과 나머지 사람들을 쓰셔서 당신의 아들을 십자가에 못박아 죽이게 하신 것입니다. 그것만이 인간을 구원할 수 있는 유일한 길이었기 때문입니다. 이것이 하나님의 지혜입니다. 십자가에 못박혀 죽으신 그리스도는, 하나님의 능력일 뿐 아니라 하나님의 지혜입니다. 그는 "세상 죄를 지고 가는 하나님의 어린양"입니다요 1:29. 하나님은 자기 아들을 세상에 보내셔서 우리 죄의 형벌과 책임을 담당하도록 하셨습니다. 갈보리 십자가에서 주께 형벌을 가하신 분은 하나님이십니다. "그가 채찍에 맞으므로 우리는 나음을 받았도다"사 53:5. "여호와께서는 우리 모두의 죄악을 그에게 담당시키셨"습니다6절. 하나님은 심지어 악한 사람들을 쓰셔서 자신의 영광스러운 목적을 성취하셨습니다.

이것이 하나님 지혜의 기이함을 보여줍니다. 하나님은 우리뿐 아니라, 우리의 원수들을 다루셔야 했습니다. 그리고 이 일을, 십자가에 못박혀 죽으신 예수 그리스도 한분 안에서 단번에 이루셨습니다. 참으로 하나님의 지혜였습니다!

말씀을 마치기 전에, 하나님의 방식이라는 오늘의 마지막 큰 주제에 덧붙여 몇 가지 문제를 다루고자 합니다. 하나님은 왜 이런 방법으로 행동하실까요? 대답은 한 가지뿐입니다. 하나님 마음에 영원한 사랑이 약동하기 때문입니다. 자기 백성을 구원하고 그들에게 복을 주시려고 이 모든 일을 행하신 것입니다. 왜 바로와 애굽인들을 일으켜 자기 백성을 학대하게 하셨습니까? 자기 백성을 구차한 안정과 도덕적·영적 죽음에서 이끌어 내어 그들의 땅으로 돌아가게 하시기 위함이었습니다. 그들을 뜨겁게 사랑하셨기에 그렇게 하신 것입니다.

그렇다면 이것은 참으로 놀라운 복음이 아닐 수 없습니다! "우리가 알거니와 하나님을 사랑하는 자 곧 그의 뜻대로 부르심을 입은 자들에게는 모든 것이 합력하여 선을 이루느니라"롬 8:28. "모든 것"이란 표현을 주목하십시오! 우리는 일시적인 눈앞의 현실만 바라봐서는 안됩니다. 눈을 들어 이러한 현실이 어떤 목적에 닿아 있는가를 바라봐야 합니다. 만일 하나님께서 당신의 마음을 우리에게 기울이고 계신다면, 현실이 어떻든 틀림없이 여러분을 구원하실 것입니다. 만일 여러분이 하나님의 뜻을 거역할 만큼 어리석다면, 하나님은 여러분을 끌어내리실 것입니다. 여러분의 건강을 취해 갈 수도 있고, 파산을 당하게 할 수도 있고, 아내나 자녀를 데려갈 수도 있고, 직장을 잃게 하실 수 있습니다. 만일 하나님께서 여러분을 원하신다면, 여러분을 예속하여 하나님 앞에 기꺼이 나가지 못하게 가로막는 모든 것에서 여러분을 떼어 놓으실 것입니다. 그렇게 하시도록 추진하는 원동력이 그분의 사랑입니다. "주께서 그 사랑하시는 자를 징계하시고 그가 받아들이시는 아들마다 채찍질하심이라"히 12:6.

제가 참으로 걱정하고 안쓰럽게 생각하는 사람들은, 아무 어려움도 겪지 않고 인생을 평탄하게 살아가는 이들입니다. 저의 길지 않은 삶을 돌아볼 때, 하나님이 저의 계획과 목적을 좌절시키신 일만큼 더 감사한 것이 없습니다. "나를 그대로 내버려두지 않는 사랑이여!" '하늘의 사냥개'가 우리를 내버려두지 않고 어려운 환경으로 몰아넣어, 우리를 불행하게 만들고, 주저앉게 만들고, 고통을 이기지 못해 부르짖게 만들 것입니다. 참으로 감사하게도, 하나님께서 내내 이렇게 해오셨습니다. 우리의 유익을 위해 그 모든 일을 행하셨습니다. 그것이 언제나 첫번째 설명입니다.

두번째 설명은, 하나님께서 당신의 원수와 나의 원수들을 멸하시는 데 관심을 갖고 계시다는 것입니다. 애굽만큼 분명한 경우가 없습니다. 이야기를 계속 따라가 보면, 결국 바로와 그의 군대가 모든 병거와 말과 함께 멸망합니다. 그것이 하나님의 방식입니다. 그리스도께서 십자가에 달려 죽으심으로 원수가 승리하는 듯했을 때, 원수는 이제 바라던 모든 것을 성취했다고 생각했습니다. 하나님의 원수가 얼마나 심하게 눈이 멀었던 것입니까! 이것이 십자가에서 발생한 일입니다.

또 범죄와 육체의 무할례로 죽었던 너희를 하나님이 그와 함께 살리시고 우리의 모든 죄를 사하시고 우리를 거스르고 불리하게 하는 법조문으로 쓴 증서를 지우시고 제하여 버리사 십자가에 못박으시고 통치자들과 권세들을 무력화하여 드러내어 구경거리로 삼으시고 십자가로 그들을 이기셨느니라 골 2:13-15.

십자가는 하나님과 그 아들의 실패가 아니라 승리였고, 원수의 패배와 실패였습니다. 사탄은 결박되었고 죄는 추방되었습니다. 그것이 두번째 설명입니다.

그러나 세번째이자 마지막 설명이 있습니다. 하나님께서는 일들을 하시되 당신의 방식대로 당신의 영광을 위하여 하십니다. 이스라엘 자손에게 하나님은 얼마나 자주 이 점을 환기시키셨습니까? "내가 이 일을 하는 것은 너희를 위함이 아니라 나의 거룩한 이름을 위함이다" 사 48:9 참조. 여러분과 나는 겸손해야 합니다. 겸손하지 않고서 그리스도인이 된 사람은 아무도 없습니다. 두 발로 서서 꼿꼿이 고개를 쳐든 채 자신들의 견해를 주장할 수 있다고 생각하는 사람들은 멸망합니다. 사람은 구원을 받기 전에 먼저 땅에 엎드러지는 일을 경험하게 됩니다.

꽃이 흙에서 피어나듯
영원한 생명도 땅바닥에서 피어납니다.

그러나 그렇게 피어나기까지 겪어야 할 아프고 괴로운 일들이 많습니다. 그렇지 않습니까? 모든 것이 다 잘못되는 것처럼 보입니다. 찬송가사가 노래하는 온갖 고통은 우리 그리스도인들에게는 모두가 사실입니다. 그것이 이 큰 구원의 본질입니다.

고통 끝에 찾아오는 기쁨이여,
당신 앞에 마음을 닫을 수 없나이다.
비를 맞으며 무지개를 더듬어 찾으며
약속이 헛되지 않음을 느끼옵나니,

그 아침엔 눈물 없으리이다.

절망에 숙인 고개를 들게 하는 십자가여,
내 어찌 당신 곁을 떠나리이까.
죽임을 당하신 영화로운 생명, 고이 땅에 뉘어 드리옵니다.

그런 다음, 오직 그런 다음에야 비로소
땅에서 꽃이 붉게 피어오르고
영원한 생명이 일어납니다.
─조지 매티슨 George Matheson

하나님께서 우리를 주님만 온전히 의지하도록 하시려면, 주님을 떠나서는 아무 일도 할 수 없게 하시려면, 우리의 복되신 주와 구주이신 하나님의 아들을 의지하게 하시려면, 그분 외에는 아무 소망도 없는 줄 알도록 하시려면, 먼저 우리를 땅바닥에 주저앉히셔야 합니다. 하나님께서 왜 이런 일을 하십니까? 사도 바울이 대답합니다. "이는 아무 육체도 하나님 앞에서 자랑하지 못하게 하려 하심이라"고전 1:29. 이스라엘 자손이 애굽에서 구원받은 출애굽 사건은 인간의 기준으로는 설명할 길이 없습니다. 그 공로는 오직 하나님께 있으며, 하나님께서 영광을 받으셔야 합니다. 그러므로 사도는 이렇게 말합니다. "자랑하는 자는 주 안에서 자랑하라 함과 같게 하려 함이라"고전 1:31.

여러분은 이제 그 교훈을 깨달았습니까? 이스라엘 자손이 애굽에서 겪은 이야기에서 그 교훈을 발견하셨습니까? 하나님의 아들이 세상에 오셔서, 죽으시고 부활하신 이야기 전체에서 그 교훈을 보았습니까? 또한 하나님의 생각과 지혜를 인간의 기준으로 이해하려고 하는 시도가 얼마나 어리석은 행위인지를 아셨습니까? 하나님의 길이 경이롭고 신비롭고 놀랍다는 것을 깨달았습니까? 그것을 싫어하거나 거부하지 않고, 오히려 기쁘게 자신을 낮춰 그것을 자랑하고 주님께 영광을 돌리는 자리에 도달했습니까? 산헤드린 공회원들의 어리석음과 하나님 지혜의 기적적이고 초자연적인 것을 배척하는 모든 이들의 어리석음에서 교훈을 얻어, 어린아이 같은 심정으로 주 예수 그리스도를 믿으시기를 기원합니다.

17

자기 백성을 돌보시고 구속하신 하나님

그때에 모세가 났는데 하나님 보시기에 아름다운지라. 그의 아버지의 집에서 석 달 동안 길리더니 버려진 후에 바로의 딸이 그를 데려다가 자기 아들로 기르매 모세가 애굽 사람의 모든 지혜를 배워 그의 말과 하는 일들이 능하더라. 나이가 사십이 되매 그 형제 이스라엘 자손을 돌볼 생각이 나더니 한 사람이 원통한 일 당함을 보고 보호하여 압제받는 자를 위하여 원수를 갚아 애굽 사람을 쳐 죽이니라. 그는 그의 형제들이 하나님께서 자기의 손을 통하여 구원해 주시는 것을 깨달으리라고 생각하였으나 그들이 깨닫지 못하였더라. 이튿날 이스라엘 사람끼리 싸울 때에 모세가 와서 화해시키려 하여 이르되 너희는 형제인데 어찌 서로 해치느냐 하니 그 동무를 해치는 사람이 모세를 밀어뜨려 이르되 누가 너를 관리와 재판장으로 우리 위에 세웠느냐. 네가 어제는 애굽 사람을 죽임과 같이 또 나를 죽이려느냐 하니 모세가 이 말 때문에 도주하여 미디안 땅에서 나그네 되어 거기서 아들 둘을 낳으니라.

사도행전 7:20-29

우리가 모세를 소개하는 데 시간을 들인 이유는, 현대인들 특히 인본주의자라 자칭하는 사람들에게 복음을 전할 수 있는 방식으로 스데반 자신이 모세를 소개했기 때문입니다. 이제 그 일을 했으니, 모세의 이야기 본론으로 들어가 보겠습니다. 이 이야기가 지극히 중요한 것은, 모세가 그리스도의 표상이기 때문입니다. 스데반이 그의 이야기를 하는 것도 그 때문입니다.

'표상'type이라는 단어가 흥미롭습니다. 표상은 훗날 발생할 일을 미리 그림자로 보여주거나 예고하거나 상징하는 것으로, 물론 성경에서 표상이 가리키는 대상은 그리스도입니다. 표상을 사용하는 것이 구약성경 전체 교훈에서 중요한 부분이며―구약성경은 표상들로 구성된 거대한 책이라 할 수 있습니다―이 교훈을 이해하지 않고서는 성경을 올바로 이해할 수 없습니다.

표상은 다양한 형태를 띠지만, 그 목적은 언제나 사람들에게 장차 일어날 일을 마음으로 그려볼 수 있도록 하는 데 있습니다. 하나님께서는 장차 아들을 세상에 보내셔서 이루실 큰 구원을 앞두고 자기 백성을 준비시키셨습니다. 때로는 표상이 사람이었습니다. 지난번에 말씀드린 대로, 요셉은 형들에게 모진 대접을 받은 일, 그에게 발생한 모든 일, 그가 해낸 모든 일로 그리스도의 비상한 표상이 되었습니다. 그의 생애를 읽어 보면, 장차 주 예수 그리스도께서 하실 일이 어떤 것인지 희미하게나마 짐작할 수 있습니다. 모세도 같은 방식으로 그리스도의 표상이었습니다.

표상은 사람들에게 국한되지 않습니다. 여러분은 구약성경의 레위기를 읽으면서 '대체 이 모든 내용이 무엇을 말하려는 것인가? 여기에 무슨 의미가 있는가? 이것이 고대종교의 하나가 아니라면 무엇이란 말인가?' 하고 생각해 본 적이 있을 것입니다.

답은, 그 안에 풍성한 의미가 담겨 있다는 것입니다. 제사와 예물과 의식은 모두 표상들입니다. 장차 주 예수 그리스도 안에서 이루어질 일들을 상징합니다. 출애굽기에는 이스라엘 백성이 모세의 인도로 마침내 애굽의 멍에를 벗어 버리고 그 땅에서 나가게 된 의미심장한 날 밤에, 어린양 곧 유월절 양을 잡아 그 피를 각 집의 인방과 설주에 바르라는 명령을 받은 기록이 있습니다. 그들이 피를 다 바른 후에 죽음의 사자가 애굽 전역을 두루 다닐 때, 피가 발라져 있는 집은 지나감으로써 그 안에 있는 사람들이 구원을 받았습니다. 이것은 예수 그리스도의 완벽한 표상입니다.

마찬가지로, 구약성경에는 나중에 성전이 된 성막 예배와 관련해 아침저녁으로 어린양을 상번제(常燔祭)로 드리도록 한 내용도 실려 있습니다. 제사장이 드린 제물 하나하나가 어떤 식으로든 예수 그리스도와 장차 그가 온전히 이루실 일을 예표했습니다. 실제로 성막과 성막 예배와 관련해 기록된 모든 세세한 것들, 이를테면 성막의 기구들과 성막에 쓰인 다양한 채색들 같은 것도 모두 표상들입니다. 애굽에서 벗어나 가나안 땅에 들어간 사건 자체도, 이스라엘 자손에게는 하나님께서 장차 세우시고 메시아를 통해 이루실 구원의 큰 표상으로 이해되어 왔습니다.

이것이 중요한 이유는, 표상에 관한 가르침이 우리에게 그 가치가 크기 때문입니다. 비록 표상이 성경의 신적 영감을 입증해 주는 하나의 용도를 지닌다 해도 그 가치는 무한히 큰 것입니다. 표상을 잘못 이해함으로써, 주 예수 그리스도 안에서 제시된 진리와 구원의 권유를 받지 못하고 넘어지는 사람들이 있습니다. 그런 사람들을 돕는 가장 좋은 방법은, 구약성경에서 주 예수 그리스도를 발견하는 길을 보여주는 것입니다. 성경이 가르치는 교훈을 떠나서는 그리스도에 관해 알 길이 없습니다. 세상 역사에도 그리스도를 생각하게 할 만한 것들이 가끔씩 존재하나, 우리는 전적으로 성경에 기록된 교훈에 의존합니다. 스스로 학자라 부르는 현대인들이, 성경에 담을 쌓고 자기들의 생각에만 의존함으로써 주관적인 상상에서 벗어나지 못하는 것이 그 때문입니다. 그들은 자신들이 가르치는 바를 뒷받침할 만한 아무런 권위가 없습니다. 우리도 성경을 떠나서는 아무런 권위가 없습니다. 우리의 권위는 성경이 가르치는 바에 한정되어 있습니다.

성경은 예순여섯 권으로 되어 있는데, 그중 상당수가 각기 다른 시대에, 때로는 수많은 세월의 격차를 두고 살던 이들에 의해 기록되었습니다. 그런데 놀랍게도 이 책에는 처음부터 끝까지 하나의 메시지로 일관하며, 많은 표상들이 하나의 목표를 가리킵니다. 표상들이 많고 다양할뿐더러 기록된 시기와 저자도 서로 다른데도 불구하고, 모두가 동일한 대형對型을 가리킵니다. 여기서 우리가 논의를 잠시 중단하고 상고해 보아야 할 점이 있습니다. 행여 기독교와 주 예수 그리스도에 관한 메시지를 고대종교나 사람들이 고안해 낸 종교로―이것이 인본주의자들이 주장하는 바입니다―판단해 한켠으로 치워 버리려는 사람이 있다면, 다시 한번 성경을 읽어 볼 것을 권합니다. 성경에서 그리스도를 정점으로 표상들이 어떻게 전개되는지, 그 표상들이 서로 어떻게 조화를 이루며 한 지점을 가리키는지 주의해서 보시기 바랍니다. 성경을 처음부터 마지막까지 하나로 관통하는 거대한 메시지가 있음을 발견하게 될 것입니다.

성경을 하나로 관통하는 거대한 메시지가 있다는 사실은, 성경이 평범한 책이나 책들의 모음이 아니라, 성령의 감동으로 기록된 하나님의 책이란 것을 뚜렷이 입증합니다. 성령의 감동을 받지 않고서 인간들의 장차 일어날 사건들을 어찌 예언할 수 있었겠습니까? 성경에 기록된 것들을 어떻게 고안할 수 있었으며, 시대가 다른 사람들이 어떻게 동일한 주제를 각기 다른 방식으로 고안할 수 있었겠습니까? 이런 질문에는 대답이 한 가지뿐입니다. 성경은 하나님의 책인 것입니다.

히브리서 기자는 서신 서두에 다음과 같은 웅변으로 이 점을 분명하게 진술합니다. "옛적에 선지자들을 통하여 여러 부분과 여러 모양으로 우리 조상들에게 말씀하신 하나님이 이 모든 날 마지막에는 아들을 통하여 우리에게 말씀하셨으니"히 1:1-2. 더 이상 완벽한 진술이 없습니다. 과거에는 하나님께서 다양한 방법과 다양한 부분과 다양한 표상들로 말씀하셨으나, 이제 당신의 독생자 안에서 우리에게 말씀하셨다는 것입니다. 과거의 표상들이 이 사실을 적극 뒷받침합니다. 요셉과 그의 이야기가 주 예수 그리스도를 떠올리게 하는 것은 우연이 아니며, 모세의 경우도 다르지 않습니다.

둘째로, 표상들은 하나님께서 원대한 계획과 목적을 가지고 계심을 가르칩니다. 하나님의 그러한 계획과 목적이 있었기에 애굽에 들어간 자기 백성을 준비시키셨던 것입니다. 하나님은 자기 백성에게 약속하시고, 그것을 다양한 방법으로 가르치고 진술하셨습니다. 그 약속이 하나님의 계획과 목적이었으며, 그 목적은 언제나 동일했습니다. 표상들이 이 점을 입증합니다. 표상들은 일제히 동일한 메시지를 가르치며, 저마다 다른 방식으로 율법의 완성이신 그리스도 한분을 가리킵니다. 사도 바울은 이렇게 말합니다. "하나님의 약속은 얼마든지 그리스도 안에서 예가 되니"고후 1:20. 모든 약속이 다 그렇습니다.

하나님의 목적은 구원의 목적입니다. 이것은 모든 표상들이 의미하는 것입니다. 이 열쇠를 간직한 채 구약성경을 다시 펼쳐 읽어 보면-구약성경에 발생하고 기록된 모든 것이, 하나님께서 그 아들 안에서 단번에 이루신 일의 상징들임을 유념하고 그 책을 읽어 보면-전에 느끼지 못한 새로운 의미로 다가올 것입니다. 구약성경에는 이런 것들이 물질의 형태를 취했습니다. 하나님께서 자기 백성을 대하실 때 그들의 발전단계를 감안하고 대하셨기 때문입니다. 그들을 가르치고 그들에게 어떤 메시지를 주실 때 회화적인 형태를 사용하셨으나, 그것은 언제나 구원의 위대한 메시지였습니다.

우리가 표상들에서 배우는 마지막 교훈은, 표상들이 아무리 다양하고 다를지라도 하나님은 당신의 큰 목적을 이루어 가실 때 본질적으로는 항상 같은 방법으로 일하셨다는 것입니다. 이것은 대단히 놀랍고도 영광스러운 사실입니다. 저는 자주 이 점을 언급했으며, 바로 이 점에서 하나님과 사람의 차이를 발견하게 됩니다. 하나님이 하시는 일은 단순하다는 점에 특징이 있습니다. 동질성이라고 해도 좋습니다. 하나님은 한 가지 계획에 따라 한 가지 패턴으로 일하십니다. 이것은 꽃과 동물들한테도 확인할 수 있는 사실입니다. 사람들은 이것을 오해해 왔습니다. 진화론에 편승해 제기된 그릇된 주장들 가운데 하나는, 하나님께서 언제나 동일한 방식으로 일하시는 경향이 있다는 사실에 근거를 둡니다. 이 점에서 현대인들은 그릇된 판단으로 빗나갑니다. 사람들은 흔히, 복잡하거나 복합적이거나 어려우면 뭔가 대단한 것이 있는 줄로 아는 경향이 있습니다. 이해하기 힘들 정도로 복잡하게 얽혀 있으면, 뭔가 대단하고 훌륭한 것이 있어 그렇다고 생각합니다. 반면에, 아주 단순하고 쉬우면 무시해 버립니다. 이 점에서 우리는 번번이 빗나갑니다.

이 점에 대해서는 지난 시간에 인간을 구하는 일에 나타난 하나님의 지혜를 말씀드릴 때 다루었습니다. 하나님께서 세상을 구원하실 때 구유에 누인 작고 무력한 아기로 구원하실 줄 누가 상상했겠습니까? 우리 같으면 당연히 위대한 철인哲人을 예상하지 않았겠습니까? 치밀하고 탁월한 이론을 제시하되, 일반인이 도저히 알아들을 수 없는 전문용어를 구사하는 그런 사람 말입니다. 그러나 우리가 하나님의 아들에 관해서 듣는 바는 "많은 사람들이 즐겁게 듣더라"는 말씀입니다.막 12:37. 단순했습니다! 직설적이었습니다! 하나님께서는 언제나 이런 방법으로 일해 오셨습니다.

표상이 이처럼 중요하므로, 이제 모세의 경우를 놓고 이 원리들을 하나씩 설명해 드리고자 합니다. 널리 동의하는 바이지만, 모세는 주 예수 그리스도를 가리킨 구약의 표상들 가운데 하나가 아니라, 아마 모든 표상들 가운데 가장 위대한 표상이었을 것입니다. 모세 자신이 그것을 말했습니다. 세상 떠날 날을 앞두고 그는 이렇게 예언했습니다. "네 하나님 여호와께서 너희 가운데 네 형제 중에서 너를 위하여 나와 같은 선지자 하나를 일으키시리니 너희는 그의 말을 들을지니라"신 18:15. 그 순간부터 이스라엘 백성은 이 위대한 선지자가 오실 날을 기다렸습니다. 그러므로 복음서에서 사람들이 우리 주님의 말씀을 들고 "이는 참으로 세상에 오실 그 선지자라" 하고 말한 것입니다.요 6:14.

모세가 예언한 것은 사실 이런 뜻이었습니다. "나는 장차 오실 이 위대한 구원자의 표상이다. 나는 너희를 애굽에서의 육체적 예속에서 가나안 땅의 자유로 인도하는 특권을 행사해 왔다. 그러나 장차 오실 이 위대하신 이는 영적인 구원자가 되실 것이다. 그는 나와 같은 지도자요 나와 같은 구원자일 것이지만, 나와는 비교할 수 없이 무한히 위대하신 지도자와 구원자가 되실 것이다."

모세가 주 예수 그리스도의 표상이었다는 사실은 신약성경의 교훈에 분명히 나타나 있습니다. 하늘에서 "하나님의 종 모세의 노래, 어린양의 노래"가 울려 퍼집니다계 15:3. 심지어 모세와 그리스도가 뚜렷이 대조되기까지 합니다. "율법은 모세로 말미암아 주어진 것이요 은혜와 진리는 예수 그리스도로 말미암아 온 것이라"요 1:17. 이러한 연유로, 스데반은 산헤드린 앞에서 행한 설교에 모세를 포함시킨 것입니다.

산헤드린은 모세를 비판했다는 이유로 스데반을 심문하고 있었습니다. "거짓 증인들을 세우니 이르되 이 사람이 이 거룩한 곳과 율법을 거슬러 말하기를 마지 아니하는도다. 그의 말에 이 나사렛 예수가 이곳을 헐고 또 모세가 우리에게 전하여 준 규례를 고치겠다 함을 우리가 들었노라 하거늘"행 6:13-14.

스데반의 말뜻은 사실 이런 것이었습니다. "내가 재판을 받는 이유는 이 예수를 전하기 때문입니다. 나는 그가 하나님의 아들이요 세상의 구주라고 전하는데, 이 말을 인하여 여러분은 내게 사형을 언도하려고 합니다. 여러분은 하나님의 아들을 배척함으로써 여러분 조상들이 했던 것과 똑같은 일을 하고 있는 줄을 알지 못합니까? 여러분은 스스로 모세를 존경한다고 주장하면서 그를 비판했다는 이유로 이렇게 나를 심문하고 있으나, 실은 여러분이 모세를 이해하지 못한 것임을 알지 못합니까?"

그러므로 스데반은, 산헤드린 공회원들이 모세의 중요성과 의미를 이해했다면, 모세가 자신들이 배척하고 부인하는 예수의 표상임을 알았을 것이라고 증명해 보이고 싶었습니다. 스데반은 산헤드린 공회 원들이 이스라엘 자손 곧 그들의 조상들이, 하나님께서 자기들을 구원하시기 위해 보낸 모세를 배척했을 때와 똑같은 무지와 맹목을 답습하고 있음을 증명해 보이고 싶었습니다. 이 시간에 제가 전하려고 하는 것도 바로 그 일입니다. 저는 그리스도의 표상인 모세를 통해 우리 주와 구주 예수 그리스도의 복음에 담긴 지극히 영광스러운 몇 가지를 여러분에게 말씀드리고자 합니다. 아주 쉽고 간단하게 말씀드리겠습니다.

첫째로, 모세는 하나님께서 이스라엘 자손을 구원하시기 위해 양육한 사람이었습니다. "그때에 모세가 났는데." 모세의 출생이 우연이 아니었는가 하는 점에 대해서는 지난 시간에 말씀드렸습니다. 그를 양육해 백성에게 보낸 분은 하나님이셨습니다. 물론 이것이 복음의 본질입니다. "하나님이 세상을 이처럼 사랑하사 독생자를 주셨으니 이는 그를 믿는 자마다 멸망하지 않고 영생을 얻게 하려 하심이라"요 3:16. 비록 모세가, 하나님께서 자기 아들을 "여자에게서 나게 하시고 율법 아래에 나게 하신"갈 4:4-5 역사의 중심되는 사건의 희미한 그림자요 표상이기는 했으나, 하나님이 양육하셔서 그 백성에게 보내셨다는 점에서는 그리스도의 온전한 표상이었습니다. 그러나 산헤드린 공회원들은 이것을 몰랐고 알려 주었으나 깨닫지 못했습니다. 이것이 또한 현대세계의 비극이기도 합니다. 이스라엘 자손이 노예가 되어 심한 고통과 괴로움을 당하며 애굽의 왕과 간역자들에게 학대를 당하고 있을 때, 하나님은 그들을 해방시켜 줄 구원자를 양육하고 계셨던 것입니다.

그러나 오늘날 세상을 둘러보십시오. 수치스러운 이 몰골을 보십시오. 세상은 스스로 문제의 해결책을 찾고 치유책을 모색하면서, 자신의 문명을 자랑스럽게 여깁니다. 이 점에서는 예나 지금이나 세상은 눈이 멀어 구원의 길을 찾지 못합니다. 하나님께서 크나큰 구원을 주셨으나, 세상은 눈이 멀어 그것을 거부하고 생각조차 하지 않고 있습니다.

여기서 다시 한번 '시기' 문제를 생각해 봅시다. "**그때에** 모세가 났는데"라는 말씀을 다시 언급하지 않을 수 없습니다. 이것은 스데반의 설교에 일관되게 나타나는 주제입니다. 23절에는 모세에 관해 이렇게 기록되어 있습니다. "나이가 사십이 되매 그 형제 이스라엘 자손을 돌볼 생각이 나더니." "생각이 나더니"라는 구절을 주목하시기 바랍니다. 대체 그것이 어디서 온 생각이겠습니까? 하나님께로 온 생각입니다! 나이 사십이 된 그때에 하나님께서 그러한 생각을 모세에게 주신 것입니다. 이것은 17절의 "하나님이 아브라함에게 약속하신 때가 가까우매"라는 말씀에서 살펴본 것과 같은, 하나님이 작정하신 구체적인 시점이었습니다.

제가 이 주제로 다시 돌아가서 생각하고자 하는 것은, 이것이야말로 하나님께서 역사 전체를 주관하신다는 성경 전체의 메시지 가운데 가장 영광스러운 면에 해당되기 때문입니다. 우리는 눈이 어두워 더듬거리고 비틀거리면서도 역사와 시대를 안다고 생각하지만, 실제로 아는 것이 무엇입니까? 그런데 성경은 하나님 마음에 영원한 계획이 있으며, 이것은 세상이 창조되기 전에 이미 작정된 것이라고 가르칩니다. 처음부터 모든 것을 알고 계신 하나님께서 작정하신 때가 오자 아들을 세상에 보내셨습니다. 사도 바울은 로마서에서 이렇게 말합니다. "우리가 아직 연약할 때에 기약대로 그리스도께서 경건하지 않은 자를 위하여 죽으셨도다" 롬 5:6. "그때에 모세가 났는데." 그때가 어느 때였습니까? 학대가 절정에 이르렀을 때요, 가련한 이스라엘 자손이 비참한 노예생활 속에서 신음하고 있을 때였습니다.

우리 주님이 세상에 오신 것도 비슷한 시기였습니다. 당시의 상황에 관해서는 세속 역사책에서도 읽어 볼 수 있습니다. 세상이 죄와 비참에 눌려 있었고, 악한 행위가 사방에서 성행하고 있었습니다. 로마서 1장 후반에 당시의 정황이 소상하게 적혀 있습니다. 그러한 때에, 하나님께서 아들을 세상에 보내신 것입니다. 누가복음 3장에는 우리 주님의 길을 예비한 세례 요한이 사역을 시작할 때의 정황이 기록되어 있는데, 그 부분을 다시 한번 보겠습니다.

> 디베료 황제가 통치한 지 열다섯 해 곧 본디오 빌라도가 유대의 총독으로, 헤롯이 갈릴리의 분봉 왕으로, 그 동생 빌립이 이두래와 드라고닛 지방의 분봉 왕으로, 루사니아가 아빌레네의 분봉 왕으로, 안나스와 가야바가 대제사장으로 있을 때에 하나님의 말씀이 빈 들에서 사가랴의 아들 요한에게 임한지라 눅 3:1-2.

어떤 사람은 이 단락에 열거된 인명들만큼 심한 불한당들을 한자리에 모아놓은 예를 다른 데서 찾아보기 힘들다고 말했는데, 참으로 바른 지적입니다! 우리 주님이 오실 때의 상황이 그랬고, 이것이 복음의 한 부분을 차지합니다.

그러나 때에 관한 문제에는 신비스러움이 있습니다. "그때에 모세가 났는데." 혹자는 이렇게 말합니다. "그렇다면 우리가 할 일이란 그가 자랄 때까지 기다리는 것이겠군요. 그가 자라서 사춘기나 장년기에 이르면 그때에 구원이 있겠군요."

그러나 그것은 옳지 않은 생각입니다. 그것은 하나님께서 일하시는 방식이 아닙니다. 사도행전에는 이렇게 기록되어 있습니다. "나이가 사십이 되매 그 형제 이스라엘 자손을 돌볼 생각이 나더니." 사십 년이란 긴 세월이 흐른 것입니다!

혹자는 또 말합니다. "아, 그러면 이젠 구원이 임하겠군요."

그러나 그렇지 않았습니다. 실제로 구원이 임할 때까지는 또 다른 사십 년의 세월이 지나야 했습니다.

이것이 하나님께서 시간을 다루시는 방식입니다. 우리의 생각과는 너무나 다릅니다. 우리는 다 안다고 생각하지만, 실은 그렇지 않습니다. 우리는 조급하며, 일이 즉시 이루어지지 않으면 불평하고 짜증을 냅니다. 따라서 우리의 시간이 하나님의 손에 있으며, 그것을 이해하고 하나님께 굴복하기 전에는 필시 잘못된 생각과 행동에 빠진다는 것을 먼저 배워야 합니다. 모세의 이야기를 보셔서 알겠지만, 표상은 대형 안에서 발생한 것을 너무나 잘 설명해 줍니다. 사람들은 "하나님이 왜 아들을 좀더 빨리 보내지 않으셨습니까?" 하고 묻습니다. 어리석은 질문입니다! 우리는 이해하지 못하며, 분명하게 생각하는 방법을 모릅니다. 하나님께는 친히 정해 놓은 시간이 있습니다.

그러나 더 살펴봐야 할 면이 있습니다. 모세가 아기였을 때 그를 죽이려는 시도가 있었던 것입니다. 왕이 명을 내렸고, 애굽인들은 기꺼이 왕의 명령을 따랐습니다. 왕은 이스라엘 백성에게 태어난 모든 사내아이들을 직접적인 방법으로든 간접적인 방법으로든 죽이라고 명령했습니다. 그런데 복음서들을 펼쳐서 하나님의 아들이 태어나실 때의 정황을 읽어 보면, 비슷한 상황이 전개됩니다. 동방에서 온 박사들이 헤롯을 찾아갔을 때, 헤롯은 박사들이 말하는 일이 자신의 왕위와 왕조에 위협이 된다고 생각하고 갓 태어난 사내아이들을 모조리 죽일 것을 명령합니다. 무고한 아기들의 학살을 자행한 것입니다.

이 사건은 우연이 아니었습니다. 제가 표상들에 대해 말할 때 강조하고자 하는 것이 바로 이 점입니다. 모세는 예수 그리스도의 표상이었습니다. 그는 작은 바구니에 담긴 채 강물에 던져졌으나, 기적적으로 구출되었습니다. 왜 그렇게 되었습니까? 그는 하나님의 사람이었기 때문입니다. 그러나 왕과 그 백성은 모세가 구원자로 태어난 순간부터 그를 죽이려고 했습니다.

이 사건이 주는 교훈이 무엇입니까? 여러분과 제가 살고 있는 이 세상이 큰 전쟁터라는 사실을 우리에게 가르쳐 줍니다. 누가 누구와 싸우는 전쟁터입니까? 공산주의와 자유 진영이 대치하고 있는 전쟁터입니까? 아닙니다! 하나님과 하늘의 군대가 마귀와 지옥의 군대와 대치하고 있는 전쟁터입니다. 우리는 양 진영이 치열한 영적 전쟁을 벌이고 있는 전쟁터에서 살고 있습니다. 이 점을 깨닫지 못한다면 우리는 어린아이들이며, 역사의 진정한 의미에 대해 어두운 사람들입니다.

그 점은 접어 두고, 이야기를 따라가 보겠습니다. 본문에는 이렇게 기록되어 있습니다. "모세가 애굽 사람의 모든 지혜를 배워 그의 말과 하는 일들이 능하더라." 우리 주님에 관해 복음서 저자가 전하는 바와 일치합니다. "예수는 지혜와 키가 자라가며 하나님과 사람에게 더욱 사랑스러워 가시더라"눅 2:52. 너무나 비슷합니다. 이렇게 비교하는 이유는, 하나님께서 자기 백성을 가르치실 때 "때가 차서" 아들을 세상에 보내시기 무려 1천4백 년 전인 모세 때에, 이미 아들의 하실 일을 가르치셨다는 사실을 확인시켜 드리려는 것뿐입니다.

그러나―이것이 이야기의 진정한 본질입니다―오늘 말씀에는 이렇게 기록되어 있습니다. "나이가 사십이 되매 그 형제 이스라엘 자손을 돌볼 생각이 나더니." 여기서 중요한 단어는 '돌보다'visit입니다. 여러분은 이 단어가 우리 주와 구주이신 예수 그리스도와 관련해 참으로 중요하다는 것을 생각해 본 적이 있습니까? 그리스도께서 탄생하신 이야기를 자세히 읽어 보면, 누가복음 첫 장에 하나님의 아들이 이 세상에 오신 일과 관련해 이 단어가 쓰인 것을 발견하게 될 것입니다. 세례 요한의 아버지 사가랴는 진리를 깨달았을 때 이렇게 고백했습니다. "찬송하리로다. 주 이스라엘의 하나님이여, 그 백성을 돌보사 속량하시며……이는 우리 하나님의 긍휼로 인함이라. 이로써 돋는 해가 위로부터 우리에게 임하여"눅 1:68, 78.

'돌보다'라는 이 단어가 대단히 중요합니다. 히브리서 기자는 시편 8편을 인용합니다. "사람이 무엇이기에 주께서 그를 생각하시며 인자가 무엇이기에 주께서 그를 돌보시나이까"히 2:6. 학자들은 신약성경에서 '돌보다'라는 단어가, 항상 '돕거나 구조하거나 건져 내려는 목적'을 함축한다는 데 의견이 일치합니다. 그 돌봄의 목적은 풀어 주고 해방시키고 고치고 자유롭게 하려는 것입니다. 그러므로 사가랴는 "하나님께서 자기 백성을 돌보시고 속량하셨다!"고 외친 것입니다.

오늘 말씀에서 모세에 관해 듣게 되는 것도 바로 그것입니다. 모세는 바로 딸의 아들로 풍족하게 자랐습니다. 나중에 말씀드리겠지만, 자라서 높은 지위에 오르게 되었습니다. 그러던 어느 날, 불현듯 자기 백성 곧 이스라엘 백성을 돌보려는 마음이 일어났습니다. 자신이 그들을 찾아가면 왜 찾아왔는지 그들이 알 줄로 기대했습니다. 그러나 그들은 그렇지 않았습니다. 하지만 그를 그 백성에게 보내어 돌보게 하신 분은 하나님이셨습니다. 모세는 동족 이스라엘 백성에게 찾아가 그들이 어떻게 살고 있는지, 자신이 그들을 구원해 낼 뜻이 있으며 어떤 방법으로 구원해 내려 한다는 것을 말하고자 했습니다.

이제 표상이 무엇인지 이해되기 시작합니까? 표상은 단순히 여러분을 지적으로 가르치려는 뜻만 있는 것이 아닙니다. 그것이 하나님의 뜻임을 아는 것이 중요합니다. 하나님은 신약성경에서 하신 것과 똑같은 말씀을 구약성경에서 이미 하신 것입니다. 복음은 단지 산상수훈이 아니라 성경 전체이며, 이처럼 표상과 대형으로 이어지는 놀라운 방법으로 성취된 하나님의 계획입니다. 이처럼 하나님께서는 자기 백성을 돌보시고 그들을 속량하셨습니다.

그러나 하나님의 계획을 좀더 크게 놓고 바라보십시오. 하나님의 계획이 모세에게 무엇을 의미했는지 살펴보십시오. 모세가 태어났습니다. 그리고 바로의 딸에게 입양되어 왕실에서 양육되는 특권을 누렸고, 아마도 왕자로 대접받았음에 틀림없습니다. 전설에 따르면, 그는 에티오피아 등지에서 화려한 전공을 세운 유명한 군 지휘관이었다고 합니다. 대단히 유능한 인물이었습니다. 성경은 그가 "애굽 사람의 모든 지혜를 배워 그의 말과 하는 일들이 능하더라"고 말합니다[22절]. 언변이 탁월한 사람이었습니다. 그는 성경의 처음 다섯 권을 집필한 저자인데, 사실을 체계 있고 적확하게 전하는 역량으로 미루어 보건대 지혜와 사고력과 판단력이 뛰어난 사람이었음이 틀림없습니다. 하나님은 그에게 이러한 큰 재능과 역량을 미리 부여하시고 그를 쓰셨습니다. 모세는 전도가 유망한 사람이었습니다. 장차 왕위를 계승할 가능성이 있었고, 애굽의 제1인자가 될 수도 있었습니다. 그에게는 항상 존경과 찬사가 끊이지 않았고, 그는 그것을 받아 누리기만 하면 되었습니다.

그러나 뜻밖의 일이 벌어졌습니다. 모세가 탄탄대로를 포기하고 자기 백성을 돌보고 구원하는 길을 택한 것입니다. 이것은 빌립보서 2장에 기록된 말씀의 희미한 그림자가 아닙니까! 본문에서 사도가 전하는 말씀은 복음입니다. "너희 안에 이 마음을 품으라. 곧 그리스도 예수의 마음이니 그는 근본 하나님의 본체시나 하나님과 동등됨을 취할 것으로 여기지 아니하시고"빌 2:5-6. 그리스도께서 본래 이러한 분이셨습니다. "예수"라 불린 분, 베들레헴에서 연약한 아기로 태어난 분이 영원하신 하나님의 아들이셨습니다. 그분은 하나님과 동등되셨습니다. 하나님의 "본체"이셨습니다. 성부 하나님과 동등되신 영원하신 성자 하나님이셨습니다. 성부와 성령과 더불어 영원한 영광 가운데 계시던 분이었습니다. 그분은 하나님의 말씀이셨습니다. 그분에 관하여 성경은 이렇게 전합니다. "만물이 그로 말미암아 지은 바 되었으니 지은 것이 하나도 그가 없이는 된 것이 없느니라"요 1:3. 그분은 만물을 붙들고 계시며, 권세와 영광과 지혜와 모든 것이 영원무궁합니다.

그리스도의 표상인 모세가 자기 백성을 위하여 모든 것을 포기했듯이, 빌립보서에는 이렇게 기록되어 있습니다.

오히려 자기를 비워 종의 형체를 가지사 사람들과 같이 되셨고 사람의 모양으로 나타나사 자기를 낮추시고 죽기까지 복종하셨으니 곧 십자가에 죽으심이라빌 2:7-8.

이것이 구원의 본질적인 메시지입니다. 모세는 자신을 자기 백성과 동일시했습니다. 굳이 그럴 필요가 없었음에도 그들 중 하나가 되었습니다. 가난하게 되었고, 박해를 받았고, 말할 수 없는 고초를 겪어야 했습니다. 조금만 달리 생각했다면 굳이 당하지 않아도 되는 고난이었습니다. 바로 딸의 아들로 계속 남았으면 정반대의 길을 걸을 수 있었을 것입니다.

그렇다면 스데반은 왜 모세 이야기를 꺼냈으며, 저는 왜 모세에 관해 말하는 것일까요? 거기에는 이유가 있습니다. 스데반을 심문하던 산헤드린 공회원들은, 하나님의 영원한 신성의 표지와 외적 영광을 버리시고 의지할 데 없는 아기가 되신 하나님의 그리스도를 배척하고 있었습니다. 그리스도께서 가난하게 되셨고, 박해와 심문과 고난을 당하셨습니다. 낮아짐의 이 큰 원리를 주목하십시오. 이것이 모세가 파격적이고 온전한 방법으로 우리에게 예시해 준 원리입니다. 그러나 다시 말씀드리지만, 모세를 주 예수 그리스도 곁에 놓으면 희미하고 보잘것없는 것이 됩니다.

이 점을 히브리서 기자의 말을 빌어 여러분에게 다시 말씀드리겠습니다. 그 서신서 첫 장에 기자는 이렇게 씁니다.

> 이 모든 날 마지막에는 아들을 통하여 우리에게 말씀하셨으니 이 아들을 만유의 상속자로 세우시고 또 그로 말미암아 모든 세계를 지으셨느니라 히 1:2-3.

이것이 하나님의 아들에 관한 진리입니다. 그런 다음 기자는, 천사들이 하나님의 아들에 의해 창조된 피조물에 지나지 않음을 말합니다. 그들은 그분을 섬기는 종이요 도구들입니다. 그들과 달리, 하나님의 아들은 신적 영광의 모든 충만 가운데 거하십니다.

히브리서 기자가 계속해서 말하는 바가 무엇입니까? "천사들보다 잠시 동안 못하게 하심을 입은 자 곧 죽음의 고난받으심으로 말미암아 영광과 존귀로 관을 쓰신 예수"십니다 히 2:9. 이것이 기독교의 메시지이며, 이것이 하나님께서 여러분에게 베푸신 사랑의 분량입니다. 여러분이 마음에 두기를 싫어하는 하나님, 여러분이 인정하지 않는 그리스도께서 그것을 여러분에게 베푸신 것입니다. 이것이 그리스도에 관한 사실들입니다. 천사를 창조하신 분께서 천사보다 조금 못하게 되셨습니다. 그러나 그것이 전부가 아닙니다. 성경은 더 나아가 이렇게 전합니다.

> 그러므로 만물이 그를 위하고 또한 그로 말미암은 이가 많은 아들들을 이끌어 영광에 들어가게 하시는 일에 그들의 구원의 창시자를 고난을 통하여 온전하게 하심이 합당하도다. 거룩하게 하시는 이와 거룩하게 함을 입은 자들이 다 한 근원에서 난지라. 그러므

로 형제라 부르시기를 부끄러워하지 아니하시고……자녀들은 혈과 육에 속하였으매 그도 또한 같은 모양으로 혈과 육을 함께 지니심은……이는 확실히 천사들을 붙들어 주려 하심이 아니요 오직 아브라함의 자손을 붙들어 주려 하심이라. 그러므로 그가 범사에 형제들과 같이 되심이 마땅하도다. 이는 하나님의 일에 자비하고 신실한 대제사장이 되어 백성의 죄를 속량하려 하심이라.^{히 2:10-11, 14, 16-17}.

이 말씀이 뜻하는 바가 무엇입니까? 베들레헴에서 태어나신 아기에게서 우리는 모세가 그림자로 가리켰던 실체를 보게 되는 것입니다. 모세는 애굽 통치자로서 왕궁과 영광과 권력을 누릴 수 있었음에도 그것을 다 포기했습니다. 자신이 속한 박해받는 이 노예들을 구원하기 위해, 그들과 합류하고 그들과 함께 고난을 받고 사실상 지옥까지 따라갔습니다. 주님은 하나님의 본체이셨음에도 불구하고 인간의 모양을 취하셨습니다. 거기서 더 낮아지셔서 종이 되셨습니다. "죄 있는 육신의 모양"을 취하셨습니다. 그것이 전부가 아니었습니다. 그분은 하나님이시므로 시험을 받을 수 없으셨는데도 불구하고, 인간으로서 "모든 일에 우리와 똑같이 시험을 받으신 이"가 되셨습니다.^{히 4:15}. "그가 시험을 받아 고난을 당하셨은즉 시험받는 자들을 능히 도우실 수 있느니라"^{히 2:18}. 이 진리를 세상은 눈이 멀어 바라보지 못하고, 배척하고 참람하다 말합니다. 하지만 하나님의 아들은 겸손히 자신을 낮추시고 지극히 낮아지셔서 손수 목수로 일하시고, 죄인들이 퍼붓는 온갖 비방과 욕설과 조소를 묵묵히 참으셨습니다.

이것이 기독교 복음의 메시지입니다. 그러나 산헤드린은 이것을 이해하지 못했습니다. 그들은 모세를 자랑했습니다. "너는 지금 모세를 비방하고 있는 것이다" 하고 그들은 말했습니다. 스데반이 정말로 모세를 비방했습니까? 앞서 살펴본 대로, 비방한 것이 아니라 정반대의 일을 한 것입니다. 기독교는 모세를 일시적인 표상으로 삼았습니다. 그것은 하나님께서 장차 독생자를 하늘에서 이 세상으로 보내실 때, 그 가운데서도 지극히 낮고 천한 마구간에서 어린양 한 마리 바칠 여력이 없어 비둘기 두 마리를 바칠 수밖에 없었던 요셉과 마리아라는 가난한 부모에게 태어나게 하실 때눅 2:24 참조, 그것은 기이한 방법으로 하실 일을 보여주기 위한 것이었습니다. 이것이 사복음서가 일제히 묘사하는 놀라운 그림입니다.

하나님께서 왜 이러한 일을 하셨습니까? "이는 그를 믿는 자마다 멸망하지 않고 영생을 얻게 하려 하심"입니다요 3:16. 하나님께서 "그 백성을 돌보사 속량"하신 것입니다눅 1:68. 하나님의 아들이 왜 하늘의 영광을 버리셨습니까? 왜 그 영원한 복을 떠나셨습니까? 그토록 순결하신 분이 왜 세상에 오셔서 세리와 죄인과 창녀들과 섞이셨으며, 타락과 악행을 대면하셨으며, 그토록 심한 고난과 고초를 겪으셨습니까?

대답은 오직 한 가지뿐이며, 그것이 모세에게 미리 나타났습니다. 모세는 자기 백성의 형편과 그들이 당하는 고난을 목격하고는, 그들을 돌보아 구원하기로 결심했습니다. 이것이 제가 여러분에게 전하도록 특권을 부여받은 메시지입니다. 제가 여러분에게 이 메시지를 전하는 목적이 무엇입니까. 하나님의 아들이 하늘에서 여러분이 당하는 비참과 불행과 실패를 내려다보셨고, 하나님의 율법 앞에서 여러분이 정죄를 당해 영원한 멸망과 지옥을 기다리고 있는 불쌍한 형편을 돌보셨음을 전하고자 하는 것입니다. 하나님의 아들이 영광을 버리고 이 낮은 땅에 오신 이유는, 여러분을 돌보시고 구속하시고 붙들어 주시고 자유롭게 하시고 노예 상태에서 건져 주시고 여러분이 돌아가야 할 땅으로 인도하시고, 하나님이 약속하신 것을 여러분에게 주시기 위함이었습니다. 이것은 위대한 메시지입니다. 산헤드린은 이것을 알지 못하고서 배척하고 오히려 신성모독으로 간주했으나, 이것이야말로 하나님께서 독생자 안에서 친히 자신을 나타내 주신 메시지입니다.

마지막으로, 모세가 자기 백성을 돌보았을 때 어떤 대접을 받았는지 눈여겨보았습니까? 노예 가운데 한 사람이 모세에게 이렇게 말했습니다. "누가 너를 관리와 재판장으로 우리 위에 세웠느냐. 네가 어제는 애굽 사람을 죽임과 같이 또 나를 죽이려느냐"27-28절. "당신이 뭔데 우리 일에 간섭하는 거요? 우린 당신을 원치 않소." 이런 뜻이었습니다.

모세의 백성들은 그에게 달려들었습니다. 있는 그대로 폭로해 버리겠다고 협박했습니다. 만일 그렇게 된다면 모세는 애굽인을 살해한 죄로 처형당할 것이 뻔했습니다. 그는 살기 위해 도망치지 않을 수 없었습니다. 그렇게 도망친 미디안 땅에서 40년을 평범한 목자로 지냈습니다. 바로 딸의 아들이자 앞날이 보장되었던 사람인데도 말입니다. 그의 백성은 그를 이해하지 못했을 뿐 아니라, 그와 그의 모든 생각과 말을 배척했습니다.

이러한 모세와 그의 생애는, 과연 영광스러운 그리스도를 바라보게 하는 희미한 표상입니다. 그리스도께서도 "자기 땅에 오매 자기 백성이 영접하지 아니"했습니다요 1:11. "그는 멸시를 받아 사람들에게 버림받았습니다"사 53:3. 이것이 세상의 비극이요, 인류의 비극이요, 비극 중의 비극입니다. 산헤드린은 과거에 모세가 이스라엘 자손을 처음 돌보았을 때 그들이 모세를 배척했던 것과 똑같은 방식으로 그리스도를 배척했습니다.

그러나 참으로 감사하게도, 이야기의 끝은 그들의 배척과 조소와 오해에도 불구하고, 하나님께서 택하신 구원자 모세가 자기 백성을 마침내 구원해 내는 것으로 귀결됩니다. 그들은 자신들의 미련하고 악한 행동과 눈먼 상태에도 불구하고 구원을 받았습니다. 모세를 배척한 까닭에 훨씬 더 모진 고생을 해야 했으나, 그럼에도 결국 구원을 얻었습니다. 모세는 하나님의 사람으로 그들을 애굽에서 건져 냈습니다. 참으로 감사하게도, 우리 역시 이스라엘 자손과 다를 바 없는 맹목적이고 미련한 자들임에도, 하나님은 우리 주와 구주 예수 그리스도 안에서, 그분을 통해 구원하십니다. "우리가 원수되었을 때에 그의 아들의 죽으심으로 말미암아 하나님과 화목하게 되었은즉"롬 5:10.

다소의 사울을 보십시오. 그는 그리스도와 교회를 모욕하고 박해했으나, 그리스도께서는 그러한 그를 위해 죽으셨습니다. 바울은 이렇게 말합니다. "내가 전에는 비방자요 박해자요 폭행자였으나 도리어 긍휼을 입은 것은 내가 믿지 아니할 때에 알지 못하고 행하였음이라.……미쁘다. 모든 사람이 받을 만한 이 말이여, 그리스도 예수께서 죄인을 구원하시려고 세상에 임하셨다 하였도다"딤전 1:13, 15. 바울은 그리스도를 대적하여 싸우고 그분을 모독했습니다. "나사렛 예수의 이름을 대적하여 많은 일을 행하여야 될 줄 스스로 생각"했습니다 행 26:9. 그럼에도 불구하고, 그리스도 곧 "나를 사랑하사 나를 위하여 자기 자신을 버리신 하나님의 아들"로 말미암아 구원을 얻었습니다갈 2:20. 이 모든 것이 모세 안에서 예표되었습니다. 자신을 의지하여 구원받을 사람은 아무도 없습니다. 구원은 오직 하나님의 은혜로 얻는 것입니다.

그러므로 간단한 질문 하나를 드리고 오늘 말씀을 마치도록 하겠습니다. 여러분은 이 모든 것을 깨달았습니까? 하나님께서 이처럼 원대한 목적을 갖고 계시다는 것이 성경의 일관된 메시지임을 아셨습니까? 우리를 구원하실 수 있는 분은 오직 하나님께서 우리를 돌보시고 속량하시도록 보내신 그리스도 한분뿐이며, 그리스도를 믿고 아는 것만큼 중요한 일이 없다는 것을 아셨습니까? 여러분은 구원을 받아야 할 필요를 아셨습니까? 그리스도께서 여러분을 구원하시되, 여러분의 죄를 친히 다 짊어지시고 여러분이 받아야 할 형벌을 갈보리 언덕의 십자가에서 모두 담당하심으로 구원하셨다는 사실을 아셨습니까?

여러분은 구주께서 여러분을 위해 죽으신 일을 생각하고, 감사하며 찬송을 드린 적이 있습니까? 여러분과 제가 죄사함을 받아 하나님과 화목하고 하나님의 자녀가 되는 은혜를 받았습니다. 우리로 하여금 영원한 복을 물려받을 상속자가 되도록 하시기 위해 하늘의 영광을 버리신 구주이십니다. 여러분은 참으로 감사하는 마음으로 인생을 살아가고 있습니까?

18

결단

그때에 모세가 났는데 하나님 보시기에 아름다운지라. 그의 아버지의 집에서 석 달 동안 길리더니 버려진 후에 바로의 딸이 그를 데려다가 자기 아들로 기르매 모세가 애굽 사람의 모든 지혜를 배워 그의 말과 하는 일들이 능하더라. 나이가 사십이 되매 그 형제 이스라엘 자손을 돌볼 생각이 나더니 한 사람이 원통한 일 당함을 보고 보호하여 압제받는 자를 위하여 원수를 갚아 애굽 사람을 쳐 죽이니라. 그는 그의 형제들이 하나님께서 자기의 손을 통하여 구원해 주시는 것을 깨달으리라고 생각하였으나 그들이 깨닫지 못하였더라. 이튿날 이스라엘 사람끼리 싸울 때에 모세가 와서 화해시키려 하여 이르되 너희는 형제인데 어찌 서로 해치느냐 하니 그 동무를 해치는 사람이 모세를 밀어뜨려 이르되 누가 너를 관리와 재판장으로 우리 위에 세웠느냐. 네가 어제는 애굽 사람을 죽임과 같이 또 나를 죽이려느냐 하니 모세가 이 말 때문에 도주하여 미디안 땅에서 나그네 되어 거기서 아들 둘을 낳으니라.

사도행전 7:20-29

오늘도 모세 이야기를 계속해서 상고하겠습니다. 이렇게 하는 이유는, 모세가 자기 백성을 인도하고 구원한 위대한 지도자이자 구원자로서 그리스도의 표상일 뿐 아니라, 더 나아가 스데반은, 그에게 또 다른 중요한 의미가 있음을 분명하게 보여주기 때문입니다. 모세는 참된 하나님의 백성이 되는 길을 보여준 훌륭한 모범이었습니다. 물론 그 길은 믿음입니다.

그런데 히브리서 기자도 스데반과 동일한 진리를 가르칩니다. 모세를 위대한 믿음의 인물 가운데 한 사람으로 소개하면서, 믿음으로 사는 것이 무엇인지 집중해서 가르칩니다. 서신의 수신인들인 히브리 그리스도인들은 어려운 문제에 직면해 있었습니다. 그들은 그리스도인으로 살아가는 것이 어려워지자, 미련을 가지고 과거에 믿었던 유대교를 돌아보았고, 더러는 아예 유대교로 되돌아갔습니다. 문제의 본질을 직시한 저자는, 그들이 기독교 신앙의 중심 원리가 **믿음**임을 진정으로 깨닫지 못하기 때문에 그런 행동을 보이고 있다고 말합니다. 그러므로 먼저 믿음이란 무엇인가를 설명한 다음, 믿음을 굳게 붙들도록 하기 위해 11장에서 믿음의 용사들을 차례로 소개합니다. 그 방식이 산헤드린 앞에서 스데반이 행한 설교와 매우 흡사합니다.

따라서 두 본문을 함께 살펴보고자 합니다. 모세의 예를 듦으로 어떻게 해야 그리스도인이 될 수 있으며, 무엇이 그것을 가능케 하는지 설명드리려는 것입니다. 그렇다면 두 본문에 실린 이야기를 함께 놓고 살펴보겠습니다. 오늘 말씀에서 부각되는 것은, 모세의 생애에서 위대한 전환점이었다고 할 만한 사건입니다. 모세는 어느 날 불현듯 중대한 결단을 내려야 할 상황에 직면했고, 그 시점을 계기로 지금 우리가 알고 있는 사람이 되었습니다. 훗날 그는 중요한 일에 크게 쓰임을 받았으나, 그가 중대한 결단의 바로 그 시점에서 근본적인 문제에 정면으로 부딪치지 않고 회피했다면, 그런 일이 발생하지 않았을 것입니다. 그 순간의 결단이, 결국 그의 생애에 이루어진 위대한 사건들로 이어졌습니다. 그러므로 모세의 결단은 대단히 귀중한 교훈이 되며, 우리에게도 어떠한 결단을 내리게 만듭니다. 이 중요한 교훈을 우리가 대충 살펴보고 넘어가서는 안될 것입니다.

자신이 누구인지도 모른 채 그리스도인이 될 수는 없습니다. 무의식중에 그리스도인이 된다는 것은 불가능합니다. 사람들이 그리스도인이 되는 경위는 실로 다양하지만, 누구에게나 해당되는 한 가지 요인, 즉 보편적 원리가 있습니다. 그것은 그리스도인이 되기 전에 반드시 결정을 내려야 할 갈림길에 서게 된다는 사실입니다. 갈림길의 강도는 사람마다 다를 수 있는데, 어느 경우는 드라마틱하고 어느 경우는 조용합니다. 하지만 그것은 문제가 되지 않습니다. 제가 힘주어 말씀드리는 것은, 그 순간 본인이 중요한 상황에 처해 있음을 반드시 안다는 것입니다. "하지만 나는 항상 그리스도인이었는데요" 하고 말하는 이들이 있는데, 그때마다 저는 "그렇다면 당신은 그리스도인이었던 적이 없는 셈입니다" 하고 말합니다.

그리스도인으로 태어나는 사람은 아무도 없습니다. 우리 모두가 죄 가운데서 태어납니다. 우리 모두가 죄악 중에 잉태됩니다. 너나 할 것 없이 아담의 자손으로 태어납니다. 그러므로 기독교 국가를 운운하거나, 특정 국가에 태어났으니 자동적으로 그리스도인이 된다고 생각하는 것은 터무니없는 생각입니다. 그것은 기독교에 대한 부정입니다. 우리는 그리스도인이 되며, 그리스도인이 되었다는 것이 무엇인지를 압니다. 모든 그리스도인들에게는 모세가 경험했던 것처럼 갈림길에 서서 중대한 결단을 내려야 할 순간이 있는 것입니다.

그렇다면 오늘 말씀에서 그것을 발견할 수 있습니까? 첫째, 본문에서 우리는 모세가 불현듯 양자택일을 해야 하는 상황에 놓인 것을 발견합니다. 저는 '불현듯'이라는 표현을 썼습니다. 과연 모세가 불현듯 그런 상황에 들어갔는지 입증할 길은 없지만, 23절 말씀에서 그러한 인상을 받게 됩니다. "나이가 사십이 되매 그 형제 이스라엘 자손을 돌볼 생각이 나더니." 모세가 태어났을 때 석 달 동안 부모 슬하에서 양육되다가, 이스라엘 자손의 사내아이가 태어나면 모두 죽이라는 바로의 서슬 퍼런 명령 때문에 작은 바구니에 담겨 강물에 버려졌고, 바로의 딸에게 발견되어 그 집에 입양된 일을 여러분은 기억하실 것입니다. 덕분에 모세는 애굽의 왕궁에서 자랐고, 그 결과로 "애굽 사람의 모든 지혜를 배워 그의 말과 하는 일들이 능하"게 되었습니다[22절]. 전설과 세속 역사는, 그가 지혜와 지식이 탁월했고 이론뿐 아니라 행동으로도 유능했으며 널리 인정받는 군 지휘관이었다고 암시합니다. 모세는 애굽에서 사십 년을 그처럼 아쉬움 없이 지냈습니다. 물론 그의 앞날에는 모험과 긴장이 놓여 있었습니다. 야심이 강한 사람은 밝은 장래만 예상할 수 없는 노릇이기 때문입니다.

그 상황에서 불현듯 모세에게 한 가지 생각이 싹튼 것입니다. "그 형제 이스라엘 자손을 돌볼 생각이 나더니." 갑자기 모세는 선택의 기로에 서게 되었습니다. 지금까지 걸어온 길을 계속 걸을 것인가, 아니면 자신이 속한 동족 편에 설 것인가. 제가 강조하는 바는, 이것이 복음과 그 메시지를 우리에게 전하는 완벽한 방식이라는 것입니다.

복음은 항상 우리를 선택의 기로에 세웁니다. 필연적으로 그럴 수밖에 없습니다. 이것은 우리가 강한 두 세력이 작용하는 세상에 살고 있기 때문입니다. 하나는 하나님의 세력이고, 다른 하나는 마귀의 세력입니다. 선의 세력과 악의 세력, 천국의 세력과 지옥의 세력입니다. 두 세력이 세상에 작용하고 있으며, 물론 두 세력은 서로 치열하게 대치해 있습니다. 하나님과 마귀의 대립보다 더 크고 치열한 대립이란 상상할 수 없습니다. 따라서 우리는, 이 세상에 태어나 살기 시작하는 순간부터 이미 선택의 기로에 세워집니다. 이것이 복음 메시지의 토대가 되는 기본적이고 근본적인 입장입니다. 성경에 따르면, 이것이 인간과 이 세상에 대한 총체적인 설명입니다.

인류의 시초로 돌아가, 아담과 하와가 에덴동산에서 서야 했던 선택의 기로를 생각해 봅시다. 그들 역시 선택의 기로에 섰습니다. 그들은 하나님께 지음을 받았고, 하나님이 주신 생명을 누리고 있었고, 모든 것이 다 형통했습니다. 그러나 시험자 마귀가 찾아와 색다른 제안을 했습니다. 그들이 알고 있었던 것과 정반대되는 제안이었습니다. "하나님이 참으로 너희에게 동산 모든 나무의 열매를 먹지 말라 하시더냐"창 3:1. 무슨 권리로 그런 명령을 내리셨단 말인가, 하는 뜻입니다. 순간, 하와의 마음에 의심과 의문이 일었습니다. "그렇게 하지 말고 이렇게 하는 게 어떨까? 이렇게 하면 신神들과 같이 되어 하나님과 동등하게 될 텐데, 바로 그것을 하나님은 원치 않으신 거야.……" 즉시 두 갈래 길이 생겼습니다. 두 길은 서로 완전히 상반된 방향으로 나 있었고, 아담과 하와는 어느 길로 가야 할지 선택을 내려야 했습니다.

이것이 이야기의 시작이며, 이렇게 시작된 이야기가 그후에도 내내 같은 방향으로 지속되었습니다. 이것은 아브라함에게서도 확인할 수 있습니다. 갈대아인들의 땅 우르에서 이교도로 지내던 그에게, 하나님께서 나오라고 부르셨습니다. "너는 너의 고향과 친척과 아버지의 집을 떠나 내가 네게 보여줄 땅으로 가라"창 12:1. 이 부르심을 받은 즉시로 아브라함은 선택의 기로에 서게 되었습니다. "지금까지 살아온 대로 계속 살아갈 것인가, 아니면 모두 정리하고 떠나 하나님의 음성을 듣고 살 것인가."

모세의 경우도 동일한 상황을 보게 됩니다. 신명기를 읽어 보면, 모세는 인생의 길을 다 달려가 세상을 떠날 시간이 되었을 때, 자신이 인도해 온 이스라엘 자손들에게 똑같이 두 갈래 길을 제시합니다. 하나는 복의 길이고, 다른 하나는 저주의 길입니다. 한편에는 에발산이 있고, 다른 한편에는 그리심산이 있습니다. "이 길 아니면 저 길뿐이다. 이제 어느 길을 걸으려 하는지 택일하라. 너희는 그 땅에 들어갈 것이다. 나는 들어가지 못하지만, 너희는 하나님의 인도를 받아 그 땅에 들어갈 터인데, 그 땅에 들어가면 언제나 두 갈래 길이 너희 앞에 있을 것이다"신 27, 28장 참조.

모세가 세상을 떠난 지 오랜 뒤에, 그를 모시며 따르던 여호수아도 생의 마지막 순간에 똑같은 말을 했습니다. "너희가 섬길 자를 오늘 택하라"수 24:15. 언제나 그랬습니다. 이것은 구약성경에서 가장 드라마틱한 이야기 가운데 하나인 갈멜산에서의 선지자 엘리야 이야기에서도 확인됩니다. 엘리야는 이렇게 말했습니다. "너희가 어느 때까지 둘 사이에서 머뭇머뭇하려느냐. 여호와가 만일 하나님이면 그를 따르고 바알이 만일 하나님이면 그를 따를지니라"왕상 18:21. 이것 아니면 저것이지, 중간지대란 없습니다.

구약성경만 그런 것이 아닙니다. 우리 주님의 가르침의 핵심이 바로 그것이었습니다. 주님의 말씀을 들어 보십시오.

좁은 문으로 들어가라. 멸망으로 인도하는 문은 크고 그 길이 넓어 그리로 들어가는 자가 많고 생명으로 인도하는 문은 좁고 길이 협착하여 찾는 자가 적음이라마 7:13-14.

좁은 문! 넓은 문! 협착한 길! 넓은 길! 우리 주님은 무리를 돌아보시며 "너희가 하나님과 재물을 겸하여 섬기지 못하느니라" 하고 말씀하셨습니다마 6:24. 그것은 아예 불가능합니다. 이것 아니면 저것이지, 중간지대란 없습니다.

이처럼 성경의 위대한 메시지는, 우리가 예외 없이 이 두 갈래 길에 서 있다는 것입니다. 거듭 말씀드리지만, 그 길은 항상 같은 방식으로만 다가오는 것이 아닙니다. 하지만 중요한 것은 그것이 아닙니다. 어떤 사람들에게는 모세와 같은 방식으로 다가옵니다. 모세의 경우는 불가피하게 양자택일을 해야 할 만한 상황이 없었습니다. 그저 예전과 똑같이 지내고 있는데, 불현듯 그 같은 생각이 들었을 뿐입니다. 어떤 글을 읽거나 어떤 일을 회상하다가 그런 생각이 들었을지도 모릅니다. 어쨌든 그런 생각이 들었고, 그 순간 양자택일의 기로에 서게 되었습니다.

때로는 우리에게도 비교적 차분하고 조용한 방식으로 양자택일의 기로가 찾아옵니다. 예배를 드리는 도중에 찾아올 수도 있습니다. 예배시간에 차분히 말씀을 듣다가 어떤 말씀이 각별하게 다가오기도

합니다. 그 말씀이 마음에 와서 깊이 박히는데, 순간 양자택일의 기로에 서게 됩니다. 선택을 앞에 놓았을 때 생길 법한 흥분이나 긴장이나 압박감도 없이, 그저 말씀에 사로잡혀 그렇게 하지 않으면 안된다는 느낌이 드는 것입니다. 애써 지워 보려고 해도 지워지지 않습니다. 항상 뒤를 따라다니며 새록새록 떠오르다가, 마침내 결단을 내리게 합니다.

그러나 선택의 기로는 항상 조용하고 차분한 방식으로만 오지 않습니다. 사도행전 16장에 기록된 두 이야기를 들려드림으로써, 이 점을 여러분에게 간략히 말씀드리겠습니다. 그리스도인이 된 두 사람 이야기가 16장에 실려 있습니다. 한 사람은 루디아라는 여성입니다. 유대인의 방식대로 예배를 드리던 선량하고 독실한 여성이었습니다. 사도 바울은 빌립보를 방문했을 때 루디아를 비롯한 몇몇 여성들이 안식일 오후마다 성 밖 강가에 나가 기도를 드린다는 말을 전해 듣고는, 안식일 오후에 그들을 찾아가 복음을 전했습니다. 그때 이런 일이 발생했습니다. "하나님을 섬기는 루디아라 하는 한 여자가 말을 듣고 있을 때 주께서 그 마음을 열어 바울의 말을 따르게 하신지라"^{행 16:14}.

그런데 같은 장에는 그 도시에서 발생한 또 다른 일이 기록됩니다. 그 도시에는 감옥이 있었고, 감옥을 지키는 간수가 있었습니다. 직업이 직업이니 만큼 성격이 다소 거칠고 격한 사람이었을 것입니다. 바울과 실라가 붙잡혀 감옥에 왔을 때, 그는 두 사람을 지하의 가장 깊은 옥에 넣고 발에 차꼬를 채웠습니다. 그런 다음에 잠을 자러 갔는지 술을 마시고 있었는지 알 수 없지만, 우리가 아는 것은, 갑자기 심한 지진이 일어나 감옥 터가 흔들렸고 모든 문이 열리고 죄수들의 차꼬가 풀렸다는 사실입니다. 간수는 죄수들이 모두 도망친 줄로 알고 칼을 꺼내 자결하려고 했습니다. 이보다 난폭하고 격한 행동이 어디 있을까요?

그러나 바울이 간수를 향해 "네 몸을 상하지 말라. 우리가 다 여기 있노라" 하고 크게 소리쳤고, 이 일을 계기로 간수가 회심하게 되었습니다. 지진, 경악, 자결 시도, 바울의 외침이 그의 회심으로 이어진 것입니다.

"선생들이여, 내가 어떻게 하여야 구원을 받으리이까" 하고 간수가 물었습니다.^{행 16:19-34 참조}

이처럼 격하고 소란스러운 분위기나 차분하고 조용한 분위기나, 그것은 문제가 되지 않습니다. 결국은 모두 동일한 양자택일의 기로에 서는 것입니다. 그리스도인이 된 사람들의 간증을 들어 보면 내용이 천차만별입니다. 참으로 놀랍게도, 이번 설교 준비를 마친 후에 지난 세계대전 때 어떤 사람이 회심한 이야기를 읽게 되었습니다. 아마 미국군인으로 생각되는데, 이 사람이 그리스도와 교회에 대해 전혀 마음에 두고 살지 않다가, 어느 날 지뢰를 밟아 두 발을 잃게 되었습니다. 그 사건을 계기로 회심하게 되었다는 것입니다.

많은 사람들이 질병이나 사고로 이러한 갈림길과 결단의 자리에 섰습니다. 제가 알고 있는 어떤 분들은, 사랑하는 이를 땅에 묻으면서 처음으로 이 기로에 섰습니다. 심지어 임종 자리에 가서 이 갈림길에 맞닥뜨린 분들도 있습니다. 구체적인 예를 들면 한이 없습니다!

그러므로 상황과 방법에 관심을 둘 필요가 없고, 다만 누구든 예외 없이 선택의 기로에 서게 된다는 사실만 확실히 알고 있으면 됩니다. "그 형제 이스라엘 자손을 돌볼 생각이 나더니." 누가 그런 생각을 모세에게 넣어 주었습니까? 하나님이 그렇게 하셨습니다. 언제나 각 사람을 이 중대한 문제 앞에 세우시는 분은 하나님이십니다. 여러분 가운데 친구의 권유로 교회에 나오신 분이 있습니까? 그렇다면 정작 친구 자신은 잘 몰라도 그를 통해 여러분을 인도하신 분은 하나님이신 것을 아시기 바랍니다.

주 하나님 크신 능력 참 신기하도다.
바다와 폭풍 가운데 주 운행하시네.
―윌리엄 쿠퍼

우리를 향하신 하나님의 관심은 우리를 멈춰 세우실 정도로 크십니다. 모세가 화려한 이력을 쌓아 가고 있는 도중에 불현듯 자기 백성을 생각하기 시작하고 선택의 기로에 섰던 것처럼, 하나님께서는 여러 가지 방법으로 우리를 붙드시고 멈춰 세우시고 선택의 기로에 세우십니다. 이것이 우리가 살펴본 첫번째 사항입니다.

둘째로, 길은 두 갈래뿐입니다. 이것은 자명하며 당연합니다. 세상은 분열과 구분으로 가득 차 있습니다. 오늘날 세계에는 철의 장막이 있고 상이한 관점들이 있지만, 진정으로 세상을 분열시키는 것은 철의 장막이 아닙니다. 철의 장막을 기준으로 양 진영에 있는 사람들은 상당히 많은 것을 공유하고 있습니다. 정치적 견해가 다를지언정 인간들로서는 다 똑같습니다. 인생에는 궁극적으로 두 갈래 길이 있을 뿐입니다. 인간은 하나님을 향하고 있거나 하나님을 등지고 있거나 둘 중 하나입니다. 궁극적으로 이 현실 외에 중요한 것은 아무것도 없습니다. 피부색도 전혀 문제가 되지 않습니다. 사람이 똑똑할 수도 있고 학식이 높을 수도 있고 그렇지 않으면 배우지 못해 무식할 수도 있으나, 그것이 문제가 되는 것은 아닙니다. 문제는 하나뿐입니다. 여러분은 하나님의 백성입니까, 아니면 하나님을 등지고 반대하는 사람들 중 하나입니까?

제3의 길이란 없습니다. 영적 영역에서 중립지대란 없습니다. 결단을 하지 않는 것은 언제나 하나님을 등지고 살겠다는 고집입니다. 인간은 본성적으로 하나님을 거스르기 때문입니다. "육신의 생각은 하나님과 원수가 되나니 이는 하나님의 법에 굴복하지 아니할 뿐 아니라 할 수도 없음이라"롬 8:7. 우리는 날 때부터 하나님을 미워하는 자들입니다. 하나같이 하나님을 거스릅니다. 제가 아는 어떤 사람들은 "나는 항상 하나님을 믿어 왔다"고 말합니다. 그러나 그 말은 하나님을 믿은 적이 없다는 뜻입니다. 그들이 믿어 온 것은 자기 상상력에 의한 허구입니다. 그런 사람들에게 성경의 하나님을 소개하면, 즉시 하나님에 대한 미움을 드러내기 시작할 것입니다. 그들이 믿는 하나님이란 자신들이 마음대로 조종할 수 있는 하나님이요, 자신들의 모양과 형상대로 지어낸 하나님입니다. 그들은 성경에 계시된 살아계시는 하나님을 미워합니다.

그러므로 중립지대란 없습니다. 거듭 말씀드리지만, 우리는 하나님을 향하든지 등지든지 둘 중 하나입니다. 이 문제에 이른바 인간의 지대란 없습니다. 필연적으로 두 진영 중 한 군데에 속해 있습니다. 우리 주께서 친히 말씀하셨습니다. "나와 함께 아니하는 자는 나를 반대하는 자요."마 12:30.

하나님의 부르심은 우리 각 사람에게 이런저런 방법으로 다가옵니다. 그리스도를 따르라는 부르심은 보편적인 것입니다. 다시 말씀드리지만, 우리는 두 갈림길 앞에 서 있습니다. 그것은 모세가 섰던 갈림길이었습니다. 어디로 가야 했을까요? 바로 딸의 아들로 계속 남아 부귀영화를 누려야 했을까요, 아니면 자신을 하나님의 백성과 동일시해야 했을까요? 이러한 질문은 우리 모두에게도 다가옵니다. 내 인생을 하나님의 영광을 위해 살 것인가, 아니면 자신의 영광과 인간의 영광과 세상의 영광을 위해 살 것인가. 이 선택은 불가피한 것입니다. 회피할 수 없습니다. 비록 방향은 다양하지만, 결국 누구나 한번은 직면해 결단을 내려야 하는 선택입니다.

모세 이야기에는 대단히 교훈적인 면이 있습니다. 제가 여러분에게 강조하고자 하는 것이 바로 이것입니다. 그것은 모세가 하나님을 위해 사는 편을 택했다는 사실입니다. 스데반이 그렇게 전할 뿐 아니라, 히브리서 기자도 같은 내용을 전합니다. 이로써 당혹스러울 수도 있는 이 대목을 이의 없이 넘어갈 수도 있습니다. 그러나 잠시 멈춰 모세의 입장에서, 특별히 그의 유망한 장래를 놓고 한번 생각해 보시기 바랍니다. 모세는 그 위치에서 모든 것을 버리고 자신을 비천한 처지에 있던 이스라엘 자손과 동일시하기로 결단한 것입니다. 이것을 우리는 모세에게서 배울 수 있습니다.

모세가 왜 그렇게 했을까요? 왜 하나님을 위해 살겠다고 결단했을까요? 대답은 이야기의 표면에 분명하게 기록되어 있습니다. 모세의 마음을 가장 크게 차지했고, 실제로 그 사건 전체의 방향을 좌우한 첫번째 요인은, 자신이 누구인가를 깨달은 점일 것입니다. 모세는 자신이 바로 딸의 아들이 아니라는 사실을 알았습니다. 바로 딸의 아들로 양육되었고 그녀의 아들로 인정받아 온 것이 사실입니다. 그 지위에 따르는 모든 유익을 누렸고, 온 세상이 그를 칭송했습니다. 그의 전도가 유망했던 것도 바로 딸의 아들이기 때문이었습니다. 그러나 모세는 자신이 이스라엘 자손 중 한 사람임을 알았습니다. 그는 그들에게 속한 사람이었습니다. 그들은 하나님의 백성이자 또한 자기 백성이었습니다.

이것이 모세의 마음에 확신을 주었습니다. 그는 그 사실이, 바로 딸의 아들로 대접받으며 살 때 따라올 모든 부귀영화보다 더욱 귀중하다는 결론을 내리게 되었습니다. 예전대로 살면 부와 성공과 승진과 왕위와 군사적 무용과 승리까지도 기대할 수 있었지만, 이 모든 것은 자신이 하나님의 백성에 속했다는 사실과 비교할 때 아무것도 아님을 그는 깨달았습니다. 하나님의 백성이 지금은 이처럼 멸시를 당하는 미천한 존재로 전락했지만, 그래도 그들은 분명 하나님의 백성이었습니다. 모세는 그 사실 자체만 깨달은 것이 아니라, 그 가치와 중요성까지 깨달았습니다. 그가 결단을 내릴 수 있었던 것도 그 깨달음에 힘입은 결과였습니다.

어떤 사람은 "그것이 우리와 무슨 상관이 있는가?" 하고 물을 것입니다. 그러나 이것이야말로 우리에게는 문제의 핵심이 됩니다. 우리가 이 세상에 사는 날 동안 반드시 해야 할 가장 중요한 일은, 우리가 누구인지 어떤 사람인지를 깨닫는 것입니다. 모세가 그랬듯이, 우리도 자신의 정체성에 대해 그릇된 견해로 양육되었습니다. 세상은 인간을 동물로 간주합니다. 생각하는 동물이기는 하나, 그래도 동물일 뿐이라고 믿도록 강요합니다. 동물과 본질적으로 다른 독특한 존재가 아니라, 동물보다 조금 더 진화하고 뇌가 조금 더 발달했을 뿐, 결국 동물과 다를 것이 없다고 주장합니다.

이 세상에서 인간들은 무엇을 위해 살아갑니까? 한평생 자신을 위해 잘살면 된다는 것이 인간의 가치관입니다. 돈을 벌어야 하고, 먹고 마셔야 하고, 성공해야 합니다. 짐승들처럼 성행위에 탐닉합니다.

적어도 신문과 영화가 주는 인상이 그것입니다. 그것이 이 세상을 살아가는 인생의 큰 목적이요, 인생들이 다 얻지 못해 전전긍긍하는 것들입니다.

그것이 세상이 우리에게 가르치고 우리 정신과 마음에 주입하는 것이요, 그것이 애굽의 모든 지혜입니다. 세상은 이렇게 말합니다. "인생이란 멋지지 않은가! 앞에 널려 있는 기회와 가능성을 보라. 그것을 다 가져 본 자는 아무도 없었다. 돈이 지천으로 널려 있다. 그것을 차지하기 위해 우리 모두가 일한다. 놀랍지 않은가! 힘을 내라. 자신을 위해 힘써 살아 보라. 염려를 다 버리고 마음껏 즐기라. 어쨌든 너는 동물에 불과한 존재이니까."

한편으로, 세상은 이렇게 말합니다. "어리석게도 과거에는 사람들이 보이지 않는 세계와 영적 영역과 신이 있는 줄로 믿었다. 그래서 착하게 살려고 노력했고, 성적 일탈을 두렵고 사악한 일로 여겨 엄두도 내지 못했다. 그러나 그것은 모자란 생각이다. 성적 일탈도 자연스럽고 적법한 행위다. 그렇지 않은 이유가 어디 있는가?" 바로 이것이 우리 자신이 물들어 있고 그 안에서 양육받아 온 현대 애굽의 지혜가 아닙니까? 불행하게도, 이것이 우리를 지탱하고 스스로 대견하다는 인상을 줄 뿐 아니라, 우리 앞날에 훌륭한 기회와 전망을 제시하고 있다고 말합니다.

그러나 하나님의 음성이 우리를 가로막아 세우시면, 그분의 생각이 우리 마음에 들어오면, 우리는 즉시 다른 것을 보게 됩니다. 세상의 교훈이 새빨간 거짓말이었다는 것을 알게 됩니다. 인간의 참모습을 너무나 심하게 왜곡해 놓은 것을 알게 됩니다. 인간은 동물이 아닙니다. 인간은 동물과 분명 다른 존재입니다.

무엇이 다른 존재입니까? 인간은 영혼과 정신이 있는 존재입니다. 단순히 진화해 온 동물이 아닙니다. 하나님께서 당신의 형상대로 창조하신 독특한 피조물입니다. 하나님께서 당신을 위하여 지으셨습니다. 그들로 하나님과 더불어 삶을 누리고 즐거워하며, 그로써 하나님을 영화롭게 하기 위해 살아갑니다. 이 세상에서 하나님을 대표하면서, 영원하신 하나님과 사귐을 가지며 살도록 지음을 받았습니다. 인간의 가장 위대하고 영광스러운 점은, 인간 안에 눈에 보이는 모든 것을 초월하는 그 무엇이 있을 뿐 아니라, 보이는 세계에서 눈을 들어 영원을 바라보고 사모할 대상이 있다는 것입니다. 인간에게는 자신이 영원에 속해 있으며, 하나님께서 영원을 자신 안에 심어 두셨다는 느낌이 있습니다. 성경이 이 메시지를 우리에게 전해 줍니다. 이것이 기독교의 메시지이며, 복음의 메시지입니다. "이것이 너희에 관한 진실이다"라고 말합니다.

사십 년 동안 이 세상 삶을 누리면서, 모세는 참 근사하다고 생각했을 것입니다. 그런데 불현듯 다른 생각이 들어와 그를 곤경에 밀어 넣었습니다. "앞으로 어떻게 살아야 할 것인가? 나는 누구인가?" 이런 음성이 마음에 울려 퍼졌습니다. 앞에서 모세의 결단에 대해 말씀드렸는데, 그것은 사람들을 그리스도인 되게 하는 것과 같은 종류의 결단이었습니다. 사람들은 불현듯 하나님 아들의 음성이 마음에 울려 퍼지는 것을 듣습니다. "사람이 만일 온 천하를 얻고도 자기 목숨을 잃으면 무엇이 유익하리요. 사람이 무엇을 주고 자기 목숨과 바꾸겠느냐"막 8:36-37. 그때에야 비로소, 사람들은 그동안 자신의 정체와 자신의 잠재성과 자신의 실상을 잘못 생각해 온 것을 깨닫습니다. 갑자기 다음과 같은 생각이 마음을 사로잡습니다.

> 너는 흙이니 흙으로 돌아가라는 것은
> 영혼에게 하신 말씀이 아니었다.
> —롱펠로우 H. W. Longfellow

인간의 이러한 면이 하나님께 닿아 있고, 신적인 영원한 세계에 닿아 있습니다. 사람들은 그것을 무시하고 망각해 왔으므로 그것에 대해 아무것도 모릅니다. 그러나 이제 그것을 보게 되었으므로, 선택을 하지 않으면 안되는 자리에 이릅니다. 이것이 모세의 결단을 설명하는 첫번째 요인입니다. 그는 자신이 누구인지를 인식했습니다. 자신은 이스라엘 사람이며, 결코 애굽 사람이 아님을 알았습니다.

여러분은 이러한 근본적인 깨달음에 이르렀습니까? 여러분이 동물이 아니라 인간임을 이해했습니까? 여러분이 누구이고, 인생의 의미가 무엇이며, 여러분의 운명이 무엇임을 인식했습니까? 여러분에게 우주보다 큰 영혼이 있음을 깨달았습니까? 인간은 자신이 살아있는 영혼임을 인식할 때, 인생과 세상을 바라보는 관점이 완전히 바뀝니다.

다음으로, 모세의 결단에 영향을 끼친 두번째 요소는 의와 공의에 대한 자각이었습니다. "나이가 사십이 되매 그 형제 이스라엘 자손을 돌볼 생각이 나더니 한 사람이 원통한 일 당함을 보고 보호하여 압제 받는 자를 위하여 원수를 갚아 애굽 사람을 쳐 죽이니라." 그 결과 모세는 애굽 땅을 도망쳐 나갈 수밖에 없었고, 미디안 땅에 가서 목자가 되었습니다.

애굽인들은 매우 부당하고 불의한 방법으로 이스라엘 자손을 압제하고 있었고, 모세는 그 일로 인해 괴로워했습니다. 자신이 이 노예들과 동족임을 깨달은 순간부터, 그는 동족이 당하는 불의하고 부당한 대접에 괴로워하면서 무슨 일이든 해야 했습니다. 이것이 그를 움직였습니다. 그러던 어느 날, 애굽인이 자기 형제 가운데 한 사람을 학대하는 광경을 보고 마침내 개입했습니다. 애굽인이 부당하고 불의한 행동을 하고 있었으므로, 공의의 이름으로 행동하지 않을 수 없었던 것입니다. 그런데 다음 날 모세는 자신의 동족 두 사람이 싸우는 광경을 보게 되었습니다. 한쪽이 다른 쪽을 불의하게 대하고 있었습니다. 모세는 어제 애굽인에게 그랬던 것과 동일한 원칙에 입각해 행동했습니다. 모세의 결단은 진리와 의에 대한 자각으로 이루어졌던 것입니다.

그런데 원칙이 모세의 경우에 분명하게 드러났듯이, 그리스도인이 되는 일에도 분명하게 드러난다는 것을 여러분은 깨달았습니까? 사람이 왜 그리스도인이 되어야 합니까? 왜 하나님의 음성을 들어야 합니까? 왜 영혼과 그 구원에 관한 메시지를 들어야 합니까? 왜 이 세상과 그 안에 있는 것들을 버리고 그리스도를 따라야 합니까? 여기에 첫번째 대답이 있습니다. 거룩한 그리스도인의 삶이란, 본질적으로 의롭고 진실하기 때문입니다.

하나님께 경배하는 것이 무엇이 잘못입니까? 하나님을 찬송하는 것이 무엇이 잘못입니까? 영원하신 하나님 앞에 무릎을 꿇는 것을 왜 반대합니까? 인간이 한평생 살면서 누릴 수 있는 가장 큰 특권이, 하나님과 사귐을 갖는 것임을 여러분은 알지 못합니까?

하나님의 율법이 본질상 의롭다는 것을 여러분은 알지 못합니까? 십계명이 무엇이 잘못되었습니까? 하나님의 이름에 영광을 돌리고, 새긴 형상 앞에 절하지 않는 것이 무엇이 잘못입니까? 정치인이든 국가든 승용차든 재물이든, 많은 사람들이 그 앞에서 애걸복걸하며 사는 것이 사실 문제 아닙니까? 영원하신 하나님 앞에 절하고, 하나님 이외 그 누구에게도 절하기를 거부하는 것이 무엇이 잘못입니까? 이레 가운데 하루를 귀하게 여겨 그날에 하나님과 사귐을 갖는 것이 무엇이 잘못입니까? 십계명에서 무엇무엇을 하지 말라고 금하시는 명령이 무엇이 잘못입니까? 온 세상 사람이 십계명만 온전히 지키고 살아도, 세상이 이 지경이 되지 않았을 것이고 이런 정치인들이 나오지 않았을 것임을 여러분은 알지 못합니까? 모든 사람이 십계명대로만 산다면 세상은 낙원이 될 것입니다. 세상에 공의와 평등과 의와 진리가 넘칠 것입니다.

십계명에 산상수훈을 더하여 생각해 보십시오. 그 안에 진리의 삶, 의의 삶, 훈련된 삶, 자기부인의 삶, 숭고하고 영광스러운 삶, 인간을 고상하게 하고 창조주를 닮은 피조물로 만드는 삶이, 어떻게 훌륭히 묘사되어 있는지 여러분은 잘 알 것입니다.

신약성경이 주 예수 그리스도에 관해 제시하는 그림을 보십시오. 그것이 참 인간의 모습이며, 그것이야말로 우리가 살아야 할 삶의 모습입니다. 여러분은 그분에게 돌을 던질 수 있습니까? 그분에게서 책잡아 비난할 만한 일이 있습니까? 당시 사람들은 그렇게 해보려고 했습니다. 최선을 다해 애썼으나 철저히 실패했습니다. 그분은 죄가 없었습니다. 거룩하고 흠도 없고 점도 없는 분이었습니다. 아버지의 율법에 순종하는 삶을 사셨고, 그것을 자랑스러워하셨고, 그 안에서 기뻐하셨으며, 두루 다니시며 선한 일을 행하셨습니다. 얼마나 완전한 삶입니까! 이러한 메시지가, 우리에게도 그와 같은 삶을 살도록 당부합니다. 그것은 의롭고 공의롭고 참된 삶입니다! 그것이 여러분의 눈앞에 뚜렷이 나타나 있지 않습니까?

이번에는 부정적인 면을 말씀드리지 않을 수 없습니다. 죄 가운데 사는 삶이 얼마나 잘못된 것입니까! 애굽의 정부가 이스라엘 자손을 박해한 것이 얼마나 악한 짓이었습니까! 애굽인이 이스라엘 자손을 학대한 것이 얼마나 잘못된 일이었습니까! 히브리 노예가 동족인 다른 노예를 학대한 것이 얼마나 악한 짓이었습니까! 모세는 옳고 그름을 보았으며, 그 둘을 결정하는 데 어려움을 겪지 않았습니다.

믿음을 떠나 죄 가운데 사는 삶이 얼마나 악한 것인지 여러분은 아십니까? 그러한 삶이 얼마나 악한지 여러분에게 보여드리고자 합니다. 믿음을 떠나 죄 가운데 산다면, 그것은 자신을 지으신 하나님께 반역을 저지르는 것입니다. 여러분은 여러분 자신이 만들지 않았고, 존재케 하지도 않았습니다. 여러분을 만드신 분은 하나님이십니다. "여호와가 우리 하나님이신 줄 너희는 알지어다. 그는 우리를 지으신 이요 우리는 그의 것이니"시 100:3. 하나님을 반역하는 자리에 선다는 것은, 여러분을 지으셨을 뿐 아니라 만물을 보존하시는 영원하신 하나님, 사랑과 자비와 긍휼의 하나님을 대적하는 것입니다. 반역은 악이요 불법입니다. 그것이 우리 각 사람이 안고 있는 현실이요 문제입니다. 세상의 똑똑한 사람들이 율법에 저항하는 것을 여러분은 바라보지 않습니까? 그들은 율법을 무산시키려 하고, 변경시키려 합니다. 왜 그렇습니까? 그렇게 함으로써, 마음 놓고 돼지나 짐승처럼 살고 싶은 것입니다. 아무런 제약도 한계도 구속도 없는, 무법한 생활을 누려 보고 싶은 것입니다. 이것이 우리가 안고 있는 문제입니다.

그러나 그렇게 죄악되고 불경건한 삶이 얼마나 이기적으로 돌아가는지 보십시오. 사람들은 그런 삶의 한쪽 면만 바라봅니다. 그렇지 않습니까? 속박과 굴레를 벗어던지고 젊은 혈기로 마음껏 인생을 구가하는 것이 사람의 눈에 좋게 보이지만, 그 안에는 이기심이 크게 자리잡고 있습니다. 세상이 얼마나 이기적인지 보십시오. 아내와 어린 자식들을 버리는 세상입니다. 얼마나 비열한 자들입니까! 얼마나 이기적인 자들입니까! 그들은 자신의 육욕과 변덕스러운 욕심을 만족시키기 위해서라면 상대방의 섬세하고 예민한 정서를 짓밟는 일을 주저하지 않습니다. 얼마나 자기중심적이고 초라한 짓입니까! 그러한 비열한 심성이 어떤 고통을 초래하며, 어떤 수치로 이어지는지 보십시오. 하나님을 배척하는 남녀들의 삶이 얼마나 비열하고 너절한지 보십시오. 그들의 자서전을 읽어 보십시오. 그들은 스스로 그 사실을 인정하면서도 오히려 그것을 자랑스럽게 떠벌립니다. 그러나 그것은 수치스럽고 불결하며, 추하고 비열한 삶입니다.

사도 바울은 이러한 삶을 로마서 6장에서 한 구절로 요약합니다. 그는 로마의 그리스도인들을 향해, 비록 그들이 한때는 죄인들이었으나 이제 회심하고 그리스도인들이 된 사실을 환기시킨 다음, 이렇게 묻습니다. "너희가 그때에 무슨 열매를 얻었느냐. 이제는 너희가 그 일을 부끄러워하나니"롬 6:21. 그들이 이제는 과거의 악행을 진심으로 뉘우치고 부끄러워하는 것을 말한 다음, 과거에 일을 하고 살 때 무슨 열매를 얻었는지를 묻는 것입니다.

저도 하나님의 이름으로 여러분에게 같은 질문을 드리고 싶습니다. 과거 믿음을 떠나 살던 삶이 정말로 여러분에게 준 것이 무엇입니까? 술을 즐기는 것이 자랑할 만한 일이던가요? 간음이 정말로 큰 기쁨을 주던가요? 그것이 성숙함과 참된 자유의 보증이던가요? 사랑하는 여러분, 문제를 똑바로 바라보십시오. 믿음으로 사는 삶은 참으로 의롭고 진실하나, 죄 가운데 사는 삶은 악하고 잘못된 것임을 알아야 합니다. 모세는 이 두 가지 길을 뚜렷이 바라보았습니다. 옳고 그름을 판단하는 데 어려움이 없었습니다.

다음으로 분명하게 나타나는 또 다른 요인은—이것은 특히 히브리서 11장에 잘 나타나 있습니다—모세가 멀리 내다보았다는 것입니다. 이것이 얼마나 중요한 원리인지요! 모세는 현실의 좁은 한계에 갇히지 않고, 현실의 벽을 뚫고 저 끝을 바라보았습니다. 앞서 살펴보았듯이, 마흔 살의 그에게는 훌륭하고 찬란한 인생이 놓여 있었던 반면에, 이스라엘 자손은 부당하고 참혹한 학대에 신음하는 노예들이었습니다. 한쪽에는 부귀영화가 있었고, 다른 한쪽에는 비참함이 있었습니다. 바로 이것이 세상이 언제나 우리에게 제시하는 양 갈래 길입니다. 세상 사람들은 이렇게 말합니다. "기독교는 너무나 편협하고 왜소하고 제한된, 가련한 종교 아닙니까? 좁은 울타리를 헐고 세상으로 나오세요. 나와서 인생을 한번 구가해 보세요. 나와서 삶다운 삶을 한번 살아 보세요. 자유를 마음껏 누려 보세요! 인생은 과연 살 만하지 않습니까!" 기독교가 세상 사람들 눈에 얼마나 왜소하고 답답하고 천하게 보이는 것입니까!

세상 사람들은 겉모습밖에 보지 못하고 눈앞의 현실밖에 생각하지 못하기 때문에, 모세와 달리 애굽에 남아 있기로 결심합니다. 그러나 앞서 말씀드렸듯이, 모세는 현실의 벽을 뚫고 저 끝을 바라보았습니다. 그가 본 것은 이것입니다. "도리어 하나님의 백성과 함께 고난 받기를 잠시 죄악의 낙을 누리는 것보다 더 좋아하고"히 11:25. 얼마나 깊고 많은 뜻이 함축된 말씀입니까! 세상 낙은 아침 안개와 같습니다.

> 주의 은혜 내가 받아 시온 백성 되는 때
> 세상 사람 비방해도 주를 찬송하리라.
> 세상 헛된 모든 영광 아침 안개 같으나
> 주의 자녀 받을 복은 영원무궁하도다.
> ―존 뉴턴

세상 낙은 오래가지 못합니다. 이와 대조적으로, 그리스도인이 아무리 세상에서 고난을 당한다 하더라도 그것은 잠시뿐입니다. 언제까지나 계속되는 것이 아닙니다. 현실에 갇히지 말고, 눈을 들어 미래를 바라봐야 합니다. "좁은 문으로 들어가라. 멸망으로 인도하는 문은 크고 그 길이 넓어 그리로 들어가는 자가 많고"마 7:13. 많은 사람들이 서로 부딪쳐 가며 넓은 길로 가고 있습니다. 허다한 무리가 그리스도를 배척하고, 하나님을 대적하고 있습니다. "우리한테 오라. 한번 멋지게 살아 보자. 우리 경주에 동참하라!" 하고 그들은 말합니다. 세상이 그 길에 동참하고 있습니다. 길이 넓습니다! 활짝 열려 있습니다! 그러나 그 길은 멸망으로 가는 길입니다. 반면에 "생명으로 인도하는 문은 좁고 길이 협착하여 찾는 자가 적"습니다14절.

어떤 사람은 이렇게 말합니다. "그리스도인이 되려면 모든 것을 다 버려야 합니까? 자꾸 그런 인상을 받게 됩니다." 버린다고요? 사랑하는 여러분, 버리는 게 아니라 얻는 것입니다! "참으면 또한 함께 왕노릇할 것이요"딤후 2:12. 끝을 바라보십시오! "잠시 죄악의 낙을 누리는 것"에서 눈을 떼고 저 끝을 바라보십시오. 모세처럼 멀리 내다보십시오.

모세는 죄악의 낙이 잠시 있다 사라지는 것임을 아는 것으로 그치지 않았습니다. 히브리서 11장에는 그의 또 한 가지 훌륭한 면이 소개됩니다. "이는 상 주심을 바라봄이라"히 11:26. 모세는 장차 상이 있을 것을 섬광을 보듯 깨달았습니다. 그것은 동족과 운명을 같이해 그들의 구원자가 되라고 촉구하는 내면의 음성에 진정으로 순종하는 것입니다.

그 상이 무엇입니까? 첫째, 하나님은 현세에서도 큰 상을 주십니다. 큰 결단을 하고 여러분 자신과 여러분의 인생을 그리스도 안에서 하나님께 드리는 순간, 죄가 다 사해진 것을 알게 될 것입니다. 이 세상에서는 아무에게도 가능하지 않을 것처럼 생각하던 평안을 맛보게 될 것입니다. 형언할 수 없는 만족을 누리게 될 것입니다. "예수를 너희가 보지 못하였으나 사랑하는도다. 이제도 보지 못하나 믿고 말할 수 없는 영광스러운 즐거움으로 기뻐하니"벧전 1:8. 순수하고 정결하고 거룩하고 만족스러운 삶, 목적이 있는 삶을 살기 시작할 것입니다. 더 이상 죽음이 두렵지 않을 것입니다. 웃으면서 죽음을 맞이할 수 있을 것입니다. 죽음의 공포가 사라질 것입니다.

그러나 현세에서 얻는 이러한 상이 전부가 아닙니다. 현세 너머에는 어떠한 문학적 표현도 닿지 못할 영광이 기다리고 있습니다. "사랑하는 자들아, 우리가 지금은 하나님의 자녀라. 장래에 어떻게 될지는 아직 나타나지 아니하였으나 그가 나타나시면 우리가 그와 같을 줄을 아는 것은 그의 참모습 그대로 볼 것이기 때문이니"요일 3:2. 사도 바울이 로마서에서 하는 말씀을 들어 보십시오. "생각하건대 현재의 고난은 장차 우리에게 나타날 영광과 비교할 수 없도다"롬 8:18. 하나님의 그리스도께서 이 세상에 다시 오셔서, 모든 악과 죄를 제거하실 날이 다가오고 있습니다. 그날에는 온 우주가 새로 창조되어 거듭날 것입니다. 영광스러울 것입니다. 그리스도와 하나님께 속한 여러분과 저는, 그 영광 안에 거하면서 영원히 그것을 누릴 것입니다.

"장차 하나님께서 주실 상"과 "이 세상에서 잠시 누리는 죄악의 낙"을 모세는 비교해 보았습니다. "애굽은 과연 부강한 나라다. 하지만 그 나라 백성은 이교도들이어서 하나님을 알지 못한다. 반면에, 이 노예 민족은 하나님을 아는 백성이다. 이들은 비록 지금은 고난과 시련의 용광로를 지나가고 있으나, 하나님의 백성으로서 가나안 땅에 들어가게 될 것이며, 장차는 하늘의 가나안에 안착할 것이다. 영원을 바라보자. 영원한 영광에 눈을 두자. 현세는 있다가 금세 사라지는 아침 안개와 같다."

18 결단

마지막으로, 모세처럼 하나님의 백성에게 속하려고 결단할 때, 여러분이 속하게 될 무리를 생각해 보십시오. 여러분은 아브라함과 이삭과 야곱과 모세와 위대하고 영광스러운 선지자들뿐 아니라, 히브리서 11장에 소개된 모든 신앙 선진들의 구약 성도들에게 속해 있는 것입니다. 그들이 여러분이 속하게 된 무리 중에 들어 있습니다. 만대의 강직한 순교자와 고백자들 또한 여러분이 결단을 내려 참여하고자 하는 무리 중에 들어 있습니다.

그러나 사람들이 전부가 아닙니다. 저는 그들을 지으신 분을 바라봅니다. 모세가 오늘 말씀에 기록된 모든 일을 어떻게 할 수 있었습니까? 무슨 이유로 그들에게 그 일들을 했습니까? 히브리서 11:27에 답이 있습니다. "믿음으로 애굽을 떠나 왕의 노함을 무서워하지 아니하고 곧 보이지 아니하는 자를 보는 것같이 하여 참았으며." "마음이 청결한 자는 복이 있나니 그들이 하나님을 볼 것임이요."마 5:8. 하나님을 바라볼 때 애굽의 보화가 다 무엇이며, 피라미드에 보존되어 있는 온갖 보물이 다 무엇이며, 왕궁들이 다 무엇입니까! 여러분은 나그네와 거류민이 되어 이 세상을 걸어가고 있으나, 여러분 곁에는 하나님이 계십니다. 무엇보다도 여러분은 예수님이 걸으신 길을 따라 걷고 있습니다. "믿음의 주요 또 온전하게 하시는 이인 예수를 바라보자"히 12:2. 예수께서 앞장서서 하나님의 백성을 인도하고 계십니다. 사도들에게 눈을 끝까지 고정시키시는 것이 아니라, 그들을 부르신 주님을 바라봐야 합니다. 하나님의 아들이신 예수께서 선두에 서서 인도하고 계십니다.

세상은 저를 조롱하고 비웃고 손가락질할지 모르지만, 저는 그리스도께 속하여 그분의 발자취를 따라 걷습니다. "그는 죄를 범하지 아니하시고 그 입에 거짓도 없으시며"벧전 2:22. 온 우주를 다 살핀다 해도, 그리스도께서 나를 형제라 부르시기를 부끄러워하지 아니하시고, 하나님께서 나를 당신의 백성이라 부르시기를 부끄러워 아니하시는 이 사실에 견줄 만한 특권이 있습니까? 오늘날 세상에서는 영국인이 된다는 것이 혹은 다른 어느 나라 국민이 된다는 것이 좋은 일이고, 사람들은 그것을 자랑스럽게 여깁니다. 그러나 모세와 같은 결단을 내린다면, 그와 같은 것이 자랑에나 낄 수 있겠습니까? 여러분은 하나님 나라의 시민이 된 것이고, 천국시민이 된 것이고, 하나님의 자녀가 된 것이고, 왕의 왕이요 주의 주이신 분의 자녀가 된 것입니다. 무리 가운데 들어 지도자의 인도를 받아 산다는 것이 얼마나 크고 영광스러운 일인지요!

사랑하는 성도 여러분, 이제 다 깨달았습니까? 이제 다 느꼈습니까? 이제 충분히 상고했습니까? 여러분 앞에 놓인 두 갈래 길이 정말로 현실로 느껴집니까? 하나님 아니면 마귀요 천국 아니면 지옥이요, 영원한 복락과 기쁨과 영광 아니면 영원한 비참과 수치입니다. 양자택일만 남아 있습니다. 여러분 앞에 값없이 모든 영광이 제시되어 있습니다. 여러분은 그것이 보입니까? 그것이 보인다면 머뭇거릴 필요도, 그럴 여유도 없습니다. 즉시 주님 앞에 나아가 "저를 인도해 주십시오. 주님을 따라 살겠습니다" 하고 아뢰어야 할 것입니다.

18
결단

19

어두워진 마음

그는 그의 형제들이 하나님께서 자기의 손을 통하여 구원해 주시는 것을 깨달으리라고 생각하였으나 그들이 깨닫지 못하였더라.

사도행전 7:25

모세의 생애가 잘 말해 주듯이, 이 세상에는 믿음으로 사는 길과 믿음을 떠나 사는 길, 두 길밖에 길이 없습니다. 다른 대안은 없습니다. 이것 아니면 저것입니다. 하나님은 모세가 확연히 깨달은 것을 우리도 깨달을 수 있도록 허락하십니다. 그 깨달음이 우리를 강하게 붙들게 하심으로, 이전까지 두 길 사이에서 머뭇거리며 앞으로 나가지 못했더라도 이제는 더 이상 그 자리에 머물지 못하게 하십니다.

그러나 슬프게도, 이야기는 거기서 끝나지 않습니다. '슬프게도'라고 말한 이유는, 오늘 본문에서 보게 되는 다음번 교훈이, 모세가 취한 것과 정반대되는 결정에서 나온 것이기 때문입니다. 모세는 자신과 자신의 인생을 하나님께 드리는 올바른 선택을 했습니다. 그러나 유감스럽게도, 바로 그 순간에, 이스라엘 자손은 정반대되는 행동을 했다는 내용을 읽게 됩니다.

사도행전 7장 기록에 따르면, 모세가 처음 자기 백성을 찾아가 하나님께서 자신을 보내 이루시려는 구원을 그들에게 제시합니다. 하지만 그들은 그의 뜻을 거절했습니다. 25절 말씀이 슬픔을 자아내지 않습니까? 여기에 대단히 놀라운 어떤 것이 있지 않습니까? 분명히 모세는 경악했을 것입니다. "그는 그의 형제들이 하나님께서 자기의 손을 통하여 구원해 주시는 것을 깨달으리라고 생각하였으나 그들이 깨닫지 못하였더라." 얼마나 의미심장한 뜻이 담긴 구절입니까! "그들이 깨닫지 못하였더라." 그들이 모세를 그처럼 대한 까닭에, 모세는 목숨을 부지하기 위해 도망쳐야 했으며, 미디안 땅에서 목자로 사십 년을 보내야 했습니다.

스데반은 이스라엘 자손의 이 실패를 산헤드린 공회원들에게 이해시키기 위해 애를 썼습니다. 사실상 이것이 그의 연설의 핵심이었습니다. 상황과 문제를 정확히 파악한 예리한 연사와 논객으로서, 그는 한 가지 주제를 여러 번 반복하여 강조함으로써 듣는 자들을 깨우쳐 주려고 했습니다. 산헤드린 공회원들의 비극은, 모세를 지나치게 좋아하고 자랑한 데 있었습니다. 그들이 스데반에게 씌운 고소 가운데 하나도, 앞장에서 읽은 대로 "그의 말에 이 나사렛 예수가 이곳을 헐고 또 모세가 우리에게 전하여 준 규례를 고치겠다 함을 우리가 들었노라" 하는 것이었습니다.행 6:14. 모세는 그들 조상 가운데 가장 위대한 민족의 영웅이었을 아브라함 다음으로 추앙하던 영웅이었습니다. 따라서 스데반은 고대사 가운데 이 부분을 떼어 조명함으로써, 그들이 주 예수 그리스도를 배척한 행위는 조상들이 하나님께서 구원자로 보내신 모세를 배척한 행위를 답습한 것임을 깨닫게 해주려고 노력했습니다. 요한은 자신의 복음서 서론에 비감한 어조로 이렇게 적었습니다. "자기 땅에 오매 자기 백성이 영접하지 아니하였으나"요 1:11.

여러분에게 거듭 말씀드리지만, 저 역시 여러분에게 말씀을 전하는 것은, 단순히 역사나 고전에 대한 관심이 남달라서 그런 것이 아닙니다. 스데반이 했던 일을 그대로 하고 있을 뿐입니다. 하나님께서 이 일을 그때와 동일하게 성령의 능력으로 뒷받침해 주시기를 기도합니다! 저는 다만 오늘날 세상이 산헤드린과 이스라엘 자손의 행위를 되풀이하고 있음을 지적하고 있는 것입니다. 역사에서 가장 큰 비극은, 세상이 자신을 구원하러 오신 구주를 배척하고 메시아를 십자가에 못박은 사건입니다. 우리가 마음에 깊이 간직해야 할 중요한 질문이 이것입니다. 세상이 왜 이런 일을 하는가? 산헤드린이 왜 그런 태도를 취했을까? 모세가 구원자로 나타났을 때 이스라엘 자손이 왜 그런 행동을 했을까?

이것이 오늘날 인류 앞에 걸려 있는 가장 중요한 질문입니다. 현대사회가 안고 있는 문제들은, 세상에 필요한 모든 것을 줄 수 있는 이 구원을 발로 차버린 직접적인 결과이기 때문입니다. 이 구원은 생명뿐 아니라 자유와 기쁨과 행복과 평화를 줍니다. 만일 세상이 복음을 믿고 받아들이기만 하면 상황이 완전히 바뀌게 될 것입니다. 우리가 하루하루 두렵게 바라보고 있는 갈등과 대립과 위기가 종식될 것입니다. 가정생활과 결혼생활에 불행이 깃들 여지가 없을 것이며, 많은 사람들에게 인생을 이토록 비참하게 하는 모든 문제와 시련도 사라질 것입니다. 그런데도 세상은 이 구원을 거절하며, 냉소와 경멸에 찬 시선을 보냅니다.

그러므로 25절 말씀을 깊이 살펴보는 것이 중요합니다. 여기에 나타난 이스라엘 자손의 행위가 얼마나 비이성적입니까? 이스라엘 자손이 노예로 전락해 버렸습니다. 하나님께서 그들을 구원하시려고 한 사람을 보내셨는데, 그들은 그를 배척했습니다. 이런 행동은 비이성적일 뿐 아니라 몰상식한 것입니다. 이런 반응이 나타난 원인은, 성경이 '죄'라고 부르는 것 한 가지밖에 없습니다. 그것은 악의 세력이며, 아담의 불순종과 반역이 우리 모두에게 끼친 해악입니다. 죄는 우리를 이렇게 행동하는 사람들로 만들어 놓습니다. 이것이 세상의 현실과, 하나님이 보내신 구주를 배척하고 십자가에 못박은 세상의 행위를 설명할 수 있는 유일한 길입니다. 여기서 분명히 보게 되는 것이, 죄의 본질과 성격입니다.

사람들은 세상이 이렇게 되어서는 안된다는 데 동의하지만, 그 원인은 세상이 아직 충분하게 발전하지 못했기 때문이라고 생각합니다. 따라서 원인을 그다지 심각하게 진단하지 않습니다. 아마도 진화과정이 너무 더디기 때문에 생긴 과도기적 현상쯤으로 생각하는 것은 아닌지 모르겠습니다. 그들이 만족스러운 해결책을 얻으려면 수백만 년의 세월을 기다려야 할 것입니다! 인간의 두뇌와 사고력이 충분히 발달함으로 전쟁 같은 미련한 짓을 버리고 완전한 삶을 살 수 있으려면, 수백만 년의 세월이 걸릴 것이라고 그들은 말합니다. 결국 진화과정이 더뎌서 생기는 현상이라는 것이 그들의 설명입니다.

또 어떤 사람들은 현대사회가 이렇게 된 이유를, 인간이 최선을 다하지 않았기 때문이라고 설명합니다. 지식과 교육과 정보가 부족해서 이렇게 되었다는 낙관적인 진단을 내놓기도 합니다. 그것이 웰스H. G. Wells의 신념이었으며, 다른 많은 사람들도 같은 견해를 주장했습니다. 그러나 성경의 교훈에 따르면, 그것은 완전히 틀린 생각입니다. 그 견해를 잘 분석해 보면 그것이 얼마나 잘못된 것인지, 그리고 어떻게 성경의 대답이 유일한 설명이 되는지 다시 확인할 수 있을 것입니다.

성경은 악을 가리켜 거대한 세력이라고 말합니다. 그것은 지혜와 능력의 결핍이 아니라, 적극적이고 능동적인 세력입니다. 우리를 꼼짝 못하도록 장악하는 어떤 것입니다. 복음은 인간이 마귀의 지배와 영향력 아래 있다고 주저 없이 말합니다. "그때에 너희는 그 가운데서 행하여 이 세상 풍조를 따르고 공중의 권세 잡은 자를 따랐으니 곧 지금 불순종의 아들들 가운데서 역사하는 영이라"엡 2:2. 악은 단순한 질병이 아니라, 우리 위에 군림해 우리의 모든 훌륭한 기능과 능력을 무력하게 만드는 가공할 세력입니다.

하나님의 아들이 왜 십자가에 달려 죽으셨습니까? 왜 세상에 오셨습니까? 그것만이 인간을 마귀와 죄와 악과 지옥의 권세와 지배로부터 건져 낼 수 있는 유일한 길이기 때문입니다. 그것이 하나님의 아들이 세상에 오셔서, 고난받으시고 죽으시고 무덤에 들어가시고 다시 살아나신 유일한 답입니다. 다른 설명은 없습니다. 율법으로는 그 일을 할 수 없습니다. 율법에는 교훈이 담겨 있습니다. 십계명이 그것입니다. 혹시 교육과 지식으로 인간을 바르게 할 수 있다고 생각하는 분이 있다면, 십계명이 이스라엘 자손을 구속하는 데 실패함으로써 이미 그릇된 생각임이 입증되었음을 알아야 합니다. 그것은 가능한 일이 아닙니다. 문제가 워낙 심각하고 뿌리가 깊기 때문에, 그것을 바로잡기 위해서는 하나님의 아들이 세상에 반드시 오셔야 했을 뿐 아니라 죽으시고 장사지낸 바 되시고 부활하시는 일이 필요했던 것입니다.

사람들이 십자가의 도를 이해하지 못하는 것은 새삼스러운 일이 아닙니다. 죄와 악의 문제를 모르고는 십자가를 이해할 길이 없는 것입니다. 그런데 이스라엘 자손의 이야기에 나오는 한 사건이, 아주 드라마틱한 방법으로 죄와 악이 인간의 마음과 인간의 정신에 어떤 해악을 끼치는지 잘 보여줍니다. "그는 그의 형제들이 하나님께서 자기의 손을 통하여 구원해 주시는 것을 깨달으리라고 생각하였으나 그들이 깨닫지 못하였더라." 그 결과 이스라엘 자손은 구원을 받지 못하고 사십 년이란 길고 참혹한 세월을 더 겪어야 했습니다.

그러므로 죄의 권세와 영향에 관해 우리가 보게 되는 것은 무엇입니까. 첫째, 그것은 마음을 어둡게 함으로써 바른 생각을 할 수 없게 만든다는 것입니다. 이것은 복음, 아니 성경 전체가 본성으로 사는 우리 인간에게 던지는 첫번째 도전입니다.

이것은 충분히 예상할 수 있는 결과입니다. 그렇지 않습니까? 인간이 죄를 짓고 타락함으로써 가장 큰 타격을 받은 것이 인간의 마음이라는 것은 새삼스러운 이야기가 아닙니다. 왜냐하면 하나님께서 인간에게 주신 가장 큰 선물은, 정신과 이성과 이해력과 판단력이기 때문입니다. 하나님께서 주신 이 귀한 것들이 인간 안에 있는 하나님 형상의 한 부분을 이룹니다. 창세기 2장을 보십시오. 하나님이 아담에게 각종 짐승들에게 이름을 짓도록 하셨을 때 그렇게 할 수 있었던 것도, 그에게 그런 기능이 있었기 때문입니다. 짐승은 할 수 없는 것을, 인간은 마음 곧 정신을 받음으로 하나님과 사귐이 가능하게 되었습니다. 인간은 기계나 동물이 아닙니다. 생각해 깨달을 수 있는 독창적 능력을 부여받은 피조물입니다. 거듭 말씀드리지만, 이것은 인간이 받은 가장 큰 선물입니다.

그러므로 하나님의 원수인 마귀가 무엇을 했습니까. 하나님의 완전한 창조를 망쳐 놓으려고 노심초사하면서 가장 먼저 감행한 일이 인간의 정신을 공격한 것이었습니다. 이것은 새삼스러운 것이 아닙니다. 하와가 시험을 받는 장면에, 마귀가 하와와 변론하면서 "하나님이 참으로 너희에게 동산 모든 나무의 열매를 먹지 말라 하시더냐"창 3:1 하고 가정하는 것이 나옵니다. 하나님께서 하와에게 뭐라고 말씀하셨는지 여러분은 잘 아실 것입니다. 하나님은 하와의 이성과 이해력에 말씀하셨는데, 하와는 그 말씀을 생각 없이 들었습니다. 결국 "뱀이 그 간계로 하와를 미혹"하게 했고—사도 바울은 이렇게 표현합니다 고후 11:3—하와는 넘어지고 말았습니다. 그때부터 인간의 이성이 비뚤어지고 어두워지고 무뎌져서, 하나님께서 의도하신 대로 작용할 수 없게 되었습니다.

이것이 더욱 큰 비극인 이유는, 세상이 늘 자랑하는 것이 이성이기 때문입니다. 그것은 실로 마귀의 가장 크고 간교한 공격이었습니다. 오늘날 이 나라에 비그리스도인들이 다수를 점하고 있는 이유가 무엇입니까? 그들을 붙들고 한번 물어보십시오. 아마 자신들에게 이성의 능력과 지적 능력과 자신들이 무엇을 알기 때문이라고, 과학 때문이라고 대답할 것입니다. 모두 다 정신과 관련된 이유입니다. 그들은 복음을 믿는 우리를 거의 정신병자로 간주합니다! 우리에게 친절히 말할 때조차 "좋습니다. 당신은 틀림없이 판단할 능력이 있지만 그것을 사용하지 않기로 결정한 것 같군요. 당신은 자신에게 있는 능력을 방치해 왔습니다. 일부러 눈을 감고 지내 왔습니다. 애써 사실을 외면해 왔습니다. 의도적으로 머리를 모래에 처박고 지내 왔습니다. 왜 정신을 사용하지 않는 겁니까?" 이 말에는, 만일 정신을 사용하면 한순간에 이런 복음을 믿지 않을 것이라는 뜻이 깔려 있습니다.

이처럼 세상은 이성을 내세워 복음을 배척합니다만, 세상이 내내 안고 온 비극은 이성을 앞세우면서도 깨닫지 못한다는 데 있습니다. "그는 그의 형제들이 하나님께서 자기의 손을 통하여 구원해 주시는 것을 깨달으리라고 생각하였으나 그들이 깨닫지 못하였더라." 사도 바울은 특유의 방식으로 로마서 1장에서 이 문제를 아주 파격적으로 언급합니다. "스스로 지혜 있다 하나 어리석게 되어"롬 1:22. 만일 이 세상을 좀더 낫게 표현할 방법이 있으면 내게 일러 주시기 바랍니다. 로마서 1:18부터 끝 절까지 읽어 보십시오. 성적으로 심히 타락해 있고, 매우 악하고 불결하고 추하고 혼돈에 빠져 있는 현대세계의 실상이 그 안에 여실히 묘사되어 있습니다.

바울은 에베소서에서 이 점을 다시 언급합니다.

그러므로 내가 이것을 말하며 주 안에서 증언하노니 이제부터 너희는 이방인이 그 마음의 허망한 것으로 행함같이 행하지 말라. 그들의 총명이 어두워지고 그들 가운데 있는 무지함과 그들의 마음이 굳어짐으로 말미암아 하나님의 생명에서 떠나 있도다^{엡 4:17-18}.

모세는 동족을 도와주려는 마음을 품고 이스라엘 자손을 찾아갔습니다. 자신이 그들을 구원해 줄 것을 학수고대하고 있을 줄로 알았습니다. 그러나 그들은 이해하지 못했습니다. 이것이 다름 아닌 오늘날의 모습이 아닙니까? 똑똑하고 많이 배운 사람들을 생각해 보십시오. 그들은 전문시사 간행물과 논문을 읽으며 문화강좌에 참석합니다. 지식과 식견이 깊고 해박합니다. 그러나 그들이 어떠한 삶을 살고 있는지 보십시오. 그들의 개인생활을 눈여겨보십시오. 그들이 구성하고 있는 사회의 모습을 보십시오. 세계에 조성되어 있는 긴장을 보십시오. 여러분의 눈에 비친 이 세상이 과연 지식과 지혜로 유지되는 세상입니까? 그렇지 않습니다. 사도의 지적이 여전히 유효합니다. "스스로 지혜 있다 하나." 우리가 살아가는 방식이 얼마나 어리석은지 보십시오. 세상은 여전히 전쟁과 군비경쟁을 축으로 돌아갑니다. 사람들이 굶어 죽어가고 있는데 수백만 달러를 들여 무기를 만듭니다. 완전히 백치와 같은 행위입니다. 그러면서도 지혜를 내세우며 복음을 믿지 못하겠다고 주장합니다.

세상은 사고^{思考}를 아직 시작조차 하지 못했습니다! 거듭 말씀드리지만, 인간의 타락이 가져온 가장 큰 해악은 정신이 무능력하게 되었다는 것입니다. 이 세상에 천재들이 있다 하고 그들의 지식과 통찰이 위대하다고 합니다. 하지만 그들이 스스로를 통제하지 못하고 술에 의존하고 거룩한 것에 침을 뱉는다면, 인간이기보다 짐승처럼 산다면, 그것이 다 무슨 소용이 있습니까? 그것이 지혜입니까? 단언하건대, 그것은 어리석은 것입니다!

이렇게 총명이 어두워진 결과가 어떻게 나타나는지 한두 가지 사례를 들어 보고자 합니다. 오늘 말씀에서 먼저 살펴보겠습니다. 첫번째, 이스라엘 자손이 깨닫지 못한 것에서 분명히 볼 수 있는 점은, 그들이 초자연적 영역에 대해 완전히 눈이 멀어 있었다는 것입니다. 모세는 바로 딸의 아들로 자란 후에, 어느 날 자기 백성을 돌보아 그들을 도와야겠다는 마음이 생겼습니다. 앞서 살펴본 대로, 하나님께서 그와 함께 계셨던 것입니다. 하나님께서 그에게 이 백성의 구원자가 되리라고 말씀해 주셨습니다. 모세가 어느 날 오후 그들에게 갔는데, 어떤 애굽 사람이 동족을 학대하는 광경을 보고는 그 애굽 사람을 죽였습니다. 먼저 말로 타이르다가 안 되었으므로 그렇게 했을 것입니다. 이렇게까지 이스라엘 자손들 앞에 뚜렷이 자신의 심정과 의지를 밝히고 그들 편에 확실히 섰으므로, 그들이 자신의 행위를 이해해 주리라고 생각했습니다. 그들의 현실이 워낙 간곤했던 까닭에 그들 앞에 섰던 것입니다.

과거 몇몇 주석가들은 모세가 애굽 사람을 죽이는 과정에 기적적이고 비상한 능력을 암시하는 그 무엇이 있었다고 주장했는데, 저는 그 주장에 동의하는 편입니다. 확실히 그랬다는 말은 아닙니다. 구체적인 기록이 없으니까요. 그가 애굽인을 쳐다봄으로써 죽였을 수도 있고, 손짓 하나로 그를 쓰러뜨렸을 수도 있습니다. 과연 그랬는지 확인할 길이 없습니다. 그러나 어떤 것이 있었음이 분명합니다. 왜냐하면 모세는 이스라엘 자손이 하나님께서 자신을 통해 그들을 구원하시는 것을 볼 줄로 기대했기 때문입니다. 다시 말해서, 모세는 한 사람의 인간으로 그 일을 한 것이 아니라 하나님의 종으로서 한 것입니다. 그 의식을 그의 마음에 심어 주신 분이 하나님이셨습니다. 이것은 성령께서 하신 일로, 기적적이고 초자연적인 개입이었습니다. 그러나 그들은 깨닫지 못했습니다.

인간이 본성으로 어떠한 상태에 처해 있는지 너무나 여실히 보여 주는 진술입니다. 어떤 면에서 죄가 우리 모든 사람에게 끼친 가장 큰 해악은, 초자연과 기적과 신적인 일을 깨닫지 못하도록 만든 것입니다. 죄의 영향은 우리 마음의 눈을 어둡게 함으로써, 매사를 보고 만지고 측량하고 조종할 수 있는 능력을 이 세상 기준으로 평가하도록 만듭니다. 세상이 안고 있는 진정한 문제는, 눈에 보이는 것 외에는 아무것도 믿지 않는 물질주의에 있습니다. 이 세상은 보이지 않는 영적이고 영원한 영역, 영원하신 하나님과 그의 그리스도께서 다스리시는 영역을 알지 못합니다. 인간은 눈이 멀어 영광스러운 세계를 보지 못하고 생각이 땅에 붙어 있음으로써, 보이지 않는 영적인 세계를 가까이 두고도 이해하지 못합니다.

이것이 오늘 말씀에서 스데반이 가르치는 것입니다. 또한 성경 전체, 특히 신약성경이 구체적으로 가르치는 교훈이기도 합니다. 세상은 하나님과 그분의 영광스럽고 자비로운 일들을 깨닫지 못하게 하는, 영적 무기력증에 걸려 있습니다. 성경에는 이 사실을 가르치는 교훈이 참으로 많습니다. 그 가운데 제가 일관되게 인용하는 구절이 있습니다. 저는 오늘날 세상이 특히 교회가, 성경의 다른 부분보다 고린도전서 2장의 교훈을 다시 배울 필요가 있다고 생각합니다. "육에 속한 사람은 하나님의 성령의 일들을 받지 아니하나니 이는 그것들이 그에게는 어리석게 보임이요, 또 그는 그것들을 알 수도 없나니 그러한 일은 영적으로 분별되기 때문이라"고전 2:14. 육에 속한 사람, 곧 복음 밖에 있는 사람은 성령의 일을 이해할 능력이 없습니다. 그는 자신의 이성과 깨달음의 범위 밖에 있는 것은 아무것도 모르며, 그것을 배척합니다. "아니다. 그것은 사실이 아니고, 지어낸 이야기일 뿐이다" 하고 말합니다.

현대인의 전형적인 태도는 구약성경의 전도서에서 발견하게 됩니다. "이미 있던 것이 후에 다시 있겠고 이미 한 일을 후에 다시 할지라 해 아래에는 새것이 없나니"전 1:9.

사람들은 이렇게 말합니다. "이러한 신神 개념, 즉 외부에서 어떤 존재가 와서 모든 것을 변화시키는 일을 하고 새 생명과 새 출발을 준다는 개념은 터무니없는 이야기이다. 사람이 교육을 제대로 받지 못했을 때 이런 이야기를 믿기 쉽다. 과거에 사람들이 무지한 가운데 영혼과 귀신을 믿던 시절에는 신을 믿는 분위기였으나, 오늘날은 통하지 않는 이야기다. 삶은 실제적이고 진지하다."

인간은 초자연적이고 기적적이고 신적인 복음 앞에 마주 서는 순간, 본능적으로 그것을 배척하고 등을 돌립니다. 초자연적이고 기적적이고 신적인 범주에 대해, 하나님이 거하시며 다스리시는 보이지 않는 영원한 영역에 대해, 완전히 눈이 멀어 있습니다.

바로 이것이 사도 바울이 가르치는 교훈입니다. 사도는 하나님의 아들이 세상에 오셨을 때, 세상이 그분을 어떻게 대했는지 상기시킵니다. "이 지혜는 이 세대의 통치자들이 한 사람도 알지 못하였나니 만일 알았더라면 영광의 주를 십자가에 못박지 아니하였으리라"고전 2:8. 인간이 보이는 세계에 사는 동안, 다른 세계 곧 보이지 않는 세계에 에워싸여 있음을 깨닫지 못하는 것만큼 안타깝고 비극적인 일이 어디 있겠습니까? 우리는 문제와 고통과 번민이 가득한 세상에 살고 있지만, 우리 곁에는 이 세상과 사뭇 다른 또 다른 세계 또 다른 영역이 존재합니다. 이 사실이 사도 바울 같은 그리스도인으로 하여금 다음과 같이 말하게 합니다.

우리가 잠시 받는 환난의 경한 것이 지극히 크고 영원한 영광의 중한 것을 우리에게 이루게 함이니 우리가 주목하는 것은 보이는 것이 아니요 보이지 않는 것이니 보이는 것은 잠깐이요 보이지 않는 것은 영원함이라고후 4:17-18.

보이지 않는 영역에 영광스럽고 경이로운 삶이 있을 뿐 아니라, 그것이 우리의 것이 될 수 있습니다. 그러나 세상은 귀가 멀어 이 말을 듣지 못합니다. 이 말을 하는 우리를 미친 사람 취급합니다. 세상 사람들에게 복음이 너무나 낯설고 믿을 수 없는 것이 되어 버렸습니다. 이스라엘 자손이 자신들을 구원하러 온 모세의 심정을 이해하지 못했듯이, 구원의 복음의 본질인 하나님의 개입과 하나님의 제안을 도무지 이해하지 못합니다.

이것이 첫번째 원인입니다. 세상은 영적 무기력증과 침체에 너무 깊이 빠져 있습니다. 복음을 들을 때 "대체 그런 허튼소리가 어디 있는가? 생소하고 이상한 소리 아닌가? 어떻게 생겨먹은 자이기에 그런 말을 한단 말인가?" 하고 퉁명스러운 반응을 나타냅니다.

여러분도 그런 느낌이 듭니까? 만일 그렇다면 영적으로 죽어있기 때문입니다. 그것은 죄의 결과이고, 인간의 타락으로 말미암은 영향입니다. 이스라엘 자손처럼 구원을 제안받고도 그것을 이해하지 못하는 것입니다.

다음으로 드릴 말씀은, 이처럼 깨닫지 못할 때 나타나는 두번째 현상입니다. 이스라엘 자손은 철저히 눈이 멀었으므로, 자신들이 민족 차원에서 심각한 곤경에 처해 있음을 깨닫지 못했습니다. 여기서 여러분에게 강조하고 싶은 것은, 죄가 사람을 어리석게 만든다는 점입니다. 죄가 사람을 얼마나 비열하고 비천하게 만드는지 여러분은 아십니까? 우리는 우리 이성과 지식과 지혜를 자랑하며, 스스로 구원할 수 있다고 생각합니다. 그런데 우리가 실제로는 어떻게 행동하는지 한번 주의 깊게 관찰해 보십시오. 오늘 말씀을 보면, 이스라엘 자손은 노예 상태와 속박과 억압 가운데 있어도, 그들의 행동에는 도무지 심각한 현실에 대한 자각이 나타나지 않습니다. "이튿날 이스라엘 사람끼리 싸울 때에 모세가 와서 화해시키려 하여 이르되 너희는 형제인데 어찌 서로 해치느냐 하니." 모세가 이스라엘 자손을 찾아간 첫째 날, 애굽인이 히브리 노예를 학대하고 있었습니다. 어찌 보면 그것은 예상할 수 있는 일이었습니다. 그렇지 않습니까? 그러나 다음 날 모세가 그들을 찾아갔을 때는 히브리 노예가 다른 노예를 학대하고 있었습니다. 서로 싸우고 있었습니다. 모세가 그들을 향해 "너희는 형제인데 어찌 서로 해치느냐" 하고 말했습니다.

모세의 심정이 이해되지 않습니까? 그들은 노예 신세로 전락해 있는데도, 그것이 중대하고 비감한 현실로 느껴지지 않은 모양입니다. 너나 할 것 없이 심각한 상태에 떨어져 있었음에도, 서로 물고 뜯느라 인생을 허비하고 있었습니다. 이것이 죄로 말미암은 비참한 어리석음인 동시에, 오늘날 세상이 처한 상태를 고스란히 보여주는 그림이기도 합니다.

여러분은 세상을 바라볼 때 어떤 느낌이 듭니까? 그리스도인으로서 묻는 것이 아니라, 신문을 읽고 방송 매체에서 뉴스를 듣는 사람으로 묻는 것입니다. 세상에서 무엇을 보십니까?

저는 세상이 분열되어 있는 것을 봅니다. 철의 장막이 쳐져 있습니다. 한쪽 진영이 다른 쪽 진영과 대치하고 있습니다. 동쪽의 진영은 두 개의 진영으로 갈라지고 있습니다. 이제는 더 이상 단순히 공산권과 비공산권의 대립이 아니라, 공산권과 공산권의 대립도 끼어들고 있습니다. 세상은 정치적으로도 분열되어 있지만, 피부색으로도 분열되어 있습니다. 피부색이 삶에 무슨 차이를 냅니까? 어느 인종이 다른 인종보다 우월합니까? 그런데도 서로 잘났다고 물고 뜯고 싸웁니다.

또한, 세상은 사회적·문화적 차별들로 가득합니다. 웬 직함들이 그리도 많습니까! 사무관리직이 생산직 근로자보다 우월하다고 생각합니다. 이런 것은 여러분도 익히 알고 있는 현실입니다. 노동조합 내부를 들여다보아도 서로 물고 뜯기는 마찬가지입니다. 한 사람의 재산이 많거나 직책이 높으면, 다른 사람이 그를 견제하고 신뢰하지 못하는 경향이 있습니다.

우리는 스스로를 끊임없는 범주들로 구분하며 살아갑니다. 겉으로는 서로 일치하고 교제하고 이해하는 모습을 보이지만, 무대 뒤에서는 다투고 싸우고 상대방을 쓰러뜨리지 못해 안달입니다. 신문을 펼칠 때마다 그런 흉한 모습을 보게 됩니다. 왕실의 동정을 다루는 신문이나 일반 신문이나 그 점에서는 마찬가지입니다. "이것은 절대적으로 중요하니 양보할 수 없다"고 말하면서 자신들의 권리를 주장합니다. 자신은 우월하고 다른 사람들은 자기보다 못하다고 생각합니다. 자신이 이것을 가져야 하는데 다른 사람도 그것을 원하므로 서로 싸웁니다. 이런 일이 개인 간에 벌어지고, 집단 간에 벌어지고, 나라 간에 벌어지고, 대륙 간에 벌어집니다. 이것이 인류가 처해 있는 상황입니다. 서로 경쟁하고 대립하고 싸웁니다.

너나 할 것 없이 우리 모두 노예라는 사실을 망각하고 있습니다. 서방세계도 동방세계 못지않게 철저히 예속되어 있습니다. 서로 물고 뜯는 데 열중한 나머지, 우리가 안고 있는 진정한 문제를 망각하고 있습니다. 서로 싸우는 데 바쁜 나머지 "모든 사람이 죄를 범하였으매 하나님의 영광에 이르지 못하[는]"롬 3:23 비참한 사실을 잊고 있습니다. 우리는 본성적으로 사탄의 권세와 지배 아래 있는 것입니다.

우리 주님께서 이 사실을 극명하게 들춰 내셨습니다. 어느 날 오후, 말씀을 전하실 때의 일이었습니다.

이 말씀을 하시매 많은 사람이 믿더라. 그러므로 예수께서 자기를 믿은 유대인들에게 이르시되 너희가 내 말에 거하면 참으로 내 제자가 되고 진리를 알지니 진리가 너희를 자유롭게 하리라.

이제 다음 말씀을 주목하십시오.

그들이 대답하되 우리가 아브라함의 자손이라. 남의 종이 된 적이 없거늘 어찌하여 우리가 자유롭게 되리라 하느냐요 8:30-33.

그들은 정치인들처럼 말하고 있었고, 자신들이 누구에게도 예속된 적이 없었다는 것을 자랑했습니다. 그러나 실제로는 그 순간에도 다른 나라에 예속되어 있었으며, 그 전에는 바벨론에게, 그 전에는 애굽에게 예속된 경험이 있었습니다. 정치인들은 이런 것을 망각합니다. "우리가 아브라함의 자손이라. 남의 종이 된 적이 없거늘." 예수님께서는 그들이 해방되어야 할 필요를 가르칠 절호의 기회였습니다.

그러나 예수님은 이렇게 대답하셨습니다. "진실로 진실로 너희에게 이르노니 죄를 범하는 자마다 죄의 종이라"34절. "내게 정치적 자유나 사회적 자유 같은 것을 말하지 말라. 만일 너희가 습관적으로 죄를 범한다면 너희는 죄의 종이다" 하고 말씀하신 것입니다.

예수님의 말씀은 온 세상에 다 해당되는 말씀입니다. 애굽에서 종살이하고 있던 가련한-자신들이 모두 노예라는 사실을 망각한 채 서로 싸우고 있던-이스라엘 자손에게도 해당되는 말씀이었습니다. 모세는 그들을 향해 말했습니다. "당신들, 정신이 나갔군요. 당신들은 서로 형제가 아닙니까? 그런데 왜 서로 싸우는 겁니까? 당신들 모두가 인생의 밑바닥에 떨어져 있는데, 겨우 한다는 짓이 이렇게 서로의 숨통을 겨누는 것이란 말입니까?"

그러나 그것은 오늘날 인간 사회에서 쉽게 볼 수 있는 광경이기도 합니다. 다른 사람을 짓밟고서라도 상류층에 진입하려 하고, 좀더 보수가 좋은 직장이나 직위로 접근하려 합니다. 그렇게 돈을 벌고 높은 지위에 오르고 출세하는 것을 대단한 일로 여기며, 그것이 인생의 전부인 줄로 압니다. 여러분은 여전히 사탄의 노예 상태에 있는 것입니다! 이제는 멈추어 서서 여러분의 처지를 바라보십시오. 이런 외적인 구분들은 사실 별것 아닐뿐더러, 우리가 안고 있는 문제의 본질도 아니며, 너무나 어리석은 것입니다. 그런데 계속해서 그런 상태로 몰아가는 것이 죄입니다. 죄가 인간의 마음을 어둡게 만듭니다.

여기에 두려운 현실이 있습니다. 이스라엘 자손은 이러한 마음 자세 때문에 자신들의 구원자를 전혀 알아보지 못한 것입니다. "그는 그의 형제들이 하나님께서 자기의 손을 통하여 구원해 주시는 것을 깨달으리라고 생각하였으나 그들이 깨닫지 못하였더라." 모세는 순수한 마음으로, 자신이 이스라엘 자손 앞에 나서면 그들이 자신을 환영해 줄 것으로 믿었던 것입니다. 이스라엘 자손은 당연히 모세에 관해서 잘 알았을 것입니다. 그가 애굽에서 손꼽히는 유명인사였다는 것도 알았고, 그가 자신들에게 호의적인 낯으로 다가올 때도 자신들 편에 서기 위해 그러는 것인 줄도 알았습니다. 그가 분명 어떤 메시지를 들고 왔다는 것도 알았습니다. 그의 표정에 그것이 역력히 나타나 있었습니다. 모세는 이스라엘 자손이 자신을 열렬히 환영하면서 자신의 발 앞에 엎드려 "무슨 일을 하실 생각이십니까? 우리에게 하실 말씀이 무엇입니까? 우리는 당신을 따를 준비가 되어 있습니다. 우리에게 길을 제시하면 당장 따르겠습니다" 하고 말할 줄로 생각했습니다. 그러나 그들은 깨닫지 못했습니다. 그것이 모세에게 충격과 좌절을 안겨 주었습니다.

그러나 모세는 하나님의 아들이 세상에 오셨을 때의 정황에 비하면 희미한 거울에 지나지 않습니다. "거기서는 아무 권능도 행하실 수 없어 다만 소수의 병자에게 안수하여 고치실 뿐이었고 그들이 믿지 않음을 이상히 여기셨더라"막 6:5-6.

우리 주님은, 왜 너희가 믿으려 하지 않느냐고 말씀하십니다. "그러나 너희가 영생을 얻기 위하여 내게 오기를 원하지 아니하는도다. 나는 사람에게서 영광을 취하지 아니하노라……나는 내 아버지의 이름으로 왔으매 너희가 영접하지 아니하나 만일 다른 사람이 자기 이름으로 오면 영접하리라"요 5:40-41, 43. 물론 세상은 대대로 그런 태도를 취해 왔습니다. 우리는 위대한 왕, 위대한 장군, 위대한 철학자, 위대한 과학자를 먼발치에서라도 한번 보려고 몇 시간이라도 서서 기다립니다. 그들에게 아첨과 찬사를 보내며, 간이라도 빼어 줄 준비가 되어 있습니다. 우리는 영웅숭배자들입니다. 대단한 사람들입니다! 그런데 하나님의 아들이 우리 앞에 서 계신데도 우리는 알아보지 못합니다. "이 친구가 누구인가? 목수 아니야?" 하고 말합니다.

죄가 무슨 일을 하는지 여러분은 알지 못합니까? 죄가 우리의 마음을 어둡게 하여 하나님을 알아보지 못하게 하는 것을 여러분은 깨닫지 못합니까? 복음서를 다시 펼쳐 들고 이 점을 유의해서 읽어 보십시오. 하나님의 아들이 무슨 일을 하셨는지 주목해 보십시오. 그분은 능력을 나타내 보이셨지만 사람들은 그분을 알아보지 못했습니다. 결국 주님은 그들에게서 돌이키셨습니다. 요한복음 14장에서 제자들을 향해 매우 실망스러운 어조로 이렇게 말씀하셨습니다.

예수께서 이르시되 빌립아, 내가 이렇게 오래 너희와 함께 있으되 네가 나를 알지 못하느냐. 나를 본 자는 아버지를 보았거늘 어찌하여 아버지를 보이라 하느냐. 내가 아버지 안에 거하고 아버지는 내 안에 계신 것을 네가 믿지 아니하느냐. 내가 너희에게 이르는 말은 스스로 하는 것이 아니라 아버지께서 내 안에 계셔서 그의 일을 하시는 것이라. 내가 아버지 안에 거하고 아버지께서 내 안에 계심을 믿으라. 그렇지 못하겠거든 행하는 그 일로 말미암아 나를 믿으라 요 14:9-11.

이러한 말씀으로 주님은 놀라움과 실망감을 표시하셨습니다. "내가 하는 일이 무엇인지 알지 못한단 말인가? 이렇게 뚜렷한 증거를 보지 못할 정도로 눈이 멀었단 말인가? 이것이 보통 사람이 할 수 있는 일인가? 사실들을 보라."

또한 세상을 떠나시기 전에, 십자가 그늘 아래서 예루살렘을 보시면서 이렇게 말씀하셨습니다. "예루살렘아, 예루살렘아, 선지자들을 죽이고 네게 파송된 자들을 돌로 치는 자여, 암탉이 그 새끼를 날개 아래에 모음같이 내가 네 자녀를 모으려 한 일이 몇 번이더냐. 그러나 너희가 원하지 아니하였도다"마 23:37. 주님은 그들에게 구원을 제시하며 자신을 내주셨으나 그들은 그것을 보지 못했습니다. "그들이 깨닫지 못하였더라." 오히려 "없이하소서, 그를 십자가에 못박게 하소서" 하고 외쳤습니다. 세상은 언제나 그렇습니다.

이렇게 주님을 알아보지 못한 어두움이 그들을 어디로 데리고 갔습니까? 결국 그들은 주님의 구원의 도리를 깨달을 수 없었던 것입니다. 이 이야기를 길게 한 것은, 이스라엘 자손에 대해 말하기 위해서입니다. 모세는 그들에게 보내심을 받아 갔을 때, 애굽 사람들을 대할 능력뿐 아니라, 이스라엘 자손을 어떻게 구원할 것인지도 분명히 보여주었습니다. 모세가 구원을 제시했으나 백성이 깨닫지 못한 것은 일종의 비유입니다. 사도 바울은 십자가가 "유대인에게는 거리끼는 것이요 이방인에게는 미련한 것"이라고 말합니다 고전 1:23. 오늘날도 하나님의 아들이 십자가에 달려 죽으신 것이 여전히 믿음에 가장 큰 걸림돌로 남아 있습니다.

사람들은 여전히 말합니다. "어떻게 한 사람이 모든 사람을 위해 죽을 수 있단 말인가? 어떻게 한 사람이 다른 사람의 죄를 대신 짊어질 수 있단 말인가?" 스데반은 한마디로 "그들이 깨닫지 못하였더라" 하고 단언합니다. 사람들은 말합니다. "예, 맞습니다. 우리는 이해가 가지 않습니다. 어떻게 이런 일이 일어날 수 있는지 알 수가 없습니다. 어떻게 내 죄가 전가될 수 있는지 납득이 되지 않습니다."

그렇습니다. 여러분은 깨닫지 못하고 있습니다. 이것이 비극의 씨앗입니다! 여러분은 자신의 죄 문제가 너무나 크고 위중하며 거룩하신 하나님께서 반드시 죄를 벌하실 것이기 때문에, 이 문제를 해결하지 않으면 안된다는 것을 깨닫지 못하고 있습니다. 하나님은 죄를 벌하지 않고 그냥 넘어가실 수 없습니다. 하나님의 본성상 그것은 불가능합니다. 하나님은 죄를 미워하시고 가증히 여기십니다. 친히 죄를 벌하실 뜻을 밝히셨고, 현실에서도 벌하고 계십니다. 형벌을 피할 길은 하나뿐입니다. 그것은 십자가입니다. "피흘림이 없은즉 사함이 없느니라"히 9:22.

여러분이 "이해가 되지 않는다"고 말할 때, 그것은 "나는 죄인입니다" 하고 고백하는 것입니다. 이해가 되지 않는 이유는, 마음의 눈이 멀었기 때문입니다. 하나님의 거룩한 율법에 비추어 자신을 바라보았다면, 반드시 십자가를 부여잡고 구원의 길을 내신 하나님께 감사하게 되어 있습니다. 그러나 "그들이 깨닫지 못하였더라."

마지막으로, 죄는 하나님이 기이한 사랑으로 우리에게 내미신 손길을 배척할 때 어떤 결과가 초래될 것인지 깨닫지 못하게 만듭니다. 모세는 자기 백성을 구원하도록 보내심을 받았는데, 그 백성은 그를 배척한 결과 사십 년 동안 고통과 수치를 당해야 했습니다. 모세의 손길을 거절하므로 어떠한 고통을 겪게 되는지 전혀 내다보지 못했습니다. 그것은 세상 또한 그것을 깨닫지 못한다는 사실을 보여주는 그림에 불과합니다.

이 복음을 배척하는 것이 과연 무슨 뜻인지 여러분은 아십니까? 여러분 마음의 눈을 밝혀 드리고 싶습니다. 복음을 배척한다는 것은, 영적으로 눈멀고 죽어있는 상태를 계속 고집하겠다는 뜻입니다. 이 세상에 하나님이 계시고, 영적인 영역이 존재하고, 하나님의 아들이 다스리시며, 여러분에게 영혼이 있고, 장차 하나님과 함께 영원히 살 수 있는 가능성이 있다는, 지극히 영광스러운 사실을 전혀 모르는 상태로 계속 살아가겠다고 작정하는 것입니다. 지금까지 살아온 대로 계속 살겠다는 것입니다. 과연 여러분이 살아온 삶이 어떤 것입니까? 그것이 자랑스럽습니까? 이 세상의 형국이 여러분은 자랑스럽습니까? 육욕과 탐식과 술 취함과 불결한 사상과 돈벌이와 명예 추구와 권모술수가 도처에 성행하는 현대사회를 바라보십시오. 여러분은 어떠한 삶을 살고 있는지 솔직히 바라보십시오. 여러분은 이것이 자랑스럽습니까? 이스라엘 자손이 노예의 길을 자초했듯이, 여러분은 그 길을 자초하고 있습니다.

그것으로 그치지 않습니다. 여러분은 장차 죽게 되는 날을 향해, 아무런 빛도 없고 소망도 없고 위로도 없고 위안도 없는 처지로 스스로 내려가고 있습니다. 아무것도 없이 '퇴장'하게 될 것입니다. 이 세상을 떠나는 순간, 여러분이 인정하기를 거부하고 애써 외면했던 또 다른 세계가 존재한다는 것을 곧 깨닫게 될 것입니다. 보이지 않는 세계의 실재가 보이게 되고 실제 다가오겠지만, 그때는 마음을 바꿔 봐야 소용이 없습니다.

여러분은 장차 하나님의 영원한 심판대 앞에 설 때 아무 소망 없는 처지로 내려가고 있습니다. 심판대 앞에서 유구무언일 것입니다. 왜 그렇습니까? 세상에서 구원이 여러분 앞에 제시되었으나, 그것이 무엇인지 깨닫지 못한 채 의도적으로 배척했기 때문입니다. 거듭 말씀드리건대, 오늘 복음을 배척하는 것은, 하나님과 화목하고 영원한 심판에 대비하고 그후에 펼쳐질 영원한 지옥을 면할 유일한 소망을 차 버리는 것입니다.

그러므로, 오늘 말씀을 마치면서 여러분에게 호소합니다. 부디 산헤드린으로부터, 모세의 제안을 깨닫지 못한 이스라엘 자손으로부터, 교훈을 얻으십시오. 역사 전체를 바라보십시오. 그리고 현대사회를 바라보십시오. 현대인의 삶을 바라보십시오. 여러분 자신의 삶을 살펴보십시오. 여러분은 행복하십니까? 마음이 평화롭습니까? 내세를 맞이할 준비가 되어 있습니까? 죽음을 맞이할 준비가 되어 있습니까? 심판을 미리 준비하고 있습니까? 영생을 위해 준비하고 있습니까? 하나님 앞에 설 준비가 되어 있습니까? 아니면, 여전히 깨닫지 못하는 자리에 서 있습니까? 만일 자리에 머물러 있다면, 오늘 말씀을 의지하여 지금 모습 그대로 하나님께 돌아가십시오. 그리고 이렇게 기도드리시기 바랍니다.

> 진리의 영이신 성령님,
> 제 영혼에 임하사
> 하나님의 말씀, 내면의 빛으로
> 저를 흔들어 깨워, 밝히 깨닫게 하옵소서.
> ―롱펠로우

성령님을 의지하여, 마음의 눈을 뜨게 해달라고 구하십시오. 만일 마음의 눈이 열리면, 여러분을 사랑하사 여러분을 위해 자신을 내주신 여러분의 구주 예수, 하나님의 아들을 알아보게 될 것입니다. 과거에는 무의미하게 보였던 십자가를 자랑하게 될 것입니다. 진심으로 그러한 기도를 드리면 하나님께서 외면하지 않으실 것입니다.

20

중심에 계신 그리스도

이튿날 이스라엘 사람끼리 싸울 때에 모세가 와서 화해시키려 하여 이르되 너희는 형제인데 어찌 서로 해치느냐 하니 그 동무를 해치는 사람이 모세를 밀어뜨려 이르되 누가 너를 관리와 재판장으로 우리 위에 세웠느냐. 네가 어제는 애굽 사람을 죽임과 같이 또 나를 죽이려느냐 하니 모세가 이 말 때문에 도주하여 미디안 땅에서 나그네 되어 거기서 아들 둘을 낳으니라.

사도행전 7:26-29

지난 시간에는 이스라엘 자손이 모세를 배척하고 산헤드린이 스데반의 가르침을 받아들이지 않은 첫번째 이유가, 정확하고 논리적으로 생각하지 못했기 때문임을 살펴보았습니다. "그는 그의 형제들이 하나님께서 자기의 손을 통하여 구원해 주시는 것을 깨달으리라고 생각하였으나 그들이 깨닫지 못하였더라." 또한 인류가 언제나 복음을 배척해 왔다는 사실도 살펴보았습니다. 더 나아가 이렇게 복음을 배척한 것이 죄 때문이요, 그 이상도 이하도 아님을 성경이 얼마나 일관되게 가르치는지 살펴보았습니다. 죄가 끼치는 첫번째 해악이 정신을 무력화시키는 것임을 살펴보았고, 그 결과가 어떻게 나타나는지를 살펴보았습니다.

오늘 여러분에게 말씀드릴 것은, 죄가 끼치는 두번째 해악이 있다는 것과 이것이 첫번째 해악보다 더 심각하다는 것입니다. 우리가 살펴보는 본문에서 분명히 나타나는 것은, 죄가 사람들의 정신에 해악을 끼칠 뿐 아니라 그들의 마음과 영혼에도 해악을 끼친다는 사실입니다. 두번째가 더 해로운 이유는, 인간의 존재 중심에 왜곡과 부패가 본능으로 자리잡도록 했기 때문입니다. 깊이 헤집고 들어가 보면, 인간의 사고가 이토록 어두워지고 비뚤어진 것은 모두 그것 때문입니다. 인간은 이른바 '편견'에 지배받고 있습니다. 편견은 이성의 힘보다 더 강하고 깊고 근본적입니다. 편견이 이성을 조종합니다. 단어 자체에 암시되어 있듯이, 편견prejudice은 차분하게 듣기보다 지레pre 판단judice합니다. 증거를 청취하기 전에 판결을 내립니다.

편견을 당한다는 것이 무엇인지 우리는 잘 알며, 우리 역시 다른 사람에게 편견을 가져 본 경험이 있습니다. 이것은 일부 사람들만 범하는 행위가 아니라, 죄 때문에 온 인류의 특징이 되어 있습니다. 명백한 편견의 사례들을 생각해 보십시오. 인종에 대한 편견, 피부색에 대한 편견, 민족에 대한 편견, 계층에 대한 편견 등, 세상은 온갖 편견으로 가득합니다. 그러므로 세상이 이렇게 혼란스러운 것입니다. 사람들은 먼저 어떤 입장을 정한 후에, 그것을 뒷받침하기 위해 이성을 사용합니다. 차분한 사유 과정을 거쳐 그 입장에 도달한 것이 아닙니다. 천만의 말씀입니다. 차분히 앉아서 자신의 입장을 생각하지 않습니다. 어떤 입장을 정해 놓고 시작하며, 그 입장에서 자신을 변호하고 다른 사람을 공격합니다. 조용한 말로 안되면 큰 소리를 쳐서라도 자신의 편견을 주장하고 다른 사람을 무너뜨리려 합니다. "이것은 내 생각이기 때문에 내가 옳다! 나의 인종이고 나의 국가이기 때문에 옳다!"

편견은 비합리적인 것입니다. 이성과 깨달음에 근거를 두지 않고, 좀더 초보적인 것, 감정적인 것에 지배를 받습니다. 편견은 항상 감정적이며 감정에 표준을 둡니다. 그러나 워낙 강한 힘을 발휘하는 까닭에, 거듭 말씀드리지만, 그것이 사고를 지배합니다. 세상에 토론이 부재한 이유는 편견 때문입니다. 이것은 두려운 일입니다. 왜냐하면 편견이 증오를 낳고, 격한 반감을 낳고, 큰 불행을 조성하기 때문입니다.

제가 이스라엘 자손 이야기를 토대로 여러분에게 보여드리고자 하는 것은, 모세가 부닥친 편견입니다. 이것은 도저히 납득이 가지 않는 일이지 않습니까? 모세는 자기 백성을 구원하러 왔다가 이스라엘 자손 두 사람이 심하게 싸우는 것을 목격했습니다. 모세가 싸움을 말리려고 할 때, 동족을 해하려던 사람이 "모세를 밀어뜨려 이르되 누가 너를 관리와 재판장으로 우리 위에 세웠느냐. 네가 어제는 애굽 사람을 죽임과 같이 또 나를 죽이려느냐" 하고 대들었습니다.

출애굽기 기록을 보면, "모세가 두려워하여 이르되 일이 탄로되었도다"라고 기록되어 있습니다.출 2:14. 모세는 공포와 당혹에 휩싸인 채 목숨을 건지기 위해 미디안 땅으로 피했고, 그곳에서 하나님의 명령으로 이스라엘 자손을 구원하러 갈 때까지 사십 년을 보냈습니다. 이스라엘 자손이 모세에게 얼마나 심한 증오와 적개심을 쏟아 냈는지 오늘 말씀에 잘 나타나 있습니다. 모세는 그들을 구원하러 갔으나, 그들은 편견에 사로잡혀서 그 사실을 바라보지 못했고, 격정에 휩싸여 그를 배척했습니다.

그것이 모세가 받은 대접이었음을, 스데반은 산헤드린 앞에서 지적했던 것입니다. 스데반이 어떻게 논지를 전개하고 있는지 여러분은 잘 아실 것입니다. "여러분이 하나님의 아들을 바로 그와 같은 방식으로 대접했습니다. 뿐만 아니라 이렇게 나를 체포하여 재판에 회부하고 이 메시지를 신성모독으로 간주함으로써, 똑같은 전철을 밟고 있는 것입니다."

이스라엘 자손이 모세에게 드러냈던 편견이, 우리의 복되신 주님께는 어떻게 표출되었는지 살펴보십시오. 이것에 관해서는 많은 사례를 들 수 있으나, 누가복음 6장에 기록한 한 가지 사례만으로도 충분합니다. 도저히 상상할 수 없는 일이 문자 그대로 발생했습니다. 사람들이 한 편 손 마른 사람을 주님께 데려오자, 주께서 "일어나 한가운데 서라"고 말씀하셨습니다[8절].

그런데 바리새인과 서기관들은 주님이 누구인지 알아보지 못했습니다. 주님은 그들에게 배운 바가 없었습니다. 그래서 그들은 주님의 권위를 인정하지 않았습니다. 주님을 사이비 지도자로 간주했습니다. 우리 주님은 그들의 심중을 읽으시고 이렇게 물으셨습니다. "안식일에 선을 행하는 것과 악을 행하는 것, 생명을 구하는 것과 죽이는 것, 어느 것이 옳으냐." 그러고는 주위를 한번 둘러보시고는 그 사람에게 "네 손을 내밀라" 말씀하셨습니다-손 마른 사람이 손을 내밀 수 없는 노릇이므로, 그에게는 난처한 명령이었습니다. 그런데 어떻게 되었나 보십시오. "그가 그리하매 그 손이 회복된지라"[눅 6:8-10].

이 사건을 보고 종교 지도자들이 어떤 반응을 보였습니까? 이렇게 기록되어 있습니다. "그들은 노기가 가득하여 예수를 어떻게 할까 하고 서로 의논하니라"[11절]. 이스라엘 자손이 모세에게 나타냈던 반응을 똑같이 답습한 것입니다. 우리 주님이 기적을 행하셨으나, 종교 지도자들은 주님이 자기들의 집단에 속하지 않았고 자신들의 이념과 규율을 따르지도 않았다는 이유로, 기적을 보고도 대수롭지 않게 여긴 것입니다. 그들은 분기가 가득했습니다. 그래서 "예수를 어떻게 할까 하고 서로 의논"했습니다. 마음의 눈이 멀어 기적도 무시하고, 오로지 분기 가득한 편견에 휘둘렸던 것입니다.

주님의 생애가 끝날 무렵에는, 죄가 어떤 일을 하는지 훨씬 더 분명히 보게 됩니다. 누가복음 23장을 다시 읽으면서, 거기에 표출되어 있는 분노와 증오와 적개심과 앙심과 조소를 보십시오. 우리 주님께서 십자가에 달리셨을 때도 그들은 비아냥거렸습니다. "저가 남을 구원하였으니 만일 하나님이 택하신 자 그리스도이면 자신도 구원할지어다"눅 23:35.

제가 말씀드리고자 하는 것은, 우리 주님 앞에서 이러한 증오와 적개심과 격앙된 심정이 일어나게 된 것이 바로 죄 때문이라는 것입니다. 사도 바울은 모든 사람이 본성으로 이런 상태에 있다고 말합니다. "육에 속한 사람은 하나님의 성령의 일들을 받지 아니하나니 이는 그것들이 그에게는 어리석게 보임이요, 또 그는 그것들을 알 수도 없나니 그러한 일은 영적으로 분별되기 때문이라"고전 2:14. 로마서 8:7에서는 이렇게 말합니다. "육신의 생각은 하나님과 원수가 되나니"-사도가 말하는 것은 단지 하나님을 믿지 않는다는 것이 아니라 하나님의 원수가 된다는 것입니다-"이는 하나님의 법에 굴복하지 아니할 뿐 아니라 할 수도 없음이라." 이것이 그리스도 없는 인간의 본성입니다. 이것이 죄가 우리 모든 사람에게 끼치는 해악입니다.

사도는 디도에게도 같은 교훈을 합니다. "우리도 전에는 어리석은 자요 순종하지 아니한 자요 속은 자요 여러 가지 정욕과 행락에 종노릇한 자요 악독과 투기를 일삼은 자요 가증스러운 자요 피차 미워한 자였으나"딛 3:3. 사도는 계속해서 말하기를, 우리에게는 오직 한 가지 소망이 있는데, 그것은 하나님의 은혜라고 합니다. 그것이 죄가 우리에게 끼친 일입니다. 바울을 비롯한 모든 사도들이 어떤 대접을 받았는지 보십시오. 그들 대다수가 죽임을 당했습니다. 사람들이 그들을 미워하고 욕하고 만물의 찌끼처럼 대했습니다.

오늘 말씀에서도 바로 그것을 볼 수 있습니다. 하지만 스데반이 산헤드린 앞에서 행한 연설만 그런 것이 아니었습니다. 신약성경 역사가 그렇고, 우리 주님의 말씀대로 구약성경 역사도 그렇습니다. "너희 전에 있던 선지자들도 이같이 박해하였느니라"마 5:12. 이것이 객관적인 역사일진대, 여러분과 제 앞에 던져진 질문은 이것입니다. '이것이 우리에게도 해당되는가?' 여러분은 이 복음을 믿었습니까, 아니면 배척했습니까? 혹시 여러분도 세상 사람들과 똑같이 복음을 조소하고 경멸하지 않았습니까? 우리 주님과 사도들의 시대에 살던 헬라인과 지식인들이 그랬던 것처럼, 여러분도 복음을 미련한 것으로 여기지 않았습니까? 그것은 단지 정신의 문제가 아니라 마음의 문제이기도 합니다.

그러므로 여러분에게 객관적인 시각으로 볼 것을 권합니다. 스데반이 이스라엘 자손의 태도를 어떻게 그리는지 보십시오. 1세기에 산헤드린 공회원들이 똑같은 태도를 나타낸 것을 보십시오. 혼자서는 감이 잘 잡히지 않는 것도 다른 사람 안에서는 훨씬 잘 보이는 경우가 있습니다. 그렇지 않습니까? 그런 점에서 오늘 말씀에 기록된 역사는 우리에게 대단히 귀중합니다. 만일 누가 여러분에 관해 질문하면, 필시 방어적인 태도를 취하기 마련입니다. 그러나 객관적인 그림을 보면, 좀더 거리를 두고 볼 수 있어서 편견에 크게 휘둘리지 않을 수 있고, 대상을 좀더 분명하게 파악할 수 있습니다.

어쩌면 선지자 나단이 다윗의 죄를 지적할 때 사용한 방법을 생각해 볼 수 있습니다. 선지자는 부자가 가난한 사람의 어린양을 빼앗아 간 이야기를 왕에게 들려준 다음, "당신이 그 사람이라!" 하고 말했습니다삼하 12:1-13. 마찬가지로, 우리가 모세의 역사를 배울 때 성령께서 우리에게 "네가 그 사람이라!" 하고 말씀해 주시기를 간절히 바랍니다. 여러분 스스로는 '설마 내가 산헤드린 공회원들처럼 행동하랴?' 하겠지만, 만약 그리스도를 믿지 않는다면 여러분의 태도도 그들과 조금도 다를 것이 없습니다. 이것보다 두려운 일이 없습니다! 그 마음 자세는 깨닫지 못하고 잘못 판단하는 것보다 더 악합니다.

오늘 말씀을 자세히 살펴봅시다. 죄는 하나님께서 우리를 대적하고 계시다는 느낌을 본능적으로 갖게 합니다. 오늘 말씀에도 그것이 잘 나타납니다. 하나님께서 모세를 이스라엘 자손을 구원하도록 보내셨으나, 그들이 본능적으로 내보인 반응은 모세가 자신들을 대적한다는 느낌이었습니다. "네가 어제는 애굽 사람을 죽임과 같이 또 나를 죽이려느냐" 하고 말하며 히브리 노예가 모세에게 대들었습니다.

놀랍지 않습니까? 그런데 더욱 놀라운 것은, 사람들이 본성적으로 하나님이 자신들을 대적하고 계실 뿐 아니라, 높은 곳에서 자신들을 감시하다가 죄를 범하면 벌을 주려고 기다리는 독재적이고 두려운 분으로 알고 있다는 것입니다. "하나님이 우리를 미워하신다"고 그들은 말합니다. 오늘날 세상이 그렇지 않습니까? 그렇기 때문에 사람들은 하나님을 미워합니다. 조금이라도 빌미가 생기면 원망을 쏟아 냅니다. 그렇기 때문에 하나님을 인간의 적이라고 말하는 것이며, 하나님을 믿는 것이 '인민의 아편'이라고 말하는 것입니다. 이런 생각을 심한 적개심과 독설로 쏟아 냅니다.

우리를 지으시되 당신의 모양과 형상으로 지으신 — 시편기자의 표현대로 "그는 우리를 지으신 이요 우리는 그의 것"입니다시 100:3 — 하나님께, 사람들이 본능적으로 취하는 태도가 그것입니다. 인간으로서 지닌 모든 은사들을 우리에게 주신 하나님께 말입니다. 그런데도 현대세계는 과거의 세계가 했던 것을 답습하고 있을 뿐입니다. 사도 바울은 이렇게 말합니다. "이는 그들이 하나님의 진리를 거짓 것으로 바꾸어 피조물을 조물주보다 더 경배하고 섬김이라. 주는 곧 영원히 찬송할 이시로다"롬 1:25. 우리는 인간을 숭배할 뿐 아니라, 인간의 능력과 인간이 고안해 낸 것들을 숭배합니다. "대단하다!"고 말합니다. 그러나 인간들이 어떻게 그런 것들을 고안해 낼 수 있게 되었습니까? 자기들이 스스로 그런 능력을 만들어 냈습니까? 그 많은 능력과 기능을 만들어 낸 것이 그들입니까? 물론 아닙니다. 모두 하나님께서 주신 것들입니다. 사도 바울은 묻습니다. "네게 있는 것 중에 받지 아니한 것이 무엇이냐"고전 4:7. 인간을 이렇게 만드는 것은 죄입니다.

하나님께서 우리에게 규칙적으로 쏟아부어 주시는 온갖 복을 생각해 보십시오. 하나님께서 햇빛과 비를 그치시면 어떻게 되겠습니까? 여러분이 고안해 낸 모든 것들이 무용지물이 될 것입니다. 하나님께서 햇빛과 비를 그치시면, 세상에서 가장 좋은 품종의 씨앗과 트랙터들이 아무 소용이 없게 됩니다. 하나님은 우리에게 온갖 선하고 온전한 선물을 주시는 분입니다. "이는 하나님이 그 해를 악인과 선인에게 비추시며 비를 의로운 자와 불의한 자에게 내려주심이라"마 5:45. 이처럼 하나님은 우리의 죄와 반역에도 불구하고, 오직 당신의 은혜와 사랑과 영원히 자비로운 마음으로 구원의 길을 내셨습니다. 구원을 작정하시고 계획하시고 실행하셨습니다. 그럼에도 사람들은 본능적으로 하나님을 미워합니다.

그렇지 않다고 부인해 봐야 소용없습니다. "내가 하나님을 미워하는 자라고 말하지 마세요! 나는 하나님을 미워하지 않습니다. 항상 하나님을 믿습니다" 하고 말하는 사람들이 있습니다. 많은 사람들이 스스로 그렇다고 생각합니다. 그들은 "천만에요. 나는 당신이 말하는 그런 유형의 그리스도인은 아니지만, 항상 하나님을 믿고 살아왔습니다" 하고 말합니다.

저는 그런 사람들에게, 그들이 하나님을 믿어 본 적이 없으며, 다만 하나님이 이런 분이어야 한다고 생각한 바를 믿은 것뿐임을 어렵지 않게 입증할 수 있습니다. 그들은 성경에 계시된 하나님을 대면하는 순간, 곧 그분에 대한 미움을 나타냅니다. 어김없는 사실입니다!

사람들은 한결같이 하나님을 미워하며, 하나님이 자신들을 미워한다고 생각합니다. 자신이나 자신이 사랑하는 사람이 병에 걸리면 맨 먼저 드는 생각도 이런 것입니다. "왜 하필 내게 이런 일이 생긴단 말인가? 내가 무엇을 잘못 했길래? 하나님이 나를 미워하시는 건가?" 본능적으로 그런 생각이 튀어나옵니다. 오늘 말씀의 이스라엘 자손이 그랬고, 오늘날 하나님을 배척하는 사람들이 그렇습니다.

둘째로, 죄 가운데 있는 사람들은 하나님이 자신들의 인생에 개입하는 것을 어김없이 싫어합니다. 애굽에서 이스라엘 자손은 심한 학대를 당하고 있었습니다. "요셉을 알지 못하는 새 임금"이 즉위하더니 끔찍하게 그들을 학대했습니다. 그들은 노예들에 지나지 않았고, 잔인한 간역자들에게 심한 매질을 당했습니다. 설상가상으로, 왕은 이스라엘 자손의 모든 사내아이가 태어나면 죽여 버리라는 명령을 내렸습니다. 이스라엘 자손의 처지가 그런 것이었습니다! 그 상황에서 하나님이 모세에게 이스라엘 자손을 인도해 구원하라는 사명을 주셨습니다.

그런데 그들의 반응이 무엇이었습니까? 상상할 수도 없는 것이었습니다. 그렇지 않습니까? 이것이 역사를 객관적인 시각으로 바라볼 때 얻는 유익입니다. 그들의 즉각적인 반응은, 이러한 개입에 짜증과 반감을 나타내는 것이었습니다. "누가 너를 관리와 재판장으로 우리 위에 세웠느냐." "네가 뭔데 우리에게 와서 이래라저래라 간섭하는 것인가?" 그런 뜻이었습니다. 바로 그것이 현대인들이 나타내는 태도입니다. 그들은 성경에 대해 그런 태도를 취합니다. 설교를 들을 때 그런 반응을 나타냅니다. 자신과 자신의 죄와 자신의 생활방식을 정죄하고 책망하는 설교를 들으면 즉시 발끈합니다. 우리는 본능적으로 이런 간섭을 싫어합니다. 그저 자기 방식대로 살도록 내버려두기를 원합니다. 성경을 펼쳐서 읽거나 누구를 만나 대화를 하거나 설교를 듣다가 책망을 받으면, 즉각 이런 반응이 나옵니다. "무슨 권리로 나를 방해하고 내 인생을 가로막는 겁니까? 이처럼 다가와 나의 잘못을 지적하고, 내 인생의 정당성을 뭉개 버리는 설교가 몹시 싫습니다. 그런 것을 증오해요. 조금도 바라지 않아요."

그렇게 죄를 책망한 다음, 회개하고 인생의 길을 돌이키고 자신을 부인하고 주님을 믿고 살라고 권하면, 당장 이런 반응이 나옵니다. "대체 뭐 하자는 겁니까? 도대체 하나님이 누구요? 무슨 권리로 당신들 그리스도인들이 내 인생에 대해 왈가왈부하면서 당신들의 구주를 나한테 들먹이는 거요? 나는 추호도 당신들과 같은 생활방식에는 관심이 없소. 내 인생은 내 것이니, 내 방식대로 살 권리가 있단 말이오."

가서 당신들 일에나 신경 쓰시오! 누가 당신을 관리와 재판장으로 우리 위에 세웠소?"

이것이 우리에게서 본능적으로 튀어나오는 반응 아닙니까? 이것이 죄를 책망받을 때 모든 사람이 어김없이 드러내는 본능적인 반응입니다. 사람들은 이것을 부당한 간섭이라고 느낍니다. 여러분이 다른 사람들을 돕고자 할 때, 그들에게 좋은 일을 하려고 할 때, 그들의 악한 생활방식과 죄로 인해 거두게 될 결과들을 일러 주려고 할 때, 전혀 새로운 삶의 길이 있음을 알려 주려 할 때, 그들은 분개합니다. 그래서 사람들이 성경을 비웃고 경멸하는 것입니다. 단지 싫다고 거절하는 것이 아니라, 반드시 분노와 적개심을 드러냅니다. 고대의 사건이 기록된 오늘 본문말씀에서 보게 되는 것이 그것입니다.

그것이 아니고 무엇이겠습니까? 가만히 생각해 보면, 이러한 감정이 얼마나 악한 것인지 분명히 알 것입니다. 하나님께서 특별한 방법으로 구원하시려고 하면, 사람들 사이에는 어김없이 특별한 반감이 일어나게 되어 있습니다. 모세의 경우 발생한 것이 그것이었습니다. "그 형제 이스라엘 자손을 돌볼 생각이 나더니." 하나님께서 모세의 마음에 각성을 일으켜 주셨습니다. 그리고 모세를 보내셨고 "그는 그의 형제들이 하나님께서 자기의 손을 통하여 구원해 주시는 것을 깨달으리라고 생각"했습니다. 그러나 그들은 깨닫지 못했을 뿐 아니라, 오히려 적개심을 표출했습니다. "누가 너를 관리와 재판장으로 우리 위에 세웠느냐." 이 말이 그들의 입에서 나왔습니다. "우리더러 이렇게 살아라, 저렇게 행동해라 간섭하러 온 거요? 우리에게 구원 얻는 길을 알려 주려고 왔다고? 무슨 권위로? 대체 무슨 권위로 그렇게 한단 말이오?" 보통 심각한 반응이 아닙니다. 예나 지금이나 하나님의 말씀을 전하면, 반드시 이처럼 극단적인 증오와 반감과 원망이 나오게 되어 있습니다.

이 점을 분명히 해둘 필요가 있습니다. 하나님은 구원의 길을 가지고 계시며, 그 길은 아주 분명합니다. 그 길을 제시하시면서 우리에게 받아들일 것을 권하십니다. 모세는 하나님의 구원의 길을 받았습니다. 하나님께서 그에게 백성을 구원할 방법을 일러 주셨습니다. 모세는 그 계획을 가지고 가서 실행하기 시작했습니다. 그러나 바로 그 시점에서 이스라엘 자손이 그에게 대항했습니다. "당신이 뭐요?" 하고 대들었습니다. 자신들도 의견을 표현할 수 있어야 하고, 당연히 자신들에게 자문을 구해야 한다고 느꼈습니다. 그들은 하나님께서 정하신 방식대로 구원을 받을 준비가 되어 있지 않았습니다.

이것이 현대사회를 어려움에 몰아넣는 원인입니다. 하나님이 내신 구원의 도리는 너무나 쉽고 분명합니다. 그리스도 안에서, 오직 그분을 통해서만 구원하신다는 것입니다. 과거 베드로는 산헤드린 앞에서 이렇게 선포했습니다. "다른 이로써는 구원을 받을 수 없나니 천하사람 중에 구원을 받을 만한 다른 이름을 우리에게 주신 일이 없음이라"행 4:12. 이것이 기독교 메시지입니다. 이것이 하나님이 내신 구원의 길입니다. 모두 그리스도 한분 안에서, 오직 그분을 통해서 이루어집니다. 두번째 이름이란 없습니다. 오직 하나의 이름만 있을 뿐입니다. 예수라는 이름 곁에 다른 이름을 두어서는 안됩니다. 만일 다른 이름을 둔다면 그것은 참칭입니다. 예수는 하나님의 아들이시며, 다른 누구도 할 수 없는 주장을 하십니다. "나는 세상의 빛이니"요 8:12. "내가 곧 길이요 진리요 생명이니 나로 말미암지 않고는 아버지께로 올 자가 없느니라"요 14:6. 예수께는 아무런 도움도 필요 없습니다. 그분 곁에는 그 누구도 두어서는 안됩니다.

더 나아가 복음은, 우리 주님이 특별히 십자가에서 우리를 위해 죽으심으로 구원하신다고 말함으로써 길을 더욱 좁혀 놓습니다. 복음 메시지는, 하나님의 아들이 우리를 구원하시려고 세상에 오셨으며, 우리를 구원하실 수 있는 유일한 길은 우리를 대신해 죽으시는 것뿐이었다는 것입니다. "친히 나무에 달려 그 몸으로 우리 죄를 담당하셨으니 이는 우리로 죄에 대하여 죽고 의에 대하여 살게 하려 하심이라"벧전 2:24. 주님은 십자가에서 "다 이루었다"고 외치실 수 있었습니다요 19:30. 우리를 구원하시기 위해 이루셔야 할 일을 다 이루신 것입니다. "여호와께서는 우리 모두의 죄악을 그에게 담당시키"신 것입니다사 53:6.

지극히 거룩하신 하나님께 나아가는 길은, '그리스도의 보혈'을 힘입는 외길입니다. 그런데 바로 이 점에 대해서, 현대인들은 복음에 반감뿐 아니라 증오심마저 나타내는 것입니다! 그리스도의 피! 무엇보다도 그들은 그리스도의 피에 비판과 조롱과 경멸을 퍼붓습니다. 비웃고 손가락질합니다. "피의 신학이 아니냐!" 하고 야유합니다. 그러나 현대인들이 이런 반응을 나타내는 것은, 산헤드린 공회원들과 이스라엘 자손이 오래전에 나타냈던 반응을 답습하는 것일 뿐입니다.

사람들은 여전히 이렇게 말합니다. "내 구원 문제에 대해 내가 아무것도 할 일이 없단 말입니까? 무슨 역할을 할 수 없단 말입니까? 제발 남의 손에 맡기지 마세요. 우리가 하나님을 도와야 하지 않겠습니까? 우리가 우리 몫을 해야 하는 것 아닙니까?"

그러나 대답은 "아니오"입니다. 주께서 다 이루셨습니다. 만일 여러분이 어떤 형태나 어떤 방법으로 무엇을 보태려고 한다면, 주께서 구주로서의 영원한 영광과 온전하심을 감하는 것입니다. 거듭 말씀드리지만, 바로 이것을 사람들은 몹시 싫어하고 증오합니다. 그들은 언제나 자신들에게 할 일을 주는 종교를 좋아합니다. 기독교 교회 안에서도 그렇고, 모든 종류의 종교에서도 그렇습니다. 사람들은 주님께 무엇을 기여하거나, 어떤 것을 내놓고 보태기를 원합니다. 그것은 옳지 않습니다. 복음은 처음부터 그렇게 되어 있지 않습니다. 구원은 오직 주님 안에 있습니다. 주님께서 결정하십니다. 우리 주님은 하나님께서 세우신 구주이시요, 재판장이시요, 통치자이십니다. 이것이 하나님의 길이므로, 여러분과 저는 순종해야 합니다.

그것만이 아닙니다. 복음은 하나님의 아들이 우리를 구원하시기 위해서 죽으시고 피를 흘리셔야 했을 뿐 아니라, 우리가 심히 부패하고 악하므로 "거듭나야" 한다고 말합니다. 우리의 복되신 주께서 니고데모에게 "거듭나야 하겠다"고 말씀하셨습니다 요 3:7. 여러분이 누구이든 어떻게 살아왔든 상관없습니다. 니고데모는 유대인으로 태어나 할례를 받고 유대인으로 양육받은 사람입니다. 유대인 교회가 그를 위해서 할 수 있는 일을 다 했습니다. 더 이상 할 것이 없었고, 이제 그는 유대인의 스승이 되어 있었습니다. 그러나 그것은 아무 소용이 없었습니다. "사람이 물과 성령으로 나지 아니하면 하나님의 나라에 들어갈 수 없느니라"요 3:5.

복음 메시지는 여전히 동일합니다. 우리 모두는 예외 없이 죄 때문에 스스로 개선될 수 없는 상태에 있기 때문에, 새롭게 되어야 하고 거듭나야 합니다. 세상은 교훈을 미워하고 증오합니다. 그리스도인이 아닌 사람들은, 그리스도께서 자신들을 위해 죽으셨으니 그분을 믿고 거듭나야 한다는 설교를 혐오합니다. 그들은 인간 그리스도, 스승 그리스도에 관심을 나타냅니다. 산상수훈에 기록된 것과 같은 윤리적 교훈에는 관심을 나타냅니다. 그러나 그들에게 다가가 그의 죽으심만이 우리를 구원할 수 있으며, 하나님의 자녀가 되기 위해서는 성령으로 거듭나야 한다고 말하면 몹시 싫어하고 그것을 모욕으로 간주합니다. "내가 완전하지 못하다는 것은 인정합니다. 내가 100퍼센트 성인은 아니겠지요. 하지만 내가 아무것도 할 수 없는 죄인이라거나, 거듭나야 한다거나, 그가 나를 위해 죽어야 했다는 말은 절대로 하지 마세요" 하고 말합니다.

이러한 내용을 토대로 본문을 계속해서 살펴보겠습니다. 히브리 노예들은 모세에게 분노를 표시했을 뿐 아니라 그에게 대들고 밀뜨렸습니다. "그 동무를 해치는 사람이 모세를 밀어뜨려 이르되 누가 너를 관리와 재판장으로 우리 위에 세웠느냐." 현대인들도 마찬가지입니다. 그들은 우리 주님께서 선한 일을 하시기 위해 세상에 오신 사실을 바라보지 못합니다. 세례 요한의 아버지 사가랴는 성령의 충만함을 입어 "찬송하리로다. 주 이스라엘의 하나님이여, 그 백성을 돌보사 속량하시며" 하고 말했습니다눅 1:68. 우리를 구원하시기 위해 하나님의 아들이 친히 이 세상에 강림하셨지만, 세상은 그분을 밀치며 1세기 사람들처럼 증오감에 부르르 떨면서 "없이하소서, 그를 십자가에 못박게 하소서" 하고 외칩니다.

그러나 죄라고 부르는 이 두려운 것은, 우리로 하여금 불구대천의 원수와 같은 편이 되도록 철저히 망가뜨립니다. 이스라엘 자손이 그 상태에 떨어졌습니다. "누가 너를 관리와 재판장으로 우리 위에 세웠느냐"고 묻더니, "네가 어제는 애굽 사람을 죽임과 같이 또 나를 죽이려느냐" 하고 대들었습니다. 모세는 그 말에 담긴 의도를 정확히 간파했습니다. "모세가 이 말 때문에 도주하여 미디안 땅에서 나그네 되어."

모세는 그 사람이 말하는 의도를 이해했습니다. "좋소. 나는 어제 당신이 한 행동을 보았소. 당신은 느닷없이 우리에게 와서 스스로 관리와 재판장이 되어 우리를 책임지려고 하는 모양인데, 누가 당신 마음대로 그렇게 하라고 했소? 당신이 뭔데 우리더러 따르라 말라 하는 거요! 좋소. 당장 가서 당국자들에게 어제 당신이 한 행동을 다 말하겠소."

얼마나 미련한 짓입니까? 미련하다는 말밖에 달리 무슨 말을 할 수 있겠습니까? 그는 애굽인들의 노예가 되어 짐승처럼 살고 있으면서도, 자기를 구원해 줄 사람을 대적하고 애굽인들의 편에 섰던 것입니다.

산헤드린이 한 짓이 바로 그것이었습니다. 그들은 하나님이 세우신 구원자를 대적하고 자신들의 압제자들 편에 섰습니다. 제사장과 서기관과 바리새인과 사두개인과 헤롯당이, 하나님의 아들을 대적하느라 빌라도와 손을 잡은 것입니다. 자기 나라를 정복하고 압제하고 있던 로마 권력자에게 도움을 청한 것입니다. 그들은 압제자들 편에 섬으로써 계속 노예 상태로 남는 길을 택했고, 구원자와 그분이 내미신 구원을 배척했습니다.

현대인들도 여전히 그처럼 미련한 짓을 하고 있습니다. 여러분은 복음을 배척하는 것이 무엇을 의미하는지 아십니까? 복음을 배척함으로써 하나님의 아들과 하나님의 놀라운 구원을 뿌리치는 것뿐 아니라, 스스로 마귀의 편에 서는 것입니다. 여러분을 이토록 불행하게 만든 자의 편에 제 발로 걸어가는 것입니다.

세상은 완전하게 지어졌습니다. 낙원이었습니다. 그런데 무슨 이유로 더 이상 낙원이지 않게 되었습니까? 마귀가 들어왔기 때문입니다. 그는 하나님의 원수요 인간의 원수였습니다. 인간이 하나님의 형상으로 지음을 받았기 때문입니다. 마귀가 들어와 혼돈을 초래했습니다. 그는 질병과 불행과 수치와 비참과 죄와 후회와 가책과 지옥의 원흉입니다. 우리를 불행하게 만드는 모든 것이 마귀 때문에 생긴 것입니다. 그런데도 여러분이 복음을 배척하고 성경을 우습게 알고 그리스도의 피와 그분의 부활과 복음의 모든 위대한 사실을 조소한다면, 그것이 과연 무슨 행위이겠습니까? 그것은 여러분을 압제하고, 여러분을 비참함과 실패에 가두고, 장차 지옥과 영원한 멸망으로 이끌고 갈 마귀 편에 제 발로 걸어가는 것입니다. 두려운 행위입니다! 죄가 얼마나 무섭고 끔찍한 것입니까! 그것이 우리에게 얼마나 큰 해악을 끼치는 것입니까! 죄는 우리의 구원을 선포하는 복음 메시지에 대해 편견을 일으키고, 복음 가운데서도 가장 영광스럽고 감사한 부분에 대해 적개심을 가지고 배척하게 만듭니다.

이 점이 오늘 말씀의 결론으로 이어집니다. 앞서 말씀드린 대로, 모세가 이스라엘 백성을 돌아본 일을 여러분과 함께 상고한 것은 대단한 특권입니다. 모세는 그렇게 하느라 쓰라린 대가를 치러야 했습니다. 그러나 그는 이미 모든 출세와 번영을 포기하고 동족과 함께하기로 결심한 몸이었습니다. 자기 자신과 전도유망한 앞날과, 필요하다면 목숨까지도 내놓을 준비가 되어 있었습니다. 그런데도 그의 백성은 그를 죽음에 넘기겠다고 협박했으며, 결국 그는 목숨을 부지하기 위해 도주해야 했습니다.

이것은 사복음서에 기록된 엄청난 비극과 비교할 때, 차라리 희미한 그림일 뿐입니다. 사도 바울은 이렇게 말합니다. "우리 주 예수 그리스도의 은혜를 너희가 알거니와 부요하신 이로서 너희를 위하여 가난하게 되심은 그의 가난함으로 말미암아 너희를 부요하게 하려 하심이라"고후 8:9. 가난하게 되셨다는 것이 무슨 뜻인지 알고 싶습니까? 들어 보십시오!

> 너희 안에 이 마음을 품으라. 곧 그리스도 예수의 마음이니 그는 근본 하나님의 본체시나 하나님과 동등됨을 취할 것으로 여기지 아니하시고.

이 말씀은 주께서 영원부터 하나님과 교통하신 이 영광을, 계속해서 간직하고 있을 것으로 여기지 않으셨다는 뜻입니다. 그래서 그다음에 무슨 일을 하셨을까요?

> 오히려 자기를 비워 종의 형체를 가지사 사람들과 같이 되셨고 사람의 모양으로 나타나사 자기를 낮추시고 죽기까지 복종하셨으니 곧 십자가에 죽으심이라 빌 2:5-8.

자신을 내주신 것입니다. 자신의 목숨을 주셨습니다. 더 이상 내주실 것이 없었습니다. 그런데도 인간들의 반응은 싸늘했습니다. "없이하소서, 그를 십자가에 못박게 하소서." "이 사람을 없이하고 바라바를 우리에게 놓아주소서." 이것은 실제로 발생한 일입니다. 동화가 아닙니다. 전설이 아닙니다. 여러분이 아시는 대로, 갈보리 언덕에서 실제로 발생한 일입니다. 세상은 자신의 메시아를 배척했습니다. "자기 땅에 오매 자기 백성이 영접하지 아니하였"습니다 요 1:11. 하늘 궁정의 영광을 버리시고 죄 있는 육신의 모양으로 태어나셔서 죄인들의 모든 행위를 참으셨건만, 죽임을 향한 세상의 반응은 고작 그것이었습니다. 주님이 이 세상에 계시는 동안 주님을 조롱하고 야유하던 사람들이, 마침내 밀치고는 십자가에 달아 죽였습니다. 주님을 믿지 않는 사람들도 다 같은 자리에 있습니다. 이것은 죄로 말미암아 생긴 광기와 맹목일뿐더러, 두려운 강퍅함입니다.

그렇다면 여러분은 모세를 그처럼 대한 이스라엘 자손의 행위를 어떻게 생각하십니까? 예루살렘에 운집한 채 "없이하소서, 그를 십자가에 못박게 하소서" 하고 외치던 군중을 어떻게 생각하십니까? 그들을 객관적으로 생각해 보십시오.

사랑하는 여러분, 그렇다면 여러분이 행한 일은 무엇입니까? 예수 그리스도가 하나님의 아들이시고, 그분이 여러분을 구원하시기 위해 목숨을 내놓으셨다는 사실을 깨닫습니까? 오직 그분만이 여러분을 구원하실 수 있고, 여러분은 거기에 아무것도 보탤 수 없다는 것을 깨닫습니까? 만일 깨닫지 못한다면, 여러분 또한 위에서 말한 군중과 똑같은 죄가 있는 사람들입니다. "당신이 그 사람이라."

혹시 이 자리에, 우리 주님을 유일한 구주요 구원자로 영접하고 그 앞에 굴복하지 않은 사람들이 있다면, 하나님께서 그들 모두에게 자비를 베푸시기를 기원합니다. 성령 하나님께서 우리 마음의 눈을 열어 주시기를 간구합니다. 하늘의 영광 가운데 계신 우리 구주를 바라보고 그분 발 앞에 엎드려, 진정으로 찬송할 수 있기를 간구합니다.

그리스도시여, 주는 저의 모든 소원이시오니
주님 한분으로 저는 족합니다.
-찰스 웨슬리

"주님으로 족하오니, 저를 받아 주옵소서!"